주역의 이해

주역의 이해

周易

주역의 이해 下卷

易

金 日 坤
金 正 男 編著

차례목록

차례목록

차례목록

차례목록

(31) 澤山 咸(下經 1)

```
━━━　━━　正
說 ━━━━━　正 中 澤 少女
　　━━━　━━　不正
─────────────────
　　━━━━━　正
止 ━━━　━━　正 中 山 少男
　　━━━　━━　不正
```

―序　説―

1. 卦의 뜻

1) 咸은 後天의 人事에 관한 周易世界의 始發이며 下經의 首卦이다. 아직 婚姻하지 아니한 少男 艮과 少女 兌가 서로 사랑을 느껴 夫婦가 되는 卦로 人倫의 始初가 咸卦에서 이루어진다. 天地가 서로 느낌으로써 萬物이 生成되고 또한 서로 느낌으로써(咸卦 象辭에서, 咸은 感也라 하였다.) 陰陽作用이 일어나므로 느낌으로부터 모든 것이 비롯된다.

2) 咸은 无心而感이라 한다. 이는 形而上學的인 말이다. 感에서 心字를 없애면 咸이다. 젊은 少男少女에게 父母가 집을 맡기는 格이요, 血氣旺盛한 젊은이의 높은 理

想과 健全한 精神力으로 天命에 順應하여 一家를 이룬다. 그리고 後天의 章을 연다 (咸: 느낄 함, 다 함(悉也, 一致의 뜻, 悉: 다 실), 같을 함).

3) 兌는 口, 先天의 艮方은 戌方, 口＋戌＝咸이다.

4) 男女(陰陽)의 交感은 人倫의 始요 萬福의 源이다. 地天泰卦의 相交原理로써 少男少女의 交感이 이루어진다. 즉 氣化的인 形態로 서로 感應하고 感應의 原理는 相對的이다. 屈伸, 消長, 往來의 法則에 의하여 이루어진다.

5) 咸은 繫辭傳에서 말한 无思无爲 寂然不動한 狀態를 뜻하고 이는 곧 无我之境, 道通의 境地를 意味한다.

6) 艮은 山 則 凸이고 兌는 澤 則 凹의 形象이니 相互交感할 수 있으며 澤山이기에 氣化的으로 兌의 氣運은 내려가고 山의 氣運은 올라가 感應이 이루어진다. －하늘 氣運은 내려오고 땅 氣運은 올라간다.

7) 象數的으로 볼 때 先天의 震方이 後天의 艮方이요 後天의 兌는 西方이므로 咸卦는 艮兌가 相交된 것이다. 그러므로 해방 이후 美國이 韓國에 駐屯한 것부터가 後天의 始發이라 보기도 한다. 兌가 少女로 艮에게 시집온 格이다. 各種의 援助 物資는 시집올 때의 상징이라고 생각할 수 있다.

8) 說卦傳에 艮은 東北之卦也－니 萬物之所成終而所成始也일새 故로 曰成言乎艮이라(第5章), 山澤이 通氣然後에야 能變化하야 旣成萬物也하니라(第6章) 하였으니 艮兌의 相關關係는 깊이 硏究해 볼 必要性이 있다고 보겠다.

9) 咸 속에 乾坤이 있으니 곧 一陽 一陰이 始生하여 生男生女의 原理가 곧 咸이다.

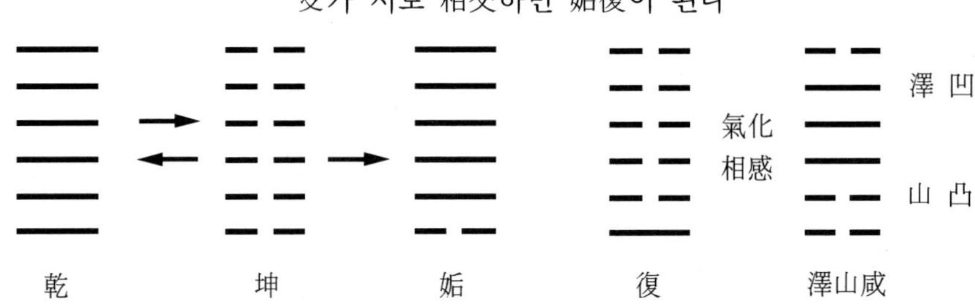

10) 乾坤이 天地之道를 說明하였다면 咸恒은 夫婦之義로서 人事的인 面과 結付하여 그 理致를 말했다. 原文을 比較하면 乾은 元亨利貞이나 咸은 亨利貞뿐이다. 元이 없는 것은 絶對性을 벗어나 相對性을 內包하고 있다는 것이다. 夫婦之道를 말한 것부터가 後天에는 人事的이라는 것을 暗示하고 있다.

2. 卦象과 卦德

1) 卦象을 보면 外卦는 兌上絶, 內卦는 艮上連으로서 少男艮의 氣運이 아래로 내리고 少女兌의 氣運이 위로 올라가 서로 交合하는 象이다. 大自然으로 보면 山과 澤이 通氣함으로써 天地의 交合이 實際的으로 이루어지고(先天伏羲八卦를 보면, 七艮山이 八坤地 옆에 자리하여 하늘의 氣運이 山을 通하여 땅으로 내리고, 二兌澤이 一乾天 옆에 자리하여 땅의 氣運이 못을 通하여 하늘로 오르는 理致가 있다.) 方位로 보면 東方艮과 西方兌가 서로 만나 氣運을 通하는 象이다(後天文王八卦).

2) 咸卦 속에는 乾坤이 그 母體로서 들어 있다. 다시 말하면 陽三爻 陰三爻로써 構成되어 있어 陰陽 調和의 理致를 담고 있다는 것이다. 또한 初六과 九四爻는 相應, 六二와 九五爻는 正應, 그리고 九三과 上六爻는 역시 正應이라 모두가 陰陽의 調和를 이루고 있다.

3) 咸卦의 互卦는 天風姤卦이다. 姤는 만나는 것이니 곧 少男少女의 뜻이요 卦象으로 보아도 三陽 三陰으로 陰陽配合之卦요 相應으로 보아도 陰陽으로 配合되어 있다.

4) 卦德을 보면 內卦 艮은 止이고, 外卦 兌는 說이다. 여기서 艮의 止는 誠心을 가진 男子의 志氣이고, 兌 說은 기쁨으로서 女子의 마음이라 볼 수 있다. 이것은 男子가 먼저 誠心으로 느끼고 女子가 기쁘게 여기에 相應하는 것을 나타내고 있다.

5) 序卦傳에서는 "有天地然後에 有萬物하고 有萬物然後에 有男女하고 有男女然後에 有夫婦하고 有夫婦然後에 有父子하고 有父子然後에 有君臣하고 有君臣然後에 有上下하고 有上下然後에 禮儀有所措니라."라 나와 있다. 이는 곧 人事에 있어서 男女가 만나 夫婦를 이루는 咸卦로써 下經의 首卦로 삼았다는 뜻이다. 措: 둘 조

3. 卦의 變化

1) 倒轉卦 – 雷風恒   – 夫婦의 常理는 마땅히 그 뜻을 끝까지 變치 않아야
   (☵ / ☷) → (☳ / ☴)   함으로 恒이다.
2) 配合卦 – 山澤損   – 서로가 느끼고 뜻을 함께하는 데 있어서 서로가 自身
   (☶ / ☱) → (☶ / ☱)   을 비워서 虛로 受人하여야 하는 뜻이 있다. 또한 咸
                        卦에서 受胎하여(咸九四) 10번째 卦인 解卦(解産하는
                        卦)를 거쳐서 11번째 卦인 損卦(損六三)에서 出産하는
                        理致가 있다.
3) 錯綜卦 – 山澤損   – 위의 配合卦의 경우와 같다.
   (☶ / ☱) → (☶ / ☱)
4) 互卦 – 天風姤   – (五月卦, 陰이 始生하는 달) – 男女가 만나는 뜻이 있
   (☰ / ☴) → (☰ / ☴)   으며, 後天에는 陰이 漸長하여 坤道로써 이루는 뜻이
                        있다.

[卦辭]

咸은 亨하니 利貞하니 取女 – 면 吉하리라

☯ 咸은 亨하니 貞하게 하는 것이 利로우니, 女를 取하면 吉하리라.
◎ 咸은 亨通하니 올바르게 하는 것이 利로우니 女子를 取하면 吉할 것이다.

1) 東方艮 – 少男이 西方兌 – 少女를 접하여 서로 느끼는 바 있어 婚姻을 하게 되
어 亨通하니 마땅히 올바르게 하여야 夫婦의 義가 바로 서니 吉하게 된다.
2) 또한 여름(亨)이 지나야 가을(利), 겨울(貞)이 온다는 뜻도 된다.

3) 亨 ― 陰陽相感이 同時에 亨通하다.

4) 貞 ― 正以固

5) 取女 ― 結婚을 意味한다.

6) 咸 ― 無心히 느끼는 것 ― 形而上學的, 感은 마음으로 느끼는 것 ― 形而下學的, 男女의 交感에 比較한 것이며 人倫의 始作이라 할 수 있다.

7) 元亨利貞에서 元만 빠진 것은 大自然에 順應해서 人爲的으로 運命을 變動시킬 수 있다는 것이다(結婚은 天定이 아니고 人定配匹이다).

[彖辭]

彖曰 咸은 感也―니 柔上而剛下하야 二氣―感應以相與하야 止而説하고 男下女―라 是以亨利貞取女吉也―니라. 天地―感而萬物이 化生하고 聖人이 感人心而天下―和平하나니 觀其所感而天地萬物之情을 可見矣리라.

◉ 彖에서 말하기를 咸은 感也이니 柔는 上하고 剛은 下하여 二氣가 感應함으로써 相與하여, 止함으로써 説하고, 男子가 女子에게 낮춘다. 是以로 亨하니 利貞하니 取女면 吉이니라. 天地가 感하여 萬物이 化生하고, 聖人이 人心을 感하게 함으로써 天下가 和平하다. 그 感하는 바를 觀하여 天地 萬物의 情을 可히 見하는 것이리라.

◎ 咸은 느끼는 것이니, 柔(少女)는 올라가고 剛(少男)은 내려가 두 기운이 感應해서 서로 더불어 하는 것이다. 卦德으로 말하면 艮은 그쳐 있고 兑는 기뻐한다. 남자가 여자에게서 내린다. 그러므로 亨通하고, 올바르게 해야 利롭고, 여자를 얻으면 吉하다는 것이다. 하늘과 땅이 느껴서 萬物이 化生하고, 聖人이 人心을 감동시켜 天下가 和平하니, 그 느끼는 바를 보아서 天地 萬物의 事情을 가히 볼 수 있는 것이다.

1) 咸은 感의 古字이다. 그러므로 咸卦의 卦名은 느낀다는 것이다.

2) 柔上而剛下 ― 兌卦는 陰이기 때문에 柔라 하였고, 艮은 陽卦이기 때문에 剛이라 하였다. 따라서 柔가 위에 있고 剛이 아래에 있다는 뜻.

3) 二氣感應以相與 ― 二氣는 兌 陰의 氣와 艮 陽의 氣. 陰陽의 두 기운이 感應하여 써 서로 느끼고 더불어 하며 親하는 것.

4) 男下女 ― 艮 少男은 아래에 있고 兌 少女는 위에 있다는 것.

5) 天地感而萬物化生 ― 天地交感하여 萬物이 變化 生成된다. 곧 生生之義이다.

6) 聖人感人心而天下和平 ― 聖人이 人心을 感化시켜 天下가 평화롭게 된다는 것. 聖人은 그 느끼는 바를 보아서 天地萬物之情을 可히 알 수 있다. 天下和平 聖人 感人心 治國平天下이다.

7) 天地萬物之情 ― 情은 心情, 性情을 말한 것으로 形而上學的이며 萬若 情慾이라고 한다면 이때의 情은 形而下學的으로 說明해야 한다.

[象辭(大象)]

象曰 山上有澤이 咸이니 君子以하야 虛로 受人하나니라.

◑ 象에서 말하기를 山上에 有澤인 것이 咸이니 君子가 써하여 虛로서 受人하나니라.
◎ 山 위에 못이 있는 것이 咸이니, 君子가 이것을 본받아서 虛心으로써 사람을 받아들인다.

1) 虛로 受人 ― 善男善女의 結合을 意味한다. 사람의 마음속에 雜念이나 驕慢 등 나쁜 것이 들어 있으면 至善을 받아들이지 못한다. 陰陽的인 說明으로는 女子가 子宮이 虛해야 男子의 精을 받아들일 수 있다. 또한 男子나 女子나 모두가 마음에 愛人, 戀人이 없이 至善之心으로 相應해야 虛로 受人이 된다.

2) 山에서 澤으로 물이 흘러내리는 그 象은 二氣感應이요 大自然의 攝理로서 謙

虛한 君子의 氣象이라고 할 수 있다.

[爻辭]

初六은 咸其拇－라
　拇: 엄지발가락 무

☯ 初六은 其拇에 咸하는 것이라.
◎ 엄지발가락에 느끼는 것이다.

1) 初六은 下卦 艮의 止에 있고 맨 밑에 있으면서 九四와 相應爻이다. 九四를 향해서 나아가려 하나 겨우 발의 엄지발가락에서 느낄 뿐이다.
2) 最下의 자리에 있고 또 感의 始初이니 人體로 보면 엄지발가락에 該當한다. 卦初로 感應되는 것이니 아주 적은 것에 비유했다. 陰陽交感으로 보면 아직 始初이니 末端의 부분을 말하자니 拇라고 하였으며 相交의 欲情이 發現되는 微微한 一片이라고 할 수 있다.
3) 아직 行動하지 않았으니 善惡이 區別되지 않았고 따라서 吉凶을 말하지 않았다.

象曰 咸其拇는 志在外也－라

☯ 象에서 말하기를 咸其拇는 志가 外에 在하는 것이라.
◎ 咸其拇라는 것은 뜻이 밖에 있다는 것이다.

1) 志在外也: 初六이 九四의 陽에게 마음을 두고 있는 것.

六二는 咸其腓면 凶하니 居하면 吉하리라.

　腓: 장딴지 비

☯ 六二는 其腓에서 咸하면 凶하니 居하면 吉하리라.
◎ 그 장딴지에 느끼면 凶하니 가만히 있으면 吉할 것이다.

1) 六二는 自身이 得中 得正이 다 되었고 九五와 正應이다. 그러므로 柔順中正한 德으로 本分을 지키면 吉하다는 것이다. 妄動하면 凶하니 安定하면 吉하다.
2) 咸其腓라고 한 것은 느끼는 과정이다. 腓는 自意로 動하는 것이 아니고 他意에 의한다는 表現으로, 걸음을 걸을 때 발에 의하여 장단지가 움직인다.
3) 六二는 艮의 中心部分이다. 本性이 止이니 居하면 吉이라고 하였다.

象曰 雖凶居吉은 順하면 不害也－라

☯ 象에서 말하기를 雖凶하나 居吉이라는 것은 順하면 不害인 것이라.
◎ 비록 凶하지만 그대로 있으면 吉하다고 한 것은, 順從하면 害롭지 않다는 것이다.

1) 柔順中正의 婦德을 쌓은 사람이 順하게 自己本性 그대로 나가면 결국은 좋을 것이다.

九三은 咸其股－라 執其隨－니 往하면 吝하리라　　股: 허벅다리 고

☯ 九三은 其股에서 咸하는 것이라 其隨를 執하니 往하면 吝하리라.
◎ 그 허벅다리에 느낀다. 따르는 것에 집착하니 움직이면 인색할 것이다.

　1) 九三은 下卦의 맨 위에 있고, 몸의 下部의 위쪽이라 볼 수 있다. 느끼는 바가 차츰 깊어져서 허벅다리에 이르렀다. 그러나 허벅다리는 스스로는 움직이지 않는다. 가만히 있어야 함에도 불구하고 움직이려 하여 初六의 엄지발가락이나 六二의 장딴지가 움직이는 데 이끌리어 함께 나아간다면 인색하게 된다는 것이다.

　2) 다리가 움직이면 허벅다리는 따라가기 때문에 함부로 나아가면 인색하다는 것이다. 가만히 있어야만 좋다는 뜻이다.

　3) 往吝 ― 內卦 艮은 止也라고 하였으니 動, 즉 凶하고 靜, 즉 吉이다.

象曰 咸其股는 亦不處也―니 志在隨人하니 所執이 下也―라

　☯ 象에서 말하기를 咸其股는 역시 不處이니, 志가 隨人에 在하니 所執이 下也이라.
　◎ 그 허벅다리에 느낀다는 것은, 또한 머물러 있지 못한 것이니, 뜻이 남을 따르는 데 있는 것이니, 그 집착하는 바가 아래(六二)에 있다는 것이다.

　1) 九三은 初六 六二와 마찬가지로 그 있어야 할 곳에 가만히 있지 못하고 쓸데없이 움직이려 한다. 正應인 上六에 따르는 것을 잊고 자기에게 따르는 사람, 즉 初六 六二에 따라서 움직이려 한다. 집착하고 있는 것은 아래에 있는 것들이다.

九四는 貞이면 吉하야 悔―亡하리니 憧憧往來면 朋從爾思―리라
　憧: 자주 동. 爾: 너 이.

　☯ 九四는 貞이면 吉하여 悔가 亡하리니, 憧憧하여 往來하면 朋이 從爾思하리라.
　◎ 곧으면 吉하여 뉘우침이 없을 것이다. 이리저리(자주 자주) 왔다 갔다 하면, 벗이 내 뜻에 따를 것이다.

1) 三陽이 中央에 있어 九四는 인체로 말하면 心臟의 象이다. 咸其心이라 말해야 할 것 같으나 그렇게 하지 않은 것은 느끼는 道는 私心으로 해서는 옳지 않고 無心으로 감응해야 하기 때문이다. 느끼는 것이 올바르고 行하는 바가 마땅하면 뉘우침이 없지만 사사로운 뜻으로 妄想하면 느끼는 바가 狹小하여 오직 그 벗들만이 感動하여 모여든다.

2) 九四가 不正이니까 貞吉悔亡이라고 하였다.

3) 九四는 咸其心이다. 貞吉悔亡으로 表現하였고 後天의 始初이니 모든 것이 貞이라야만 한다.

初六 – 咸其拇　—

六二 – 咸其腓　—　其體

九三 – 咸其股　—

九四 – 貞吉悔亡 – 其心을 正으로 가져야 한다.

4) 貞吉 – 執中과 無我 – 正 – 中

5) 憧憧 — 마음이 불안한 形象, 이리저리 움직이는 것. 陰陽交合의 理致를 말한다. 陰陽的인 側面에서 보면 原動機의 中心 役割을 하는 piston의 작용과 같은 것이다. 男女에 있어서는 性的 交合을 뜻한다.

6) 天地間의 調和는 相互作用, 즉 地天泰와 같이 二氣感應으로 萬物이 育成되는 것과 같다. 하늘의 太陽熱과 雨露, 땅에 있는 地氣와 水蒸氣가 하늘로 올라가 비가 된다. 즉 두 氣運이 서로 往來하여 育成시키니 이 現像이 바로 憧憧이다.

7) 男女에 있어서는 交合의 原理를 意味한다. 靜的인 狀態에서 感應의 方法으로 表現한 것이 憧憧往來이다. 곧 動的인 狀態를 뜻한다. 피스톤의 作用처럼 男子의 生殖器가 女子의 子宮 속에서 往復作用을 하는 것을 뜻하였다.

8) 悔亡 — 뉘우칠 것이 아무것도 없다. 始初부터 없다 – 聖人이다. 无悔 — 뉘우쳐서 至善으로 돌아갔다. – 顔子, 孟子 – 亞聖이다.

9) 朋은 初六이고, 爾는 九四 자신을 말한다.

10) 九四의 내용은 중요하므로 繫辭下傳五章에서도 설명이 되어 있다.

子曰天下何思何慮리오 天下同歸而殊(다를 수)塗(길도)하며 一致而百慮니 天下何思
何慮리오

— 천하가 돌아가는 곳은 같아도 길은 다르며 이루는 것은 하나지만 생각은 백 가
지니 —

日往則月來하고 月往則日來하야 日月이 相推而明生焉하며

寒往則暑來하고 暑往則寒來하야 寒暑相推而歲成焉하니

往者는 屈也오 來者는 信也니 屈伸(信)이 相感而利生焉하나라.

尺蠖(확)之屈은 以求信也요, 龍蛇之蟄은 以存身也요, 精義入神은 以致用也요,

利用安身은 以崇德也니 過此以往은 未之或知也니 窮神知化德之盛也라.

(解) 一天下가 無我之境地(음양교합의 극치를 말함)로 돌아가 많은 思慮가 하나로
一貫되니 무엇을 생각하고 무엇을 念慮할 것인가?

11) 憧憧往來의 道學的인 解說로는

天－日往則月來－日月生

地－寒往則暑來－歲成   屈信은 憧憧往來를 뜻하고 日月生 歲成

人－屈－信(伸)－利生   利生은 朋從爾思라고 할 수 있다.

尺蠖之屈－以求信也   자벌레의 움츠림은 펴면서 나아가기 위함이다.

龍蛇之蟄－以存身也   龍蛇가 숨어 있는 일은 몸을 保存하기 위함이다.

精義入神－以致用也   事物의 精微한 理致를 고요한 精神으로 느껴 깨닫는다면 움직
                    이지 않고도 그것으로써 모든 作用을 일으킬 수 있는 것이다.

利用安身－以崇德也   먼저 自身의 몸을 安定시키어 모든 作用을 利롭게 되도록

하는 것은 德을 높이는 것이다.

過此之往은 末之或知也니 : 이것을 지나서 감은 혹 알지 못한다.

窮神知化德之盛也라 : 至極한 신의 妙함을 極度로 窮究함과 변화를 기르는 도를 앎은 덕의 지극히 盛한 것이니 "이보다 더할 것이 없다"고 한 것이다.

12) 憧憧往來의 妙味를 事物에다 結付시켜서 說明한 것이다. 비록 陰陽交合의 意味만이 아니고 求信, 存身, 致用, 崇德을 하는데도 屈信을 어떻게 해야 할까를 설명하고 있다.

象曰 貞吉悔亡은 未感害也-오 憧憧往來는 未光大也-라

☯ 象에서 말하기를 貞吉悔亡은 未感害인 것이요, 憧憧往來는 未光大인 것이라.
◎ 貞吉悔亡은 느껴서 해로울 것이 없다는 것이요, 憧憧往來는 크고 빛나는 일이 아니라는 것이다.

1) 未感害 ― 올바르고 사심 없는 느낌은 害가 되지 않는다는 뜻이다.
2) 未光大 ― 느끼는 바가 狹小해서 光明 廣大가 아니라는 것.

九五는 咸其脢니 无悔리라

脢: 등어리 매

☯ 九五는 其脢에서 咸하는 것이니 无悔리라.
◎ 등에서 느끼는 것이니 뉘우침이 없을 것이다.

1) 九五는 正中의 位이다. 九四에서 憧憧往來로 二氣感應하야 陰陽交合이 이루어졌으니 九五는 不觀之處에서 느낀다고 함은 돌아누운 상태다. 그러므로 脢에서 느낀

다고 하였다.

2) 九五는 中正의 位이므로 无悔라는 말이 될 수 있다.

象曰 咸其脢는 志末也일새라

　☯ 象에서 말하기를 咸其脢는 志가 末일새라.
　◎ 그 등에서 느낀다고 한 것은 뜻이 다 되었기 때문이다.

1) 自己目的이 達成되었다는 것을 의미한다. 九四의 交合이 끝난 상태이니까 ‘志末’이라고 할 수 있다.

2) 本末에서 本은 六二爻로 볼 수 있다.

上六은 咸其輔頰舌이라

　輔: 볼때기 보(內).　頰: 볼때기 협(外).

　☯ 上六은 其輔頰舌에서 咸하는 것이라.
　◎ 그 볼때기와 혀에서 느끼는 것이다.

1) 上六은 兌卦의 上에 있고 咸의 極에 있다. 진심으로써 감동시키지 못하고 말로써만 상대를 기쁘게 하려 한다. 삼가지 않으면 좋지 않다.

2) 言語의 氣管에 느끼는 것이라는 해석도 있다.

3) 陰陽相交 후에 입맞춤을 말한다는 해석도 있다.

象曰 咸其輔頰舌은 滕口說也－라

藤: 오를 등, 베끼다＝騰.

◑ 象에 말하기를 咸其輔頰舌은 口說을 騰하는 것이라.

◎ 그 볼때기와 혀에서 느낀다는 것은 말로써 오르는 것이다.

1) 진심으로 사람을 감동시키는 것이 아니고 단지 말로써만 상대방을 기쁘게 하려는 것을 말한다.

2) 나쁠 것도 없고 좋을 것도 없다고 볼 수 있다. 그러나 '口舌數가 생기겠구나' 하고 豫測하여야 한다.

3) 陽氣가 다하여 입으로만 오른 상태를 뜻한다.

4) 上六의 咸其輔頰舌은 感 中에 輕微한 것을 뜻한다.

5) 兌卦는 口舌이라고 하였으니(說卦傳) 上六의 口舌은 맞는 말이다. 즉 兌卦의 悅은 輔頰舌에 表現되어 있다. 男女交感의 表現은 口舌로 나타난다는 것이다.

〈澤山咸의 綜合〉

澤山咸卦를 陰陽, 즉 男女關係의 調和로 보아 說明한다면 다음과 같다.

初六은 咸其拇

　― 陰에게 始初의 수작을 걸어 보는 형태가 곧 咸其拇이다.

六二는 咸其腓

　― 拇보다는 進一步 中央, 즉 子宮을 向한 가까운 部位이다. 陰爻이니까 腓라 고 하였거니와 居하면 吉하다고 하였다.

九三은 咸其股

  — 下體를 움직여 보는 것. 調和를 이루기 위한 狀態를 의미한다.

九四는 咸其心(男女의 生殖器)(憧憧往來朋從爾思)

  — 陰陽交合의 뜻이다. 一致而百慮로 同歸而殊塗하는 것, 无我의 境地, 天下 何
　　思何慮하는 狀態이다. – 心(爾)이 생각하는 것을 身(朋)이 服從하는 것이다.

九五는 咸其脢

  — 陰陽交合 後의 돌아누운 狀態이다. 雲雨之情을 나누고 小康狀態에 있는 形
　　象이다.

上六은 咸其輔頰舌

  — 陰陽이 相互 얼굴을 맞대고 있는 形象을 말함. 즉 입맞춤을 한다고 하면 맞
　　는 설명이 될까 한다.

(32) 雷風 恒(下經 2)

```
        ━━━  ━━━  正
動  ━━━  ━━━  不正  中  雷  長男 (剛)
        ━━━━━━━  不正
        ━━━━━━━  正
入  ━━━━━━━  不正  中  風  長女 (柔)
        ━━━  ━━━  不正
```

―序 説―

1. 卦의 뜻

1) 恒은 咸의 倒顚卦이다. 恒은 夫婦之道를 설명한 것으로, 쉬지 않고 꾸준히 이어나가는 것을 恒이라고 한다.

2) 夫婦의 常理는 마땅히 그 뜻을 끝까지 서로 변치 않아야 하므로 恒(오랠 항)이라고 하였다. 恒자는 忄(心)＋一(하늘)＋日(月, 해 또는 달)＋一(땅) → 하늘과 땅 사이의 해(또는 달)와 같이 영구히 그 마음을 함께하는 것이 夫婦之道라는 뜻이다. 같은 일만을 繼續하는 것이 恒이 아니고 一旦 먹은 마음(忄)을 변함없이 지켜 나아가는 것을 말한다.

3) 至善은 多角度로 설명할 수 있으나 父母에 대하여는 孝道로서, 國家에 대하여는 忠誠으로 나아가는 것이 恒이다.

4) 恒은 어떤 일이든 時止則止하고 時行則行하는 것을 말한다. "易變易也니 易隨時變易하야 以從道也라"는 글에서 볼 수 있듯이 그때그때 알맞게 하는 것이 恒이다. 곧 中正之道를 行하는 것이 恒이다. 工夫하는데도 마음 자세가 恒으로 해야 한다.

5) 恒卦는 夫婦之道를 설명한 것으로, 夫婦를 交感之道로써 氣化的이고 形而上學的인 咸이고, 居室之道는 形化的이고 形而下學的인 恒이다.

6) 震長男이 위에 있고 巽長女가 아래에 있어 夫婦의 道理가 男尊女卑하여 人道的 常理가 있는 卦象이다.

7) 恒은 久也라 하였으니 恒久不變의 原理라 하였다.

乾坤――天地定位가 始初이니 天地之道를 먼저 이야기하였다.

咸恒――人事的인 면에 중점을 두었기에 부모를 제치고 少男少女, 長男 長女를 浮刻시켜 인사적인 면을 강조하였다.

8) 乾坤卦는 元이 있는데 咸恒은 元이 없다. 自己 自身이 元이니까 元이 없다고 볼 것이고 또한 後天은 人事的이라는 点을 表現하고 있다. 그래서 咸 亨 利貞 取女 吉이라 하였고, 恒 亨 无咎 利貞 利有攸往이라 하였다. 그러므로 乾坤은 天地之道의 원리를, 咸恒은 夫婦之道의 원리를 主觀点으로 글이 構成되어 있다.

2. 卦象과 卦德

1) 卦象을 보면 外卦가 震下連(☳ 雷, 長男, 動)이고, 內卦는 巽下絶(☴ 風, 長女, 入)이므로 우레와 바람이 서로 어우러지듯 밖으로 夫가 활동하고 안으로 婦가 순하게 婦道를 지키는 상이다. 밖으로 出하고 안으로 入하는 象이므로 '夫婦有別'의 뜻이 있다. 또한 每事에 안으로는 謙遜한 마음을 가지고 밖에 나가면 恒久히 일을 진행시킬 수 있다.

2) 咸卦에서 少男과 少女로써 配合한 것은 서로 느끼는 것이 思春期에 가장 빠르기 때문이며, 恒卦에서는 長男 長女로써 配合한 것은 家庭을 이루고 家道를 세우는 데는 成熟한 맘이라야 마땅히 잘 이룰 수 있기 때문이다.

3) 이 卦의 陰陽 調和를 보면, 初六과 九四爻는 不正이나 相應하고 있고, 九二와 六五爻는 역시 不正이지만 相應하고 있으며, 九三과 上六爻는 正位에 있으면서 正應하고 있다. 그러므로 夫婦의 道를 말하고 있는 卦에 알맞게 모든 짝이 陰陽의 調和를 이루고 있다.

4) 卦德을 보면 上卦 震은 動이라 움직이는 것이고, 下卦 巽은 入이라 안에 있다는 德이다. 그러므로 남자는 밖에 나아가 활동하고, 부인은 안에서 집안 살림을 지켜나가는 것이 人間의 常理라는 것을 잘 나타내고 있다.

5) 序卦傳에서 보면 "夫婦之道－不可以不久也－라 故로 受之以恒하고……"라 나와 있다. 즉 男女가 서로 만나서 夫婦의 緣을 맺으면 恒常하지 않을 수 없음으로 咸卦 다음에 恒卦로 받는다고 나와 있는 것이다.

3. 卦의 變化

1) 倒轉卦 － 澤山咸　　　－ 倒轉卦는 앞에서 본 澤山咸卦이다.
　　(☳ / ☴) → (☱ / ☶)

2) 配合卦 － 風雷益　　　－ 家庭을 이루면 子息을 낳고 財産이 늘게 되어 계속
　　(☳ / ☴) → (☴ / ☳)　　　더하여지는 뜻이 있다.

3) 錯綜卦 － 風雷益　　　－ 益은 國家가 國民에게 더해 주는 것이다. 우레와 같
　　(☳ / ☴) → (☴ / ☳)　　　은 활동력으로 움직이면 바람이 이에 呼應하여 나날
　　　　　　　　　　　　　　이 進展하는 것이다.

4) 互卦 － 澤天夬　　　　－ 夬는 '剛決柔也'의 象이므로 夬가 家道를 잘 세워 家
　　(☳ / ☴) → (☱ / ☰)　　　庭을 和睦하게 이끄는 뜻이 있다.

[卦辭]

恒은 亨하야 无咎하니 利貞하니 利有攸往하니라

◐ 恒은 亨하여 无咎하니 貞하는 것이 利로우니 有攸往에 利하니라.
◎ 恒은 亨通하여 허물이 없으니 올바르게 하면 利롭다. 갈 바가 있으면 利로울 것이다.

1) 男女의 交感原理를 가지고 比較한다면 女子는 男子를 위하여 最善을 다하고 男子는 女子를 위하여 아끼고 사랑하여야 하는 것이 本分이기 때문에 亨通하다. 그렇게 해야만 여자가 허물이 없고 또 올바르게 해야 利롭다.
2) 家庭을 지키는 夫人에게 있어서는 올바른 자세를 지키고 특히 婦女子에게 있어 生命體라 할 수 있는 貞節을 잘 간직하는 것이 利롭다고 하였다.
3) 사람은 成長을 하게 되면 반드시 家庭을 이루어야 利롭다고도 볼 수 있다.

[彖辭]

彖曰 恒은 久也-니 剛上而柔下하고 雷風이 相與하고 巽而動하고 剛柔-皆應이 恒이니 恒亨无咎利貞은 久於其道也-니 天地之道-恒久而不已也-니라. 利有攸往은 終則有始也일새니라.
日月이 得天而能久照하며 四時-變化而能久成하며 聖人이 久於其道而天下-化成하나니 觀其所恒而天地萬物之情을 可見矣리라.

◐ 象에 말하기를 恒은 久한 것이니, 剛이 올라가고 柔가 내려와서, 雷와 風이 서

로 더불어 하고, 巽하면서 動하고 剛과 柔가 모두 應함이 恒이니, 恒亨无咎利貞이라는 것은 그 道에 久하는 것이니, 天地의 道는 恒久하여 不已하는 것이니라. 利有攸往이라는 것은 終하면 곧 始가 있음이니라.

日月은 得天하여 能히 久照하며, 四時는 變化하여 能히 久成하며, 聖人이 그 道에 久하여 天下를 化成하나니, 그 恒하는 바를 觀하여 天地와 萬物의 情을 可히 見하는 것이리라.

◎ 恒은 오래함이다. 剛인 雷가 위에 있고 柔한 風이 아래에 있어, 우레와 바람이 서로 돕고 움직인다. 바람이 움직이고 剛과 柔가 서로 相應하고 있는 것이 恒이다. 恒은 亨通하여 허물이 없고 올바르게 하는 것이 利롭다는 것은, 그 道(森羅萬象, 萬物에 딱 맞게 하는 道, 父慈子孝로 아버지가 아들을 사랑하는 道, 夫婦가 和合하는 道)에 오래함이다. (이것은 恒卦의 卦德과 卦體, 卦象, 나아가서 卦名의 뜻을 말하였다.) 天地의 道는 恒久하여 그치지 아니한다. 갈 바 있음에 이롭다는 것은, 끝이 있으면 곧 시작이 있다는 것이다.

해와 달은 하늘을 얻어 오래도록 萬物을 비추며, 四時는 變하고 化하여 能히 오래도록 이루고, 聖人은 그 道에 오래하여 天下를 化(敎化, 感化)成시킨다. 그 恒久하는 바를 보고 天地 萬物의 情을 가히 보게 될 것이다.

1) 剛上而柔下 ― 震上 巽下를 말한다.
2) 雷風相與 ― 雷가 있는 곳에 風이 있기 마련이다. 또 陰陽이 相與하는 現象을 말한다.

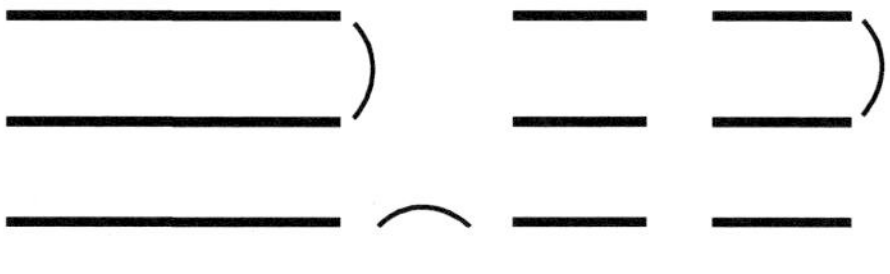

陽과 陽, 陰과 陰이 이웃해 있는 것을 相得朋이라 한다.
陰陽相與면 相朋이라 한다.

震長男 巽長女의 陰陽相朋이 함께한다는 뜻.

3) 巽而動 — 巽은 風이니 바람은 움직여야 하고 또 造化가 있다.

4) 剛柔皆應 — 陽三爻 陰三爻로 전부가 서로 應하고 있으니 剛柔皆應이다.

5) 恒久而不已也 — 오래도록 하여 그치지 아니한다. 여기서 不已는 '……일 따름이다'라는 뜻. 그리고 已는 이미 이, 말 이(卒事之辭), 일을 마친다는 뜻이다.

6) 終則有始也 — 마침에는 곧 始作이 있다는 것. 終始라는 것은 어떤 일을 처음 始作하는 것이 아니고 進行過程에서 中斷하였다가 또다시 시작되는 현상을 말한다. 森羅萬象의 모든 것이 終始이다. 이것이 곧 輪廻하고 있는 것을 말하고 둥근 원이 곧 終始이다. 이것은 先天(처녀, 총각)을 마치고 後天(부부를 이룸)이 시작됨을 뜻한다.

7) 恒과 咸의 세 作用

<恒> - 日月 - 能久照　　　　　　　　　<咸> - 天地感 - 化生
　　　四時 - 能久成　　萬物之情을 可見矣　　　　聖人感 - 天下和平
　　　聖人 - 天下化成　　　　　　　　　　　　萬物之情을　可見

8) 咸恒의 情神은 大自然의 흐름을 그대로 보고 聖人이 이와 같이 運用하는 것을 말한다. 즉 咸恒의 情神이 聖人의 情神이요 大自然이 곧 聖人이라 말할 수 있다. 고로 聖人은 天地 萬物의 情을 可히 볼 수 있는 것이다.

[象辭(大象)]

象曰 雷風이 恒이니 君子 - 以하야 立不易方하나니라.

◐ 象에서 말하기를 雷와 風이 恒이니, 君子가 써하여 立하여 方을 不易하나니라.

◎ 우레와 바람이 恒이니 君子가 이것을 본받아 뜻을 세우되 方位를 바꾸지 아니한다.

1) 立不易方 ― 千苦 萬難을 겪어도 獨立하여 常道를 잃지 아니하고, 恒을 지켜 나간다는 뜻이다. 또한 君子는 正道에 心志를 세웠으면 變함이 없이 언제나 恒心으로 나아간다는 뜻이다. (立心 ― 正道 ― 至善). 君子는 立身하는 데 方向을 바꾸지 아니한다. ― 恒을 뜻한다.

2) 立字는 六＋一, 즉 六十一 歲 還甲까지 夫婦偕老同穴을 뜻한다.

[爻辭]

初六은 浚恒이라 貞하야 凶하니 无攸利하니라.

　浚: 팔 준

☯ 初六은 浚함이 恒이라, 貞하여 凶하니 无攸利하니라.
◎ 깊게 하는 것이 恒이다. 곧게 하더라도 凶하니 이로운 바가 없을 것이다.

1) 下卦 巽을 아내로 하고 上卦 震을 남편으로 본다면, 初六은 巽의 主爻이고 九四는 震의 主爻로서 서로 相應하고 있다. 지금 初六은 陰柔하고, 下卦의 처음에 있고 처음 시집온 여자이다. 그리고 初六은 不正 不中이고 聰明하지 않다. 또한 初六은 巽卦 入의 아래에 있어 깊이 파고들어 가는 성질이 있다. 그렇기 때문에 漸進의 이치를 모르고 처음부터 남편에게 여러 가지를 성급하게 要求한다. 그리고 그것이 부부 사이의 恒久히 하는 道라고 생각한다. 이런 잘못된 고집을 고치지 않으면 흉하게 된다(相應인 九四를 간절히 求하나, 初六이 微弱하고 九二와 九三에게 가로막혀 있고 九四의 뜻이 또한 위로 나아가는 데 있으므로 凶한 상이다).

2) 浚恒 ― 처음부터 너무 깊게 파고들어 간다는 뜻이다.

象曰 浚恒之凶은 始에 求深也일세라.

◐ 象에서 말하기를 浚恒의 凶은 始에서 深을 求하는 것일세라.
◎ 깊게 하는 恒이 凶하다는 것은, 처음부터 깊게 求한다는 말이다.

1) 처음부터 깊게 求한다는 것은 힘겨운 일이기 때문에 이룰 수 없다는 것이다. 즉 夫婦의 사이라 할지라도 처음부터 성급하게 깊이 들어가는 것은 옳지 않다는 것이다.

九二는 悔-亡하리라.

◐ 九二는 悔가 亡하리라.
◎ 뉘우침이 없어 지리라.

1) 九二爻는 不正이나 中을 얻었기 때문에 陽剛居陰으로 恒常 뉘우침이 있으나, 中庸之道를 지키기 때문에 뉘우치는 일이 없다는 것이다.
2) 陽爻로서 陰位에 있는 것이 常理가 아니므로 '悔'라고 하였다.
3) 陽爻로서 失位한 까닭에 後悔를 하나, 得中하여 六五와 相應하였으므로 마침내 뉘우침이 없게 된다.

象曰 九二悔亡은 能久中也-라.

◐ 象에서 말하기를 九二에 悔亡이라는 것은 能히 中에 久하는 것이라.
◎ 九二에 뉘우침이 없을 것이라는 것은 능히 中庸之道에 오래하기 때문이다.

1) 得中의 位는 不正의 位를 制壓하고, 不正의 모든 것이 기를 펴지 못하도록 한다. 이것을 보면 孔子의 思想은 곧 中正의 道를 구하기 위한 것이며, 또한 易의 思想이 中正之道라고 할 수 있다.

九三은 不恒其德이라 或承之羞–니 貞이면 吝하리라.

☯ 九三은 그 德에 不恒함이라 或 羞를 承함이니 貞이면 吝하리라.
◎ 그 德이 恒하지 못한 것이라 혹 부끄러움을 받을 것이니 곧게 하면 인색할 것이다.

1) 九三은 得正이기는 하나 不中이다. 따라서 그 德을 恒久히 가지지 못한다. 或은 부끄러움을 받게 될 것이다. 곧게 해도 인색하게 된다는 것이다.

2) 恒其德이면 吉할 것이나 過剛不中하여 妄動해서 九三의 正應인 上六을 따르려 하고 心德이 恒久하지 못하면, 즉 節操 없이 變動해가면 羞恥를 받을 것이다.

天 3 陽 ━━━━上
人 2 陰 ━━━━中
地 1 陽 ━ ━下

三爻의 位는 中에서 벗어나 偏黨저 있으니 恒常하지 못하다. 三才之道로 보아도 人位라야 天地의 造化를 부릴 수 있으나 天位이다.

3) 孟子 梁惠王章句上七에 小人은 無恒産이면 無恒心이라고 했다.

政治를 하는 데는 一般國民을 相對하니 國民들은 一定한 生業 곧 恒常 이어져 나가는 生産이 없으면 一定한 恒心을 가지지 않는다고 하였다. 政治를 하는 데는 有恒産을 꼭 해야 하는 것이다.

4) 여기서 君子와 小人의 心法을 살펴보면

君子 – 無恒産 有恒心
小人 – 有恒産 有恒心(無恒産 無恒心)이다.

5) 孟子 – 無恒産而有恒心者는 惟士爲能이어니와 若民則無恒産이면 因無恒心이니 苟無恒心이면 放辟邪侈를 無不爲已니……라 하였다(苟 다만 구, 但也, 辟 편벽될 벽, 放辟邪侈 방벽사치).

(恒産이 없더라도 恒心을 갖는 것은 오직 선비만이 그렇게 할 수 있다. 일반 國民들에 이르러서는 恒産이 없으면 그 때문에 恒心을 못 가지는 것이다. 만일 恒心이 없어 바깥 誘惑에 마음이 흔들린다면 放蕩, 偏僻, 邪惡, 奢侈 등 못할 짓이 없다.)

象曰 不恒其德하니 无所容也 – 로다.

◐ 象에서 말하기를 그 德을 不恒하니, 容하는 곳이 없는 것이로다.
◎ 그 德을 恒久히 지키지 못한다는 것이니, 容納할 곳이 없다.

1) 不恒하는 사람은 아무데도 그 몸을 받아들일 곳이 없다는 뜻.

九四는 田无禽이라.

  田: 사냥할 전. 禽: 새 금.

◐ 九四는 田에 无禽이라.
◎ 사냥을 하는데 새가 없다.

1) 사냥을 하는데 虛行한다는 뜻. 이 말은 目的物인 새가 없으니까 結局 恒常함이 없다는 것이다.

2) 九四의 應이 初六이니 陰이다. 无의 뜻은 陰인 初六을 두고 하는 말이다. 九四 爻는 位가 不正 不中이니 사냥을 가도 잡을 짐승이 없듯이 萬事가 모두 求하는 것을 얻지 못하는 象이다.

3) 田有禽－地水師卦 六五爻, 陽인 九二가 應－－－有禽

田无禽－雷風恒卦 九四爻, 陰인 初六이 應－－－无禽

4) 震馬가 動하니 사냥의 象이다. 또 震은 大塗가 되니 새가 없는 곳이다.

象曰 久非其位어니 安得禽也－리오.

安: 어찌 안.

☯ 象에서 말하기를 久하나 그 位가 아니니 어찌 得禽하리오.
◎ 제자리가 아닌데 오래도록 함이니 어찌 새를 잡을 수 있겠는가.

1) 마음이 恒常하지 못하니 目的을 達成할 수 없다는 뜻이다.
2) 工夫하는 사람이면 恒常 硏磨를 하고 實力을 쌓지 않으면 어찌 理致를 通達할 수 있겠는가 하는 뜻과도 같다.

六五는 恒其德이면 貞하니 婦人은 吉코 夫子는 凶하니라.

☯ 六五는 그 德이 恒하면 貞하니, 婦人은 吉하고 夫子는 凶하니라.
◎ 그 德이 恒常하면 올바르니, 婦人은 吉하고 夫子는 凶할 것이다.

1) 六五는 柔하면서도 得中하여, 陽으로서 得中한 九二와 相應하고 있다. 柔順한 德을 언제까지나 변하지 않고 지키며 올바르고 마음이 굳다. 이러한 婦德을 갖춘 婦人은 吉하여 福을 얻겠지만, 남자는 果斷해야 하고 柔順함을 恒久히 한다면 凶하게

될 것이다.

2) 六五는 不正이면서 得中을 했기 때문에 恒其德이라고 했고 陰位이니 婦人의 價値는 貞操이기 때문에 女子는 貞하면 좋다.

3) 男子-陽-天-大義를 主張한다. 그러나 女子-陰-地-主利, 즉 利를 主張한다.

4) 婦人吉, 夫子凶-夫婦之道에 있어서 女子는 恒其德해야 하고 仁義中正之道를 가지고 不更二夫의 情神을 가지는 것이 本質이기 때문에 婦人은 吉하다고 하였고, 男子는 獨立的인 種子를 심을 수 있고 때로는 果斷性 있게 行動해야 하는 存在이기 때문에, 恒久 不變하는 것이 반드시 좋다고 볼 수는 없다는 것이다.

5) 우리 人間生活의 한 斷面을 본다면 子女를 가지지 못하는 夫婦間에는 다른 女子와 相關하여 子息을 가져 自己의 代를 이어가는 境遇를 볼 수 있다. 東西古今을 莫論하고 發展된 國家의 倫理觀을 본다면 남자가 두 여자를 거느리고 살아가는 家庭은 있어도 女子가 두 男子를 거느리고 살아가는 家庭은 없다. 이런 大自然의 現象이 잘못 解釋되고 認識되어 男尊女卑 思想이 나올 수 있다고 하겠다. 곧 烈女는 있어도 烈夫는 없다는 것이다.

6) 恒卦는 전체로 보아서 六爻 全部에서 恒常함이 아니 된 것을 말하였고 또 임금, 신하 등으로 解說하지 않았으며 또 夫婦之道를 說明하는 것이므로 位를 말하지 않았다.

象曰 婦人은 貞吉하니 從一而終也일새오 夫子는 制義어늘 從婦하면 凶也-라.

◑ 象에서 말하기를 婦人은 貞이 吉하니 從一하여 終하는 것이요, 夫子는 義를 制하는 것이므로 從婦하면 凶한 것이라.

◎ 婦人은 貞操로 一貫해야 吉할 것이니 한 사람의 男便을 따라 끝을 마치는 것이다. 男子는 義理에 따르는 것이니 婦人의 道에 따르면 凶하다.

1) 父系中心主義 社會에서의 說明이라 할 수 있다.

男子는 元을 主張 – 種子를 심어준다.

女子는 貞으로 主張 – 種子를 받아 育成시켜 주는 일.

2) 婦人의 道는 貞을 本體로 하므로 '從一而終'이 되고, 夫子의 道는 法度를 지어서(制義) 家道의 紀綱을 세우는 것이 根本이다. 坤卦 卦辭에서 "先하면 迷하고 後하면 得하리니……"한 것과도 연관된다.

上六은 振恒이니 凶하니라.

振: 떨칠 진.

◐ 上六은 振함을 恒함이니 凶하니라.
◎ 떨치는 것을 恒하는 것이니 凶하다.

1) 上六은 陰柔가 得正하였고 恒의 終이다. 振은 動之速이라 하였다. 따라서 輕擧妄動하고 함부로 움직이기 때문에 반드시 실패한다는 것이다.

2) 振恒 — 조금하다 다른 것으로 바꿔 버리는 것을 말하며 振은 動이니까 振恒이다. 陰柔居極하며, 常行不變의 道를 지키지 못하고 振動하여 固定되지 못하는 形象이다.

3) 恒卦는 夫婦之道이다. 夫婦는 禮法으로 式을 擧行하여 서로 依支하고 살아가는 것이다. 完全無缺한 夫婦는 있을 수 없다. 그렇기 때문에 恒卦의 六爻는 不恒을 말하였다.

4) 上六이 動하면 離虛 中이 되어 離婚, 離別의 뜻이 있다. 夫婦의도가 恒常한 것이나 마침내 永遠히 恒久한 것은 없으니 '振恒'이라 하였고 恒卦 다음에 遯卦를 둔 이치가 또한 여기에 있다.

象曰 振恒在上하니 大无功也－로다.

☯ 象에서 말하기를 振恒이 上位에 있으니 크게 功이 없으리라.

◎ 떨치는 恒이 위에 있으니 크게 功이 없는 것이다.

坤	巽	巽卦는 坤의 한 爻가 下位에 相交하여 이루어졌다. 고로 巽은 陰卦다. 陰卦는 多陽하다.
乾	震	震卦는 乾의 한 爻가 下位에 相交하여 이루어졌다. 故로 震卦는 陽卦다. 陽卦는 多陰하다.

 1) 震長男과 巽長女가 結合한 卦가 恒이다. 또한 震陽 巽陰이 配合된 것이(陰陽配合) 恒卦이다. 같은 資格의 男女가 結合하여 살아가는 것이 夫婦之道이다. 이 婦人과 男便 사이에는 義理로써 맺어지고 또 살아간다. 때로는 서로의 意見이 相違되면 서로 헤어지는 일도 있을 수 있다. 이것은 父子나 兄弟間과 같이 人間의 倫理가 있어 不易의 理로 맺어진 사이와는 다르기 때문이다.

 2) 夫婦之道를 五倫에서 考察하면 五倫 중에서 우선 位置가 가장 中央에 있으니 五倫 중에서 가장 重要하다는 것이다. 또한 그 뜻을 생각해 본다면 有親, 有義, 有信, 有序로 그 本來의 뜻이 담겨져 있으나 夫婦之道는 有別이라고 하였음은 가장 特別한 關係에 있다는 뜻이다. 특별한 관계란 生生의 理致와 陰陽의 造化로서 特別한 關係로 맺어진 것이 夫婦之道이다.

 3) 五倫－五常－五典

  1. 父子有親

　2. 君臣有義

　3. 夫婦有別

　4. 朋友有信

　5. 長幼有序

4) 倫理로써 맺어지는 父子之間이, 이 世上의 根本이요 으뜸이다. 親은 곧 肉親이라는 뜻이다. 모든 人類의 繼承이 父子 → 父子로 이어져 萬代에 흘러왔으니 이를 두고 하는 말이다. 五倫 중에서 세 번째가 夫婦有別이다. 중앙에 위치하고 特別한 關係라고 하였으니 五倫 중에서 가장 중요하다. 或者는 夫婦는 肉親 關係가 아니니 離別이 있을 수 있다고 설명하는 사람도 있으나 이것은 本意가 아니다.

5) 咸恒卦의 相互關係 考察

(1) 咸卦가 形而上學的이며 氣化的인 내용이라면 恒卦는 形而下學的이며 形化的인 내용이다. 男女 間의 感應의 原理와 生生之義를 담았다면 恒은 夫婦之道로 日常生活에 나타나는 현상을 담고 있다.

(2) 咸은 血氣旺盛한 少男少女의 결합으로 이어져 人生의 上半期를 바라보는 長男長女의 夫婦에 이르기까지 恒常해야 한다. 비단 이 夫婦之道뿐만 아니라 우리가 工夫할 때와 事業을 하는데도 꾸준하여 쉬지 않는 恒이 있어야 한다.

(3) 交感의 理致나 恒久의 理致(夫婦之道)를 宇宙 大自然과 사람에 비겨 情으로 나타내고 있다.

(情은 마음(↑)의 푸름(靑)을 色彩로 외부에 나타내는 것을 말한다).

形而上學 → 天賦之性 → 情으로 表現 — 形而下學

〈恒卦의 綜合〉

恒卦는 咸의 錯綜卦로서 恒久하게 一貫하는 原則을 卦象한 것이다.

初六은 浚恒이라 아직 日淺한 것이고　　　　　恒德의 始初 — 아직 恒德이 아니다.

九二는 悔亡이라고 함은 恒德에는　　　　　　恒德으로 一貫－後悔 없음
　　　過失이 없기 때문이고
九三에 恒德이 없으면 羞恥가 된다　　　　　恒德이 解弛하면－精神的 損失
九四에 田无禽이라 함은 恒德에는 侵害가 없다　恒德 不足하면－物質的 所得 없음
六五에 恒德이 있어도 凶할 때가 있다　　　　恒德도 固着되면 안 된다.
上六에 振恒이라 함은 이미 終末이 된 것이다　恒德이 終止해서는 안 된다.

天地에는 日月이 恒久히 照明하며 四時가 恒久히 循環하니 그에는 浚恒도 없고 振恒도 없는 것이다. 그의 一貫性에는 解弛함도 없고 不足함도 없으니 더구나 過失이야 있을 리가 있겠는가. 그러나 그의 恒德은 固着된 것이 아니라 不絶히 變化하는 것이다. 그러니 人間은 그의 自然의 象을 模範해서 恒德을 固守해야 되기 때문에 象傳에는 立不易方하라고 하였다. 恒德의 要는 立不易方이니, 그는 方向을 變易하지 않는다는 것이고 決코 一點에서 變動하지 않아서는 안 되는 것이다. 그러니 方向도 나쁜 것을 固執하는 것은 恒德이 아니다. 眞正한 恒德은 光明한 方向으로 가는 데만 있는 것이다. 光明의 世界로 가는 그 方向만은 絶對로 變易함이 없는 것이다.

(33) 天山 遯(下經 3)

```
━━━━━  不正
健 ━━━━━  正 (中) 乾 天
  ━━━━━  不正
─────────────
  ━━━━━  正
止 ━━ ━━  正 (中) 艮 山
  ━━ ━━  不正
```

―序説―

1. 卦의 뜻

1) 이 遯이라는 글은 달아날 둔, 숨을 둔이지만, 易에서는 돈으로 발음한다.

2) 遯者는 退避也, 즉 물러서서 피하는 것이고, 不言退而曰 遯者라 하여 말없이 물러서는 것을 遯이라 하였다.

3) 遯卦는 六月卦다. 5月卦인 一陰始生하는 天風姤卦에 이어서 다음 달을 나타낸다. 遯卦가 六月卦에 해당된다는 것은, 이때가 小暑, 大暑의 節이라 陰氣가 增長하는 時期이기 때문이다.

4) 豚은 六畜 중에서 가장 無知한 짐승이기는 하나 方向만은 正確하다. 여기서 遯

은 豚, 즉 돼지가 가는(之) 형상이다(六畜: 牛 馬 豚 鷄 羊 狗).

5) 天風姤卦에서 萌動한 陰이 점차 자라서 遯이 된 것이다. 곧 姤의 九二爻의 陽이 물러가고 陰이 된 形象을 遯이라고 하니 卦象으로 보면 陽이 물러가는 形態를 말했다.

6) 政治的인 側面과 社會的인 側面에서 보면, 世間에 小人이 亂動하면 君子는 물러가기 마련이다. 卦象으로 보아 治世가 아니라 亂世가 되어 君子之道가 차츰 萎縮되는 狀態가 遯이다.

2. 卦象과 卦德

1) 卦象을 보면 위에 하늘이 있고 아래에 산이 있다.

2) 아래의 두 개 陰爻가 네 개의 陽爻를 먹어 들어가는 形象이다. 그러므로 陽이 도망가는 象이다. 말하자면 陽인 君子가 陰인 小人을 避하여 밖으로 숨는 것이다.

3) 外卦는 乾三連, 內卦는 艮上連으로서 하늘 아래 山은 그쳐 있다. 乾이 上卦, 艮이 下卦로 健壯하게 自强不息하는 者가 至善에 머물러(止) 있는 것이 곧 遯卦다. 또한 時止則止하고 時行則行하는 方法도 遯이라고 할 수 있다.

4) 여기서 卦德을 보면 위의 괘 天은 健하고, 아래 괘 艮은 止이다. 乾은 君子로 보고 艮은 소인으로 보고 있다. 艮은 東南方이므로 小人에 比喩될 수 있어, 안으로 小人이 得勢하여 漸長하는 까닭에 君子가 밖으로 물러나 避하는 象이 된다. 특히 두 음을 다 소인으로 본 것이다.

5) 이 卦의 陰陽 調和를 보면, 初六과 九四爻는 不正이나 相應하고 있으며, 六二와 九五爻는 正位에 있어 正應하고 있다. 그리고 九三과 上九爻는 서로가 陽이기 때문에 不應이다.

6) 遯은 世上의 모든 일을 훤히 알고 있는 大人君子가 治世, 亂世를 잘 把握하여 退避해 숨은 形象을 말하며, 乾卦에 '遯世无悶'이라고 하였고 剛爻인 九五爻가 中正

으로서 또한 六二의 中正과 올바르게 應하고 있는바, 때의 形勢에 順應하여 進退를 決行하게 된다.

7) 序卦傳에서는 「恒者는 久也-니 物不可以久居其所라 故로 受之以遯하고」라 하였다. 그런데 앞의 괘인 恒卦는 恒久하게 오래 있는 것인데 사람이 늘 恒久할 수만은 없고 자리를 물러날 때가 되면 물러나야 하므로 恒卦 다음에 遯卦로 받는다는 것이다.

3. 卦의 變化

1) 倒轉卦 ― 雷天大壯   - 物不可以終遯이라 故로 受之以大壯하고
   (☰ / ☳) → (☳ / ☰)

2) 配合卦 ― 地澤臨   - 臨은 陽이 得勢하여 陰에 臨하는 뜻
   (☰ / ☶) → (☷ / ☱)

3) 錯綜卦 ― 山天大畜   - 艮方에 乾의 氣運이 와서 크게 쌓이는 뜻
   (☰ / ☶) → (☶ / ☰)

4) 互卦 ― 天風姤   - 陽이 다시 陰을 만나게 되어 漸長하는 陰을 避하는 뜻
   (☰ / ☶) → (☰ / ☴)

[卦辭]

遯은 亨하니 小利貞하니라.

● 遯은 亨通하니 小가 올바르게 함이 利로우니라
◎ 遯은 亨通하니 小人은 마음을 곧게 하는 것이 利롭다.

1) 遯은 隱遁한다는 뜻과 退避한다는 뜻이 있으나 君子의 道를 위주로 하여 말하고 解說하여야 뜻이 通한다.

2) 小利貞 ― 小人은 마음을 곧게 하고 바르게 가져야 이롭다. 小는 陰이니 卦象이 陰이 得勢하는 것이나 陰의 行動에 대한 警戒辭이다.

3) 여기서 君子之道로 볼 때 亨通하다는 것이고 조금은 곧은 것이 利롭다

4) 大學에 毋自欺(所謂誠其意者 毋自欺也)라고 한 것도 君子之道로 이야기한 것이다. 遯卦에 比較하면 물러나고 隱遁할 때가 되면 當然히 그렇게 생각하고 行動하여야 한다. 그러나 그러하지 아니하면 遯이 아니다.

5) 天賦之性을 忘却하고 惡한 데로 가는 것이 小人이며, 따라서 小人이 得勢하면 君子가 물러가는 것이 遯이다. 小人은 君子之道로 물러가지 아니하는 것이다.

6) 君子之道란 自己가 받은 착한 性品을 길러 가는 것을 말한다. '大學'에 있어서 止於至善의 道心을 기르는 것, 克己復禮 ― 明明德과 같다(儒敎의 核心이라 할 수 있다).

[彖辭]

彖曰 遯亨은 遯而亨也 ― 나 剛當位而應이라 與時行也 ― 니라 小利貞은 浸而長也일세니 遯之時義 ― 大矣哉라.

浸: 물이 젖어나갈 침

◐ 彖에서 말하기를 遯이 亨하다는 것은, 遯함으로써 亨通하다는 것이나 剛이 마땅한 자리에 있어 應함이라. 때와 더불어 行함이니라. 小利貞은 浸透하여 자라는 것을 말함이니 遯의 時가 갖는 義가 매우 큰 것이니라.

◎ 隱遁한 생활을 함이 亨通하다는 것은, 避하여 물러갈 때 물러가야 亨通하다는 말이다. 九五 剛이 中正의 德으로 尊位에 處하여 柔順中正한 六二에 應하고 있으니, 때와 더불어 行해지는 것이다. 조금 곧아서 利롭다는 것은 陰(小人)이 漸漸 자라나

기 때문이다. 그러므로 遯하는 때의 意義가 크다.

1) 與時行也 ─ 遯하는 內容을 말하는 것. 時止則止하고 時行則行하는 明明德의 地位에 있어야 한다.

2) 浸而長也 ─ 二 個의 陰이 자라난다는 뜻인데 陰則小人이기 때문에 强調하지 않았다. 周易에는 扶陽抑陰의 理致로, 遏惡揚善의 方法으로 理論이 展開되어 있다.

3) 配合卦로 보면 다음과 같다.

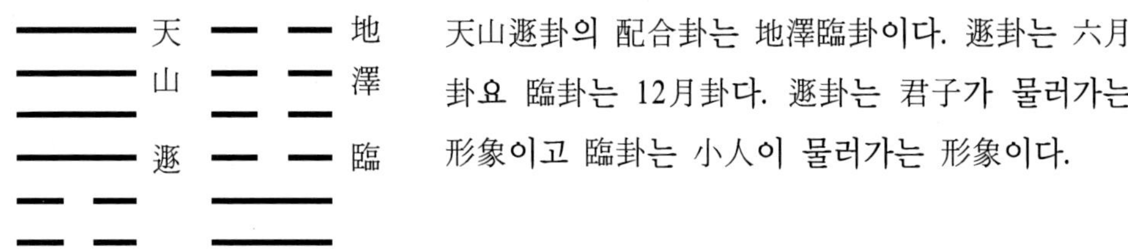

天山遯卦의 配合卦는 地澤臨卦이다. 遯卦는 六月卦요 臨卦는 12月卦다. 遯卦는 君子가 물러가는 形象이고 臨卦는 小人이 물러가는 形象이다.

4) 遯卦의 象辭에서 '陰浸而長'이라고 해야 하지만 小人은 곧 陰이기 때문에 '浸而長'이라고만 말하고 있다. 그러나 臨卦의 卦辭에서는 君子인 陽이 자라나기 때문에 '剛浸而長'이라 本文에 表示했다.

5) 與時行也……, 遯之時義……. 時를 强調하였다. 勿論 象, 數, 理를 다 알아도 時를 알아야 的中이 되는 것이기 때문에 時가 대단히 重要하다.

6) 遯卦에서는 時가 두 번이나 强調되어 있으니 隱遁하고 물러가야 하는 時期, 이것이 重要하다는 것을 알 수가 있다. 우리가 事物의 理致를 알고, 未來의 모든 것을 안다고 하여도 때를 알아야만 行動에 옮길 수 있다. 이때를 알기 위해서 周易을 工夫한다고 보아도 될 것이다.

[象辭(大象)]

象曰 天下有山이 遯이니 君子－以하야 遠小人호대 不惡而嚴하나니라.

● 象에서 말하기를 하늘 아래 山이 있는 것이 遯이니, 君子가 이것을 본받아 小人을 멀리하되 惡하게 하지 않고 威嚴으로 다스리느니라.

◎ 하늘 아래 산이 있는 것이 遯이므로 君子는 이 卦象을 거울삼아 小人을 멀리하되 憎惡하지는 말고 위엄을 세워 君子의 德을 보여야 한다.

1) 遠의 뜻은 단순히 멀리한다는 것이라기보다는 소인이 畏敬之心, 즉 두려워하는 마음을 갖도록 하는 것을 말한다.

2) 君子는 늘 말을 미덥게 하며 평상시 행실을 삼가(庸言之信 庸行之謹, 乾卦文言九二)야 한다. 이것은 日常의 平凡한 행동이나 말씀에서 삼가는 것을 말한다.

[爻辭]

初六은 遯尾라 厲하니 勿用有攸往이니라.
　厲: 위태할 려. 攸: 바 유＝곳 장소

● 初六은 隱遯하는 尾라 위태로우니 갈 바 있어도 勿用이니라.

◎ 隱遯하는데 꼬리가 잡혔는지라 危險하다. 갈 바가 있어도 쓰지 말 것이다(물러가지 말고 자기 본분을 지켜라).

1) 內卦가 艮卦요 艮은 止也이다. 따라서 遯尾는 止也라 할 수 있다.

2) 初六은 不正位로 九四의 陽爻와 相應하고 있기 때문에 遯尾라고 하였다.

3) 만약에 遯世를 하려다 알려졌거나 또 遯世를 하려는 사람은 자기 혼자서 가만히 하는 것이 좋다는 뜻이다.

4) 勿用有攸往은 警戒辭이다. 勿은 禁止辭다. 할 수 있는 實力이 있어도 하지 말라는 뜻이다(만약 전쟁이 났을 때 피난하기 위하여 점을 쳐서 이 괘가 나오면 가만히 있어야 한다).

象曰 遯尾之厲는 不往이면 何災也－리오.

● 象에서 말하기를 遯尾之厲라는 것은 往하지 않는다면 何災이리오.
◎ 물러가는데 꼬리가 잡혀 위태롭다고 한 것은, 가지 않는다면 무슨 災殃이 있겠는가.

1) 遯尾는 初六爻를 가리키고 遯首는 上九爻를 가리킨다.

六二는 執之用黃牛之革이라 莫之勝説이니라.
　執: 잡을 집. 莫: 없을 막, 못할 막. 勝: 이길 승. 説: 말씀 설.

● 六二는 잡는 데 있어 黃牛의 가죽을 쓰는 것이라. 이것을 잘 탈(説)할 수 있는 것은 없느니라.
◎ 잡는 데 있어 황소 가죽 같은 것을 쓰는 것이다. 은퇴할 뜻이 가죽처럼 굳기 때문에 이를 풀 수가 없는 것이다.

1) 執之用黃牛之革 ― 六二爻는 柔順中正으로 자기의 몸을 지키는 것이 堅固하고 確固하여 남에게 侵犯當하지 않는다는 뜻이다. 황소 가죽이란 中正, 柔順, 堅固하다

는 뜻이다.

2) 六二爻가 中이니 黃이요, 陰이니 牛요, 中正이고 正應인 九五가 中正이니 堅固하다.

3) 小人이 執政하기 때문에 遯字를 뺏다(遯字가 없는 爻는 六二뿐이다).

象曰 執用黃牛는 固志也ㅡ라

◉ 象에서 말하기를 執用黃牛는 뜻을 굳게 한다는 것이다.
◎ 黃牛를 잡아 쓴다는 것은, 그 은둔한다는 뜻이 소가죽처럼 굳다는 것이다.

1) 그 은둔한다는 뜻이 견고하여 절조를 바꾸지 않는다는 뜻이다.

九三은 係遯이라 有疾하야 厲하니 畜臣妾에는 吉하니라

係: 맬 계. 畜: 기를 휵(사람을 교육, 교화시킨다. 축: 동물을 기른다.)

◉ 九三은 은둔함에 관계되는 것이라, 질병이 있어 위태로우니 臣妾을 기르면 吉하니라.
◎ 은둔하는 것과 관련되는 것이다. 질병이 있어 위태롭다. 臣妾을 기르게 되면 길할 것이다.

1) 九三 효는 得正이고 相比이다. 陽이 사라져 가는 제일 가까운 位置에 있다.

2) 아래 두 陰爻에 매여, 즉 마음이 붙들려서 隱遁하려 하나 하지 못하고 마음에 病이 생겨 危殆롭다.

3) 畜臣妾ㅡ初六 六二의 陰爻를 臣妾에다 比喻하였다. 小人의 得勢는 不可避 하나 두 陰을 臣下, 妻妾처럼 가깝게 訓育시키고 引導한다는 뜻이다.

4) 大自然의 狀況이 어찌할 수 없지만, 그래도 君子의 道는 陰을 敎化시켜야 한다
는 뜻이다.

象曰 係遯之厲는 有疾하야 憊也오 畜臣妾吉은 不可大事也ㅣ니라.
　　憊: 곤할 비, (困也)

◐ 象에서 말하기를 은둔함과 관련하여 위태롭다는 것은, 병이 있어 어렵게 됨이
요, 신첩을 기르는 것이 길하다는 것은 大事는 불가하다는 것이니라.
◎ 숨으려 하나 얽매여서 危殆롭다는 것은, 病이 있어 困하다는 말이고, 臣下와
妻子를 기르는 것이 吉하다는 말은 가히 큰일을 할 수 없다는 말이다.

九四는 好遯이니 君子는 吉코 小人은 否하니라.

◐ 九四는 좋은 은둔이니 君子는 吉하고 小人은 그렇지 않느니라.
◎ 잘 은둔하는 것이다. 君子에게는 이것이 吉하고 小人에게는 그러하지 않다.

1) 九四는 不正이나 初六과 相應이다. 이 初六에 이끌릴 것 같으나 의롭게 은퇴해
야 할 때에는 마음을 굳히고 재빨리 물러서는 것을 말한다.
2) 그 愛好하는 戀情이 篤實하나 隱遁할 時期를 놓치지 않고 물러서는 것이 好遯
이다.
3) 君子는 能히 그의 戀情을 勇斷하고 好遯할 수 있으니 吉하지만 小人은 그러하
지 못하기 때문에 비색(否塞)하다는 것이다.

象曰 君子는 好遯하고 小人은 否也-니라.

🌓 象에 말하기를 君子는 올바르게 은둔하고, 소인은 그렇게 하지 못하는 것이니라.
◎ 군자는 能力이 있어 隱遯할 時期를 알아서 行하니 好遯하고, 小人은 그렇지 못하다는 것이다.

九五는 嘉遯이니 貞하야 吉하니라.
  嘉: 아름다울 가

🌓 九五는 아름다운 은둔이니 올바르므로 吉하니라.
◎ 아름답게 은둔하는 것이다. 곧고 올바르기 때문에 길하다.

1) 九五는 陽剛中正의 德으로 지니고 尊位에 있다. 그러므로 그 하는 일은 모두가 嘉尙하다. 즉 아름답게 물러서고 피한다는 것이다.
2) 九五는 六二와 正應하고 있다. 비록 柔順中正의 位에 있는 六二 陰에 대한 정은 있으나 그 熱情을 斷然히 버리고 貞正해야만 吉할 것이다.
3) 隱遯하는데도 때가 있다. 君位에 있는 임금이기 때문에 그 스스로가 올바르게 하지 않으면 안 된다. 그렇게 하지 않는다면 백성이 어려움을 당하게 되니 바르게 하지 않으면 안 되는 것이다.
4) 嘉遯 ― 止於至善을 지녀서 아름답게 물러서는 뜻이기도 하다.

象曰 嘉遯貞吉은 以正志也-라.

🌓 象에서 말하기를 嘉遯하여 貞吉이라 한 것은 써 올바른 뜻을 지니는 것이라.
◎ 아름답게 은둔하고 올바르게 하여 길하다는 것은, (九五가 임금의 位에 있으므

로) 그 뜻을 올바르게 한다는 것이다.

上九는 肥遯이니 无不利하니라.

　　肥: 살찔 비

　☯ 上九는 肥하게 (여유롭게) 遯하는 것이니, 不利함이 없느니라.
　◎ 너그럽고 여유 있게 은둔하는 것이다. 그러므로 不利함이 없다.

　1) 上九는 遯卦의 끝이다. 여유 있고 너그러운 마음으로 隱遯하고 行動하는 것이니 利롭지 아니함이 없다.
　2) 아래에 응하는 효가 없다. 따라서 마음이 끌리는 대상도 없고 유연하게 초월할 수가 있다.
　3) 밖으로 소인의 방해가 없고 안으로 마음의 우려가 없기 때문에 여유 있게 은둔할 수가 있는 것이다.

象曰 肥遯无不利는 无所疑也－니라.

　☯ 象에 말하기를 肥遯이 无不利하다는 것은 疑惑되는 바가 없음이니라.
　◎ 너그럽게 은둔한다는 것이 불리함이 없다는 것은, 의심되는 바가 없기 때문이다.

〈遯卦의 綜合〉

　1) 內卦 艮의 三爻는 艮이 止也라고 하였으니 隱遯하지 못하고 있으나, 外卦의 三爻는 乾으로서 健하기 때문에 모두가 遯居하였다는 것으로 된다.
　2) 九四는 好遯, 九五는 嘉遯, 上九는 肥遯이라 하여 상괘는 모두 좋게 표현되어

있다.

　3) 隱遁함에 있어서의 여섯 가지 方法을 이 괘에서 살펴보면

　　　첫째 - 꼬리를 잡혔으니 가지 말라는 것이고
　　　둘째 - 벗어나지 못하면 그만두라는 것이고
　　　셋째 - 隱遁하지 못하면 小人을 訓育하라는 것이며
　　　넷째 - 愛好하는 趣味로서 隱遁하고
　　　다섯째 - 嘉尙한 理想으로 隱遁하고
　　　여섯째 - 心廣體胖하게 隱遁할 것이다.　　胖: 반 肥也, 大也(禮記)

　4) 遁避하는 것은 時間과 관련된다. 왜냐하면 時間이 늦으면 遁避할 수 없게 되기 때문이다. 그러므로 時間의 重大性을 강조해서 遯之時義大矣哉라 하였고 與時行也라고 하였다. 그러니 時宜에 맞게 行動하라는 것이다.

(34) 雷天 大壯(下經 4)

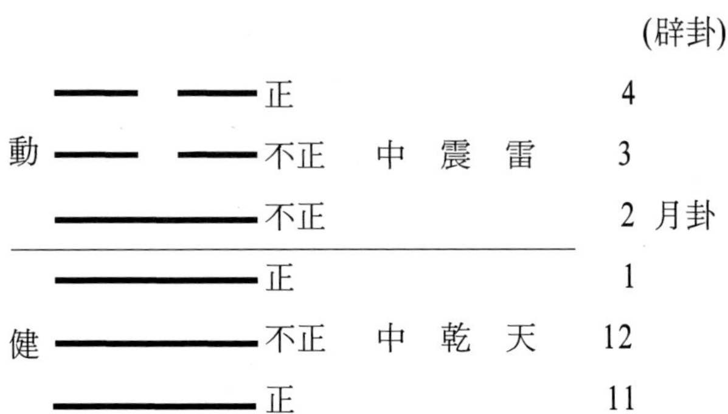

― 序 説 ―

1. 卦의 뜻

1) 卦名인 大壯은 하늘(乾) 위에 우레(震)가 크게 울리는 象으로서 陽氣가 크게 壯하여 나아가는 뜻이 있다. 또한 아래의 四陽爻가 자라 올라서 위의 두 陰爻를 몰아내는 모습이다.

內卦 乾에서 大(乾은 大也), 外卦가 震이므로 壯, (陽이 四爻까지 자랐으니 씩씩하다). 壯 씩씩할 장, 장할 장, 굳셀 장.

2) 우레가 하늘 위에서 莊嚴하게 울리는 象을 본받아서 大壯이라고 하였으며 또한

이를 본받아 君子는 生活을 할 때 禮儀에 벗어나는 일은 하지 아니한다.

3) 大壯卦는 陽이 健壯하여 잘 올라가는 形象이다. 勢力이 있어 힘차게 뻗어 가는 象이며 이를 惡用하면 안 된다. 언제나 올바르게 正道로서 나아가야 하고 理致에 不合理한 것은 排除하여야 한다.

4) 大壯卦는 遯卦의 倒轉卦다. 12개월 중 二月卦이다. 復(地雷復, 11월)月에 一陽이 始生하여 二 月에는 陽氣가 크게 大壯하여 新春이 돌아오니 冬蟄했던 生物이 活動을 開始하는 것이다. 또한 君子가 泰平한 때를 만나 小人(陰)을 물리치고 뜻을 펼치는 卦象이다.

2. 卦象과 卦德

1) 卦象으로 보면 陽이 씩씩하게 자라 陰을 먹어 들어가고 있는 形象이다. 故로 大壯이라고 하였고 陽은 大, 陰은 小이니 陽이 씩씩하게 자라 올라간다는 뜻에서 大壯이라고 하였다.

2) 大壯卦를 크게 보면 兌卦로 볼 수 있다. 說卦傳에 兌爲羊이라고 하였으니 爻辭에 羊이라는 말이 있다.

3) 周易의 思想은 扶陽抑陰하는 것으로 解說되어 있으니 陽四爻가 陰二爻보다 勢力이 强하고 또 陰을 驅逐하는 모습으로 보고 있다.

4) 이 卦의 陰陽 調和를 보면 初九와 九四爻는 둘 다 陽이기 때문에 不應이다. 九二와 六五爻는 不正이지만 相應하고, 九三과 上六爻는 서로 正位에 있으면서 正應하고 있다.

5) 卦德은 下卦 乾天은 健하고 上卦 震雷는 動이다. 그러므로 건전하게 움직여 간다는 德이 있다.

6) 序卦傳에서는 "遯者는 退也－니 物不可以終遯이라 故로 受之以大壯하고 ……"라 하여 때가 否塞하여 숨어야 할 때가 있으나 어려운 때를 지나면 반드시 泰平한 때가 오므로 마침내 크게 壯하게 된다는 것이 이 卦이다.

3. 卦의 變化

1) 倒轉卦 - 天山遯   - 大壯卦의 倒轉卦는 앞의 天山遯卦이다.
   (☶ / ☰) → (☰ / ☶)

2) 配合卦 - 風地觀   - 8月卦 - 世上을 보고 自己 自身을 보는 智慧
   (☴ / ☷) → (☴ / ☷)

3) 錯綜卦 - 天雷无妄   - 하늘이 내린 性品 그대로를 지키고 至誠스런 마음과
   (☳ / ☰) → (☰ / ☳)   眞實한 姿勢로 妄靈됨이 없게 한다.

4) 互卦 - 澤天夬卦   - 3月卦, 二 月이 지나면 三 月이 온다. 夬는 決也라.
   (☱ / ☰) → (☱ / ☰)

[卦辭]

大壯은 利貞하니라.

☯ 大壯은 貞하게 하는 것이 利로우니라.
◎ 大壯은 올바르게 하는 것이 이롭게 된다.

1) 大壯은 陽氣가 上昇하는 때다. 故로 正道로 하고 또 알맞게 하는 것이 利롭다.

2) 利貞은 大壯에 대한 警戒辭이다. 아무리 運勢가 좋고 幸運의 때를 맞았다 해도 人間이기로 非違를 犯하기 쉽다. 따라서 貞正해야만 利롭고 安全하다.

3) 孫子兵法에 軍隊가 驕慢하면 敗한다고 하였고 孔子는 가난해도 不平을 아니하기란 쉽지만 富者가 되어 驕慢하지 않기란 어렵다고 하였다.

4) 利貞은 있으나 元亨이 없는 것은 天地 大自然의 原理는 隱現起沒의 法則에 따라 뒤바뀌는 때가 있으므로 꼭 不易의 理致는 아니다. 그러므로 元亨은 없고 利貞만

을 말하였다.

5) 陽이 繁盛하기에 大壯이라 하고 現在는 좋으나, 장차로 양이 衰하여 陰이 得勢하는 天風姤의 때도 오는 것이므로 元亨이 없다. 또한 元亨이 形而上學的이라면 利貞은 形而下學이다. 形而下學은 不易의 理는 될 수 없다.

[彖辭]

　彖曰大壯은　大者－壯也－니　剛以動故로　壯하니　大壯利貞은　大者正也니 正大而天地之情을　可見矣리라.

　☯ 彖에서 말하기를 大壯은 大者가 壯하다는 것이니, 剛이 움직인 고로 壯하니 大壯利貞은 大者가 올바른 것이니 바르고 커서 天地의 情을 가히 볼 수 있으리라.

　◎ 大壯은 큰 것이 씩씩하다는 것이니, 剛(陽)이 움직인 고로 씩씩하니 大壯利貞이라는 것은 큰 것이 바른 것이니, 바르고 큰 것은 天地의 사정을 가히 볼 수 있는 것이다.

　1) 剛以動故 ─ 剛은 乾 動은 震卦를 뜻한다.
　2) 正大 ─ 宇宙大自然의 循環過程을 말한다. 예를 들면 春夏秋冬 四時가 順序대로 돌아오는 現象을 말하고 自然 그대로에 順應하는 것이 當然하다는 뜻이다.
　3) 天地의 情 ─ 周易의 여러 괘에 나온다.

咸卦 ─ 咸而天地萬物之情을　可見이리라
恒卦 ─ 恒而天地萬物之情을　可見이리라
大壯卦 ─ 正大而天地之情을　可見이리라
萃卦 ─ 聚而天地萬物之情을　可見이리라

不易之意 → 大自然 → 天地之情이라 할 수 있다. 네 가지 중 相異한 것은 大壯卦에는 萬物이라는 말이 빠져 있다는 점이다. 天地 萬物이라고 하면 形而上學的인 것과 形而下學的인 것을 포함하지만 大壯卦의 뜻은 대자연의 不易之理만을 말한 것이다.

[象辭(大象)]

象曰 雷在天上이 大壯이니 君子以하야 非禮弗履하나니라.

◑ 象에서 말하기를 天上에 우레가 있는 것이 大壯이니, 君子는 이것을 본받아 禮가 아니면 履行하지 아니하나니라.
◎ 하늘 위에 우레가 있는 것이 大壯이니, 君子는 이것을 본받고 거울삼아 예의가 아닌 것은 행하지 않는 것이다.

1) 禮는 하늘의 질서, 즉 天秩에서 비롯되는 것이며 春夏秋冬도 大自然의 秩序이다.
2) 克己復禮라는 말이 있다. 이것은 자기 스스로에게 이기고 극복하여 至善으로 돌아간다는 뜻이다.
3) 形而上學的인 禮 ― 至善, 天秩로 돌아간다. 正道로 行하는 것.
4) 形而下學的인 禮 ― 어른에게 人事하고 秩序를 지키는 것.
5) 우리나라를 東方禮義之國이라고 한다. 이 말은 우리나라가 上下의 區分이 確實하고 모든 面에서 秩序가 있는 나라라는 뜻으로 일반적으로 이해되고 있다. 그러나 원래의 참뜻은 至善을 바탕으로 正道로 걸어가는 民族, 大自然의 運行過程과 같이 알맞게 大道를 걸어가는 나라라는 뜻으로 보아야 한다는 견해도 있다.

[爻辭]

初九는 壯于趾니 征하면 凶이 有孚-리라.

　趾 발꿈치 지

● 初九는 발꿈치에서 壯하니 征하면 凶함이 有孚이리라.
◎ 발꿈치에서 씩씩하니 나아가게 되면 반드시 흉함이 있으리라.

1) 初九는 復卦로부터 陽이 始生하는 것이다. 그러므로 발꿈치가 씩씩하다고 하였다. 이 효에는 應이 없다. 그러므로 그대로 나아가면 凶하게 되는 것이 틀림없다고 하였다.

2) 大壯卦의 初爻이니까 趾라고 하였고, 이 효 자체가 剛으로서 得正은 하였으나 妄動해서는 안 된다. 아무런 識見이 없는 아랫사람이 勢力만 强壯하게 되면 반드시 暴徒가 되어 凶禍를 犯할 것이 틀림없으니 征凶有孚라고 警戒하여 하지 못하도록 하였다.

3) 有孚 ― 妄動하면 凶함이 틀림없으리라는 뜻이다.

象曰 壯于趾하니 其孚窮也-로다.

● 象에서 말하기를 발꿈치에서 씩씩하니 그 참됨이 궁한 것이로다.
◎ 발꿈치에서 씩씩하다고 하였으니 그 참되고 믿음 됨이 궁색하다.

1) 象曰 발꿈치가 씩씩하다고 한 것은 그 窮한 것이 틀림없는 것을 말한다.

2) 大壯卦는 自體가 陽이 成長하는 것으로 좋은 卦다. 그러나 爻辭는 좋지 않다. 그 이유는 아무리 좋아도 100%의 吉은 있을 수 없기 때문이다.

3) 吉中有凶, 凶中有吉 이것이 天地大自然의 理致이다. 이 모든 것을 人間萬事에 비기면 吉凶禍福이 여기에 있다. 陽中에 陰이 있고 陰中에 陽이 있다. 先天은 陽中之陰이고 後天은 陰中之陽이라 할 수 있다.

4) 大壯卦는 兌卦로도 볼 수 있다. 兌는 少女이다. 씩씩하게 자라나는 將來性 있는 時期의 健壯한 것이고 또 가장 아름다운 黃金期다. 그러기에 좋다. 그러나 나쁜 것도 內在되어 있다. 이것이 天地自然의 理致이다. 進不知退하고 有志未能하니 自負小力이면 難免其凶이로다.

九二는 貞하야 吉하니라.

☯ 九二는 올발라서 吉하니라.
◎ 올바르고 곧아서 길하다.

1) 大壯의 主爻는 得中한 九二爻이다. 九二는 不得正이면서도 相應인 六五가 있다. 得中이기에 모든 일을 正道로 하면 吉할 것이다. 마음에 中庸之道를 지켜 始終一貫 變함이 없으면 좋을 것이다.

象曰 九二貞吉은 以中也-라.

☯ 象에서 말하기를 九二 貞吉이라 함은 써 中이기 때문이라.
◎ 九二가 올바르게 해서 吉하다는 것은 中位에 있기 때문이다.

1) 此爻在中하니 月明風靜이요 身修安處하니 自得其寧이로다.

九三은 小人은 用壯이오 君子는 用罔이니 貞이면 厲하니 羝羊이 觸藩하야 羸其角이로다.

羝 숫양 저, 觸 대지를 촉, 들이받을 촉, 藩 울타리 번, 羸 상할 이, 걸릴 이, 찔릴 이, 罔 없을 망.

◑ 九三은 小人은 壯함을 쓰고 君子는 罔을 쓰니 貞이면 위태하니 숫양이 울타리를 받아 그 뿔이 걸리는 것이로다.

◎ 小人은 壯함을 쓰고 君子는 없는 것 같이함을 쓰니 너무 곧게 하면 危殆로우니 숫양이 울타리를 들이받아 그 뿔이 걸리는 것과 같다.

1) 九三은 得正이면서 上六과 正應이다. 그러나 九四가 있어서 正應에 障碍가 있다. 小人은 九四를 決斷하여 씩씩한 것만 믿고 나아가면 危殆하다.

2) 벼슬자리의 君子는 나 이상 아무것도 없다는 듯이 無視하나 正道로 해서도 危殆로우니 숫양이 울타리에 찔려서 그 뿔이 상하는 것과 같다.

3) 九三이 지나치게 剛한데다 中을 얻지 못하였으므로 自己의 能力과 剛함을 믿고 固執하여 나아가면 危殆롭게 된다.

4) 小人은 剛함만 믿고 固執하여 나아가므로(小人用壯) 염소가 울타리를 들이받다가 뿔이 걸려 위태롭게 되는 格이다(염소는 앞으로만 나아가는 성질이 있다).

5) 剛함이 있어도 없는 듯이 處身하는 것이 君子의 道이다(君子用罔).

6) 中庸 第二章에서 君子之中庸也는 君子而時中이오 小人之反中庸也는 小人而無忌憚也ㅡ니라 하였다. 忌憚: 꺼림, 어려워 함, 忌: 꺼릴 기, 憚: 꺼릴 탄, 두려울 탄.

7) 뿔이 걸린다는 것은 九四에 걸리는 것을 말한다.

8) 九三이 動하면 兌가 되어 羊의 象이다.

象曰 小人은 用壯이요 君子는 罔也-라.

◑ 象에서 말하기를 小人은 壯함을 쓰고 君子는 없는 것이라.
◎ 小人은 勢力을 쓰지만 君子는 그런 일이 없다.

1) 一般的으로 普通 사람은 用壯을 하고 君子는 用罔을 한다.

九四는 貞하면 吉하야 悔亡하리니 藩決不羸하며 壯于大輿之輹이로다.
　決: 판단할 결, 開也, 輹: 차바퀴 복.

◑ 九四는 올바르게 하면 吉하여 후회함이 없을 것이니 藩이 결코 연결되지 않으며 大 輿의 輹에서 씩씩함이로다.
◎ 올바르게 하면 후회함이 없을 것이니, 울타리(藩)가 열려 있어(決) 메이지 않으며, 수레(大輿)의 복토(수레의 바닥과 굴대를 연결 고정하는 나무)에서 씩씩함이로다.

1) 九四는 陽剛하지만 不正이다. 그러므로 正道로 올바르게 하면 吉하야 뉘우침이 없을 것이다. 울타리가 열려 있어 (뿔이) 상하지 않을 것이다. 큰 수레의 바퀴를 잘 갈 수 있게 튼튼하게 하여 나아간다는 뜻.
2) 貞吉悔亡-藩決不羸-壯于大輿之輹과 같이 事物을 方法에 따라 解說하였다.
3) 壯于大輿之輹 ― 健全한 大車를 타고 壯大하게 驀進(맥진: 左右를 돌아보지 않고 힘차게 나아감)하는 形象을 나타낸 것이다.
4) 悔亡 ― 有悔에서 无悔로 오는 것. 无悔 ― 當初부터 뉘우침이 없는 것.
5) 九四는 失位하고, 不中이며, 初九와 相比하고 있기 때문에 悔가 된다.
6) 柔弱한 六五를 도우면 뉘우침이 없다. 九四의 位가 陰爻이니 울타리가 열려 있는 象이고 九四爻가 動하면 坤이 되어 큰 수레에 싣는다는 뜻이 된다.

象曰 藩決不羸는 尙往也일새라.

　尙: 숭상할 상

● 象에서 말하기를 울타리가 열려 있어 메이지 않는다는 것은, 나아가는 것을 숭상함일새라.

◎ 울타리가 열려 있으므로 메이거나 다치지 않는다는 것은, 앞으로 나아가는 것을 숭상하는 것이다.

1) 울타리가 열려 있어서 羊이 傷하지 않는다는 것은 앞으로 가는 것을 崇尙한다는 말이다. 더욱 前進하라는 뜻이다.

六五는 喪羊于易면 无悔리라.

● 六五는 羊을 지경에서 잃는다면 후회함이 없으리라.
◎ 지경(논밭의 경계)에서 잃는다면 뉘우침이 없을 것이다.

1) 六五는 陰柔不正이나 君位에 있고 九二와 相應關係에 있다. 九四에서 울타리가 열리고 六五는 그 열린 울타리를 의미하고 있다.
2) 그 열린 울타리 때문에 모르는 새에 경계에서 羊을 잃는다. 그러나 뉘우침은 없다.
3) 六五가 君位를 얻었으나 실위(不正)하여 柔弱하므로 자신의 능력으로는 아래의 陽이 올라오는 것을 감당하지 못한다.
4) 羊은 西方 兌로 西洋의 物質文明을(互卦가 兌, 六五가 變하면 또한 兌) 뜻하고 이는 東方의 周易의 道를 뜻한다(外卦 震으로 東方).
5) 喪羊于易는 秘辭體로서 西洋의 物質文明을 그대로 相對하지 아니하고 東方의

易道로써 물리쳐야 한다는 해석이 있다. 遯卦의 六二爻는 倒轉卦인 大壯卦의 六五爻에 該當된다.

象曰 喪羊于易는 位不當也 — 일새라.

☯ 象에서 말하기를 羊을 易에서 잃는다는 것은 位가 不當하기 때문이다.
◎ 羊을 지경에서 잃어버린다는 것은 그 자리가 부정이기 때문이다.

1) 힘센 양을 억지로 끌어보아야 힘만 드니 양의 속성을 알아야 쉽게 끌 수 있다. 이와 같이 사람을 다스리는데도 감정적으로 힘만 쓸 것이 아니다.
2) 牽羊之智는 莫如知性이니 治人之道에 何用感情이리오.

上六은 羝羊이 觸藩하야 不能退하며 不能遂하야 无攸利니 艱則吉하리라.
  艱: 어려울 간, 遂 나갈 수.

☯ 上六은 숫양이 울타리에 걸려 不能退하며 不能遂하여 利로운 바가 없으니 어려움을 견디면 吉하리라.
◎ 숫양이 울타리에 걸려 물러나지도 못하고 앞으로 나아가지도 못하여 이로울 바가 없으니, 어려움을 참으면 길할 것이다.

1) 이 괘의 마지막 爻이다. 그러므로 羊의 최후의 모습이라 할 수 있다.
2) 羊이 마지막에 不能退 不能遂의 상태, 즉 羝羊이 觸藩한 상태가 되면 어떤 變化가 생긴다.
3) 艱則吉은 그 方法論이요 大自然의 이치로 오는 것이니 순순히 받아들여서 슬기롭게 넘겨야 한다. 말하자면 避凶取吉의 方法論인 것이다.
4) 外互卦가 兌卦이므로 羊이 나오고 上六이 動하면 離卦가 되어 걸린다는 뜻이

나온다.

象曰 不能退不能遂는 不詳也오 艱則吉은 咎不長也일새라.

● 象에서 말하기를 不能退 不能遂는 不詳함이요 艱則吉은 허물이 오래하지 않음이니라.
◎ 물러서지도 못하고 나아가지도 못한다는 것은 祥서럽지 못함이요 어려움을 참는다면 길하다는 것은 허물이 오래가지 않는 것이다.

1) 象에서 말하기를 물러가지도 못하고 나아가지도 못한다는 것은 不詳, 즉 처신이 올바르지 못하기 때문이고 艱則吉은 그의 過失이 오래가지 않는다는 것이다.
2) 不詳也는 自己 스스로 몸을 어떻게 處理할지를 仔細히 살피지 못한다는 말도 된다.
3) 不能退 不能遂는 西方을 두고 하는 말이며 艱則吉은 東方을 이른 말이라는 해석도 있다. 즉 不詳의 詳을 破字하면 양(羊)을 말(言)한다가 되고 또 艱則吉의 艱 속에는 艮이 있어 은근히 艮方이라는 것을 暗示하였다는 것이다. 또 西洋의 基督敎 思想에는 羊을 많이 使用한다.

〈大壯卦의 綜合〉

大壯卦의 六爻를 全體的으로 살펴보면

初九는 征하면 凶하니 有孚리라.　　아무리 强해도 知彼知己하라.

九二는 貞하면 吉하리라.　　　　　굳은 힘을 바르게 지켜라.

九三은 君子는 用罔하니 貞이면 厲하니.　강한 힘만 믿고 날뛰면 困境에 처한다.

九四는 貞이면 吉하야 悔亡하리니.　바르게 행동하니 앞길이 열린다.

六五는 喪羊于易면 无悔리라.　　　强者를 대하더라도 슬기롭게 對處하라.

上六은 不能退不能遂 无攸利 艱則吉.　강한 힘만 믿고 無謀하게 行動하면 進退

維谷에 處한다.

　＊ 全體的으로 살펴보면 모두가 警戒하고 조심하여 大壯의 本來 目的을 達成해야 한다고 강조하고 있는 것으로 볼 수 있다.

(35) 火地 晋(下經 5)

<pre>
文明 ━━━━━━━不正
     ━━━　━━━不正　離　火
     ━━━━━━━不正
     ─────────────────
     ━━━　━━━不正
順   ━━━　━━━正　　坤　地
     ━━━　━━━不正
</pre>

―序　説―

1. 卦의 뜻

1) 晋은 進也라 하였다. 卦象으로 보아 밝은 太陽인 離卦가 坤인 땅 위에 솟아 있는 形象이다.

2) 太陽이 地平線 위에 떠 天下를 밝게 비추며 文明의 氣相을 나타내고 한낮(正午)의 밝음을 誇示하며 幸運을 보이는 卦다.

3) 柔順한 六五가 百姓들의 順從함을 얻어서 天子의 尊位를 얻는 것을 말한다.

4) 晋은 낮이다. 文明한 낮이다. 地上의 太陽처럼, 사람으로 치면 道通한 聖人 君子의 位다. 社會的인 面으로 말한다면 太平盛世를 意味하고 大自然의 形態 그대로

止於至善, 天賦之性 그대로를 뜻하는 것이 晉이다.

5) 晉卦 때는 모든 것이 다 나타나고 묻혔든 것이 文明한 世上에 나와 밝음을 나타내고 自身을 誇示하는 때다. 反對로 晉의 裏面은 明夷이다.

6) 晉卦는 否卦에서 陽剛하던 五爻가 陰柔로 變하였으니 이것은 否塞한 世界에서 强暴한 君主가 柔順하게 變化하고 大臣과 元老가 强力하게 政治를 해서 天下가 文明하게 되었음을 取象한 것이다.

2. 卦象과 卦德

1) 卦象을 보면 內卦는 坤三絶로서 땅이고, 外卦는 離虛 中으로서 불(太陽)이 되어, 太陽이 中天에 높이 올라온 누리를 밝게 비추는 象이다.

2) 內卦인 坤土를 外卦인 離虛中 불이 火生土하여 '下濟而光明'(地山謙卦 象辭)하는 理致가 있으므로 聖人이나 賢人 君子가 때를 맞이하여 世上에 나와 經綸을 펼치는 象이다.

3) 內互卦 艮上連과 外互卦 坎中連에서 上連과 中連으로 '二', 坤과 離卦가 모두 陰이므로 '口口', 外卦인 離卦에 日月이 걸려 나아가는 象이므로 '日' → 晉.

4) 이 卦의 陰陽 調和를 보면 初六과 九四爻는 각각 不正이나 陰陽이 相應하고 있으며, 六二와 六五爻는 같은 陰이라 不應이며, 六三과 上九爻는 陰陽이 相應하고 있다.

5) 序卦傳에서는 "物不可以終壯이라 故로 受之以晉하고"라 되어 있어 "事物에 있어서 끝까지 壯하게 할 수는 없으므로 晉卦로 받고……"라 하였다.

3. 卦의 變化

1) 倒轉卦 – 地火明夷　　　– 나아가다 보면 언젠가는 반드시 물러나는 때가 와 밝
　(☷ / ☲) → (☷ / ☲)　　은 것이 傷하게 되는 뜻이 있다.

2) 配合卦 – 水天需　　　　– 賢人君子가 德을 쌓고 힘을 기르다가 때가 되면 나아
　(☵ / ☰) → (☵ / ☰)　　가는 뜻이 있다.

3) 錯綜卦 – 地火明夷　　　– 위의 倒轉卦의 경우와 같다.
　(☷ / ☲) → (☷ / ☲)

4) 互卦 – 水山蹇　　　　　– 나아가는 데 있어서 안으로 難關을 克服하여야 하는
　(☵ / ☶) → (☵ / ☶)　　뜻이있다.

[卦辭]

晉은 康侯를 用錫馬蕃庶하고 晝日三接이로다.
　康: 편안할 강, 侯: 임금후, 제후후, 錫: 줄 석(下賜), 주석 석　蕃: 많을 번, 庶:뭇 서,
　晝: 낮 주, 대낮 주. 接: 交也, 合也.

◑ 晉은 康侯를 用하여 말을 주기를 蕃庶하고 晝日에 세 번 接함이로다.
◎ 晉은 康侯를 맞이하여 말을 많이 주고 낮에 세 번이나 接見하는 것이다.

1) 康侯 – 여기서 康은 편안하다는 뜻으로 治安之侯(程傳), 安國之侯(本義)를 의미
한다. 六五를 가리키고 있다. 이 康侯를 周의 文王 제9자로 보거나, 康을 國名으로
이름이 封인 周 武王의 아우라는 설도 있다.

2) 用錫馬蕃庶 – 用은 以와 같은 뜻. 錫은 준다(賜) 는 것. 蕃庶는 수가 많은 것,
蕃은 多 庶는 衆이다. 侯들을 모아 잔치하고 놀면서 賞으로 말을 여러 필 下賜한다

는 뜻.

3) 晝日三接 — 낮에 세 번씩이나(아침 점심 저녁) 諸侯들을 接見하는 것. 太平盛代에 臣下들과 잔치하고 어울려 놀며 賞品도 주고 하는 形態를 描寫한 것이다.

4) 錫馬의 馬는 坤卦의 牝馬之貞이니 馬가 있고 晝日의 뜻은 離 卽 火이니 낮이며, 三接은 君位인 六五가 百姓인 坤 三爻를 세 번 접하는 것을 意味하고, 蕃庶는 여러 번이라는 뜻이니, 이것은 坤卦가 數로는 第一 많으니 蕃庶로 表現되고 있다.

[彖辭]

彖曰 晉은 進也—니 明出地上하야 順而麗乎大明하고 柔進而上行이라 是以康侯用錫馬蕃庶晝日三接也—라.

　　麗: 걸릴 려(이)

☯ 彖에서 말하기를 晉은 나아가는 것이니, 밝은 것이 地上으로 나와 順하여 大明에 걸리고, 柔가 나아가 上行함이라. 이로써 康侯를 用하여 錫馬하기를 蕃庶하고 晝日에 三接이니라.

◎ 晉은 나아가는 것이니, 밝은 것이 地上으로 나와 順하게 大明에 걸리고, 柔가 나아가 위로 올라감이라. 이렇기 때문에 康侯를 맞이하여 말을 많이 주고 낮에 세 번이나 接見하는 것이다.

1) 明出地上 — 地上에(坤卦) 밝은 것이(太陽, 火) 떠 있는 卦象을 表現한 것이다.

2) 順而麗乎大明 — 順은 坤을 뜻하고 麗乎大明은 離 卽 太陽을 뜻하니 두 가지가 모두 卦象을 보고 解釋한 것이다.

3) 柔進而上行 — 六五가 柔(陰)弱한 자로 王位에 있음을 말한다.

晉卦 六五爻가 變하면 天地否卦가 된다.

否 때의 君主가 柔順하게 變하여 太平盛代의 文明을 謳歌한다.

[象辭(大象)]

象曰 明出地上이 晋이니 君子以하야 自昭明德하나니라.
　昭: 밝을 소

◑ 象에서 말하기를 밝은 것이 地上에 나오는 것이 晋이니, 君子가 써 스스로 明德을 밝게 하나니라.
◎ 밝은 것이 지상에 나오는 것이 晋이니, 君子가 이를 본받아 스스로 밝은 덕을 밝게 하는 것이다.

1) 自昭明德 ― 學에 있는 明明德과 같다.
2) 昭는 明과 若干 相異하다. 形而上學的인 意味가 있다. 또 스스로 밝힌다는 뜻은 明德이지만 道通이 저절로 오는 것이 아니라 克己나 自成의 勤勉이 뒤따라야 한다는 意味를 內包하고 있다. 盡性工夫에서 自昭明德은 전기 불이나 太陽보다 더 밝다고들 한다.

[爻辭]

初六은 晋如摧如에 貞이면 吉하고 罔孚라도 裕면 无咎리라.
　晋: 나아갈 진. 摧: 꺾을 최, 裕: 넉넉할 유.

◑ 初六은 晋如이고 摧如임에 貞이면 吉하고 罔孚라도 넉넉하면 无咎리라.

◎ 나아갈 듯하지만 물리쳐지니 올바르면 길하고 참됨이 없다고 할지라도 넉넉하게 하면 허물이 없을 것이다.

1) 晉 初六은 不正이고 九四와는 相應이다. 九四 역시 不正이다.

2) 나아갈 것 같으면서 물러갈 것 같으니 正道로 올바르게 해야 吉하다.

3) 應爻인 九四에 믿음과 精誠이 없더라도 寬裕하면 허물이 없을 것이다. 즉 때가 太平歲月이라 地位나 富貴가 必要없으니 그대로 있으면, 最下位에 있는 사람으로서 潛龍이면 좋다는 뜻이다.

4) 初六이 柔弱한 陰으로서 아래 位에 있고 아직 어린 상태이므로 晉如摧如의 象이다. 正應인 九四 大臣의 도움으로 人君을 만나야 하나 아직 어리고 九四가 이를 制止하고 있다. 그러므로 初六은 스스로의 本分을 지켜 마음의 餘裕를 가지고 바르게 處身하여야 吉하고 허물이 없다.

象曰 晉如摧如는 獨行正也오 裕无咎는 未受命也일새라.

☯ 象에서 말하기를 晉如摧如는 獨行함이 옳고, 裕无咎는 아직 命을 받지 않음이라.
◎ 나아갈 듯 물리쳐지듯 한다는 것은, 홀로 행함이 옳고, 넉넉하게 하면 허물이 없다는 것은, 아직 명을 받지 않았기 때문이다.

1) 나아가고 물러가는 것은 혼자서 올바른 것을 하는 것이요 寬裕하면 허물이 없다는 것은 九四의 命令(九四가 大臣地位에 있으면서 命令)을 받지 못했기 때문이다 (初爻요 時代가 太平歲月이기 때문이다).

六二는 晉如－愁如－나 貞이면 吉하리니 受茲介福于其王母－리라.

愁: 근심 수, 茲: 이 자, 介: 클 개. 王母: 할머니.

◑ 六二는 晉如이듯 愁如이듯 하나 올바르게 하면 吉하리니 이 介福을 그 王母로 부터 받으리라.

◎ 나아가는 듯 근심하는 듯하나 올바르게 하면 길할 것이니, 이 큰 복을 祖母로 부터 받을 것이다.

1) 六二는 中正爻로서 나아가는 것 같기도 하고 근심하는 것 같다. 中正이면 좋을 것이니 이 大福을 그 王母(女王)에게서 받을 것이다.

2) 受茲介福于其王母 一 介는 大也니 大福을 六五爻 王母로부터 받는다는 뜻이다. 介福은 錫馬蕃庶의 賞을 받는다는 것이고 六五가 陰爻이니 王母라고 하였다. 모든 일을 훤히 알고 있는 王母이다.

3) 六二가 中正이나 六五와 相比이고 九四에 가로막혀 있으니 근심하는 象이다. (六二가 動하면 坎中連이 되어 坎은 憂也라 했으니 愁의 象이다).

象曰 受茲介福은 以中正也－라.

◑ 象에서 말하기를 受茲介福은 써 中正으로 함이라.

◎ 이에 큰 복을 받는다는 것은 中正하기 때문이다.

1) 이에 큰 복을 받는다는 말은 中正之道를 지키기 때문이다.

六三은 衆允이라 悔亡하니라.

　允: 진실로 윤, 미더울 윤

◑ 六三은 衆이 미더운지라 뉘우침이 없을 것이니라.
◎ 무리가 미더운지라 뉘우침이 없을 것이다.

1) 六三은 上九와 相應이다. 서로 不正으로 相應이다.
2) 衆은 많다는 뜻이고 初六 六二를 가리킨다.
3) 允은 眞實로 뜻이 相通되는 形象이다. 六三은 坤爻의 마지막 爻다. 그래서 衆陰의 信允을 받았기 때문에 뉘우침이 없다고 하였다.
4) 初六, 六二, 六三의 모든 陰을 紏合하여 眞實로 그 允許를 얻어 忠誠을 다할 것 같으면 뉘우침이 없어진다.

象曰 衆允之志는 上行也－라.

◑ 象에서 말하기를 衆允의 뜻은 上行함이라.
◎ 무리의 미더운 뜻은 위로 올라가는 것이다.

1) 모든 陰이 眞實로 相通하여 뜻을 함께하는 것은 위(六五 君位爻)로 行하기 때문이다(六五에 대하여 忠誠을 바친다는 것이다).
2) 六三을 初六과 六二가 밀고 함께 위로 가고자 하므로 '上行'이다.

九四는 晉如－鼫鼠－니 貞이면 厲하리라.

　鼫; 다람쥐 석, 鼠: 쥐 서.

◑ 九四는 나아가는 것이 다람쥐 같으니 올바르게 하면 위태로우리라.

◎ 나아가는 것이 다람쥐 같은 것이니 正道로 하더라도 위태로움이 있을 것이다.

　1) 九四는 不中不正爻이다. 아래로 三陰을 돌아보고, 또 위로는 六五의 柔弱한 임금을 섬기고 補佐해야 하는 位置이다.

　2) 鼬鼠 ― 다람쥐를 말한다. 밤에는 活動을 하지 않고 낮에 活動하는 것이 다람쥐이다. 또한 다람쥐의 왔다 갔다 하는 性質의 象을 取한 것이다.

　3) 또한 다람쥐는 사람이 있으면 逃亡가고 없으면 나오고 하는 성질이 있다. 따라서 아래의 三陰으로 갈까, 위의 六五爻 君位에 따를까 하는 行動을 表現한 것이다. 小人을 模倣하여 鼬鼠라 했다.

　4) 貞厲 ― 九四가 不正爻이니까 아무리 正道로 해도 危殆롭고 근심이 있다.

象曰 鼬鼠貞厲는 位不當也 ― 일세라.

◐ 象에서 말하기를 다람쥐가 올바르더라도 위태롭다는 것은, 位가 不當하기 때문이라.

◎ 다람쥐가 올바르게 하더라도 위태하다는 것은, 그 위가 마땅하지 않기 때문이다.

　1) 九四爻는 不中不正이기 때문에 不當하다고 하였다.

　2) 三爻에 位不當이 많고 九四爻에 位不當은 잘 없으나 晉卦에 처음 나온다. 그리고 擇地萃卦의 九四爻에도 位不當也가 있다.

六五는 悔 ― 亡하란대 失得을 勿恤이니 往에 吉하야 无不利리라.
　恤: 근심할 휼

◐ 六五는 悔가 亡하는데 失得을 근심하지 말라. 往에 吉하여 不利함이 없느니라.

◎ 뉘우침이 없어진다. 얻고 잃음을 근심하지 말라. 나아감에 길하고 불리한 바가

없을 것이다.

  1) 六五는 陰爻로서 양의 위에 있는 不正爻이기 때문에 후회할 만한 잘못이 있는 것 같지만 중용의 덕을 갖춘 五의 位에 있고 아래 사람이 잘 따르므로 뉘우칠 만한 잘못은 일어나지 않는다.
  2) 일이 잘 안 될 때도 있고 잘되는 수도 있으나 조금도 근심할 필요가 없다. 따라서 그대로 行하면 吉하야 利치 아니함이 없으리라.
  3) 不正이니까 悔亡이라고 하였으며, 失得勿恤은 太平盛代이니까 重臣이 도와 國王을 擁護하는지라 勿恤이라고 하였고, 임금의 자리에서 그대로 나아가면 이로움이 있을 것이다.
  4) 六五가 비록 失位하였으나 君位로서 得中하였으니 '悔亡', '勿恤'이다. 失得勿恤은 백성을 얻고 잃음에 근심하지 말라는 뜻이다.
  5) 九四가 백성을 막으면 '失', 막지 않으면 '得'이다.

  象曰 失得勿恤은 往有慶也 – 리라.

  ◐ 象에서 말하기를 失得을 근심하지 말라는 것은, 나아가면 慶事가 있음이라.
  ◎ 잃고 얻음을 우려하지 말라는 것은, 그대로 나아가면 경사스러운 일이 있을 것이기 때문이다.

  1) 六五爻가 不正이나 得中을 하였으니 德이 있는 柔順한 王이다. 그러므로 中正之道를 지키면 때가 太平歲月이니 无不利하다.

上九는 晋其角이니 維用伐邑이면 厲하나 吉코 无咎어니와 貞앤 吝하리라.

　角: 뿔 각, 모퉁이 각. 維: 맺을 유(連結), 이을 유(係也), 오직 유.

☯ 上九는 그 角에 나아감이니, 오직 邑을 정벌하는 데 쓰면 厲하나 无咎하거니와 貞하더라도 吝하리라.

◎ 그 뿔로 나아간다. 오직 이것을 이용하여 고을을 정벌하게 되면 위태로우나 길하고 허물이 없을 것이다. 올바르게 하더라도 인색할 것이다.

1) 上九는 前進함에 있어 가장 앞(뿔)이다.

2) 上九는 不正不中한 자리이나 六三과 相應이다. 六三에 매여 戀戀하면(離爲兵戈 坤爲衆, 內卦 坤之陰土 邑. 上九가 動하면, 震動 伐邑之象) 근심은 있으나 吉하고 허물이 없을 것이다. 시간을 놓쳤으니 行하면 吝嗇하리라. 나아가는 것을 固執하면 (持續) 難處한 立場에 빠질 것이다(낮에 할 일을 밤에 하면 吝嗇하다).

3) 上九는 失位한 데다가 中을 잃고 極하여 더 이상 나아갈 데가 없으니 스스로를 反省하여 '克己復禮' 하면 비록 危殆하나 吉하고, 오히려 스스로를 固執하면 吝嗇하게 된다.

象曰 維用伐邑은 道未光也일새라.

☯ 象에서 말하기를 維用伐邑은 道가 아직 빛나지 못함이라.

◎ 자기 영지 안을 정벌한다는 것은 道가 아직 빛나지 않음이라.

1) 上九가 그 강한 힘을 발휘하여 자기 읍내의 말을 듣지 않는 사람들을 치면 길하지만 도덕상 올바른 행위로 볼 수는 없다.

〈晉卦의 綜合〉

初六 晉如摧如 ― 進步가 失敗한 것

六二 晉如愁如 ― 進步가 困難한 것

六三 衆允 ― 民衆의 支持를 받는 것

九四 鼫鼠라 함은 分業의 過程에 있는 것

六五 失得勿恤 ― 分權의 制度가 되는 것이고

上六 晉其角 ― 左右의 分裂이 있는 것

六爻의 段階와 같이 進步해가는 文明世界를 描寫(取象)한 卦

(36) 地火 明夷(下經 6)

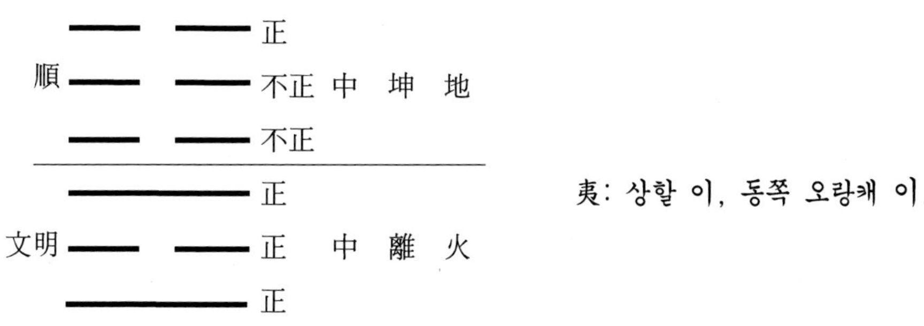

夷: 상할 이, 동쪽 오랑캐 이.

―序 説―

1. 卦의 뜻

1) 晉卦의 倒轉卦가 明夷卦이다. 땅속에 밝은 太陽이 숨어 있는 象으로서, 밝은 것이 傷했다는 뜻이 있는 까닭에 '明夷'라고 하였다.

2) 夷는 傷也, 平等也, 悅也, 東方蠻人 등의 뜻이 있으며 破字를 하게 되면 一弓人이라 할 수 있고 이것은 東方의 나라 우리 韓國을 뜻하기도 한다. 明夷는 밝은 것, 즉 火가 地下에 있으니 傷한 것으로 볼 수 있고 또 모든 天地 萬物이 다 傷하였으나 오직 夷, 즉 東夷之國만 홀로 우뚝 밝은 빛을 발한다는 뜻도 된다.

3) 明夷는 본래 밝은 것이 傷한다는 뜻이나, 한편으로는 어두운 先天의 시대에 마

침내 後天의 道를 東夷(艮方)에서 밝히게 된다는 秘意가 있다.

4) 저 하늘에 떠 있는 太陽은 임자가 없다. 따라서 大自然의 眞理는 임자가 없으니 淸風明月과도 같다. 이와 같이 自然을 人爲로 어찌할 수 없는 것과 같이 韓國에는 좋은 運數가 좋은 地境에 있다는 말이 明夷라고도 한다.

5) 옛날 중국에서도 우리나라를 잘 評價하였으니, 공자도 항상 吾道亦東이라는 말씀을 하셨다니 吾道라는 말은 宇宙의 眞理를 말함이고 또 東方禮義之國이라고 높이 讚揚한 것을 보면 孔子 같은 聖人도 自己의 道가 後世에 韓國에서 빛날 것을 豫測한 것이 아닌가 하는 견해도 있다. 이것은 孔子가 中國에서 탄생하였으나 孔子의 道는 오늘날 韓國에서 꽃피우고 있다고 한다. 坊坊曲曲에 孔子의 位牌를 뫼시고 春秋로 鄕校에서 享祀를 지내고 또 그 學問이 지금 우리나라에서만이 繁昌하고 硏究하는 사람이 많다고 한다.

6) 중국을 살펴보면 中央에는 中原으로 天子가 지키고 統治하며 제일 좋은 位置는 所謂 中華人이 살며 南쪽에는 蠻이 살고 北에는 狄(적)이, 西쪽에는 戎(융)이, 東에는 夷가 살고 있다고 하였으니 東夷가 곧 우리나라를 말하였다.

7) 易에서 처음으로 文王과 箕子 같은 사람 이름이 등장한다는 것은 36卦째의 明夷, 즉 이때에 聖人이 出現한다는 暗示가 아닌가 하는 해석도 있다. 어쨌든 文王以之, 箕子以之라고 했으니 연구해 볼 필요가 있다.

8) 明夷는 聖人과 같이 外柔內剛한 사람처럼 안으로는 세상만사를 훤히 알고 있는 사람이 모르는 척 외부로 나타내지 않는 행동을 하는 것이 明夷이다. 周文王은 羑里獄 속에서 演易을 하여 다 통달하였으나 모르는 척하여 자기 아들을 죽여 떡을 만들어 주어도 먹었다고 하며 箕子는 佯狂(양광: 일부러 미친 체함)하였으니 이러한 것이 明夷卦와 같다.

9) 明夷를 공부하는 것에 비유하면, 觀, 敬工夫가 四次元에 돌입한 사람의 경지를 明夷라고 할 수도 있다.

10) 文王에 대한 역사적인 고찰(개괄)

王秀 → 文王 → 武王 → 成王(나이가 어려서 周公(三寸)이 섭정을 하였다.)

　　　　　　→ 周公
武王은 殷의 紂王을 정벌하여 中原을 통일하였다.

11) 周文王으로부터 午時가 시작되며 이때부터 母系中心 社會에서 父系中心社會로 들어갔다고 한다.

12) 中原의 天子에 대한 等級을 보면

天子 － 萬乘之家
諸侯 － 千乘之家　　　　　　家＝人의 뜻이다. 小說家, 評論家, 演出家 等
政丞(大夫) － 百乘之家

여기서 萬乘이라는 것은 隨行하는 말이 萬匹이라는 뜻으로 그 威嚴이나, 地位의 尊嚴을 나타냈다.

13) 중국에는 揚子江을 중심으로 南北의 文化圈이 형성되어 있다. 남쪽에는 老子敎인 仙道가 盛하였고 北에는 孔子敎인 儒敎가 盛하였으니, 南北의 思想的인 統一은 政治的인 課題였고 많은 어려움이 있었다. 이 때문에 歷代의 天子가 蕩平策으로 南北의 融和를 시도하였다. 예를 들면, 漢武帝는 북쪽 出身으로 南北의 融和策으로 神仙을 求하려 간다고 하며 남쪽 仙敎의 백성들에게 歡心을 사고 二次에 걸쳐 百萬 戶의 국민을 남쪽으로 移住시켜 思想的 統一을 시도했다. 말하자면 蕩平策을 썼던 것이다.

14) 蕩平策은 書傳의 洪範編에 나오는 것으로 王道政治를 하는 方策이다. 漢武帝의 百萬戶移住나 우리나라의 四色黨派에 대한 英祖의 政策이 그러하였고 孫文이 蕩平策을 부르짖은 것은 堯舜禹蕩과 같은 聖君의 政治를 이어받았다는 것을 엿볼 수 있다.

15) 周文王의 偉大性은 殷나라 마지막 紂王(天子)의 暴惡性 때문에 더욱 빛나고 이름이 났는지도 모른다. 이것도 相對的이다. 紂王의 暴惡性을 例들어 보면 殷有三仁이 있었으니 比干(왕자), 微子(宗孫), 箕子: 紂王의 三寸이다.

　王子 比干이 忠臣으로 紂王에 諫하여 天子의 暴政에 대한 忠告를 하니 紂王이 比

干을 사로잡아서 ‘聖人은 有心七口’(聖人은 心包 속에 구멍이 일곱 개 있다 하니)라
는 말을 確認코자 三寸을 죽였으니 그 외의 문제는 알고도 남음이 있다. 微子는 宗
孫이니 神主를 가지고 逃亡쳐 隱身하였고, 箕子는 어찌할 방법이 없어 佯狂을 하였
다(佯狂 — 속은 太陽처럼 밝게 알고 있으면서 겉으로는 미치광이처럼 행동하는 사람
을 말한다).

2. 卦象과 卦德

1) 晉卦가 낮이라면 明夷卦는 太陽이 없는 밤, 暗黑天地를 뜻한다고 볼 수도 있
다. 마치 사람으로 치면 聖人 君子가 속으로는 훤하게 알고 있으면서 겉으로는 暗
黑, 蒙昧 無智한 사람처럼 보이게 하는 것을 取象하였다.

2) 內卦의 離虛 中은 日, 內互卦의 坎中連은 月이 되어 ‘明’, 夷는 一弓之人의 뜻
으로 太極(弓乙形), 즉 萬物 가운데 有極(皇極)이 출현하여 否塞한 先天時代(明夷世
上)를 革破하고 皇極의 道로써 後天을 연다는 뜻이 있다.

3) 太陽이 地下에 있는 것이 明夷卦의 卦象이다. 빛이 없는 세상에서는 아름답고
고운 얼굴도 判別할 수 없는 法이니 다시 빛이 보일 때까지 잠자코 기다려야 한다.
세상에는 惡이 亂舞하고 있으며 善이 驅逐되는 때이니, 朝廷에서 小人이 氣를 펴는
나라에서는 指導者가 孤立되고 迫害를 받게 마련이다. 이런 환경에서는 君子나 賢人
은 自身을 숨기고 바보처럼 反抗 없는 柔順한 態度로 살아가라고 이 卦에서는 가르
치고 있다.

4) 이 卦의 陰陽 調和를 보면, 初九와 六四爻는 바른 位에 있으면서 正應하고 있
다. 그러나 六二와 六五爻는 中位에 있으면서도 같은 陰끼리라 不應이다. 또한 九三
과 上六爻는 正應을 하고 있다.

5) 卦德을 보면 下卦 離火의 卦德은 文明이고, 上卦 坤地의 卦德은 順이다. 밝은 것
이 땅 아래 들어갔으니 밝은 德을 가진 聖人이나 君子가 亂世를 만났으니, 스스로 마

음을 가다듬고 나서지 않으며, 愚昧한 것처럼 處身하면 順調롭게 벗어날 수도 있다.

6) 明夷卦는 上下經 合해서 36번째 卦이다. 36이라는 숫자는 우리나라와 깊은 관계에 있다. 周易 64괘는 36宮(倒轉卦 28, 不倒轉卦 8)으로 이루어져 있다. 따라서 邵康節은 36宮 都是春이라 하였고 또 先天 乾道(乾老陽 36策)가 끝나고 後天 坤道로 바뀐다는 뜻이 있다.

7) 序卦傳에서는 晉者는 進也-니 進必有所傷이라 故로 受之以明夷 하고……라 하였다. 즉 앞으로만 나아가다 보면 반드시 傷하는 때가 있으므로 晉卦 다음에 明夷卦로 받고……라 하였다.

3. 卦의 變化

1) 倒轉卦 - 火地晋   - 明夷의 때가 지나면 太陽이 地平線에 다시 떠오르듯
   (☷ / ☲) → (☲ / ☷)   太平한 때가 다시 온다.

2) 配合卦 - 天水訟   - 明夷의 때에 서로 간에 뜻이 맞지 않아 訟事가 일어
   (☷ / ☲) → (☰ / ☵)   남을 알 수 있다.

3) 錯綜卦 - 火地晋   - 倒轉卦의 경우와 같다.
   (☷ / ☲) → (☲ / ☷)

4) 互卦 - 雷水解   - 어려운 明夷의 때를 지나면 다시 일이 亨通하게 풀리
   (☷ / ☲) → (☳ / ☵)   게 되는 뜻이 있다.

[卦辭]

明夷는 利艱貞하니라.
　艱: 어려울 간.

☯ 明夷는 艱貞함이 이로우니라.
◎ 밝은 것을 傷한다고 하는 것은 어려움을 견디는 데 正道로 함이 利롭다.

1) 文王이 羑里獄(유리옥)에 갇혀 苦楚를 當하는 것과 箕子가 佯狂을 하는 것이
모두 艱이다. 어려운 일이 있으나 그 裏面에는 딴 理由가 있다. 하지만 貞이라야 이
롭다.
2) 難 — 그저 어려운 것, 겉으로 그저 어렵다고 하는 것.
艱 — 어려운 裏面에 마음속으로 딴 이유가 있다.

[彖辭]

彖曰 明入地中이 明夷니 內文明而外柔順하야 以蒙大難이니 文王이 以之
하니라. 利艱貞은 晦其明也라 內難而能正其志니 箕子－以之하니라.
　蒙: 무릅쓸 몽, 어릴 몽. 晦: 그믐 회, 어두울 회, 밤 회.

☯ 彖에서 말하기를 明入 地中이 明夷이니, 안으로 文明하고 밖으로 柔順하여 써
大難을 입으니 文王이 이것을 썼느니라. 利艱貞은 그 明을 어둡게 하는 것이라. 안
으로 難하면서도 능히 그 뜻을 바르게 하는 것이니 箕子가 그렇게 하였느니라.
◎ 밝은 것(離)이 땅속으로 들어간 것이 明夷이다. 안으로는 文彩나고 밝으면서

밖으로는 柔順하여 큰 어려움을 무릅쓴다. 文王이 이렇게 하였다. 어려워도 마음이 바르고 곧아야 이롭다는 것은 그 밝음을 어둡게 하는 것이다. 안으로 어려우나 그 뜻을 바르게 한다는 것이니 箕子가 그렇게 하였다.

　1) 晦其明也 ― 그 밝음을 어둡게 하는 것. 太陽은 항상 밝은 것이나 밤이 되어 地球에 가려지면 어두워진다. 이와 같이 속으로는 훤히 밝으면서 밖으로는 어두운 것 같이 행동하는 것, 사람에 比較하면 箕子와 같은 사람을 말한다.
　2) 先天八卦의 震方은 後天八卦의 艮方이다. 說卦傳에 "終萬物始萬物者 莫盛乎艮"이라 하였다.
　3) 朱子의 호는 晦菴이고, 安裕의 호는 晦軒이다. 이렇게 號를 지은 것도 晦其明也와 같은 의미라 할 수 있다.
　4) 用晦而明이라는 말이 있는데 明明德이 된 사람을 흔히 用晦라 한다.

象曰 明入地中이 明夷니 君子–以하야 莅衆에 用晦而明하나니라.
　莅: 다다를 이(리), 임할 리, 자리 리. 임금으로서 아래사정을 돌볼 리.

　☯ 象에서 말하기를 明이 地中에 들어가는 것이 明夷이니, 君子가 써 衆에 임함에 用晦하여 明하나니라.
　◎ 밝은 것이(火) 땅속에(坤) 들어 있는 것이 明夷이니, 君子가 이것을 보고 본받아서 民衆에게 임함에 있어서 愚晦한 것같이 하면서 밝게 하는 것이다.

　1) 君子는 밝은 빛이 땅속으로 감추어져 빛을 낼 수 없는 象을 본받아서, 一般 群衆에 대해서 너무 分明하게 따지지 않고 안으로는 明徹하나 밖으로는 좀 어리석한 태도로 백성의 허물을 눈감아 주면서 나라를 다스리지만 차츰 백성을 밝은 데로 이끌어 간다.
　2) 用晦而明 ― 元曉 大師가 감천사에서 불목지기를 하면서 3개월 동안 있었다. 건

너 암자의 방울 스님은 원효인 줄 알았다. 이러한 것이 用晦而明이다.

　3) 詩經에 成王將欲蒞臨其政……이라는 글이 있다.

初九는 明夷于飛에 垂其翼이니 君子于行에 三日不食하야 有攸往에 主人이 有言이로다.

　　垂: 드리울 수. 翼: 나래 익

　☯ 初九는 明夷가 여기에 날아 그 나래를 내리는 것이니, 君子가 여기에 행함에 三 日을 不食하여 갈 바 있음에 主人이 말이 있는 것이로다.

　◎ 明이 상하여 나아가 날아 그 나래를 드리운다. 君子가 나아가서 三 日을 먹지 않는다. 갈 바 있으나 主人의 비난하는 말이 있다.

　1) 세상이 暗黑시대가 된 초기이다. 총명한 君子인 初九는 難을 피해 가려 한다. 높이 나는 것이 아니라 낮게 나래를 드리워서 날아간다. 君子는 이러한 암흑시대를 당하여 벼슬을 하지 않고 물러나 三 日(三 日: 三離火이니 三, 離爲 日. 離虛 中이니 不食)을 굶는 일이 있더라도 義 아니면 祿을 먹지 않는다. 그러나 군자가 이렇게 갈 바가 있음에도 주인이 잔소리를 하고 비난한다.

　2) 날개를 드리우는 것을 날개가 상해서 드리운다는 해석도 있으나 남의 눈에 띄지 않게 낮게 나는 것이다.

　3) 主人은 여기서 六二를 가리킨다. 有言은 잔소리나 비난하는 것.

　4) 紂王이 亡해가는 時期에 重臣으로 있었던 伯夷, 叔齊 두 사람이 피해 가는 것이 새가 날아가는데 날개를 드리우는 것과 같다(二 人이니까 翼이다). 이 두 사람은 實際로는 떠나지 않았다. 그러나 心的으로는 紂를 떠났다. 不食: 녹을 먹지 않는다는 뜻.

　5) 紂王이 망하고 伯夷와 叔齊는 不事二君의 忠節을 지키기 위하여 首陽山에 들어가 採薇而食으로 延命하여 오다가 두 사람이 그곳에서 죽었다. 이를 기리기 위하여 伯夷, 叔齊의 碑를 세웠다고 한다.

6) 우리나라 成三問 선생이 伯夷 叔齊를 보고 '百世淸風'이라고 그 精神을 높이 稱讚하였다. 高麗朝의 吉再 先生은 高麗가 亡함에 朝鮮朝를 섬기지 않고 慶尙道 金烏山에 들어가 杜門不出 하다가 일생을 마쳤다. 伯夷 叔齊를 본받아 採薇亭이라는 亭子를 지어 놓고 살았다고 한다.

7) 首陽 大君이 端宗을 몰아내고 王位에 올랐다. 首陽이 어릴 때 너무나 亂暴하고 장차 큰일을 낼 사람으로 알고 伯夷 叔齊가 首陽山에 들어가 採薇而食한 忠節心을 본받으라는 뜻에서 首陽 大君이라 稱名했다는 설도 있다.

象曰 君子于行은 義不食也-라.

◑ 象에서 말하기를 君子의 于行은 義로써 不食함이라.
◎ 君子가 나아간다는 것은 義理가 아니면 祿을 먹지 아니함이다.

六二는 明夷에 夷于左股-니 用拯馬壯하면 吉하리라.
　股: 다리 고. 拯: 구원할 증.

◑ 六二는 明夷에 左股가 傷한 것이니 用拯함에 馬壯하면 吉하리라.
◎ 밝은 것이 傷하매 왼쪽 넓적다리를 傷하니, 이를 救援함에 말(馬)이 씩씩하면 吉할 것이다.

1) 六二는 紂王에 의하여 羑里獄(유리옥)에 갇혀 있는 文王의 形狀을 比喩하여 말하였다. 그리고 六二는 得中 得正한 사람이다.

2) 左淺하고 右深이라 흔히 말한다. 左股라고 하였으니 가벼운 傷處라는 뜻으로 解釋할 수 있다. 건장한 말을 타고 도망가면 재난을 피하고 길할 수가 있다.

3) 六二가 明夷의 때인 까닭에 비록 傷함이 있으나 得中 得正하였음으로 中正으

로서 順하게 하면 마침내 吉하게 된다.

4) 어지러운 세상을 救濟하는 것이 用拯 馬壯이다. 六二가 動하면 乾三連이 되어 良馬의 象이 된다.

象曰 六二之吉은 順以則也일새라.

　則: 法則, 天則也

● 象에서 말하기를 六二의 吉은 順함으로써 法則에 맞음이라.
◎ 六二에서 吉하다고 한 것은 順해서 하늘의 法則에 따르기 때문이다.

1) 六二의 吉함은 아무리 紂王으로부터 迫害가 있는 어려운 세상이라도 柔順한 마음으로 바른 法則을 지키면 身命을 保全할 수 있다는 것이다.
2) 씩씩한 말(馬)이라는 말(言)을 한 것은 六二爻 밑에 陽爻가 있어 承剛하고 있기 때문이다.
3) 六二爻는 陰爻이므로 柔順한 마음이라 하고, 바른 법칙을 따른다고 하였다.

九三은 明夷于南狩하야 得其大首니 不可疾貞이니라.

　狩: 사냥할 수, 疾: 빠를 질, 병들 질.

● 九三은 明夷에 南으로 사냥하여 그 큰 우두머리를 얻었으니 급하게 해서는 안 되니 貞해야 하느니라.
◎ 밝음이 상하여 남쪽으로 사냥하여 그 적의 魁首를 잡았으니 빠르게 하지 말아야 할 것이고 올바르게 해야 한다.

1) 光明됨이 상하여 암흑세계가 된 상황에서 강건한 군자인 九三은 남쪽 밝은 데

로 나아가 악인을 정벌하고 그 우두머리를 칠 것이다. 그러나 급하게 해서는 안 된다. 왜냐하면 신하가 군주를 치는 일이기 때문이다. 악의 우두머리의 죄상이 심하여 그 이상 두고 볼 수가 없을 때에 쳐야 한다. 그러므로 올바르게 해야 한다.

2) 九三은 上六과 正應으로 武王에 比喩하였다. 暴政을 하는 紂王을 征伐하는 것을 南狩라 하고 大首는 紂王이라 할 수 있다. 正應이 되는 上六이 大首, 즉 紂王이라 할 수 있다.

3) 不可疾貞 ― 너무 급하게 정벌하려고 해서는 안 될 것이다. 한 나라를 정벌하게 되면 魁首나 우두머리만 處斷하면 될 것이지 百姓까지 죽일 필요는 없다. 그래서 비록 正義의 行使일지라도 性急하게 서둘러서는 아니 된다고 하였다.

4) 天子가 天命을 받는다는 말은 곧 天下의 人心(民心)을 얻는다는 뜻이다. 武王이 13년이나 政治를 해도 民心이 收拾되지 않았으며 紂王을 征伐한 것은 暴惡한 임금 그 자체를 친 것이 아니다. 단지 一夫인 한 魁首를 없앴다고 볼 수 있다. 그 후 箕子가 傳하는 洪範九疇인 大法九條目으로 政治하여 세상을 평정했다고 한다.

象曰 南狩之志를 乃大得也 - 로다.

◐ 象에서 말하기를 南狩를 하는 뜻은 이에 크게 얻음이로다.
◎ 남쪽에 가서 사냥을 하는 뜻은 곧 크게 얻음이다.

1) 여기서 大得이라는 것은 大勝이라고 할 수 있고 大義 - 正義 - 大力을 얻는다는 뜻이다.

六四는 入于左腹하야 獲明夷之心하야 于出門庭이로다.
　　腹: 배 복.　獲: 得也

◑ 六四는 左腹으로 들어가 明夷의 心을 獲하여 여기에 門庭으로 나오는 것이로다.
◎ 왼쪽 배에 들어가 밝음이 상한 마음을 얻어서 門庭으로 나오는 것이다.

　1) 왼쪽 배에 들어간다는 것은 그 생각을 충분히 알고, 그를 고칠 수는 없다는 것을 깨닫고 도피할 것을 결심하고 자기 집 문에서 나아간다.
　2) 六四는 微子의 경우에 해당한다. 그는 紂의 가까운 친척이지만 그 폭정을 고칠 수가 없다는 것을 알고 두려워서 도피하게 된다.
　3) 紂의 天命이 다된 것을 짐작하고(獲明夷之心) 도망가는 형상이다.
　4) 左腹 — 左股보다 가깝게 왔다. 더욱더 망할 형색이 짙어지고, 또 보다 가까운 심복 신하로도 풀이된다.
　5) 獲明夷之心 — 明夷之心은 紂王의 마음을 뜻한다. 심복신하이기 때문에 明夷之心을 안다, 알아차렸다는 뜻이다.
　6) 于出門庭 — 明夷之心을 알았기 때문에 취하는 행동이 곧 出門庭이다.

象曰 入于左腹은 獲心意也－라.

◑ 象에서 말하기를 左腹으로 들어갔다는 것은 心意를 얻었음이라.
◎ 왼쪽 배로 들어감은 明夷의 君의 마음과 뜻을 알았다는 것이다.

六五는 箕子之明夷니 利貞하니라.

◑ 六五는 箕子의 明夷이니 올바르게 함이 이롭다.

◎ 箕子의 밝음이 상한 것이니 올바르게 하는 것이 이롭다.

  1) 箕子는 포학한 군주인 紂王을 섬기면서 그 밝은 총명을 숨기고 거짓 미친 것처럼 하여 어려운 경우를 피했다. 이러한 경우에는 箕子처럼 正道를 굳게 지켜 잃지 않는 것이 좋다.

  2) 六五는 六二와 相比관계이다. 得中爻인 同時에 君位이다. 箕子에 比喩하였으니 主爻이다. 明夷卦의 君位라면 賢者의 地位이다. 六二爻가 中正이니 또 文王에 비겨 놓았다.

  3) 六五는 箕子와 같이 밝음을 숨긴 것이니 中正之道로 모든 일을 해야 利롭다. 箕子는 內心으로는 賢明한 大德을 가지고 있으면서 外觀으로는 暗陰한 六五가 되었으니 그의 賢德을 韜晦(도회: 才智나 學識을 감춤)함이라 貞해야 이로운 것이다.

象曰 箕子之貞은 明不可息也ー니라.

  ☯ 象에서 말하기를 箕子의 올바름은 밝음이 가히 쉬지 않음이니라.
◎ 箕子가 올바르게 한다는 것은 밝은 것이 可히 쉬지 않음이라.

  1) 明不可息也ー佯狂을 하는 箕子의 態度는 닥쳐올 紂王의 將來를 豫測한다면 어찌할 수가 없었다. 겉으로는 그러하나 內部로는 마음을 곧고 바르게 가져야 몸을 保存할 수 있다는 것이다.

上六은 不明하야 晦니 初登于天하고 後入于地로다.

  ☯ 上六은 明하지 못하여 어두운 것이니 처음은 天으로 올라가고 후에는 地로 들어감이로다.
◎ 밝지 못하여 어둡다. 처음은 하늘에 올라가고, 뒤에는 땅에 들어가게 된다.

1) 上六은 九三과 正應이다. 得正이나 明夷의 極이다.

2) 六五의 箕子之明夷는 밝은 晦다. ― 속은 훤히 알면서도 모르는 척하는 것.

3) 上六의 不明하야 晦 ― 본바탕이 晦다. ― 원래부터 모르는 것.

4) 不明晦 ― 原來부터 아무것도 모르는 바보라는 뜻이다.

5) 用晦而明을 할 줄 아는 사람이 진실로 晦다.

6) 上六은 紂王을 말했다. 득정하고 정응이 있어 처음은 비록 높은 자리에 앉았으나 나중에는 暴政을 하고 君王의 덕망이 땅에 떨어져서 백성의 마음을 잃고 또 어진 신하들이 다 떠나니 결국 그 위엄이 땅에 떨어져 滅亡하고 만 것이다.

象曰 初登于天은 照四國也ㅣ오 後入于地는 失則也ㅣ라.

◐ 象에서 말하기를 처음에 天에 오르는 것은, 사방의 나라를 비추는 것이요, 후에 地에 들어간다는 것은 失則함이라.

◎ 처음은 天子의 地位에 오른다는 것은 四方의 나라에 그 덕이 빛난다는 것이요, 뒤에는 땅으로 들어간다는 것은 法則을 잃었다는 뜻이다.

1) 初登于天 ― 後入于地: 初와 後, 天과 地를 서로 對照하였다. 天은 天子로 君臨한다는 뜻, 地는 治世의 原則을 喪失한 것.

2) 賢明하지 못한 어두운 君主가 처음은 太陽이 하늘에 솟듯이 天子로서 天下에 君臨하였으나 뒤에는 暴政으로 民心을 잃어 마치 해가 地平線 밑으로 沈沒하듯 沒落해 버린다.

3) 人間의 歷史는 어느 모로 보아서 治亂의 循環過程이라고 할 수 있다. 太平盛世가 있어 잠잠한 듯하다가 亂世가 와서 세상이 混亂하여지면 그기에 相應하는 現象이 많이 일어난다. 이러한 모든 것이 人間의 歷史라 할 수 있다.

〈明夷卦의 綜合〉

殷末世 紂王 때의 社會相과 比較.

初九 明夷于飛 - 伯夷叔齊에 比較하였다.
六二 明夷에 夷于左股 - 文王에 비교하였다.
九三 明夷于南狩 - 武王에 비교하였다.
六四 獲明夷之心 - 微子에 비교하였다.
六五 箕子之明夷 - 箕子에 비교하였다.
上六 不明하야 晦 - 紂王에 비교하였다.

明夷卦 全爻를 볼 때 그때의 重臣 名賢을 比較하여 裏面에 숨겨두고 說明했으나 六五爻의 箕子만은 本文에다 바로 이름을 내놓았다.

(37) 風火 家人(下經 7)

```
━━━━━━━━━  不正
順 ━━━━━━━━━  正  中  巽  風  長女
  ━━━  ━━━  正
  ━━━━━━━━━  正
文明 ━━━  ━━━  正  中  離  火  中女
  ━━━━━━━━━  正
```

―序 說―

1. 卦의 뜻

1) 家人은 內也라 하였다. 家人은 집안 식구, 즉 家族을 의미한다. 나아가 家庭을 象徵하기도 한다. 또 家庭은 國家 形成의 한 單位로서 重要한 位置이다. 室人은 아내를 일컬을 때 쓰이고 家人은 집안 식구 모두를 指稱한다.

2) 九五와 六二가 內外卦에서 得正했기 때문에 한 家庭이 이루어지고 집안 구성원을 和睦하게 꾸려 나갈 수 있다. 家人이란 卦名은 人事에 따라 붙여진 이름이나 天理가 그 안에 있으니 미루어 모든 일에 應用할 수 있어야 한다.

3) 風火가 家人이다. 불이 타면 바람이 생긴다. 그렇게 생긴 바람이 다시 그 불을

부채질하여 크게 擴大 發展시킨다. 이러한 現象이 國家와 社會로 뻗어가고 成長해감과 같은 것이다.

4) 家人은 한 가정을 다스리는 道를 말한 것이다. 卦 全體도 上九를 除外하고는 모두가 得正이고 中正의 位置에서 자기의 할 일을 다하고 있다. 고로 家庭은 正位이다. 즉 가정이 離脫될 수가 없다. 만약에 離脫이 되면 社會秩序는 破壞되고 混亂이 온다.

5) 六二와 九五가 中正의 位를 가지고 있다. 坤道의 柔順한 六二와, 乾道의 剛健한 九五가 相應된 家庭이면 社會는 勿論이요 治國平天下도 可能하다는 것이다.

2. 卦象과 卦德

1) 卦象을 보면 外卦는 巽下絕 內卦는 離虛 中으로서 長女와 中女가 함께 있으면서 집안일을 맡아하는 象이다. 바람이 불로부터 나와서(離虛 中이 내에 있음으로 안으로부터 나와서), 즉 모든 일이 집안으로부터 始作되어 밖으로 미치는 뜻이 있다. 修身齊家治國平天下의 齊家라고 한 것은 巽下絕과 관계가 있다(帝出乎震하야 齊乎巽하고……, 說卦傳 第五章).

2) 家人의 卦象을 보면 中女와 長女의 結合으로 家人이 되어 있으니 이것은 곧 家庭에는 女子의 役割이 重大하다는 뜻이요 主婦의 莫重한 責任을 말한다. 물론 여자의 마음가짐은 至柔至善한 坤道로서 行해야 한다.

3) 당초에는 坤卦 中의 한 爻가 와서 巽卦가 되었다. 巽의 母體는 坤이다. 처음이니까 長女이다. 離卦도 坤이 母體이면서 中間爻가 와서 離卦가 되었으며 두 번째니까 中女이다.

4) 이 卦의 陰陽 調和를 보면 初九와 六四爻는 바른 位에 있으면서 正應을 하고 있고, 六二와 九五爻가 각각 柔順中正, 剛健中正으로 正應을 하고 있다. 그러나 九三과 上九爻는 不應이다.

5) 卦德을 보면 下卦 離火는 文明하고, 上卦 巽風은 巽順하니, 文明하게 家道를

지켜 나가며 그 秩序에 順應하는 德을 볼 수가 있다.

6) 序卦傳에서는 "夷者는 傷也－니 傷於外者－必反其家라 故로 受之以家人하고 ……"라 하였다. 明夷는 밝은 것이 傷하는 것이니 밖에서 傷한 자는 반드시 집으로 돌아온다. 따라서 明夷 다음에 家人이 오는 것이다.

3. 卦의 變化

1) 倒轉卦 — 火澤睽   —家道窮必乖라 家族들의 意思가 서로 어긋나고 反對이다.
   (☰ / ☱) → (☰ / ☱)

2) 配合卦 — 雷水解   —가까운 데서부터 일이 풀려 나가는 뜻이 있다.
   (☰ / ☵) → (☳ / ☵)

3) 錯綜卦 — 火風鼎   —음식을 삶아서 사람을 기르는 뜻이 있으므로, 家庭에
   (☰ / ☴) → (☲ / ☴)   서 主婦의 役割과 뜻이 통한다.

4) 互卦 － 火水未濟   —먼저 집안을 바르게 하여야 하는데 그것을 미루어 나
   (☰ / ☵) → (☲ / ☵)   아가지 못하고 집안에서만 그치면 건너지 못하는 뜻
                          이 된다. 또한 家族은 서로 건너지 못한 狀態에서 中
                          男 中女가 만나 루는 뜻이 있다.

  雄大한 才能과 明哲한 計劃으로 愼重히 始作하여 잘 매듭짓도록 圖謀한 然後에야 難關을 克服할 수 있는 것이다.

[卦辭]

家人은 利女貞하니라.

☯ 家人은 女子가 바르게 함이 利로우니라.
◎ 家人은 여자가 올바르게 하는 것이 이롭다.

1) 六二와 六四 두 陰이 다 正을 얻었으니 女貞이다.

2) 男女가 한 家庭을 이루는 것이 生民의 始作이요 萬福의 根源이다.

3) 집의 成敗가 여자에게 달려 있으므로 利女貞이라 하고 婦人의 順한 德을 重視한 것이다.

4) 修身하고 齊家하여야 天德과 王道가 確立된다. 長女 中女의 卦이니 女正이라고 말했다.

5) 九五의 陽氣와 안에 있는 六二의 陰氣가 각각 正當한 가운데 자리를 차지하고 있기 때문에 和合하고 있는 象이다.

象曰 家人은 女ー正位乎内하고 男이 正位乎外하니 男女正이 天地之大義也ー라 家人이 有嚴君焉하니 父母之謂也ー라. 父父子子兄兄弟弟夫夫婦婦而家道ー正하리니 正家而天下ー定矣리라.

☯ 象에서 말하기를 家人은 女子가 位를 안으로 바르게 하고, 男子는 位를 밖에서 바르게 하니 男女가 바름은 天地의 大義라. 家人에 嚴君 있으니 父母를 일컫느니라. 父父이고 子子이며 兄兄이고 弟弟이며 夫夫이고 婦婦이며 이리하여 家道 바르려니 家를 올바르게 하여 天下가 定해지는 것이리라.

◎ 家人은 女子(主婦)는 안에서 자리를 바르게 하고, 男子(男便)는 밖에서 자리를

바르게 하니, 男女가 바르게 하는 것이 天地의 큰 義理이다. 家人에 嚴君이 있음은 父母를 이름이라. 아버지는 아버지로서의 도리를 다하고 아들은 아들의 도리를, 兄은 兄의 도리를, 아우는 아우의 도리를, 男便은 男便의 도리를 主婦는 主婦의 도리를 다하면 집안의 道가 올바를 것이니 집안을 올바르게 하면 天下가 安定해진다.

  1) 女正位乎內 — 居內而不言乎外 하고 男正位乎外 — 居外而不言乎內라는 말이 있다. 아내는 안으로 위를 바르게 하면서 밖의 일을 말하지 않고 남편은 밖에서 위를 바르게 하면서 안의 일을 말하지 않는다는 것이다.

  2) 男女는 각기 주어진 義務나 해야 할 일이 다를 뿐 男女 사이에서 不平等이나 差別이 있어서는 안 될 것이다. 男女의 할 일이 서로 區分되어 있으니 서로 干涉하지 말고 自主性을 認定하자는 것이다. 男女七世不同席이라는 말은 私心 없는 男女關係를 維持하자는 데 있고 禮儀를 지키는 사람, 禮儀를 지키는 社會가 되자는 뜻이다.

  3) 天地之大義也 — 大自然의 마음은 私心이 없다. 이와 같이 男女 間의 正道로서의 言行은 天地의 大義와 같게 한다는 뜻이다. 하늘과 땅이 서로 自身의 法則을 지킴과 같은, 天地의 大義인 것이다.

  4) 國家 — 家人을 擴大한 것이 國家이다. 그래서 家人의 家를 사용하여 國家라고 했다.

  5) 正家而天下定矣 — 가정을 바르게 이끌어 나가면 天下의 일도 安定하게 할 수 있다는 것, 正家가 되면 治國平天下를 할 수 있다. 父子兄弟는 肉親이니 親族倫氣가 相通되는 處地이나 夫婦關係는 二體同心의 特別한 關係에 있고 家庭의 主軸이 夫婦關係이다. 이와 같이 家庭이 社會의 基本單位로서도 重要하지만 家庭에 있어서 夫婦는 家庭의 核이라고 할 수 있다.

祖 ———————— 祖
夫 ———————— 父
弟 ——— ——— 兄.姉
妹 ———————— 弟.妹
婦 ——— ——— 母
子 ———————— 孫

[象 辭 (大象)]

象曰 風自火出이 家人이니 君子-以하야 言有物而行有恒하나니라.

🌓 象에서 말하기를 風이 火로부터 나오는 것이 家人이니 君子가 써하여 言에 有物하며 行함에 有恒하나니라.

◎ 바람이 불에서부터 나오는 것이 家人이다. 君子가 이것을 본받아 말은 알맹이가 있도록 하며, 行動은 항상 변하지 않고 恒久的으로 하는 것이다.

1) 下卦 離의 불이 성대하게 타올라 가게 되면 바람(上卦 巽의 바람)이 생긴다는 것이 家人괘의 象이다. 여기서 본받아 말을 성실하게 하고 행동은 일정해서 바뀌지 않게 한다.

2) 言有物而行有恒 ― 말을 하면 반드시 物的인 것에 根據를 두고, 行動을 할 때는 반드시 恒久不變의 法則을 따른다. 言行一致라는 말은 이것의 준말이라고 생각하면 된다.

3) 家人에 있어서처럼 正道의 家庭이 되려면 言行이 一致되어야 한다. 言行兼備하면 곧 家庭에 平和가 오는 것이다.

[爻辭]

初九는 閑有家-면 悔-亡하리라.

　閑: 막을 한, (시집오기 전의 모든 생각과 가도……) 家: 가정의 법도, 가도를 말함.

☯ 初九는 有家를 막으면 悔가 망하리라.
◎ 집을 다스림에 있어 가족의 잘못이 없도록 하면 뉘우침이 없을 것이다.

1) 初九는 得正으로 剛位에 剛이 있고 初이니까 바른 뜻을 가진 군자라 할 수가 있다.

2) 閑 — 謂防閑法度也라, 邪慝(사특)한 것을 막고 家庭의 法度에 따른다면 뉘우침이 없다는 뜻.

3) 悔亡은 躁動의 憂慮가 있으니 그렇게 하지 말라는 警戒辭다.

4) 初九는 家庭을 이루는 始點이다. 內와 外를 區分하는 것이 閑이다. 離가 담(牆)이니 內와 外를 구분하는 閑의 象이다.

象曰 閑有家는 志未變也-라.

☯ 象에서 말하기를 閑有家란 意志가 變하지 않는 것이라.
◎ 집을 다스림에 있어 잘못을 막는다는 것은 뜻이 아직 변하지 않았음이다.

1) 올바른 뜻이 흩어지거나 변하기 전에 막는다는 것이다. 夫婦間에 서로 뜻이 변하지 않아야만 家庭이 安閑하게 되는 것이다.

2) 시기가 지나서 뜻이 바뀌면 잘못을 방지하려 해도 어렵다는 것이다.

六二는 无攸遂－오 在中饋면 貞吉하리라.

　饋: 먹일 궤, 遂: 나아갈 수.

◐ 六二는 수행하는 바 없음이요 中饋에 있으면 貞吉하리라.
◎ 自身이 自主的으로 일을 遂行하는 바 없고, 집안 살림을 맡아 하면 貞하여 吉하리라.

1) 六二는 柔順中正의 자리에 있는 부인이며 知德과 婦德이 兼備한 主婦格이다. 九五와 相應으로 家長의 命令을 받아 家庭의 모든 것을 處理할 수 있는 實力 있는 女子다.
2) 六二位에 있는 여자로는 自身이 나서서 무슨 일이고 해치우려는 생각을 하여서는 안 된다. 家內에서 全 家族의 食事를 主饋하는 것을 그의 重要한 責任으로 하면서 順從하는 마음으로 正道로 하면 끝내는 것이 좋을 것이다.
3) 无攸遂 ― 自己自身이 自主的으로 일을 遂行하는 바가 없다. 주부 곧 시집온 여자(嫁)가 媤家의 風俗에 따라서 行事를 해야 하니 命令과 指示를 받아서 行動하는 것.
4) 六二는 九三에 承하고, 초구를 乘하며 九五와 應이다. 이것이 다 陽이니 從父하고 從夫하고 從子하는 象이 있어 无攸遂이다.
5) 在中饋 ― 得中의 位에 있으면서 家族의 主饋를 맡아 하는 것. 또한 한 가정의 주부로서 모든 飮食物을 총책임지고 또 알맞게 하는 位에 있는 사람이라는 뜻.
6) 不能治於家者也 故无攸遂이고 婦人居中而主饋者也 故云中饋라 한다.

象曰 六二之吉은 順이 巽也일새라.

◐ 象에서 말하기를 六二之吉은 順함이 손순함일새라.
◎ 六二가 길하다는 것은 순하여 써 겸손하기 때문이다.

1) 六二 효의 효사를 생략해서 말한 것이다.

2) 順은 柔順이고 巽은 공손하고 겸손하다는 뜻이다.

3) 六二는 中正의 地位에서 順從하고 謙遜한 때문이다.

九三은 家人이 嗃嗃하니 悔厲 – 나 吉하니 婦子 – 嘻嘻면 終吝하리라.

  嗃: 꾸짖을 학. 嘻: 웃을 희, 화락하다. 吝: 부끄러울 인.

◑ 九三은 家人이 엄하게(嗃嗃) 하니 뉘우치고 두려워하나, 길하니 婦子가 嘻嘻하면 끝내 인색하리라.

◎ 가족들이 꾸짖음이 지나쳐 어려우나, 그 엄함을 뉘우쳐 고치면 길하다. 그러나 부녀자들이 희희낙락하면 끝내는 인색하게 될 것이다.

1) 九三은 강이면서 중이 아니기 때문에 집을 다스리는 데 대단히 엄하다. 따라서 가족들이 마치 불이 타올라 그 더위에 괴로워하는 것처럼 엄한 것이다. 그러므로 그 엄한 것을 뉘우쳐 고치게 되면 집안이 행복하게 된다. 그러나 이와는 반대로 집안에서 부녀자와 아이들이 종일토록 웃고 즐기고 하면 화목한 것같이 보이지만 종내에는 게을러지고 어려움을 맞아 인색한 상황이 될 것이라는 뜻을 가진다.

2) 嗃嗃과 嘻嘻는 反對되는 의미를 가지고 있다. 앞의 것은 家庭의 法度를 지키고 家長의 위엄을 지켜가는 것이고, 뒤의 것은 줏대 없이 희희거리며 家道를 지키지 아니하고 웃음소리 높게 지껄이는 것을 말한다.

象曰 家人嗃嗃은 未失也 – 오 婦子嘻嘻는 失家節也 – 라.

◑ 象에서 말하기를 家人에서 嗃嗃은 家道를 喪失함이 아니요, 婦女子가 嘻嘻한다는 것은 가정의 節度를 잃어버리는 것이다.

◎ 家人卦에서 학학이라는 것은 집안의 도리를 아직 잃지 않음이요, 부인과 아이들이 희희한다는 것은 집안의 절도를 잃어버린 것이다.

1) 비록 집안을 다스리는 도에 있어서 학학한다는 것은 아직 심하게 도리를 잃지 않았음이요, 만약 부인과 희희거리는 것은 예법이 없다는 것이며 가도를 잃은 것으로 집은 반드시 어지러워진다(雖嗃嗃於治家之道 未爲甚失 若婦子嘻嘻 是无禮法 失家之節 家必亂矣).

六四는 富家니 大吉하니라.

◐ 六四는 富家니 크게 길하리라.
◎ 집을 富裕하게 하니 크게 길하리라.

1) 六四는 유순하고 마음씨가 바른 주부이다. 집안을 잘 다스려 부유하게 하니 큰 행복을 얻게 된다.
2) 六四는 得正이며 初九와 相應이다. 위로 九五와 아래로 九三의 陽 속에 있으므로 富家라고 했다.

象曰 富家大吉은 順在位也일새라.

◐ 象에서 말하기를 富家大吉은 順으로서 그 位에 있음이라.
◎ 집을 부유하게 하니 크게 길하다 함은 순이 그 위에 있다는 것이다.

1) 六四는 음의 효가 음의 위치에 있기 때문에 위가 바르다. 따라서 유순하고 올바른 마음씨를 가진 주부이다. 그래서 크게 길한 것이다.

九五는 王假有家니 勿恤하야 吉하니라.

假: 이르를 격, 거짓 가, 여가 가. 恤: 근심할 휼, 구휼할 휼.

☯ 九五는 王이 有家를 크게 하니 근심하지 않아도 길하니라.
◎ 왕이 집안을 잘 다스리니 근심하지 않아도 길하다.

1) 九五는 剛健中正으로 柔順中正의 六二와 相應이다. 그리고 家人卦의 家長이다. 임금이 집안을 잘 다스려서 家人들이 모두 和樂하게 서로 應하는 象이다.

2) 집을 잘 다스리는 것은 治國平天下의 根本이다.

3) 九五는 王位에 있음으로 王이 家長으로서 그의 家庭을 圓滿하게 다스리는 데 이르렀으니 治家와 治國에 대해서는 근심하지 않아도 좋다.

4) 勿恤 ― 근심하지 않아도 된다는 것은 家庭의 本然의 姿勢이다.

5) 王假有家 ― 王이 家庭을 둠이 至極함이니 임금이기 전에 一夫로서, 한 家庭의 長으로서의 이야기이다. 여기서 假는 크다는 뜻이다.

象曰 王假有家는 交相愛也ㅡ라.

☯ 象에서 말하기를 王假有家는 사귀어 서로 사랑하는 것이라.
◎ 王이 집안을 잘 다스린다는 것은 사귀어 서로 사랑한다는 것이다.

1) 君主인 九五가 착한 아내 六二를 만나 和樂한 가정을 가지게 된다는 것이다.

2) 夫婦의 愛情만이 아니고 九五는 六二가 柔順中正하여 內助를 잘하는 것을 사랑하고 六二는 九五가 剛健中正하므로 模範的으로 가정을 다스리는 것을 사랑하는 것이다.

上九는 有孚코 威如-면 終吉하리라.

☯ 上九는 有孚하고 위엄이 있을 것 같으면 終吉하리라.
◎ 성심을 가지고 威嚴이 있으면 마침내 吉할 것이다.

1) 上九는 九三과 相比關係에 있는 家人의 最上位이니 家族 中에서 할아버지 格이다.
2) 할아버지의 地位에 있는 사람이 家族들에게 信이 없다면 안 될 것이며 또한 威嚴도 가져야 하겠다. 이렇게 한다면 끝내는 좋으리라는 뜻이다.
3) 威如는 위엄이 있는 형용이다.

象日 威如之吉은 反身之謂也-라.

☯ 象에서 威如終吉이라는 것은 修身하고 反省함을 말하는 것이라.
◎ 위엄이 있게 하면 길하다는 말은 修身하고 반성한다는 것을 이름이다.

1) 스스로 자기 몸을 반성하여 정도에 맞도록 하는 것.
2) 자신을 反省하여 有孚 威如를 行한다는 것.
3) 上九는 不正爻이기 때문에 反身이라고 말했다.

〈家人卦의 綜合〉

文王 ― 治家의 原則을 말한 것으로 이 原則의 核心은 利女貞이다. 故로 主婦의
        役割과 任務는 莫重하다.
孔子 ― 父父子子兄兄弟弟夫夫婦婦로서 家道가 正하고 이로써 天下가 正하다고 하
        였다. 이것이 擴大되면 國家, 天下가 泰平하게 된다는 것이다.

周公 - 初九 - 閑有家 - 家人을 訓練 - 家道를 練成시킨다.

六二 - 无攸遂 - 家事를 獨專하지 않는 것 - 家人이 相議한다.

九三 - 家人 嗃嗃 - 家庭의 法度가 嚴하다. 家人에 대하여는 嚴格한 敎化가 필요하다.

六四 - 富家 - 心富로서 裕足한 것 - 富裕한 經濟가 必要하다는 것.

九五 - 王假有家 - 治家는 治國의 根本이다.

上九 - 有孚威如 - 信義와 嚴格한 行動 - 治家에 治世의 原理가 있다는 것.

結論 - 家人 - 家族 - 家庭 - 家道가 正되면 - 社會國家 - 泰平天下(治家 = 治世).

修身 - 齊家 - 治國 - 平天下

(38) 火澤 睽(下經 8)

```
文明  ━━━━━━  不正
      ━━  ━━  不正  中  離  火  中女
      ━━━━━━  不正
      ─────────────────
      ━━  ━━  不正
說    ━━━━━━  不正
      ━━━━━━  正  中  兌  澤  少女
```

―序　說―

1. 卦의 뜻

1) 이 睽라는 글은 睽: 어긋날 규, 눈 흘길 규이다.

2) 外卦 離火는 炎上하고 內卦 兌水는 潤下하니 서로 어긋나는 卦象이다.

3) 睽字는 目과 癸의 합이다. 目은 離虛 中에 해당하고 五行에서 壬水가 川水라면 癸水는 澤水에 해당하므로 兌上絶이라 할 수 있다.

4) 說卦傳 第三章과 第六章에도 "水火不相射, 水火相逮하며 雷風이 不相悖하며 山澤通氣 然後……"라고 했으니 火와 澤이 서로 어긋나 있다(射: 맞혀 취할 석, 逮: 미칠 체, 잡아가둘 체, 따를 체. 悖; 거스를 패).

5) 六爻 가운데 五爻가 不正位이다. 따라서 서로 어긋나며 意思가 모두 反對이다.

6) 睽는, 離火는 炎上의 性質을 가지고 있으며 兌澤은 止水다. 물의 성질은 潤下라, 故로 서로 어긋난다. 卦象으로 보아도 睽다.

7) 家人卦 다음에 睽卦다. 家人이 正이라면 睽는 不正이다. 이 세상 모든 理致가 相對的이다. 正이 있는 곳에 不正이 있기 마련이다. 어떻게 하면 不正을 正으로 만들 것인가, 그 방법을 연구하는 것이 易學이다.

8) 睽는 우리 日常生活에서 많이 볼 수 있다. 마음이 달라서 行動이 어긋나는 일, 같은 것 같으면서도 서로 다른 것을 말하며, 天地, 萬物, 男女 등이 그러하다. 男女의 天性은 같으면서도 그 形態는 다르다. 이것이 睽다.

2. 卦象과 卦德

1) 卦象을 보면 內卦는 兌上絶(☱)로서 못이고 外卦는 離虛 中으로 불이 된다. 불은 그 性質이 위로 오르려 하고 못물은 아래로 흐르려 하니 離上 澤下하여 서로 만나지 못하고 어긋나게 되는 象이다.

2) 長女와 中女가 卦를 이루는 家人卦에서는 六二와 六四가 正位에서 집안을 바르게 하여 家人이 되었지만 中女와 少女가 卦를 이루는 睽卦에서는 六三과 六五가 正位에 있지 못하므로 함께 居해도 서로 뜻이 通하지 못하고 어긋나게 된다.

3) 睽卦의 卦象으로 보아 離는 中女, 兌는 少女다. 한집에서 生長할 때는 같이 있고 뜻이 같았으나 出嫁를 하게 되면 意思가 전혀 달라지는 수가 많다. 각자가 開拓해 가야 할 運命의 길(自由)이 다르기 때문이다.

4) 象辭에서 보면 (1) 天地睽는 서로 다르나 그 營爲하는 일은 같다. (2) 男女睽는 서로 다르나 그 뜻은 서로 相通된다(子女를 出生시킨다). (3) 萬物睽는 제각기 다르나 그 作用은 유사하다(調和를 이룬다).

5) 睽를 男女 間의 異性交際로 본다면 서로의 뜻이 다르고 생각이 다르다. 그러나

서로의 뜻이 相通되기 위해서는 正面으로 바라보는 行動보다는 서로 엿보며(탐색), 뜻이 있으되 바로 行動하지 않는 것으로 나타나는 것이 바로 睽다. 이런 觀點에서 睽는 서로 相交를 위한 좋은 마음의 表現이라고 할 수 있다.

6) 이 卦의 陰陽 調和를 보면, 初九와 九四爻는 陽끼리라 不應이고, 九二와 六五爻는 不正이나 相應하고 있으며, 六三과 上九爻는 不正이나 相應하고 있다.

7) 卦德을 보면 下卦 澤은 說(열 悅)이고 上卦 離는 文明이다.

8) 序卦傳에서는 "家道－窮必乖라 故로 受之以睽하고……"라 나와 있다. 즉 家道가 항상 平坦할 수만은 없음으로 家道가 窮하게 되면 서로가 어긋나고 눈 흘기게 된다는 것이다.

3. 卦의 變化

1) 倒轉卦－風火家人　　　－ 家人에서는 正家가 되었지만 그것이 뒤집히면 家道가
　(≡ / ≡) → (≡ / ≡)　　　반대로 睽가 된다.

2) 配合卦－水山蹇　　　－ 어긋나게 되면 自然히 難關에 부딪히게 되고 그것을
　(≡ / ≡) → (≡ / ≡)　　　克服해야만 雷水解로 나아가게 된다.

3) 錯綜卦－澤火革　　　－ 어긋나 어지러움이 極에 달하면 바꾸어 새롭게 始作
　(≡ / ≡) → (≡ / ≡)　　　해야 한다.

4) 互卦－水火 旣濟　　　－ 이미 건너면 어긋나게 되고 어긋남이 오래되어 다스
　(≡ / ≡) → (≡ / ≡)　　　리게 되면 다시 건널 수 있다는 뜻이 된다. 이것은
　　　　　　　　　　　　　旣濟의 互卦가 未濟가 되고 未濟의 互卦가 旣濟가 되
　　　　　　　　　　　　　는 것과 같은 理致이다.

[卦辭]

睽는 小事는 吉하리라.

☯ 睽는 小事에는 吉하리라.
◎ 睽는 작은 일에는 吉하리라.

1) 睽卦는 어긋나 있는 것을 나타내는 괘이다. 큰일을 함에 있어서는 사람들이 힘을 합쳐야 하지만 작은 일을 하는 데 있어서는 반드시 그러하지 않다. 하는 방식만 타당하면 길함을 얻을 수 있다는 것이다.
2) 陽은 大, 陰은 小라면 小事는 陰的으로 하는 일이라 할 수 있다. 九二爻와 六五爻가 相應이 되기는 하나 다같이 不正位이기 때문에 小事는 吉이라 하였다.
3) 日常生活에서 본다면 서로 어긋나는 일은 小事라야 좋지 大事에 어긋나면 凶하고 뜻하지 않은 일이 벌어진다.
4) 睽卦에는 元亨利貞이 없다. 元亨利貞은 天道之常이라고 하였으니 萬不得已 하다. 睽의 상황은 사람의 作用 如何에 따라 달라지니 본바탕이 定해져 있을 必要가 없다.

[彖辭]

象曰 睽는 火動而上하고 澤動而下하며 二女-同居하나 其志-不同行하니라. 說而麗乎明하고 柔-進而上行하야 得中而應乎剛이라 是以小事吉이니라. 天地-睽而其事-同也-며 男女-睽而其志-通也-며 萬物이 睽而其事-類也-니 睽之時用이 大矣哉라.

◐ 象에서 말하기를 睽는 火가 動하여 上하고, 澤이 動하여 下하며, 二女 同居하여 그 뜻이 不同行하니라. 悅하여 明에 붙고, 柔가 進하고 上行하여 得中하며 剛에 應함이라, 이로 써 小事에 吉함이니라. 天地가 어긋나도 그 일은 같으며, 男女가 어긋나도 그 뜻이 通하며, 萬物이 어긋나도 그 일이 類하니 睽의 時用이 큰 것이라.

◎ 睽는, 불이 움직여 위로 오르고, 못은(兌＝止水) 움직이면 아래로 내려온다. 두 女子(中女, 少女)가 한집에서 居處하나 그 뜻이 함께 行動하지 못한다.

기뻐하고 밝은 것이 걸려 있고(兌爲悅, 離는 文明), 陰柔한 六五가 進行하여 上位에 있으면서 得中하고, 九二의 陽剛이 應하였으니, 故로 小事는 吉하다고 하였다(卦德을 말하였고 卦體 卦名을 풀이한 말이다).

天과 地는 달라도 그 하는 일은 같아서 萬物을 生成하고, 男과 女가 달라도 그 뜻은 서로 通하여 子女를 生育하고, 萬物이 달라도 그 作用은 類似하다(사물이 각각 어긋나 있기 때문에(서로 다르다) 만물이 될 수 있는 것이다. 그러나 만물이 먹고 살고 하는 이치(一陰一陽하는)가 모두 같아 世界를 形成하고 있으니 일의 類가 같다고 했다). 다른 것을 때에 따라 使用하는 것이 크도다(睽의 時間의 作用이 크다. 어긋나 있어 어려운 때이나 그냥 내버려두지 말고 그것을 잘 이용하는 시기 또는 그 쓰임이 크도다).

1) 睽괘는 어긋난다는 의미를 가진다. 따라서 上卦는 離로서 불의 象이기 때문에 위로 타올라가는 성질이 있고 下卦는 못으로서 스스로 움직여서 흘러내린다.

2) 上卦 離는 中女의 象이고 下卦 兌는 少女의 象이다. 이 두 여자가 한집에서 同居하고 있다. 이것이 二女同居이다.

3) 中女와 少女는 그 뜻하는 바가 서로 어긋난다. 그러므로 그 뜻이 不同行이라 하였다.

4) 說은 여기서 悅이며 기뻐한다는 뜻이다. 곧 下卦 兌의 象이다. 明은 文明으로 광채가 빛난다는 것. 이는 上卦 離의 象이다. 離는 또 付, 즉 붙는다는 것.

5) 柔는 六五의 陰爻를 말한다. 이것이 나아가 九四 陽爻의 위인 五의 자리에 있

음을 말한다.

6) 得中而應乎剛이라는 것은 六五가 上卦의 가운데 있어 中을 얻고 또한 九二의 陽과 응하고 있다는 것.

7) 天地는 그 성질이 다르고 어긋나지만, 양자가 화합하여 萬物을 生成하는 일을 한다.

8) 男女는 그 신체구조가 다르고 어긋나지만, 오히려 그렇기 때문에 결혼해서 夫婦가 되고 서로 뜻을 通하게 된다.

9) 天下의 萬物은 제각각 다르고 어긋나지만, 陰陽의 기운을 받아 작용하는 바는 비슷하다.

10) 時用이라는 것은 그때의 효용으로 그 효용이 대단히 크다는 것을 말한다.

11) 天地-男女-萬物에 대한 睽의 作用에서, 어느 때를 포촉 하느냐가 重要하다.

[象辭(大象)]

象曰 上火下澤이 睽-니 君子-以하야 同而異하나니라.

◐ 象에서 말하기를 上은 火이고 下는 澤이 睽이니 君子가 써 하여 同하면서 異하나니라.

◎ 위에는 불 아래는 못이 있는 것이 睽니, 君子가 이것을 본받아 같으면서도 다르게 하게 된다.

1) 卦象으로 보아 初九와 九四는 不應이고, 九二와 六五는 相應, 六三과 上九는 相應, 正應은 없고 相應만 있으니, 겉으로는 좋은 것 같으나 일이 서로 어긋나 속으로는 相異하다.

2) 사람에게 適用하면, 겉으로는 모든 人間은 같은 사람이지만, 그 생김새나 성질

은 모두가 다르니 同而異로 解釋할 수 있다.

3) 넓게는 이 世上 모든 사람이나 事物이 同而異하다고 말할 수 있다.

同而異: 같으면서도 다르게 한다.

＝和而不流(中庸 10章): 和하되 흐르지 아니한다. 中庸 제1장에서 '發而皆中節을 謂之和ㅣ니'라고 했으니 이 和가 곧 中이다. 中庸之道를 행하면서도 주체성을 잃지 않고 처신해 나가는 것을 말한다.

예1. 論語 子路 篇에서 '子ㅣ曰 君子는 和而不同하고 小人은 同而不和ㅣ니라' 공자께서 말씀하시기를 "벗과 사귈 때, 군자는 和하고 아첨하지 아니하며(中庸之心의 주체성을 가진다는 뜻), 소인은 아첨하고 和하지 못한다."

예2. 易經 繫辭上傳 第四章에 '易이 與天地相似ㅣ라 故로 不違하나니 知周乎萬物而道濟天下ㅣ라 故로 不過하며 旁行而不流하야 樂天知命이라 故로 不憂하며 安土하야 敦乎仁이라 故로 能愛하나니라'(易이 하늘과 땅과 더불어 서로 같으므로 어긋나지 않는다. 지혜는 만물에 두루 미치고 道는 천하를 구제하기 때문에 지나침이 없다. 中 以外로 行하지만 딴 곳으로 흐르지 않고, 하늘의 법칙을 잘 알고 기꺼이 따르기 때문에 근심하지 않으며, 편안히 거처하고 仁에 돈독하기 때문에 만인과 만물을 사랑할 수 있다.)

[爻辭]

初九는 悔－亡하니 喪馬하고 勿逐하야도 自復이니 見惡人하면 无咎－리라.

逐: 쫓을 축

☯ 初九는 悔가 亡하니 馬를 喪失하고 逐하지 아니하여도 스스로 復하니 惡人을 보게 되면 无咎하리라.

◎ 뉘우침이 없으니, 말을 잃고 쫓지 아니하여도 스스로 돌아오리라. 나쁜 사람을 보면 허물이 없을 것이다.

1) 初九와 九四는 陽과 陽이니까 同이다. 故로 悔亡이다. 이 효는 得正을 하고 氣勢가 있으나 九四의 陽氣에 가로막혀 되돌아온다.

2) 悔亡 ─ 근심과 뉘우침이 없다. 有無로 보면 있을 것인데 없다.

3) 喪馬 ─ 九四가 말이다. 그에 不應이니까 쫓아가지 않으니 喪馬이다.

4) 自復은 스스로 달아난 말이 돌아온다는 것이다.

5) 見惡人이라는 것은 마음이 올바르지 못한 사람을 만나는 것. 여기서 惡人은 九四를 가리킨다. 왜냐하면 九四는 剛이면서 不中不正이기 때문이다.

象曰 見惡人은 以辟咎也 - 라.

　辟: 피할 피.

☯ 象에서 말하기를 見惡人은 그렇게 함으로써 허물을 피하려는 것이라.
◎ 나쁜 사람을 본다는 것은 허물을 避하려는 것이다.

1) 九四爻가 惡人이다. 惡人에게 말려들지 말아야 한다.

2) 어긋남에 있어서 강열하게 악인을 거절하게 되면 원한을 입어 재앙을 입을 수 있기 때문에 성내지 않고 조용히 악인을 만나는 것.

3) 말하자면 조용히 만난다는 것은 재앙을 피하기 위해서인 것이다.

九二는 遇主于巷하면 无咎 - 리라.

　巷: 거리 항

☯ 九二는 巷에서 主를 만나면 无咎리라.

◎ 거리에서 君主를 만나면 허물이 없으리라.

1) 剛明하고 中庸의 덕이 있는 九二가 거리에서 君主를 만난다. 원래는 군주를 신하가 만나려면 堂上에 있는 君主를 아래쪽에서 만나는 법이다. 그러나 지금은 어긋나는 때이기 때문에 이러한 만남이라도 진심에서 나온 것이라면 허물이 되지 않는다는 뜻이다.

2) 九二는 六五와 相應關係에 있다. 그러나 不正位이기 때문에 六五와 內的으로는 相異하다.

3) 君이 臣을 睽한다 해서 臣도 君을 睽할 수는 없다. 바로 通하지 않으나, 뜻이 같아지기 위해서는 六五를 偶然히 거리에서 만나도 허물이 없을 것이다.

4) 遇主于巷 ― 서로 만나자고 約束하여 만난 것이 아니고 偶然히 만나는 狀態를 말한다. 姜太公이 文王을 만난 것이 遇主于巷이다. 뜻하지 않게(우연히) 만났다(邂逅). 計劃的으로 만난 것이 아니고 委曲之義라고 할 수 있다(委曲; 자세한 사정, 그 곡절).

象曰 遇主于巷이 未失道也―라.

● 象에서 말하기를 遇主于巷이라는 것은 아직 道를 失한 것은 아니라.
◎ 임금을 偶然히 거리에서 만난다는 것은 正道를 잃지는 않았다는 것이다.

1) 정식으로 예에 알맞게 군주를 만난 것은 아니지만 어긋나는 때이므로 거리에서 만났다 하더라도 정도를 잃었다고는 할 수 없는 것이다.

2) 世上이 모두 睽이나 九二는 得中이니 正道 또는 至善을 지키면 正常이 된다는 것이다.

六三은 見輿曳코 其牛-掣-며 其人이 天且劓니 无初코 有終이리라.
　輿: 수레 여.　曳: 끌 예.　掣: 받칠 체, 이끌 체.
　天: 중머리 천(이마에 먹물을 넣어 표를 하거나 머리를 깎아 버리는 형벌의 일종).
　且: 또 차.　劓: 코 베일 의(예)

◉ 六三은 수레가 끌어가는데 그 소가 뒤로 이끌리는 것을 보며, 그 사람이 이마에 먹물을 넣고 또한 코가 베였으니 처음은 없고 有終이리라.

◎ 수레가 앞으로 나아가려 하나 그 소가 뒤에서 이끌리어 나가지 못하는 것을 본다. 수레에 탄 사람은 이마에 먹물을 넣고 코가 베인 죄인이다. 처음에는 서로 의심하여 좋지 않으나 후에는 좋을 것이다.

1) 六三과 上九는 應爻이지만 六三은 柔하고 不中이며 九二 九四의 두 陽 사이에 있고 上九는 陽剛이지만 不中이다.

2) 上九에서 六三을 보면 수레(六三)가 앞으로 나아가려 해도 九二가 뒤에서 이끌어 나아가지 못하는 것으로 보인다. 타고 있는 사람(六三)은 이마에 먹물이 들고 코를 베인 죄인이므로 흉하게 보인다. 그러나 上九와 六三은 應爻이기 때문에 원래 和合할 수 있는 사이이다. 그렇지만 때가 어긋나는 시기이므로 처음에는 소통이 되지 않으나 후에는 화합하게 된다.

象曰 見輿曳는 位不當也-오 无初有終은 遇剛也일새라.

◉ 象에서 말하기를 見輿曳는 位가 마땅하지 않음이요, 无初有終은 剛을 만나기 때문이다.

◎ 수레가 이끌리는 것을 본다는 것은 位가 마땅하지 않기 때문이고, 처음은 없고 끝맺음은 있다는 것은 剛을 만나기 때문이다.

1) 수레가 이끌리는 것을 본다는 것은 六三이 陰爻이면서 陽의 자리에 있어 위가 정당하지 못하기 때문이다. 그리고 처음은 없고 有終이라는 것은 六三이 上九와 음양이 응하기 때문이다. 처음은 오해하나 후에는 친밀하게 화합한다는 뜻이다. 여기서 剛이란 相應인 上九를 뜻한다.

九四는 睽孤하야 遇元夫하야 交孚－니 厲하나 无咎－리라.

◐ 九四는 睽가 孤하야 元夫를 만나 交孚하니 厲하나 无咎리라.
◎ 어긋나서 외롭다. 元夫를(元者는 善也요, 夫는 士다)만나 信으로써 서로 사귀니 두려움은 있으나 허물이 없으리라.

1) 九四는 初九와 相比이며 不正이다. 九四는 六三과 사귀려고 하나 六三은 上九와 相應이니 어긋나게 된다. 六五와 사귀려 해도 六五는 九二와 相應이라 역시 어긋난다. 이렇게 九四는 응하는 것이 없어 외롭다.
2) 遇元夫 — 善한 선비를 만난다는 말이다. 즉 初九를 만난다는 것(어질고 착한 사람이니 所謂 元夫이다). 交孚는 서로 진심으로 사귀는 것.

象曰 交孚无咎는 志行也－리라.

◐ 象에서 말하기를 交孚无咎는 뜻이 행하는 것이리라.
◎ 信實하게 서로 사귀면 허물이 없으리라는 말은 서로 뜻이 合致된다는 말이다.

1) 진심을 가지고 서로 사귄다는 것은 뜻이 행해진다는 것이다.
2) 어긋났다가 만나지는 것이 同而異의 현상이다. 九四와 初九는 같은 陽이이지만 그 位는 다르다.

六五는 悔亡하니 厥宗이 噬膚－면 往에 何咎－리오.
　厥: 그 궐. 宗: 마루 종, 일가 종. 噬: 씹을 서. 膚: 살갗 부.

☯ 六五는 悔가 亡하니 그 宗이 膚를 물면 往함에 어찌 허물이 되리오.
◎ 뉘우침이 없을 것이니 그 宗族이 부드러운 살을 물면 나아감에 어찌 허물이
될 것인가.

　1) 六五는 陰柔하면서 陽의 位에 있다. 따라서 中庸의 德이 있다. 그리고 王位에 있으면
서도 아래의 九二와 相應하고 있다. 그러므로 後悔하는 일이 없게 된다.
　2) 厥宗의 厥은 그라는 뜻이고 宗은 宗族이라는 뜻이다. 이것은 六五와 九二가 應
爻이기 때문에 그 宗族이라 하였다.
　3) 噬膚는: 살을 문다. 깊은 관심을 가진다. 지극히 도운다는 뜻을 가진다. 이것은 뼈를
물면 힘들지만 그에 비하여 살을 무는 일은 쉽다는 의미이다.
　4) 그러므로 六五와 九二는 相應이기 때문에 서로 합하기가 부드러운 고기를 무
는 것같이 쉽고 六五가 나아가서 친하게 일을 처리하면 아무른 재앙이 없을 것이라
는 의미가 된다.

象曰 厥宗噬膚는 往有慶也－리라.

☯ 象에서 말하기를 厥宗噬膚는 그렇게 往하면 慶事스러운 일이 있으리라.
◎ 그 종족이 살을 문다는 것은 그대로 나아가면 경사스러운 일이 있을 것이다.

　1) 六五의 爻辭에서 厥宗噬膚라고 말한 것은 나아가서 일을 하면 上下의 不和가
해소되고 큰 기쁨이 있다는 것이다.
　2) 厥宗－程子는 黨也라고 하였고 朱子는 同人于宗의 宗을 뜻한다고 하였다.

上九는 睽孤하야 見豕負塗와 載鬼一車ㅣ라 先張之弧ㅣ라가 後說之弧하야 匪寇ㅣ라 婚媾ㅣ니 往遇雨하면 則吉하리라.
　　豕: 돼지 시. 負: 질 부. 塗: 진흙 도. 張: 베풀 장, 활쏠 장. 弧: 활 호.
　　說: 벗길 탈(脫), 匪: 악할 비. 寇: 도적 구. 媾: 거듭 혼인할 구, 사랑할 구.
　　婚媾: 婚姻.

　🌓 上九는 睽가 孤하여 돼지가 負塗한 것과 鬼를 실은 한 수레를 보는 것이라. 먼저는 활을 張하다가 후에는 활을 脫하여 匪寇라 婚媾니 나아가서 遇雨면 곧 吉하리라.
　◎ 어긋나서 혼자되어 돼지가 진흙을 칠하고, 귀신을 한 수레 가득 실은 것을 본다. 처음에는 이것을 쏘려고 활을 당기고 후에는 활을 벗겨서 푼다. 도둑이 아니라 혼인하려는 것이니 나아가서 비를 만나면 곧 길할 것이다.

　1) 上九는 陽剛한 不正이고 睽卦의 極이다. 上卦 離明의 맨 위에 있기 때문에 너무 살펴 의심이 많고 어긋나기가 쉽다. 이 上九와 아래의 六三은 相應이다. 그러나 六三은 上下의 두 陽에 견제되고 있어 應合하기가 어렵다. 그러므로 스스로 어긋나서 고립하고 있다.
　2) 그런데 上九가 六三을 의심하여 여러 가지 幻影이 생긴다. 그것은 마치 돼지가 더러운 진흙을 등에 바르고 있고, 귀신이 수레에 가득 타고 있는 것처럼 보이기도 한다. 그래서 처음에는 이것을 사살하려고 활의 시위를 잡아당기나, 후에는 그것이 虛像임을 알고 그 활을 거둔다.
　3) 그러나 그것은 적대되는 도둑이 아니고 실은 應合하려는 것임을 알게 된다. 陰陽 두 기운의 화합은, 上九가 나아가서 六三과 만나게 되면 이루어져 吉하다.
　4) 九四의 孤는 外的인 것인 데 反하여 上九의 孤는 內的인 孤라 할 수 있다. 一點紅을 엿보는 것이라 睽孤라고 할 수도 있다.
　5) 見豕負塗 — 진흙을 몸에 칠한 돼지를 본다.
　6) 載鬼一車 — 수레에 鬼神이 가득 실려 있는 것의 形容.

7) 先張之弧, 後說之弧 — 처음에는 활을 쏘려고 하다가, 뒤에는 활을 쏘지 않았다. 여기의 弧는 병이나 항아리를 가리키는 壺의 글자로 보는 학자도 있다.

8) 往遇雨 — 六三과 陰陽和合이 되면 좋다. 곧 往은 六三을 뜻하고 雨는 雲雨之情을 뜻한다.

9) 上九는 睽이니 不正하다. 우리 人間 社會生活에 比喩하면 잘못 誤認하여 큰일을 저지를 뻔하였으나 자세히 알고 보니 나를 해칠 사람이 아니라 나를 도울 사람이다. 그 사람과 만나 情을 나누고 和合하면 곧 좋으리라.

10) 外互卦가 坎이 되고 坎은 豕가 되고 못에 들어가니 負塗이다. 또 坎이 車가 되고 隱伏이 되니 載鬼, 離가 활이 되고 坎이 화살이 되니 先張은 離가 虛하기 때문에 당긴 모양이요 後說은 兌가 毀折이기 때문이다. 坎은 寇盜가 되고, 六三과 上九는 相應이니 婚媾이다. 坎水가 못을 이루니 비가 온 것이다.

11) 上九는 應이 있으나 외로운 것은 그 應하는 것을 믿지 못함이다. 剛이 極에 달하니 밝음이 지나쳐 그 疑問點을 살피는 것이 더욱 심해지고 보이는 것이 더욱 異常해진다. 豕塗는 자기 몸을 더럽힐까 疑心하고 鬼車는 鬼神의 禍가 미칠까 疑心하고 先張은 자기가 쏘아버릴까 의심하고 後說은 잘못인가 의심하나, 모두 六三이 盜賊으로 보이기 때문이나 實際로는 盜賊이 아니고 婚媾이다.

12) 만약 그 婚媾임을 믿고 가면 의심이 풀어지고 同心이 될 것이니 陰陽이 和合하여 비가 오게 되고 어긋난 것이 합해져서 기쁘게 應하니 吉하다. 疑心으로 因하여 睽가 생기고 睽가 되면 더욱 疑心하고, 믿음으로 因하여 합해지고 합하면 더욱 믿게 되니, 어긋나 엿볼 때는 가보는 것이 貴하고 睽를 푸는 것은 만나는 것이 貴하고 어긋난 것을 합치는 데는 믿음이 貴하니 妄靈되게 볼 바가 아니다.

象曰 遇雨之吉은 羣疑—亡也—라.

◐ 象에서 말하기를 遇雨之吉은 뭇 의심이 없어지기 때문이라.
◎ 비를 만나면 길하다는 것은 여러 가지 의심이 모두 사라지기 때문이다.

1) 象에서 말하기를 六三을 맞나 情을 나누어 좋다는 것은 뭇 疑心이 없어지기 때문이다.

2) 家人卦와 睽卦는 內容이 相對的이다. 家人의 上九가 家庭의 長으로 節度와 法度를 지키며 威嚴을 가지고 治家가 되어 좋다. 그러나 睽는 모든 것이 서로 어긋나는 形狀을 말하고 同而異한 眞理를 지니고 있다. 우리는 이러한 卦 속에서 吉한 方法을 찾는 것이 重要하다.

〈睽卦의 綜合〉

睽卦는 家人卦와는 달리 人情이 乖離되는 象을 보여주고 있다. 背理, 不和 등에 어떻게 對處할 것인가를 보여준다.

象辭에서는 異中의 同을 말하고, 大象에서는 同中의 異를 말하고 있다.

初九 <悔亡>, <喪馬自復>, <見惡人 无咎> -

- 모두 같은 狀況을 말하고 있다. 말하자면 先은 背理이다가 後에는 和合한다는 의미가 있다. 初九는 位가 바르고 침착하기 때문에 후회하는 일이 없어진다. 九四의 惡人이 背叛하더라도 버리지 말고 寬容으로 만나면 허물이 없다는 것이다.

九二 遇主于巷 无咎 -

- 六五 天子를 거리에서 만난다는 것은, 常禮가 아니지만, 臨機應變으로 君臣이 親密해질 수 있음을 나타낸다. 요는 성심으로 노력하면 성공한다는 뜻이 담겨져 있다.

六三 見輿曳 其牛掣, 其人 天且劓 无初 有終. -

- 六三은 上九와 陰陽 調和가 되는 사이이다. 그러나 睽의 때이므로 의심과 방해가 생긴다. 그러나 후에는 誤解가 풀리고 親密해진다. 처음에 서로 의심해서 의사가

소통되지 않아 잘못이 생기기 쉬우나, 시기를 기다리면 후에는 오해가 풀리고 친밀하게 화합하게 된다.

九四 睽 孤, 遇元夫, 交孚, 厲 无咎 -
－九四는 初九와 陰陽의 調和가 되지 않는다. 그러므로 孤獨하다. 그러나 마음을 고쳐먹고 初九와 잘 사귀면 위험한 입장이지만 災禍를 면할 수 있다.

六五 悔亡, 厥宗噬膚, 往 何咎 -
－六五는 不正이나 柔順하고 中庸의 德이 있다. 주저하지 않고 나아가 相應인 九二를 만나 친하게 하면 아무런 재난도 만나지 않는다. 마음대로 되지 않고 고생이 많으나, 部下의 도움으로 어려움을 극복한다.

上九 睽孤, 見豕負塗, 載鬼一車, 先張之弧, 後說之弧, 匪寇婚媾, 往遇雨則吉 -
－上九는 六三과 相應이다. 그러나 過剛하여 孤立되어 있다. 처음에는 잘못 보았으나 착각이었다. 나의 적이 아니고 자기가 결혼해야 할 상대였다. 나아가 결혼하면 陰陽 和合하여 행복을 얻을 수 있다. 睽卦의 極이기 때문에 끝에 가서는 疑心이 解消되고 和合이 이루어진다는 것.

睽는 태양이 호수 위에 떠 있는 것이다. 태양은 떠오르고 호수 물은 폭포로 떨어져 하류로 흘러내린다. 또 달리 말하면 아름다움과 즐거움이 합쳐진 것이다. 자매가 거울을 보고 앉아 서로 아름다움을 시샘하며 즐거워하는 모습이다. 이처럼 규는 함께 모여 있으나 뜻이 다르다.
눈(離)은 입(兌)과 가장 가까이 있다. 눈은 아름다운 것을 보고 입은 즐거워 찬탄한다. 그러나 그 찬탄은 곧 질투심으로 변한다. 칭찬하던 말은 곧이어 시샘하는 질시의 표현으로 바뀌고 자매는 곧잘 토라지고 만다.
규는 변덕과 오해의 괘다. 변덕은 때로 인생을 재미있게 만든다. 사람들은 삶이

지루할 때 변덕을 부린다. 심심하기 때문이다. 사소한 오해는 때로 무미건조한 인생의 양념이다. 오해가 없다면 희극도 없다. 그러나 사소한 오해를 푸느라 귀중한 인생을 바치기도 한다. 굳이 그러지 않아도 될 오해도 있다.

　규의 가르침은 '喪馬하여도 勿逐하면 自復이니', 睽는 수고하더라도 얻는 것이 적다. 본전이 남으면 다행이다. 오해로 가득 찬 인생, 본전이라도 챙기면 大成功 아닌가.

(39) 水山 蹇(下經 9)

<pre>
      ━━ ━━ 正
險 ━━━━━━ 正 坎 水 中 中男   蹇: 절 건, 어려울 건, 고생할 건,
      ━━ ━━ 正   험난할 건, 교만할 건.
      ━━━━━━ 正
止 ━━ ━━ 正 艮 山 中 少男
      ━━ ━━ 不正
</pre>

―序 説―

1. 卦의 뜻

1) 蹇은 難也라. 四凶卦 중의 하나이다. 險難 中에서 우리는 正道로 行함으로써
길을 찾아야 한다. 그 속에는 반드시 길이 있고 헤쳐 나갈 方法論이 있기 마련이다.

2) 易經은 乾父, 坤母가 三男 三女를 거느리고 있는 形象이다. 家人, 睽는 長女와
中女, 中女와 少女가 각기 結合한 것이고, 여기서는 中女가 中間役割을 하였다. 蹇,
解는 少男과 中男, 中男과 長男이 結合된 것이지만, 中間에는 中男이 相互 連結한
다. 이것도 역시 상대적이며 中은 恒時 중이다. 그리고 특히 後天에는 더욱이 中正
之道를 가져야 한다는 것을 强調한 것이다.

3) 家人과 解는 吉卦, 睽와 蹇은 凶卦라고 할 수 있다. 이것도 相對的이다. 硏究하면 凶卦 속에서 吉할 수 있는 理致가 있다

4) 中庸 第十四章에 "君子는 居易以俟命(거이이사명, 俟: 기다릴 사)하고 小人은 行險以徼幸(행험이요행, 徼: 구할 요)이라고 했으니 世上이 險할수록 正道로 行하고, 人間의 限界를 벗어난 行動은 하지 않아야 한다. 말하자면 智慧로써 어려움을 克復해 나가야 한다.

5) 蹇卦는 四凶卦 中의 하나다. 이 周易의 四大難卦에는 모두 坎中連이 들어 있다. 이는 물의 형상과 험난한 뜻을 취하고 있다. 이제 이것을 간략하게 살펴보면 다음과 같다.

(1) 水雷 屯卦 – 剛柔始交而難生

물이 아직 비가 되어 내리지 못하고 위에서 구름으로 뭉쳐 있는 상태.

萬物이 처음 어렵게 나와서 완전히 和暢하지 못하는 상태이다.

屯卦의 錯綜卦가 雷水解卦이다. 우레가 하늘에서 진동하고 구름이 비가 되어 내려야 풀리게 되는 것이다.

(2) 水山 蹇卦 – 山上有水蹇, 難也, 險在前也. 生産的인 것.

險峻하고 어려운 狀況이 계속해서 닥치게 된다.

(3) 澤水 困卦 – 澤无水困은 身體上 健康上의 困함을 말한다.

못 속의 물이 아래로 새어 물이 없게 되는 형상.

(4) 重水 坎卦 – 生活의 險難과 그 突破를 뜻한다.

2. 卦象과 卦德

1) 卦象을 보면 아래에는 艮上連으로 높은 산이 있고 위에는 坎中連으로 깊고 험한 물이 있으므로 어려운 시기에 處한 蹇卦가 된다.

2) 蹇卦는 初六이 不正이다. 六爻 中 初爻가 不正이니 人體로 보면 다리에 該當한다. 故로 蹇卦라 할 수 있다.

3) 卦德으로 보면 艮上連은 그치는(止) 뜻이 있고 坎中連은 險難한 뜻이 있으므로 앞에 험한 것을 만나서 나아가지 못하고 그쳐 있다는 뜻이 된다.

4) 蹇은 卦體로 보아 險한 坎水가 위에 있고, 또 艮山이 밑에 있으니, 두 가지가 함께 겹쳐 있는 形象이다. 바다나 강물을 건너서 헤쳐 갔으나 또 험한 산이 가로놓여 있다. 이것이 蹇이다. 우리가 살아가는 人生살이도 이와 같다(一山行盡 一山靑).

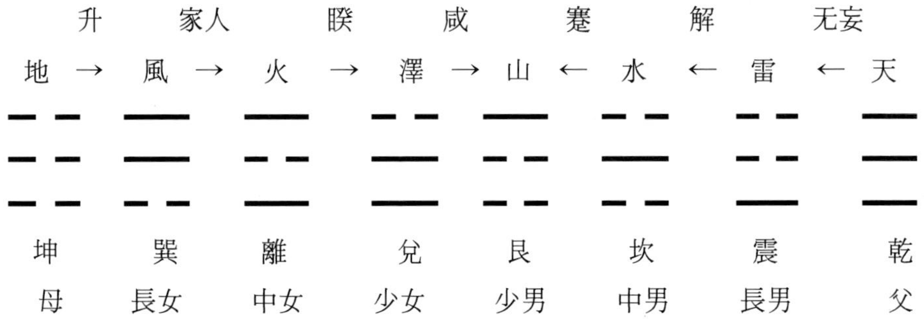

升	家人	睽	咸	蹇	解	无妄
地 →	風 →	火 →	澤 →	山 ←	水 ←	雷 ← 天
坤	巽	離	兌	艮	坎	震　　乾
母	長女	中女	少女	少男	中男	長男　　父

5) 이 卦의 陰陽 調和를 보면 初六과 六四는 둘 다 陰이기 때문에 不應이다. 그러나 六二 柔順中正과 九五 剛健中正은 正應이다. 그리고 九三과 上六도 正應이다.

6) 序卦傳에서는 "睽者는 乖也－니 乖必有難이라 故로 受之以蹇하고……"라 되어 있다. 즉 사물이 어긋나서 통하지 않으면 일이 반드시 어렵게 되므로 睽卦 다음에 蹇卦가 오게 되는 것이라 하였다.

3. 卦의 變化

1) 倒轉卦 - 雷水解   - 어려움이 오래되면 결국 풀리게 되어 있고, 풀린다는
   (☵ / ☳) → (☳ / ☵)   것은 어려운 일을 前提로 하고 있다.

2) 配合卦 - 火澤睽   - 어려운 것은 무엇인가 어긋나 있게 마련이다.
   (☶ / ☵) → (☲ / ☱)

3) 錯綜卦 - 山水蒙   - 蒙은 안으로 險(蒙昧)하여 便安하지 못해 나아가지
   (☶ / ☵) → (☶ / ☵)   못하고 그쳐서 닦고 길러야 하는 때이다. 그러나 蹇
                          은 밖으로 險한 것을 보고 能히 그칠 수 있어 知가

4) 互卦 - 火水未濟   - 된다. 知者와 蒙者의 差異點이다.
   (☵ / ☶) → (☲ / ☵)   어렵기 때문에 건너지 못하는 뜻이 있다.

[卦辭]

蹇은 利西南하고 不利東北하며 利見大人하니 貞이면 吉하리라.

◯ 蹇은 西南에 利롭고 東北에 不利하며, 大人을 보는 것이 利로우니 貞이면 吉
하리라.

◎ 蹇은 西南方이 利로우며 東北方이 不利하며, 大人을 만나면 利로우나 正道로
모든 일을 行하면 吉할 것이다.

1) 蹇卦는 어렵고 험난한 것이 앞에 가로놓여 있어 나아가기가 어려운 때이다. 이
어려움을 극복하기 위해서는 西南의 평지를 향해서 나아가는 것이 좋다. 東北에는
산악이 있어 利롭지 않다. 그리고 이 어려움을 뚫고 나가기 위해서는 큰 덕을 가진
사람(九五)을 만나서 의논하는 것이 좋다. 또한 올바른 길을 걷는다면 吉할 것이다.

2) 文王 當時의 時代相을 그려 놓은 것이니 이때에 紂王이 位置한 곳이 東北方이니 不利하다고 말했다고 보기도 한다. 당시에 岐西, 西伯, 西山이라고 한 南西쪽은 文王이 살던 곳이니까 利하다고 하였다는 것이다.

3) 西南은 陰方이다. 여기에 陰卦인 離 巽 坤 兌, 즉 中女 長女 母 少女가 있다. 東北은 陽方이다. 여기에는 陽卦인 震 艮 坎 乾, 즉 長男 少男 中男 父가 있다.

4) 이 卦辭는 陰의 立場에서 본 것이라 할 수 있다. 坤卦에서 보면 西南은 得朋이요 東北은 喪朋이라 했기 때문이다. 그러니 陰의 立場에서 본다면 西南은 利, 東北은 不利하다.

5) 西南의 巽은 巽順, 離는 文明, 坤은 柔順, 兌는 悅이니 平坦하다. 고로 利롭다. 그러나 東北은 震이 動, 艮은 山, 坎은 險하고, 乾은 健壯하니 平坦하지 못하니 不利하다.

[彖辭]

彖曰 蹇은 難也－니 險在前也－니 見險而能止하니 知矣哉라. 蹇利西南은 往得中也－오 不利東北은 其道－窮也－오 利見大人은 往有功也－오 當位貞吉은 以正邦也－니 蹇之時用이 大矣哉라.

◐ 彖에서 말하기를 蹇은 어려운 것이니, 險한 것이 앞에 있는 것이니, 險한 것을 보고서 能히 止함은 智慧가 있음이라. 蹇은 西南에 利롭다고 한 것은 往하여 得中함이요, 東北에 不利하다는 것은 그 道가 窮한 것이요, 利見大人은 往하여 功이 있음이요, 位에 當하여 貞吉이라 함은 써 正邦함이니, 蹇의 時用이 큰 것이로다.

◎ 蹇은 어려운 것이다. 險한 것이 앞에 있는 것이니 險한 것을 보고 능히 그칠 줄 아니 智慧로운 일이다. 蹇이 西南에 利하다고 하는 것은 앞으로 나아가면 中正을 얻기 때문이요, 東北이 不利하다는 것은 道가 다했다는 뜻이다(來註: 艮止不行 所以

其道窮也). 大人(九五)을 만나보는 것이 利롭다고 한 것은 가서 功이 있다는 뜻이고, 마땅한 자리에서 마음이 곧고 바르면 좋다고 한 것은, 그것으로 나라를 바로잡는다는 뜻이다. 그러므로 蹇의 때와 效用이 크도다.

1) 見險而能止知矣哉 ─ 見險은 坎이고 能止는 艮이다. 卦德을 말하였고 險하고 難한 일을 만나면 머물러 있어야 한다. 이러한 것을 알고 行하는 것이 智慧로운 일이다. 互卦가 火水未濟卦이다. 未濟는 멈춰 있는 일이다. 人間의 能力도 限界가 있다. 人間은 限界를 超越한 힘을 發揮할 수 없다. 고로 時止則止하고 時行則行 할 줄 알아야 한다. 止는 動靜이 함께 包含되어 있다.

2) 知矣哉 ─ 見險而能止한 狀態로서의 知矣哉다. 見險而能止가 되면 蹇이 되지 않을 것이다. 矣: 리라. 哉: 그러리라. 知矣哉: 많이 안다.

3) 來註.: 西南居圓圖之上 故往而上者 則入西南之境矣. 故往得中. 東北居圓圖之下 來而下者 則入東北之境矣. 故其道窮

4) 來註: 蓋陽剛中正 以居尊位 則其德足以聯屬天下之心 其勢足以汲人天下之士 故往有功 正邦者.

5) 利見大人은 東北方에서 나온다. 喪朋은 乃終有慶이라고 하였다. 그러하니 先後天卦로 본다면 東北은 震, 艮方이 아닐까?

6) 蹇之時用大矣哉 ─ 비록 危險한 時代에 處하여 있을지라도 文王과 같이 危險한 것을 보고도 머물러 있을 줄 알며 時中의 德을 가질 수 있는 그 效用性은 도리어 至極한 것이다.

7) 六二와 九五와 같은 中正인 者는 能止能行 할 줄 안다. 이런 사람이야말로 時用을 잘하는 者요 知者라 할 만하다. 時와 用의 二重的인 重要性을 말했다. 難하고 險한 凶卦 中에는 眞理가 들어 있는 것을 우리는 알아야 한다.

[象辭(大象)]

象曰 山上有水-蹇이니 君子-以하야 反身修德하나니라.
　反＝歸

　◐ 象에서 말하기를 山上에 有水한 것이 蹇이니 君子가 써 하여 自身을 反省하여 修德하나니라.
　◎ 山 위에 물이 있는 것이 蹇이다. 君子가 이것을 본받아 스스로를 反省해서 德을 닦는 것이다.

　1) 우리가 어디로 가려고 하는데, 앞에 山과 물이 가로놓여 있는 것이 蹇의 상황이다.
　2) 反身脩德-反求諸其身이라고 하였으니 大學의 明明德과 같은 뜻이라고 할 수 있다.

[爻辭]

初六은 往하면 蹇코 來하면 譽리라.

　◐ 初六은 往하면 蹇에 빠지고 來하면 譽 있으리라.
　◎ 나아가면 점점 어려움에 빠지고, 머물러 있으면 名譽가 있을 것이다.

　1) 初六은 六四와 不應이며 오직 하나의 不正位이다. 그러므로 가면 갈수록 險難하다. 그리고 來하면 名譽스러운 일이 있을 것이다. 그런데 來라는 것은 不往인데

이것은 來와 같다. 즉 來는＝不往＝止也＝待也이다.

2) 初爻이고 蹇의 始初이며 不正爻이니 움직이지 않고 修養하면 名譽로울 것이다.

象曰 往蹇來譽는 宜待也ㅡ라.

　　宜: 義也

◑ 象에서 말하기를 往蹇來譽는 기다리는 것이 마땅하다는 것이라.

◎ 나아가면 어렵고 머물러 있으면 명예롭다는 것은 기다리는 것이 마땅하다는 것이다.

1) 때가 올 때까지 기다리는 것이 옳다. 그러면 절지 않을 것이고 가면 결국 나쁘다.

六二는 王臣蹇蹇이 匪躬之故ㅡ라.

◑ 六二는 王臣 蹇蹇이 自身 때문인 것은 아닌 것이라.

◎ 王의 臣下가 險難하고 險難한 것은, 자기 自身 때문인 것은 아니다.

1) 六二는 柔順中正의 德을 가지며 九五의 天子와 正應이다. 그러므로 六二는 柔順中正한 충실한 신하이다.

2) 六二의 臣下가 절고 저는 것, 즉 나라의 어려운 때에 고초를 겪고 고생하는 것은, 자기 자신의 功名이나 富貴를 노리기 때문은 아니다. 오직 王을 위해서 어려움을 견디고 있는 것이다.

3) 일이 成功하거나 안 되거나 하는 것은 자기가 論議할 바가 아니다(成不成謀事在人 成事在天). 오직 剛健中正인 임금 九五를 六二가 도와 國難을 當해서도 成敗와 利鈍(鈍: 무딜 둔, 노둔할 둔)을 돌보지 않고 힘을 다하고 忠誠을 다한다는 것이다.

4) 王臣 ― 왕의 신하로서 六二이다. 또 九五의 王位와 六二의 臣下 양쪽을 말한다는 해석도 있다.

象曰 王臣蹇蹇은 終无尤也 ― 리라.

　尤: 허물 우, 더욱 우(같지 않다.)

◑ 象에 말하기를 王臣蹇蹇이라고 한 것은 끝내 허물이 없다는 것이리라.
◎ 왕의 신하가 험난하고 험난한 일에 대처한다는 것은 끝내 허물이 없다는 것이다.

九三은 往하면 蹇코 來하면 反이리라.

◑ 九三은 往하면 險難하고 來하면 反이리라.
◎ 나아가면 험난하고 온다면 돌아갈 것이다.

1) 九三은 上六과 正應이며 正位이다. 앞으로 나아가면 險하고 不往이면 反身修德하고 있는 것이다.

2) 九三의 陽과 上六의 陰이 應하고 있으나, 만나기 위하여 나아가면 險하고, 뒤로 돌아오면 六二와 親近해진다는 것이다(反省 回復한다).

象曰 往蹇來反은 内 ― 喜之也일새라.

◑ 象에서 말하기를 往蹇來反이라고 한 것은 안으로 기뻐하는 것일새라.
◎ 가면 험난하고 오면 돌아온다고 한 것은, 마음속으로 기뻐하기 때문이다.

1) 喜는 밖에 나타나지 않는 즐거움 ― 形而上學的인 것(六二, 아래의 두 陰이 기뻐

하기 때문이다).

六四는 往하면 蹇코 來하면 連이리라.

● 六四는 往하면 險難하고 來하면 連合이리라.
◎ 나아가면 험난할 것이고 온다면 힘이 이어질 것이다.

1) 六四는 初六과 不應關係에 있으나 正位이다. 앞으로 나아가면 절고, 가지 않으면 이웃인 九三(內喜)과 같이 連絡(來註: 相連)하여 吉할 것이다.
2) 來連 - 六四는 아래위로 陽이니까 가만히 있으면 좋다.

象曰 往蹇來連은 當位-實也일새라.

● 象에서 말하기를 往蹇來連은 位가 마땅하여 誠實하기 때문일새라.
◎ 나아가면 험난할 것이고 온다면 힘이 內連할 것이라는 것은, 마땅한 위에 있어 내실이 있기 때문이다.

1) 六四는 九三이 陽爻로서 陽의 位에 마땅하게 있으므로 이것과 연합해서 험난한 것을 헤쳐 나간다.
2) 來連을 하면 內喜가 된다. 이것은 麻中之蓬과 같다. 麻中之蓬 ─ 삼밭에 자라는 쑥대와 같이 삼이 자라니까 쑥도 크게 자란다는 뜻, 곧 좋은 환경이나 感化를 받으면 品行이 바르게 된다는 말. 착한 사람과 사귀면 착한 사람이 된다.

九五는 大蹇에 朋來로다.

◉ 九五는 크게 험난함에 朋이 來함이로다.
◎ 크게 험난할지라도 벗이 올 것이다.

1) 九五는 剛健中正의 덕을 갖춘 이금이다. 험난한 가운데 빠져 크게 고초를 겪지
만 충직한 신하들이 모여 도와서 나라의 어려움을 타개할 것이다.
2) 九五는 六二와 正應이며 剛健中正의 爻다. 크게 險難하게 되면 벗이 온다고 했
는데 여기서 벗이라는 것은 陰 六二爻를 뜻한다.

象曰 大蹇朋來는 以中節也－라.

◉ 象에서 말하기를 크게 험난함에 벗이 온다는 것은 써 中節임이라.
◎ 큰 어려움이 있어 벗이 온다고 함은, 中庸之道로 節制를 지키는 것이다.

1) 以中節也 ― 節次에 알맞게 하는 것, 中庸之道에 알맞게 한다. 發而皆中節, 無爲
無思 無我地境이 中이다

上六은 往하면 蹇코 來하면 碩이라 吉하리니 利見大人 하니라.   碩: 클 석

◉ 上六은 往하면 험난하고 來하면 큰 것이라 吉하리니 大人을 만나는 것이 利롭다.
◎ 나아가면 험난하고 오게 되면 큰 것이 있어 길할 것이다. 대인을 만나는 것이
좋을 것이다.

1) 上六은 어려운 상황의 極에 있다. 나아가려 하면 점점 더 어렵게 된다. 다행히

九三과 正應의 관계에 있기 때문에 그 陽의 힘을 빌리면 험난함을 극복하고 길함을 얻을 수가 있다. 九五의 大人을 만나 힘을 합하고 도우면 좋을 것이다.

2) 上六은 九三과 正應이며 正位이다. 앞으로 나아가면 危險하고 가지 않으면 크다는 것은 좋다는 것이니 大人을 보는 것이 利로울 것이다.

3) 危險한 데로 進行하지 말고 그대로 있으면 標準이 되는 碩果不食이 되는 자가 된다(種子가 될 수 있는 사람이 된다).

4) 利見大人 ― 上六에서 大人은 九五를 뜻한다. 따라서 九五는 陽剛 中正이고 君位이니 大人, 대인의 도움을 받아 어려움을 늦춘다. 上六이 九三 九五 두 陽을 좇는 것이 碩이다.

象曰 往蹇來碩은 志在內也―오 利見大人은 以從貴也―오.

◐ 象에서 말하기를 往蹇來碩은 뜻이 안에 있는 것이요, 利見大人은 써 貴함을 따르는 것이오.

◎ 나아가면 험난하고 오면 크다고 한 것은, 뜻이 안에 있는 것이다. 대인을 만나는 것이 이롭다고 한 것은 존귀함을 따르는 것이다.

1) 上六이 함께 힘을 합쳐서 어려움을 극복하려는 의지는 內卦인 九三에 있다. 즉 안이라는 것은 九三을 말한다. 大人을 보는 것이 利롭다고 한 것은 九五의 임금에게 따르는 것을 의미한다.

〈水山蹇의 綜合〉

1) 中國의 中原中心으로 地域的인 形勢를 살펴보면 楚水吳山道路難(楚나라에 물(坎), 吳나라에 산(艮)이 있어서 道路가 險難하다.)이라고 했으니 險難한 뜻을 말한

다. 또한 山水에 부딪치면 갈 수가 없고 또 困難하다. 고로 蹇이다.

2) 六爻 中에 四爻가 往蹇來……로 말하고 있다. 즉 往來는 進止를 뜻하니 그때의 狀況을 보아 危亂이 닥쳐왔을 때는 能…… 수 있어야 한다. 世上이 危險할 때는 反身修德하고 기다려야 한다.

初六 往蹇來譽……　　　　六四 往蹇來連……

九三 往蹇來反……　　　　上六 往蹇來碩……

3) 蹇은 危亂의 時代라고 할 수 있다. 이 時代에 處하는 方途는 어떠한가 하면 西南의 自由世界에 사는 것이 有利하고 東北의 共産世界에 사는 것은 不利하다고도 볼 수 있다.

4) 蹇卦는 四凶卦 中의 하나이다. 卦辭는 좋지 않으나 爻辭는 좋다. 凶中之吉을 研究하는 것이 중요하다. 이러한 곳에 眞理가 內包되어 있다.

* 各爻가 六爻로 構成되어 있는 것은 다음과 같은 側面으로도 볼 수 있다.

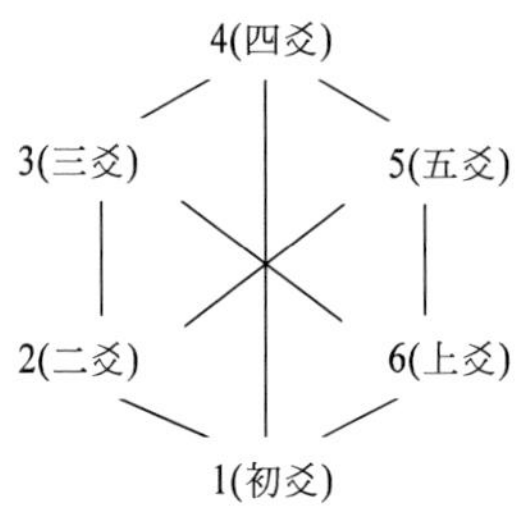

1과 4, 2와 5, 3과 6爻가 相應關係에 있다. 따라서 六爻는 小成卦를 相湯하여 또 三才法 三極法의 原理를 發展시켜 六爻가 이루어졌다.

어떤 卦라도 六爻로 되어 있다. 그 卦를 풀이하고 해석할 때 여섯 가지 場面으로 생각하여 풀이하였다. 人間이 살아가는 데는 여러 가지 방향에서 검토하고 생각해야 하니 六角形처럼 다른 位置에서 본다는 뜻이다. 이것이 곧 64卦 384爻가 되는 原理이다.

* 中庸에서　發而皆中節…….

心　→　善(性善說)

四端 七情－仁 禮 義 智　　喜 怒 哀 樂 愛 惡 欲

　사람의 마음은 天賦之性으로 善하게 태어났다. 그 마음속은 七情으로 外部에 나타나게 된다. 그러나 七情은 마음이 느끼는바 기쁠 때 기쁘게 느끼고……, 七情의 것을 각기 느낌이 다 알맞게 節度에 맞게 느끼며 發揮하는 것이 中이요 和라고 하였다. 우리가 공부를 하는 것도 이 皆中節을 위해서라고 보아도 될 것이다.

(40) 雷水 解(下經 10)

<pre>
━━　━━ 正
動 ━━━━━ 不正　中　震　雷　長男.
━━━━━━━ 不正
─────────────────
━━　━━ 不正
險 ━━━━━━━ 不正　中　坎　水　中男
━━━━━━━ 不正
</pre>

─序　説─

1. 卦의 뜻

1) 解는 蹇의 倒轉卦이다. 蹇卦가 어렵고 險難한 것은, 앞길을 산이 가로막고 또 물이라는 험한 조건이 겹쳐 있는 것이다. 이것이 極하게 되면 解卦가 된다.

2) 解는 풀어진다는 뜻이다. 막히고 어두웠던 모든 일들이 풀어져서 通하게 된다는 뜻이다. 우레는 하늘에서 振動하고 구름이 비가 되어 땅으로 내리니 陰陽二氣가 交感하여 通하게 된다.

3) 解는 險難한 坎卦와 움직임을 상징하는 震卦로 構成되어 있으나, 움직임으로써 險難에서 벗어나는 것이 解卦이다.

4) 解는 어려운 것이 흩어지는 卦이다(難之散也). 또한 解는 어려운 것이 풀린다는 뜻이며 六爻 中 正이 하나이고 不正이 다섯이나 되니 세상은 어지럽다. 이때가 어떤 束縛으로부터 解放될 때이다. 우리나라가 日帝下에서 解放될 때를 想起해 보면 당시에 사회는 어지러워 無秩序하였다. 바로 이러한 때가 解이다.

5) 紂王의 虐政의 쇠사슬에 얽매여 있다가 武王이 天下를 征伐하여 解放시켜 주는 當時 中原의 政治的인 事情을 생각할 수도 있다.

6) 解는 三冬내내 얼어붙었던 것이 봄이 되어 解凍되는 것, 따라서 모든 근심 걱정이 풀리는 것을 뜻하기도 한다.

7)) 解卦는 後天, 즉 下經의 열 번째 되는 卦다. 따라서 下經이 人事的이라면 어린애를 열 달 동안 배었다가 몸을 푸는 것이 解産이며 이 卦가 또한 그런 것을 상징한다.

8) 解는 緩也라 – 雜卦傳에서 말했다. 緩: 느슨해질 완(loose)

9) 天地人 三才를 統合하여 周易이 形成되어 있으나 특히 下經에서는 人事的인 面을 많이 이야기하고 있다. 咸恒으로부터 始作하여 陰陽이 交感하였다면 一時的인 것이 아니라 恒久히 해야 하며, 열 번째 卦가 解이니 10개월 후에 解産을 하는 것과 같다. 故로 皆甲拆이라고 했는데 實際로 낳는 것은 損益卦에서 볼 수도 있다.

2. 卦象과 卦德

1) 卦象을 보면 內卦는 坎中連으로 水·險 등을 뜻하며 外卦는 震下連으로 雷·動을 뜻한다.

2) 卦德을 보면 內卦 坎水는 險하고 外卦 震雷는 動이다. 그러므로 險한 데에서 움직여서 險한데를 빠져 나오는 象이 된다.

3) 家人(長女·中女) 睽(中女·少女)는 女子를 위주로 하여 집안 살림을 잘못하면 어긋나는 것을 의미하며, 蹇(中男·少男) 解(長男·中男)는 男子를 爲主로 하여 밖에

서 어려운 일을 하고 이를 풀어나가는 것을 의미한다.

4) 이 卦의 陰陽 調和를 보면 初六과 九四爻는 不正이지만 相應하고 있으며, 九二와 六五爻는 역시 不正이지만 相應하고 있다. 그러나 六三과 上六은 같은 陰이라 不應이다.

5) 序卦傳에서 보면 "物不可以終難이라 故로 受之以解하고……"라 되어 있다. 즉 事物이 언제까지나 어려울 수만은 없으니 풀릴 때가 있을 것이므로 蹇卦 다음에 解卦가 오게 된다는 것이다.

3. 卦의 變化

1) 倒轉卦 - 水山蹇　　　 - 어려운 過程을 겪으면서 그 難關을 克服하면 解가
(☵ / ☶) → (☵ / ☶)　　　되다.

2) 配合卦 - 風火家人　　 - 모든 일은 가까운 데서부터 漸進的으로 해야 하듯이
(☵ / ☳) → (☴ / ☲)　　　풀리는 것도 집안에서부터 시작한다는 뜻이 있다.

3) 錯綜卦 - 水雷屯　　　 - 萬物이 始生하는 것이니 겨울의 어려움을 이겨내고
(☵ / ☳) → (☵ / ☳)　　　바름을 지키며 때에 맞추어 일을 하면 곧 봄이 온다.
　　　　　　　　　　　　　　　既濟는 이미 이루어진 것이다. 큰 어려움이 지나갔다.

4) 互卦 - 水火既濟　　　 - 水火가 相交하여 각기 間隔은 두고 役割을 다하니 水
(☵ / ☳) → (☵ / ☲)　　　昇火降하여 萬物이 健全하게 이루어진다.

[卦辭]

解는 利西南하니 无所往이라 其來復이 吉하니 有攸往이어든 夙하면 吉하리라.
　夙: 일직 숙

☯ 解는 西南이 利하니 갈 바 없음이라. 그 와서 復함이 吉하니 갈 바 있음이거든
일직하면 吉하리라.

◎ 解는 西南쪽이 利롭다. 갈 바가 없는 것이다. 그 되돌아오는 것이 吉하니, 갈
바가 있으면 빨리하는 것이 좋을 것이다.

1) 解는 艱難이 解消된 것을 의미하는 卦이다. 오랫동안의 艱難이 겨우 解消되었
기 때문에 西南의 평탄한 곳에 있는 것이 좋다. 나아가서 解決해야 할 艱難이 없다
면 자기가 편하게 있을 곳에 돌아와서 조용히 있을 것이며, 쓸데없이 움직이지 않으
면 吉하다. 만약 나아가서 解決해야 할 일이 아직 남아 있다면, 더 늦기 전에 빨리
해결하도록 하면 吉하여 행복을 얻을 수가 있다.

2) 利西南 — 西南은 坤의 방위이다. 평탄한 땅이라 볼 수가 있고 거기서 조용하게
있는 것이 좋다는 뜻.

3) 无所往 — 나아가서 해결해야 할 어려움이 없다는 것.

4) 其來復 — 편안한 곳에 돌아와서 안정하고 있는 것. 그리고 타고난 天賦之性을
回復하는 것도 된다.

5) 有攸往 — "나아가서 해결해야 할 일이 있다면"이라는 뜻.

[彖辭]

彖曰 解는 險以動이니 動而免乎險이 解라 解利西南은 往得衆也-오 其來復吉은 乃得中也-오 有攸往夙吉은 往有功也-라 天地-解而雷雨-作하며 雷雨-作而百果草木이 皆甲坼하나니 解之時-大矣哉라.

免: 벗을 면, 면할 면. 夙: 일직 숙. 甲: 떡잎 날 갑, 비롯할 갑, 껍질 갑.

拆: 싹이 터질 탁, 갈라질 탁.

☯ 彖에서 말하기를 解는 險함으로써 움직이는 것이니, 움직여서 險을 免하는 것이 解라. 解가 西南에서 利롭다고 한 것은 往하여 衆을 得함이오, 其來復吉이라는 것은 이어 中을 得함이오, 有攸往夙吉은 往하여 有功이라. 天地가 解하여 雷雨가 作하며 雷雨가 作함으로써 百果草木이 모두 甲坼하나니 解의 時가 큰 것이라.

◎ 解는 險하면서(坎) 움직이는 것이다(震卦). 움직임으로써 險한 것을 免하려고 하는 것이 解이다. 解가 西南쪽이 利롭다고 한 것은 그곳으로 가면 뭇사람(衆人)을 얻기 때문이다. 그 돌아와서 天賦之性을 회복하는 것이 좋다고 하는 것은 이에 中庸 之德을 얻는다는 것이다. 갈 바 있으면 빨리 하는 것이 이롭다고 한 것은, 나아가면 공이 있다는 것이다. 天地가 解하여 우레와 비가 만들어지며 우레와 비가 일어남으로써 백 가지 과실과 초목이 모두 껍질이 벗겨지고 싹이 트는 것이니 解의 때는 대단히 큰 것이다.

1) 解의 괘는 下卦 坎의 象은 險이고 上卦 震의 象은 動이기 때문에 행동을 해서 험난한 어려움을 극복하고 險難을 면한다는 의미를 갖는다.

2) 解利西南 — 解의 괘는 모든 陰卦가 九四에 따르고 있으나 이것은 九四가 나아가 대신이 되고 천하가 이를 믿고 따른다는 것을 의미한다.

3) 其來復吉 — 下卦 坎의 中爻인 九二를 가리킨다. 중용의 덕이 있기 때문에 어려

움이 해소되고 안정할 수 있다는 것이다.

4) 有攸往夙吉 ― 九四를 가리키며 九四가 나아가서 큰 공적을 올린다는 것.

5) 解卦가 나타내는 時運을 보면 天地의 기운이 겨울 동안 닫혀 있다가 입춘 이후에 풀려서 하늘에는 우레가 울고 땅 위에는 비가 내려 그 사이 닫혀 있던 과실이나 초목의 껍질을 벗기고 새싹이 돋아나고 만물이 발생하는 것을 나타낸다. 그러므로 이 解의 時運이 갖는 의의는 대단히 중대하다 할 수 있는 것이다.

6) 이 解卦에는 卦辭에 元亨利貞이 없다. 그러나 卦辭 속에 吉함이 두 번이나 있는 것이다. 그러므로 吉卦임에는 틀림없으나 어째서 좋은지 좋은 것을 어떻게 하면 더 오래오래 持續할 수 있을 것인지를 硏究할 필요가 있을 것이다.

7) 坎은 그때에 따라서 水, 雨, 雲으로 나타난다. 물이 蒸發하여 구름이 되었다가 비가 되어 내려온다. 땅에 떨어지면 곧 물이라고 한다. 이것은 輪廻라 볼 수 있다. 또한 相互關係로 보면 물이 體 혹은 나라면, 비는 아버지 格이고, 雲은 할아버지 格이라 할 수 있다.

8) 坎의 例를 보면 重水坎卦 ― 水洊(거듭 천)至習坎: 물이 사방에서 모여 닿는데 이 물의 험함을 익히(習坎)는 것. 雷水解卦 ― 雷雨作解 ― 雨이다. 水雷屯卦 ― 雲雷屯 ― 雲이다. 세 卦 속에 坎이 있으나 그 表現이 모두 다르다.

9) 皆甲坼 ― 싹이 터져 나올 수 있는 것은 모두 싹이 터져 나오는 것을 말한다. 여기서 甲坼은 坤의 힘으로 모든 種子의 싹을 트게 한다. 坤이 아닌 地는 단순한 土地라 흙일 뿐이다. 種子開甲이라는 말도 있다.

10) 解之時大矣哉 ― 皆甲坼, 곧 萬物이 生하는 始初를 意味한다. 무슨 일이든지 처음에는 難産이니 難産이 풀리는 그 時期, 겨우내 추위가 가고 解冬이 되는 그때, 陰暢陽和가 되는 天地氣運의 相交가 되는 그 時期가 가장 重要하고 크기도 하다는 것이다.

* 咸卦 憧憧往來 → 解卦 皆甲坼 → 損卦 三人行則損一人

[象辭(大象)]

象曰 雷雨作이 解니 君子-以하야 赦過宥罪하나니라.

　赦: 용서할 사, 놓아줄 사. 宥: 용서할 유, 너그러울 유. 過: 허물 과.

　☯ 象에서 말하기를 雷雨作하는 것이 解니 君子가 써 過誤를 赦하고 罪를 용서하나니라.

　◎ 우레와 비가 일어나는 것이 解이니, 君子가 이것을 본받아 남의 잘못을 용서하고 지은 罪를 너그럽게 한다.

　1) 赦過宥罪 — 解卦의 상황이기 때문에 사람들의 허물을 용서하고 죄를 너그럽게 대하여서 赦免해주고 解放시켜 준다는 것을 말한다.

[爻辭]

初六은 无咎하니라.

　☯ 初六은 无咎하니라.
　◎ 허물이 없는 것이다.

　1) 初六은 九四와 不正이면서 相應이다. 解放되는 始初이기 때문에 无咎이다.
　2) 無法天地이고 無秩序 狀態이므로 허물이 없다.

象曰 剛柔之際라 義无咎也-니라.

◑ 象에서 말하기를 剛과 柔가 서로 交際하는 것이라 義로서 无咎하니라.
◎ 剛과 柔가 서로 사귀는 것이라 義理로서 허물이 없다는 것이다.

1) 初六은 어려움을 해소함에 있어서 剛明의 德이 있는 九二의 어진 사람과 사귀어 그 지도나 감화를 받아서 착하게 되려고 한다. 그러한 道理로서 재난을 면할 수가 있다.

2) 初六과 九四가 相應이니까 剛柔라 했다고 하는 해석도 있다.

3) 无咎者는 善補過也라. 즉 過誤를 善으로 보충한다는 뜻.

九二는 田獲三狐하야 得黃矢니 貞하야 吉토다.
　田: 사냥 전. 狐: 여우 호.

◑ 九二는 田에서 三狐를 獲得하여 黃矢를 得하니 貞하여 吉하도다.
◎ 九二가 사냥을 하다가 여우 세 마리(初六 六三 上六을 가리킨다)를 잡고 누른 화살을 얻으니 올바르게 해서 길하다.

1) 九二는 下卦의 가운데 있고 六五와 相應關係에 있다. 不正位이지만 중용의 덕이 있다. 마음을 正道로 하면 吉하다는 것이다.

2) 九二는 비록 正當치 못한 자리에 있으나 得中이고 六五와 相應하여 初六, 六三, 上六의 三陰을 統率하고 있다.

3) 田獲三狐 一 初六, 六三, 上六의 三陰을 三狐라고 한다. 狐는 邪媚之物(사미지물)이며 陰이고 小人 格이다.

4) 得黃矢 一 黃은 中央이요 土요 黃色이다. 矢는 中直이다. 黃矢는 中庸之道를 뜻한다. 結局 三陰의 小人을 다스리는 데 있어서 올바르게 해서 좋다고 하였다.

象曰 九二貞吉은 得中道也일새라.

◐ 象에서 말하기를 九二가 貞하여 吉하다는 것은 中道를 得했기 때문이라.
◎ 九二가 正道로 하여 吉하다고 하는 것은 中庸之道를 얻었기 때문이다.

1) 九二는 陽爻이면서 陰의 위치에 있기 때문에 不正이지만 下卦의 중앙에 있기 때문에 中道를 얻었다고 하였다.

六三은 負且乘이라 致寇至라 貞이라도 吝하리라.

◐ 六三은 負하고 또한 乘이라 寇가 이르도록 이룸이라 貞이라도 인색하리라.
◎ 짐을 지고 또한 수레에 탔음이라. 도둑이 이르도록 이루는 것이다. 올바르게 하더라도 인색할 것이다.

1) 六三은 上六과 相比關係이다. 자신도 不正位이다. 짐을 짊어진 놈이 또한 타고 있다(지고 다닐 사람이 타고 있으니 自己의 分數에 맞지 아니하다는 뜻). 이것은 盜賊이 짐을 빼앗도록 하는 사태를 이르게 한다. 그러니 마음을 바르게 할지라도 부끄러움을 당할 것이다.
2) 負且乘 — 爻象은 九四의 陽氣를 등에 지고 九二의 陽氣를 타고 있다. 고로 다른 陰의 嫉妬를 사게 된다. 결국 자기의 분수에 맞지 않는 일을 한다는 뜻이다. 負且乘이기 때문에 結果的으로 致寇至가 되며 나쁜 것이 올 것을 알아야 한다. 짊어지고 탔다는 것은 逆行이다.

象曰 負且乘이 亦可醜也—며 自我致戎이어니 又誰咎也리오.

● 象에서 말하기를 負且乘이 역시 가히 醜하며 내 스스로가 戎을 부른 것이니 또 누구를 허물하리오.

◎ 짐을 질 사람이 타고 있다는 것은, 역시 추한 일이요 내 스스로 盜賊을 불렀으니 또 누구를 허물할 것인가.

1) 짐을 질 사람이 수레에 타고 있다는 말은 능력이 부족하고 도덕적으로 훌륭하지 못한 사람이 높은 자리에 오르는 것을 비유한 것이다. 이러한 상황이라는 것은 대단히 부끄럽고 추잡한 일인 것이다. 이것은 마치 자기 스스로가 도둑에게 짐을 훔쳐가라고 하는 것과 같다. 그러므로 남을 탓할 수는 없고 스스로를 자책해야 하는 것이다.

2) 繫辭傳 上經 八章에서 孔子의 이 문구에 대한 풀이가 있다.

子子子曰 作易者其知盜乎ㄴ저 易曰 負且乘이라 致寇至라 하니 負也者는 小人之事也오 乘也者는 君子之器也니 小人而乘君子之器라 盜 思奪之矣며 上을 慢코 下를 暴라. 盜—思伐之矣니 慢藏이 誨盜며 冶容이 誨淫이니 易曰 負且乘致寇至라 하니 盜之招也라(慢: 거만할 만. 暴: 사나울 포. 誨: 가르칠 회. 藏: 감출 장).

3) 六三爻를 자세히 풀이하였다. 六三爻는 先天의 마지막이다. 이때가 되면 세상의 人心도 解放이 되어 千態萬象으로 變하여 나타난다. 소인이 군자가 타야 할 것을 타는 것이기 때문에 여러 가지 좋지 못한 상황이 일어난다는 것이다. 고로 이러한 것은 盜賊을 招來하는 原因이 된다.

4) 作易者其知盜乎—周公이 爻辭를 지었으니 周公이 盜賊이 이를 것을 알았다는 말도 있다. 여기서 盜賊은 單純한 盜賊의 뜻도 있으나 正義의 盜賊을 뜻하기도 하는데 聖人은 中正의 大盜라고 할 수도 있다(聖人—中正大盜—大盜—大欲).

九四는 解而拇-면 朋至하야 斯孚리라.

☯ 九四는 너의 엄지발가락을 解하면 朋이 이르러 이에 孚 있으리라.
◎ 너의 엄지발가락을 풀어내면 친구가 이르러 여기에 성심이 있을 것이다.

1) 九四는 不正位이나 初六과 相應關係에 있다. 그러나 九四는 바로 아래의 六三의 陰과 陰陽이 相比하여 친하게 사귀고 있다. 그래서 자기의 엄지발가락을 도려내듯이 그 六三과의 관계를 끊는다면, 같은 剛明한 九二가 와서 도와주게 되어 서로 믿음을 가질 수가 있을 것이다.

2) 解而拇 — 여기서 而는 爾와 통한다. 그러므로 너라는 뜻이 되어 九四 자신이 된다. 拇는 엄지손가락으로 보는 수도 있으나 여기서는 엄지발가락이다. 解는 解除한다. 즉 끊어낸다는 것.

3) 六五, 上六, 六三, 初六의 陰이 있으나 九四는 初六과 相應이므로 이것과 交際하는 것이 좋다. 朋至에서 朋은 九二爻를 뜻한다. 九四의 밑에서 阿諂하고 있는 六三 小人과의 關聯을 끊어라. 初六을 풀어버리면 어진 벗인 九二가 와서 精誠으로 協力하여 줄 것이다.

象曰 解而拇는 未當位也일새라.

☯ 象에서 말하기를 解而拇라는 것은 아직 位가 마땅하지 않음이라.
◎ 엄지발가락을 풀라는 말은 位가 正當하지 못하기 때문이다.

1) 九四는 陽爻이면서 陰의 위치에 있다. 그런데 아직 올바른 위치에 있지 않다고 한 것은 九四를 위해서 너의 엄지발가락을 풀어라고 한 것이다.
2) 보통은 不正位인 경우에 위가 마땅하지 않다고 하는데 여기서는 未當位라 하고 있기 때문에 異例的이고 따라서 異說도 많다. 그러나 구사를 아껴서 하는 말이라

는 것이 좋은 것 같다.

六五는 君子維有解면 吉하니 有孚于小人이리라.

☯六五는 君子가 維有解면 吉하니 小人에게 성심이 있으리라.
◎ 군자가 이를 푸는 일이 있으면 길하고 소인에게 성심이 있을 것이다.

1) 六五는 不正이나 九二와 相應關係에 있다. 그리고 得中이요 君位이다. 六五의 君子가 어려움을 해소할 수 있는 것은 九二 九四의 陽剛의 보좌가 있기 때문이다. 이 두 사람의 도움으로 六三의 小人을 물리쳐서 어려움을 해소하게 된다. 길하고 복을 받는다. 小人인 六三도 九四 九二의 성의에 감복하여 마음을 바로잡는다.
2) 훌륭한 君主가 나라의 여러 가지 難題를 解決하고 百姓의 苦難을 풀어주니 小人들까지도 精誠된 마음을 가지게 된다. 그래서 小人은 없어진다. 吉하다. 位는 不正하나 九二의 陽이 報應하여 君主의 義務를 능히 遂行해 나갈 수 있다는 것.
3) 維有解의 維는 助詞로서 이것이라는 뜻. 有解는 艱難의 解消.

象曰 君子有解는 小人의 退也라.

☯ 象에서 말하기를 君子有解는 小人이 물러났음이라.
◎ 군자가 푸는 일이 있다는 것은 소인이 물러났다는 것이다.

上六은 公用射隼于高墉之上하야 獲之니 无不利로다.
　隼=隼 새매 준, 송골매 준. 射: 쏠 석. 墉: 담장 용, 悖: 거스를 패

☯ 上六은 公이 用하여 射隼하되 高墉之上하야 獲하니 无不利로다.

◎ 公이 높은 돌담 위의 매를 쏘아 잡으니 利롭지 않음이 없다.

1) 上六은 正位이고 六三과 不應關係에 있다. 公은 三公을 나타내고 여기서는 임금의 師傅의 위치에 있는 上六이다. 이 上六이 높은 돌담 위에 앉아 있는 매를 잡는다는 것은 세상에 해를 끼치는 악인을 제거하는 것.

2) 높은 돌담 위에 있는 매는 여기서 六三을 가리킨다.

象曰 公用射隼은 以解悖也라.

◐ 象에서 말하기를 公用射隼은 써 悖스러운 것을 푸는 것이라.
◎ 公이 매를 쏘았다는 것은 거슬리는 것을 푸는 것이다.

1) 매를 쏘았다는 것은 어지러운 것을 解散시키거나 흩어지게 하는 것이다.

2) 悖戾(패려＝도리에 거슬림) 悖亂(도리에 벗어난 짓을 하며 일을 어지럽힘). 解悖는 公平無私한 것이다.

3) 解卦의 卦辭는 두 부분을 繫辭傳에서 孔子가 풀이하였다. 64卦 中에서 이러한 卦는 噬嗑卦가 그러하다.

繫辭下傳 五章에서 孔子가 再次 풀이하고 있다. 易曰 公用射隼于高墉之上하야 獲之니 无不利라 하니 子曰 隼者는 禽也오 弓矢者는 器也오 射之者는 人也니 君子藏器於身하야 待時而動이면 何不利之有리오 動而不括이라 是以出而有獲하나니 語成器而動者也라.

弓矢者는 器也라고 했으니 自身이 正心修養을 하고 난 後에야 正通으로 貫革을 마칠 수 있다. - 正鵠이 될 수 있다. 故로 우리들이 공부하고 있는 것은 이 그릇을 키우고 빛내기 위함이다. 隼을 잡는 것도 자기의 몸에 正心修養하여 獲하여야 하는데 그때에 가서 움직이면 틀림이 없을 것이다. 是以出而有獲 이라고 하였으니 獲之하는 장소가 어딘가를 秘辭體로 出字를 넣어 두었다고 보면 되겠다.

* 出＝山＋山＝重山艮
* 隼을 高墉之上에서 獲之한다고 하였으니 그곳이 어디인가?
* 土＋庸＝中＋庸＝中庸之道

〈雷水解의 綜合〉

解卦는 艱難을 解消하는 길을 설명하고 있다.

初六 无咎. ― 不正이나 맨 밑에 있는 小人이다. 九四와 相應이고 잘못을 고치므로 无咎.

九二 田獲三狐, 得黃矢, 貞吉. ― 不正이나 得中. 六五와 相應, 바른 길을 지키면 吉.

六三 負且乘, 致寇至, 貞吝. ― 不正 不中, 정당하게 地位를 얻더라도 스스로 어려움 自招

九四 解而拇, 朋至, 斯孚. ― 初六과 相應, 六三과의 관계 끊으면 九二가 도와 상호 신뢰.

六五 君子維有解, 吉 有孚于小人. ― 幼弱한 君主, 九二와 相應, 六三 小人도 信服.

上六 公用射隼于高墉之上, 獲之, 无不利. ― 害毒을 주는 惡人을 除去, 不利함이 없어진다.

(41) 山澤 損(下經 11)

```
止 ━━━━━━━ 不正
   ━━  ━━ 不正 中 艮 山
   ━━  ━━ 正
   ━━  ━━ 不正
說 ━━━━━━━ 不正 中 兌 澤
   ━━━━━━━ 正
```

―序 説―

1. 卦의 뜻

1) 損卦는 泰卦에서 아래의 剛을 덜어서 위에 더함으로써 된 卦이다. 내 것을 남에게 덜어서 준다는 것이다. 작게는 個人의 財産으로 보지만 크게는 國家와 國民, 더 크게는 國際的인 關係로도 생각된다.

2) 못이 산 아래에 있어 못의 기운이 위로 올라 草木을 潤澤하게 하고 또한 안에서 氣를 발하여(水氣가 밖으로 蒸發하는 뜻이 있다) 밖에 쌓는(艮은 그쳐 쌓는 뜻이 있다) 象이므로, 아래를 덜어 위에 더하는 것이고, 아래를 기준으로 '損'이다.

3) 損·益卦는 아래(백성)를 中心으로 말한 것이므로 損卦는 아래를 덜어 위로 보

태주는 뜻이고(損下益上), 益卦는 위를 덜어 아래를 보태주는 뜻이 된다(損上益下). 따라서 損卦는 아래 百姓의 것을 덜어서 위로 나라에 더하게 하는 象이다.

4) 하늘과 땅 사이에는 사람이 있다. 사람이 살아가는 한 側面을 觀察한다면, 損되고 益되는 것으로 생각해 볼 수 있다. 따라서 百姓이 잘살아서 자기의 財産을 덜어서 國家와 君主에 더해주는 것이 損이라고 하였으니 損卦는 百姓, 즉 民을 爲主로 한 글이다.

5) 損卦는 어머니의 것을 덜어 주는 것이다. 곧 出産을 한다는 것이다.

　　咸卦 九四에서 憧憧往來이니 陰陽交合이 이루어졌다.

　　咸恒에서 解에 이르러 '甲坼'하고 損卦 六三爻까지가 正確하게 十 個月로서 出産하게 된다. 解卦에서 産氣가 있어 損에서 낳는다.

　　咸卦 九四爻 → 損卦 六三爻까지가 꼭 열 卦이다.

咸恒은 體요(澤山咸), 損益은 用이라(山澤損), 故로 '山澤(少男少女)이 通氣되어야 旣成萬物也니라'고 하였으니 咸卦와 損卦는 서로 重大한 關係를 가지고 있다. 山澤(止水)은 氣運으로 通한다.

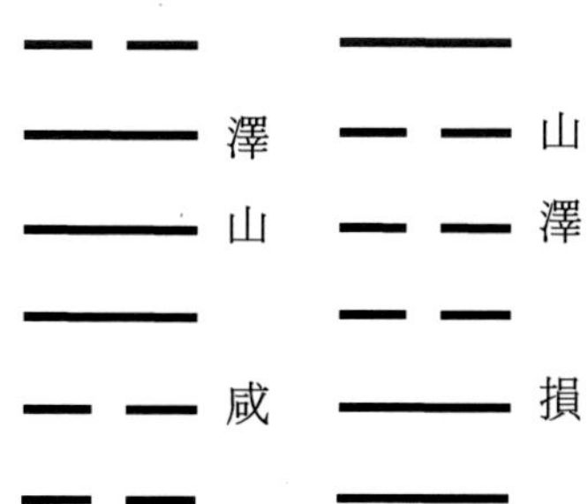

6) 過去 堯 舜 禹의 三代政治가 民本主義이고 또 民을 爲主로 展開되었다. 損卦를 그 卦象으로 보면, 百姓, 즉 民이 內卦 중 初九爻를 外卦에 조금 덜어주는 形象이다. 初九가 약 25% 정도 덜어 주어 內外卦가 均衡을 이루는 것이 損이다.

7) 損이 되는 理由는 君臣關係에서 臣이 君에게 주는 것, 곧 百姓이 잘살기 때문

에 君主에게 덜어 주는 것, 고로 百姓을 爲主로 했다. 君은 以民爲天이요, 民은 以食爲天이라. 民本主義, 즉 民主主義의 始初이다(儒敎思想).

8) 損卦는 山下有澤이지만 咸卦는 山上有澤이다. 咸卦의 象辭에서는 "象曰山上有澤이 咸이니 君子-以하야 虛로 受人하나니라"로 되어 있다.

9) 繫辭傳 下經 七章에는 三陳九德卦가 나와 있는데 여기서 손은 德之修也로 되어 있다.

[易之興也-其於中古乎ㄴ저, 作易者-其有憂患乎ㄴ저, 是故로 履는 德之基也-오 謙은 德之柄也-오 復은 德之本也-오 恒은 德之固也-오 損은 德之修也-오 益은 德之裕也-오 困은 德之辨也-오 井은 德之地也-오 巽은 德之制也-오.]

10) 손괘의 글꼴에서 보면 [손(扌)으로 財貨(貝)를 입(口; 兌口)에다 넣어서 消費하는 것이다.]라는 뜻이 있다.

2. 卦象과 卦德

1) 卦象을 보면 外卦는 艮上連, 內卦는 兌上絶로서, 아래 못의 水氣가 위로 올라 山林을 潤澤하게 적셔서 百果草木을 잘 기르는 뜻이 있고, 아래 못을 깊이 파 덜어내어 위의 山을 더욱 높여주는 形象이다.

2) 乾坤에서 泰否까지가 11, 12卦째이고, 같은 理由로 咸恒에서 損益까지가 11, 12卦째이다. 곧 天地의 相交가 否泰이며 山澤의 全變이 損益으로 相對的이다(雷風의 全變이 益이다).

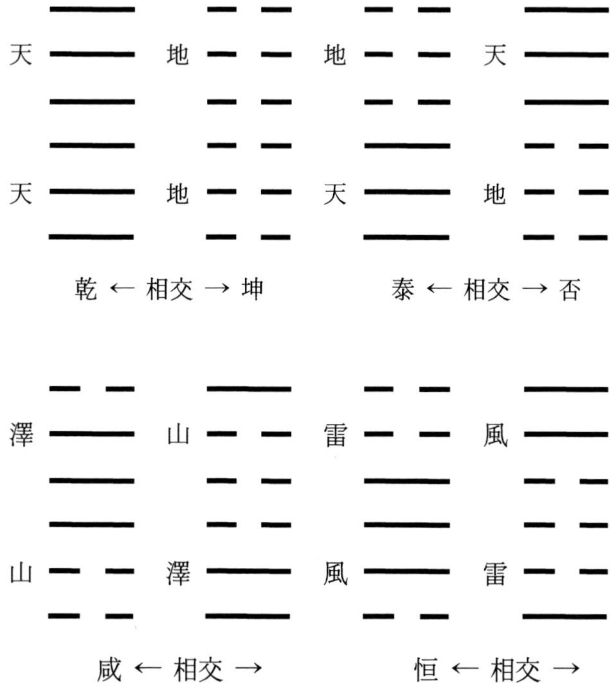

3) 위와 같이 卦의 變化에서도 알 수 있지만 損益의 關係를 也山 선생님의 文集 中 敷文 篇에도 그 重要性이 나타나 있다.

"觀天地於否泰之交而推姤復之理 察人事於咸恒之合而定損益之用"

4) 損은 地天泰의 九三爻와 上六爻가 서로 바꾸어진 것이 損卦라고 말하는 사람도 있다. 泰卦의 九三과 上六을 交換하였다고 하면 大를 버리고 小를 가져온 것이므로 損을 取하였고 內卦를 損 外卦를 益해 주는 것, 즉 下民의 것을 損하여 上官에게 益하는 것은 一國의 損이다. 우리 人生에는 損이 絶對로 必要하다. 公을 爲하여 私를 損하고 善을 爲하여 惡을 損하는 것이니 小我를 損해서 大我를 益하는 일은 바람직하다.

5) 損을 破字하면 손(手)으로써 사람이나 물건의 수효를 헤아려 덜어내는 뜻이 있다(咸卦 다음에서 열 번째 괘가 損卦이므로 10개월 만에 解産하는 理致가 있으며

또한 아이를 낳기 위해서는 열 달을 헤아리는 뜻이 있다).

6) 卦德으로 보면 아래 兌上絶이 기쁨으로 위를 받드는 의미가 된다.

7) 이 卦의 陰陽 調和를 보면, 初九와 六四는 둘 다 正位에 있어 正應하고 있다. 그리고 九二와 六五는 둘 다 不正이나 陰陽의 調和를 이루고, 六三과 上九는 역시 不正이지만 相應하고 있다.

8) 序卦傳에서 보면 "解者는 緩也니 緩必有所失이라 故로 受之以損하고……"로 되어 일이 풀리다 보면 弛緩되어 반드시 잃는(덜어내는) 바가 있게 됨으로 解卦 다음에 損卦가 오게 된다고 나와 있다.

3. 卦의 變化

1) 倒轉卦 – 風雷益   – 損하여야 益함을 알 수 있다. 投資가 있어야 收益이 따르
  (☴ / ☳) → (☴ / ☳)   듯이, 努力과 犧牲이 따라야 結實과 收穫이 있는 것
  이다.

2) 配合卦 – 澤山咸   – 서로 사귀고 느끼는 데 있어서 自身의 慾心을 덜어야
  (☱ / ☶) → (☱ / ☶)   함을 알 수 있다.

3) 錯綜卦 – 澤山咸   – 위의 경우와 같다.
  (☱ / ☶) → (☱ / ☶)

4) 互卦 – 地雷復   – 덜다(손) 보면 다시 回復되는 뜻이 있다. 또한 새로운
  (☷ / ☳) → (☷ / ☳)   生命이 나오는 理致가 있다.

[卦辭]

損은 有孚－면 元吉코 无咎하야 可貞이라 利有攸往하니 曷之用이리오 二
簋－可用享이니라.
　　曷: 어찌 갈. 簋: 대 밥그릇 궤, 享: 드릴 향, 먹일 향, 제사 올릴 향.

☯ 損은 有孚면 크게 吉하고 无咎하여 가히 올바름이라. 갈 바 있음에 利로우니
무엇으로 이를 使用하리요, 두 궤를 사용하여 享함이니라.

◎ 損은 성심이 있으면 크게 길하고 허물이 없으니 올바르게 하는 것이 좋다. 갈
바가 있으면 이익이 있을 것이다. 무엇을 사용하는 것이 좋을까. 두 대 밥그릇을 사
용해서 제사 지내는 것이 좋을 것이다.

1) 손은 덜어낸다는 뜻이다. 아래를 덜어서 위를 더함에 있어서 가급적 적게 덜고
어쩔 수 없이 더는 것이니, 그 성의가 아래 사람에게 납득이 되어 크게 길하다. 재앙
을 입는 일은 없을 것이다. 이러한 손의 正道를 올바르게 지켜야 한다. 이렇게 해나가
면 모든 일이 좋지 않음이 없다. 신에게 제사를 지내는 데 있어 어떤 물건을 사용하
면 좋을까. 간략하게 대밥그릇 두 개라는 소박한 제물로 제사 지내도 좋을 것이다.

2) 損은 君主나 國家에 대하여 精誠과 信義와 當然한 道理라는 精神으로 奉仕하
면 크게 좋고(元은 大也) 허물이 없으며, 또 正道로 해야 한다. 갈 곳이 있으면 利로
울 것이다. 지금 제사를 지내는데 어찌 물자를 많이 쓸 필요가 있겠는가? 두 개의
대(竹)그릇 祭器로 가히 祭祀를 지내도 좋다는 것이다.

3) 有孚면 則 人慾을 損해서(內卦의 初六爻) 天理를 益하는 誠心이 있으면 (外卦
의 六五爻는)結果的으로 좋다.

(1) 元吉 － 大吉하고 原來부터 좋은 것이다.

(2) 无咎 － 過失도 없을 것이다.

(3) 可貞 － 可히 貞하게 해야 한다.

(4) 利有攸往 ― 實際로 行하는 바가 利롭다고 했다.

4) 誠心만 있으면 祭祀에도 왜 物資를 많이 쓸 것인가. 二簋의 微薄한 것만으로도 可히 神明이 欽享할 것이다. 그러니 物質的으로는 損해서 精神的으로 益하는 것이 重要하다.

5) 二簋可用享 ― 簡單한 두 개의 대나무 밥그릇으로써(제물이 간략하다는 뜻) 가히 神明에 드린다는 뜻 ― 精誠을 至極히 드린다는 뜻 ―

* 簋: 鄕校에 享祀를 지낼 때 쓰는 祭器.

[彖辭]

象曰 損은 損下益上하야 其道―上行이니 損而有孚면 元吉无咎可貞利有攸往이니 曷之用二簋可用享은 二簋―應有時며 損剛益柔―有時―니 損益盈虛를 與時偕行이니라.

偕: 함께 해. 偕老: 같이 늙어 간다.

◑ 象에서 말하기를 損은 下를 損하고 上을 益하여 그 道가 上行이니 損하여 有孚면 元吉하고 无咎하며 可貞하며 利 攸有往이니 曷之用 二簋 可用享은 二簋가 有時에 應하며 剛을 損하고 柔를 益함에 有時이니 損益하고 盈虛를 때와 더불어 偕行이니라.

◎ 損은 아래, 즉 百姓의 것을 덜어서 위, 즉 國家나 君主에 보태어 주는 것이니 그 道가 위로 行하는 것이다. 損해서 誠實함이 있으면 크게 吉하고 허물이 없다. 마음이 곧으면 가는 곳마다 利로움이 있을 것이다. 어떤 것을 쓰겠느냐? 대나무로 만든 2개의 祭器를 사용하여 祭祀를 지낼 수 있다는 것은 그 두 개의 祭器가 時宜에 적응함이 있기 때문이요, 剛을 덜어(初九爻) 柔에 보태는 것(六四爻)도 時宜가 있으니, 덜고 보태고 채우고 비게 하는 것은 때와 더불어(함께) 行할 것이다.

1) 損卦는 원래 泰卦의 下卦에서 그 第三爻를 덜어 음으로 하고 一陽이 올라가서 上卦로 가는 것이다. 말하자면 군주가 백성으로부터 조세를 거두는 것과 같다. 그런데 백성으로부터 적게 거두는 도를 행하면 좋은 결과를 가져온다는 것이다.

2) 신에게 제사를 지내는 데 있어서 두 개의 대그릇을 써도 된다는 것은 언제나 그렇게 해도 된다는 것은 아니고 때로는 그렇게 소박하게 해도 된다는 것이다.

3) 剛을 덜어서 柔를 더한다는 것에는 그렇게 해야 할 때가 있는 것이며 과한 것은 덜고 모자라면 더하며 가득 찬 것은 덜고 비어 있는 데는 더한다는 것은 때에 따라서 해야 하는 것이다.

4) 損-虛 益-盈 이 世上의 理致는 損益盈虛의 理致이다.

5) 二簋應有時 — 옛 제사에서는, 큰 제사(大祭, 大設)에는 八簋를 썼고, 보통 제사(凡祭, 中設)에는 四簋, 간략한 제사(小祭, 小設)에는 二簋를 썼다. 덜어내는 때를 맞아 外的인 形式보다는 精誠과 恭敬을 갖추어 祭祀 지내는 것이 重要하다. 또한 損에는 末을 덜어 本에 더하는 뜻이 있으므로 末端的인 儀式의 盛大함보다는 根本的인 內面의 誠實이 더 重視된다.

6) 損剛益柔 — 地天泰의 九三(剛)을 덜어서 上六(柔)에 더하는 것을 말한다. 陽 자리에 陽이 居하니 重剛이 되는데 그 剛을 덜어서 부드러워야 할 上爻에 더하는 것이 損剛益柔이다.

7) 彖辭에서 時가 세 번 있는 것은 損卦밖에 없다.

二簋應有時

損剛益柔有時

損益盈虛與時偕行

8) 簡略하게 祭祀를 지내는 것과 百姓의 것을 君主에게 보태어 주는 時期가 重要하고 이것을 行動하는 것이 또한 重要하다는 것이다.

9) 結論的으로 말하면 무슨 일이든지 適當한 時宜를 포착하여야 한다는 것이다. 아무리 象과 數와 理가 있어서 안다고 해도 時中이 되어야 하나니 이 時가 무엇보다도 重要하다는 것이다.

[象辭(大象)]

象曰 山下有澤이 損이니 君子－以하야 懲忿窒欲하나니라

懲:징계할 징 窒: 막을 질 忿: 분할 분, 성낼 분 欲: 하고자 할 욕

◑ 象에서 말하기를 山下에 有澤이 損이니 君子가 써 하야 懲忿하고 窒欲하나니라.

◎ 山 아래 못이 있는 것이 損이니(卦象이 山은 艮止이고 有澤은 兌이다.) 君子가 이것을 본받아서 忿怒를 억제하고 欲心을 막아 버린다(窒息시킨다).

1) 懲忿窒欲 ─ 天賦之性, 즉 本性 그대로 간직한다는 뜻이다. 中庸之道로 돌아간다. 止於至善으로 돌아간다는 것. 懲忿－兌澤의 德으로 慾心을 막는 것을 물을 막듯이 한다. 窒欲－艮山의 그치는 德으로 忿怒를 불을 막듯이 한다. 마음의 熱氣를 冷却시키는 것.

2) 無欲－大愚－聖人이라 한다. 程明道는 終日危坐하여 神明이 通했다고 함.

[爻辭]

初九는 已事－어든 遄往이라아 无咎－리니 酌損之니라.

已: 이미 이 遄: 빨리 할 천 酌: 요량할 작, 헤아릴 작.

◑ 初九는 이미 그렇게 되었거든 빨리 往함이라야 无咎리니 요량하여 損之니라.

◎ 일이 이미 그렇게 되었다면 빨리 나아가야만 허물이 없을 것이니 요량하여 이것을 損해야 하는 것이다.

1) 初九는 位가 바르고 六四와 應爻이다. 지금 이미 주려고 결정했으면, 즉 내가 할 일이 결정되면 빨리 해야(外部에 損해 주는 것) 허물이 없으니, 주는 데 있어서는 요량을 하여 알맞게 주라는 것이다.

2) 已事遄往이라는 구절에 대해서는 異說이 많다. 程伊川은 이미 끝났다면 빨리 사라져 그 공에 머물지 않는다고 해석한다. 朱子는 已를 그친다고 보아 하던 일을 버려두고 빨리 가서 이것을 益한다고 해석한다. 項安世는 已를 병을 치유하는 것으로 해석하고 있다. 孔 穎達은 已를 끝내는 것으로 보고 자기가 해야 할 일을 끝내고 빨리 가는 것으로 해석하고 있다.

3) 初九는 正位로 六四와 正應이다. 損은 남기 때문에 損하고 益은 없기 때문에 더해 주는 것이다. 이것이 大自然의 原理이다. 이 損益 속에는 中이 存在한다. 中을 표준하여 損益이 있다.

4) 已事 ― 이미 모든 일의 形便이 그렇게 하도록 되어 있는 것. 이 卦의 損이 初九가 外卦에 損해 주도록 되어 있다. 이런 것이 定하여졌다면 그대로 實行하라는 뜻.

5) 遄往无咎 ― 빨리 하여야만 허물이 없다. 已事의 일을 行動에 빨리 옮기라는 뜻이다.

6) 酌損之 ― 初九가 外卦에 損하여 주되 요량하고 헤아려서 自己 분수에 맞게 주어야 한다는 뜻이다.

7) 初九가 外卦에 덜어 주는 限界를 說明하면 陽은 100, 陰 50이라고 가정하고, 外卦는 200, 內卦는 250, 2爻, 5爻는 中이니까 알맞고 결국 初九가 外卦에 덜어 주어야 하는데 그 덜어 주는 폭은 25가 알맞다. 이 25가 酌損之라고 할 수 있다.

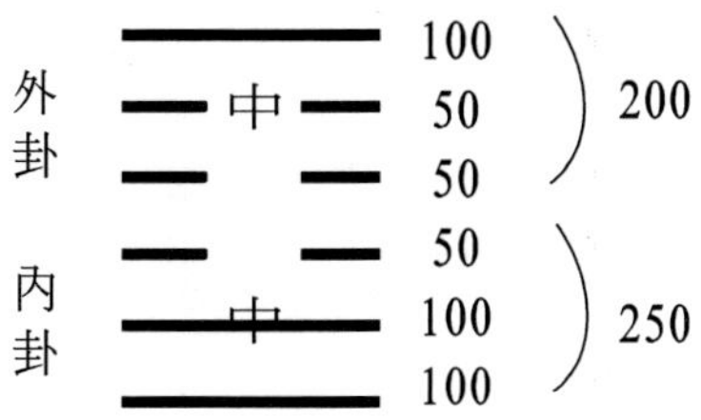

```
外        ━━━━━━     100  ⎫
          ━ 中 ━     50   ⎬ 200
卦        ━    ━     50   ⎭

內        ━    ━     50   ⎫
          ━━ 中 ━━   100  ⎬ 250
卦        ━━━━━━     100  ⎭
```

過·不及이 없도록 해야 한다.

象曰 已事遄往은 尙合志也일새라

☯ 象에서 말하기를 已事遄往이라는 것은 崇尙함이 合志함이라.
◎ 이미 일이 그렇게 되어 있으면 빨리 가야 한다고 함은 崇尙함이 뜻에 合쳐진다는 뜻이다.

1) 初九의 뜻이 六四의 뜻과 서로 應하는 象이다.

九二는 利貞코 征이면 凶하니 弗損이라아 益之리라

☯ 九二는 貞이면 利롭고 征하게 되면 凶하니 損하지 말고 이를 益함이라.
◎ 모든 일을 正道로 함이 利롭고 함부로 나아가면 凶할 것이다. 덜지 말고 이것을 더하는 것이다.

1) 九二는 不正이나 得中이고, 六五와 相應이다. 內卦에서 中心을 잡고 表裏不同하게 自己 업무를 遂行해 나가야 한다.
2) 利貞征凶 ― 九二爻에 대한 警戒辭로도 생각할 수 있다. 不正이나 得中을 하였으니 中庸之道를 지켜 變함이 없으면 萬事가 順調로울 것이다. 만약에 그렇지 않으면 凶하다는 것(兌 悅(☱)의 中爻가 動하면 震 動(☳)이 되어 悅而動이니 征하는 것을 경계한 것이다).
3) 弗損益之 ― 九二의 行動에 대한 것이다. 덜어 주지 않고 六五의 利益이 되도록 하는 것. 그렇게 해야만 均衡이 잡혀진다는 뜻이다.

象曰 九二利貞은 中以爲志也-라

◐ 象에서 말하기를 九二利貞이라 한 것은 中으로 써 志로 삼는 것이라.
◎ 九二爻에서 正道로 해야 利롭다고 한 것은 中庸之道를 뜻으로 함이니라.

六三은 三人行앤 則損一人코 一人行엔 則得其友-로다

◐ 六三은 三人이 行함에는 곧 一人이 損함이고 一人이 行함에는 곧 그 벗을 얻는 것이로다.
◎ 三人이 行하는 데는 곧 一人은 덜어야 하고, 한 사람이 行하면 곧 그 벗을 얻는 것이다.

1) 六三은 不正이나 上九와의 相應關係에 있다. 萬物의 生生之意는 天과 地 사이에서 일어나는 造化다. 이 造化 속에 사람도 存在한다. 이것이 相對的 原理라고 할 수 있다.

2) 三人行則損一人 ― 天地人 三才로서 볼 수도 있으나 萬物이 化生하려면 한 사람을 덜고 두 사람, 즉 男女 陰陽關係라야 한다. 곧 二人이어야 하며, 가깝게는 夫婦之道라야 한다는 것이다.

3) 우리 家庭의 例를 들면 夫婦間에 아이를 孕胎하였다면, 出産을 해야 한다. 이것이 則損一人이다. 그러니 또 夫婦 2人이다.

4) 一人行則得其友 ― 一人이 있으면 곧 그 벗을 얻어서 二人이 되어야 또 男女關係로 造化가 이루어진다. 家庭的인 例를 들면 處女나 총각이 혼자 있으면 一人行이다. 其友는 配偶者를 얻으면 곧 두 사람이 되는 것이다. 바꾸어 말하면 結婚을 하는 것을 意味한다.

5) 三人行則損一人 → 3명-1명＝2명 / 一人行則得其友 → 1명＋1명＝2명 / 두 가지가 結論的으로 相對性, 陰陽을 뜻한다.

6) 咸卦九四爻 → 少男少女가 相交하여 解卦에서 皆甲柝이 되어서 損卦六三爻 → 出産하게 된다. 陽 30爻 陰 30爻 합이 60爻이고 滿 10卦(損卦는 下經 11번째 卦임)

7) 六三爻는 損하지 아니한다. 外面的으로는 모르는 內面인 損을 한다. 心的인 損이다. 則損一人이다. 그러나 人生의 出産은 어려운 것 中의 하나이다(天荒-破天荒: 天地가 未開한 때의 混沌한 모양).

8) 六三의 損은 大自然의 原理로서 이루어지는 것이며 어려운 것이라는 것은 先天에서 後天으로 利涉大川으로 가는 그때이니까 難이요 重要하다. 사람이 子息을 낳고 사는 것은 어머니로 보면 많은 損失이다. 그러나 아들과 딸을 낳는 것은 人間의 道理이고 二世를 承繼할 수 있다는 點에서는 榮光이다. 이것은 곧 益之이다.

象曰 一人行은 三이면 則疑也-리라

◐ 象에서 말하기를 一人行은 三이면 곧 疑心하기 때문이리라.
◎ 一人行이라는 것은 三이 되면 곧 의심을 받기 때문이다.

1) 한 사람이 行함에 있어서는 相對가 하나라야지 三人이면 곧 疑心을 서로 하기 마련이다. 男女關係로 보면 男子가 한 女子를 사랑하고 사귀어야지 2명, 즉 三角關係로라면 의심을 받게 된다.

2) 象辭는 孔子의 풀이이니 周公이 爻辭에서 二人을 強調하였으니 象辭에서도 二人을 나타내어 풀이한 것이다.

3) 繫辭下經五章에 再強調 풀이하였으니……

"天地-絪縕에 萬物이 化醇하고 男女-構精에 萬物이 化生하나니 易曰 三人行엔 則損一人코 一人行엔 則得其友라 하니 言致一也-라"

　　絪: 하늘기운 인. 縕: 땅기운 온. 構: 얽을 구

4) 孔子의 해설이다. 하늘 기운과 땅 기운에 依하여 萬物이 生成되고 이를 본받아서 男子와 女子의 精氣로서 萬物이 生成하나니 이것을 周易의 損卦에서 '三人行則

損一人코 一人行則得其友'라고 하였으니, 이것은 陰陽이 合致하여 하나로 되는 理致를 뜻하는 것이다. 즉 萬事가 하나를 이룬다는 뜻이다.

  5) 一陽과 一陰이 하나를 이룬다. 言致一也 → 太極이다.

六四는 損其疾호대 使遄이면 有喜하야 无咎-리라

  疾: 병들 질, 不足也

  ◑ 六四는 그 병을 損하되 빠르게 하는 것이라면 기쁨이 있어 无咎하리라.
  ◎ 그 病을 덜어 버리되 빠르게 하는 것이면 기쁨이 있고 허물이 없을 것이다.

  1) 六四는 正位이며 初九와 正應이다. 병을 치유하되 初九의 도움을 받아 빠르면 빠를수록 기쁨이 있고 허물이 없을 것이다.
  2) 損其疾 ─ 其는 六四 자신을 가리킨다. 初九의 도움을 받아 자기 병을 낫게 하는 것.

象曰 損其疾하니 亦可喜也-로다

  ◑ 象에서 말하기를 損其疾이라 하니 역시 可喜이로다.
  ◎ 그 병을 덜어 버린다고 하는 것은 또한 可히 기쁜 일이로다.

  1) 陽剛의 初九에 應해서 自己의 不足함을 보상받는 것이 빠르면 기쁘다는 것이며 허물도 또한 없다는 것이다.

六五는 或益之면 十朋之라 龜도 弗克違하리니 元吉하니라

☯ 六五는 혹 益之하면 十朋之라 龜도 어긋나지 못할 것이니 元吉하니라.

◎ 或 利益이 있으면 十朋의 거북이라도 어긋나지 못할 것이니 크게 길하다.

1) 或益之 ― 천하의 사람들이 모두 천자에게 이익을 준다는 뜻. 百姓이 잘살아서 君主에게 相補하면 益之이다. 十朋之와 龜의 占을 쳐도 능히 어긋남이 없이 贊成할 것이니 크게 吉할 것이다. 元來부터 좋다.

2) 六五는 不正位나 中位요, 九二와 相應關係에 있다. 그리고 君位이다.

3) 十朋之 ― 열 가지 점을 쳐도(一朋에 兩龜: 한 번 占을 칠 때 두 마리의 거북이가 쓰인다. 十朋이면 大寶(筮))

4) 十朋之龜 ― 一 曰 神龜, 二 曰 靈龜, 三 曰 攝龜, 四 曰 寶龜, 五 曰 文龜, 六 曰 筮龜, 七 曰 山龜, 八 曰 澤龜, 九 曰 水龜, 十 曰 火龜.

5) 이 十朋之龜라는 것은 아주 비싼 거북이라는 설도 있다.

象曰 六五元吉은 自上祐也 ― 라

☯ 象에서 말하기를 六五의 元吉은 위로부터의 도움인 것이라.

◎ 六五가 元來부터 吉하다는 것은 위로부터 도움을 받는다는 것이다.

1) 위로부터 도움을 받는다는 것은 上九의 도움을 받는다는 뜻이다. 六五는 陰柔이지만 上九는 陽剛이고 천자의 師傅이기 때문이다.

上九는 弗損코 益之면 无咎코 貞吉하니 利有攸往이니 得臣이 无家-리라

◑ 上九는 損하지 않고 이를 益하면 无咎하고 貞吉하니 有攸往에 利로우니 臣을 얻고 无家리라.

◎ 덜지 아니하고 이익을 꾀하면 허물이 없고 正道로 하여 吉하니 갈 바가 있어 利로울 것이니 臣下를 얻으나 집은 없을 것이다.

1) 上九는 正이 아니지만 六三과 相應이다. 자기가 가진 것을 덜지 않고 六五 天子의 利益을 꾀한다. 이렇게 잘하면 재앙이 없고 이런 방식으로 올바르게 지켜나가면 좋다. 應爻인 六三과 같은 臣下를 얻게 되고 이 신하는 자기 몸이나 집의 이익을 잊고 군주나 나라를 위하여 노력한다는 뜻.

2) 得臣无家 ― 天下가 다 좋아한다. 六爻全部가 좋아한다. 无家는 國家가 아니고, 私家를 말한다. 上九가 變하면 坤이 되므로 厚德으로 載物하여 恩惠를 베풀고, 또 온 天下를 얻는다. 그러나 家庭에서는 私有하지 않아야 한다.

3) 來註 "得臣无家 豈不大得志"

　豈: 어찌 기. 어찌 큰 뜻을 얻지 못하리오.

4) 无家＝无方＝无慾心＝无私心

5) 益之 ― 原形대로 均衡이 맞는다는 것.

象曰 弗損益之는 大得志也-라

◑ 象에서 말하기를 弗損益之는 크게 뜻을 얻음이라.

◎ 덜지 않고 이를 더한다는 것은 크게 뜻을 얻었기 때문이다.

1) (남이 가져다주어서 利益이 되는 것이 아니고 안 썼기 때문에 利益이 되는 것이다.)

〈損卦에 관한 參考事項과 綜合〉

 * 柳正基 編著 事理哲學 易經新講: (4292, 대구) p.266.에서 인용해 보기로 한다.

 1) 序卦傳에 의하면 "緩和하면 반드시 喪失되는 바가 있기 때문에 損卦로서 받는다"고 하였으니 損卦는 減損하는 原則을 卦象한 것이다.

 2) 減損하는 基本原則은 '二簋可用享' 하는 最低生活을 覺悟하는 誠正한 情神으로써 前進하는 것이다.

 3) 初九에 '已事'는 자기 일을 損하는것이고 九二에 '利貞'은 中道만은 損하지 말라는 것이며, 六三에 '損一人'은 衝突을 損하라는 것이고, 六四에 '損其疾'은 疾病을 損하라는 것이다. 그리고 六五에서 '或益之'라는 것은 自己를 損하는 것이 卽 社會에 有益이 된다는 것이고, 上九에서 '弗損'이라 함은 損道의 終에 있으니 다시 더 自損할 것이 없다는 것이다.

 4) 그러니 첫째는 자기의 私事를 損해서, 다음은 社會의 公事는 損하지 말고, 셋째로는 社會에서는 自己를 損해서 他人과 衝突하지 않게 함이요, 넷째로는 肉體에서는 疾病을 損해서 健康을 保全하라는 것이다. 그리고 다섯째로는 自己를 損해서 社會에 有益됨이요, 끝이니 다시는 더 損하지 않아도 社會에 有益이 되는 것이다.

 5) 孔夫子께서는 "挹而損之之道"(挹損: 읍 酌也, 자기 感情을 누르고 謙遜함.)를 말씀하셨으니 "聰明聖知는 守之以愚하고 功被天下는 守之以讓하고 勇力撫世는 守之以怯하고 富有天下(四海)는 守之以謙하라"는 것이다. 그러면 自己를 損하는 것은 곧 自己를 益하는 것이 아닌가. 管子에도 "日益之而患少者는 惟忠이요, 日損之而患多者는 惟慾이라"고 하였으니 慾이란 生存의 本能이라, 아무리 損해도 慾이란 결코 다 損해지는 것이 아니다. 언제나 人間의 修德함에는 반드시 慾을 損하지 않으면 안 되는 동시에 損卦의 原則이 必要하게 된 것이다. 그러므로 象傳에는 "懲忿窒欲"으로써 損卦의 主旨를 表示한 것이다. 그러나 人間은 忿이나 慾도 完全히 損하여 없어 저서는 生存할 수가 없으니 社會秩序上 妨害되지 않을 程度의 忿이나 慾을 損해서는 안 되기 때문에 象傳에서 "損益盈虛는 與時偕行하라"고 하였으니 그의 時宜를 보아서 處行하지

않으면 안 되는 것이다. 그런데 損卦는 益을 倒轉卦로 하였으니 다음은 益卦다.

<table>
<tr><td>4 恒
德之固</td><td>9 巽
德之制</td><td>2 謙
德之柄</td></tr>
<tr><td>3 復
德之本</td><td>5 損
德之修</td><td>7 困
德之辨</td></tr>
<tr><td>8 井
德之地</td><td>1 履
德之基</td><td>6 益
德之裕</td></tr>
</table>

魔方陣

8	1	6
3	5	7
4	9	2

(42) 風雷 益(下經 12)

```
              ━━━━━━━ 不正
巽 順  ━━━━━━━ 正   中 巽 風
              ━━  ━━ 正
       ─────────────────
              ━━  ━━ 不正
動    ━━  ━━ 正   中 震 雷
              ━━━━━━━ 正
```

―序 説―

1. 卦의 뜻

1) 益은 損卦의 倒轉卦이다. 益은 增益也라 했다. 損卦와는 반대로 君主 또는 國家가 國民에게 有益하게 해 주는, 恩惠를 베풀어주는 象이다. 이처럼 人事에 重要하게 運用되는 損益이 百姓의 立場에서 이름 붙여진 것은, 百姓이 나라의 根本이고, 아래가 모든 것의 기틀이기 때문이다. 根本이 튼튼해야 上層이 確固해지며, 百姓이 즐거워야 爲政者도 便安할 수 있다는 聖賢들의 생각에서 나온 것이다. 고로 國民을 爲主로 하였으니 民本主義라고 말할 수 있다.

2) '來註'에서는 損益盛衰之始也라 하였다.

3) 君主가 自身에게는 薄하게 하고, 아래로 民生을 厚하게 하는 것이 益卦다. 卦象을 보면 우레와 같은 活動力이 있는 것이 움직이면, 順應性이 있는 바람이 일어나 이에 呼應하여 쫓으니 날로 前進하는 것이 益이다.

4) 損卦와 反對現象이다. 外卦인 君主가 內卦인 百姓에게 덜어주는 것, 곧 上九爻의 25% 程度를 六三爻에 더해주는 것이 益이다. 六二와 九五는 中正의 爻로 適正한 것이니 움직임이 있을 수 없으니, 서로의 均衡을 取하기 위해서는 上九가 六三에 덜어 주는 수밖에 없다. 이것이 內卦를 爲主로 한 것이니 益이라고 할 수 있다.

5) 天地否卦에서 初六爻와 九四爻가 서로 자리바꿈을 하여 이루어진 것이 風雷益卦이다. 初爻와 四爻가 交易하여 이루어졌는데, 陽은 大, 陰은 小이니 小가 가고, 大가 오니 利益을 본 것이라고 할 수 있다.

6) 風烈則雷迅하고 雷激則風怒하는 理致대로 風과 雷가 아래위에서 서로 이끌어 가는 뜻도 된다. 우레와 같은 活動力으로 움직이면 바람이 이에 應하니 나날이 前進하는 것이다.

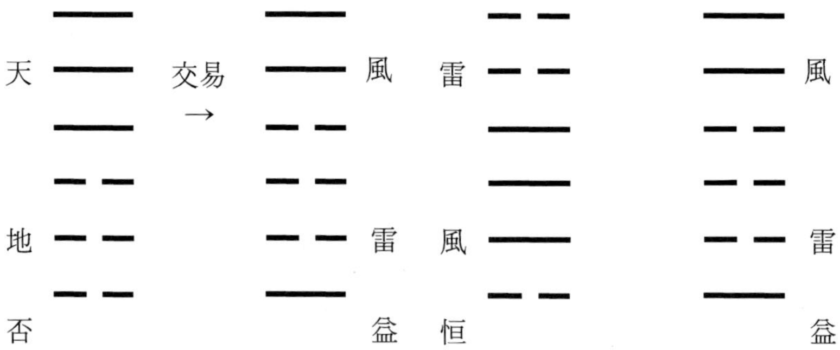

天 ⚊   交易   風 雷 ⚋   風
　 ⚊   →   　 　 ⚊   　
　 ⚋   　 　 ⚋
地 ⚋   雷 風 ⚋   雷
否   益 恒   益

雷風恒卦의 全變이 風雷益卦이다.

7) 益은 益者이니 破字를 하면 八, 一, 八 + 皿의 뜻이다. 무엇을 말하는 것인지 硏究 과제다(字源에는 옆으로 누워 있는 水字와 물건을 담는 皿字가 結合해서 益字가 되었으니 이것은 접시에 물이 흘러들어 와서 增加하고 있는 意味라는 것이다. 만약 卦體에 坎卦가 있다면 正立한 水字를 쓸 것이지만 震이 있으니 水字가 橫立한 것이다).

2. 卦象과 卦德

1) 卦象을 보면 上卦는 巽下絶(바람, 巽順, 長女, 鷄)이고 下卦는 震下連(우레, 動, 長男, 龍)이다.

2) 이 卦의 陰陽 調和를 보면 初九와 六四는 올바르게 正應하고 있고, 六二와 九五 또한 正位에서 正應하고 있으며, 六三과 上九는 각기 不正이나 역시 相應하고 있다. 그러므로 陰陽의 調和가 잘 이루어지고 있는 것이 또한 益의 상태를 나타내고 있다.

3) 卦德을 보면 위에서는 巽順하게 자기 것을 덜어내 주고 아래에서는 그것을 받아서 움직이는 의미가 된다. 위를 덜어서 아래에 더해 주어 否塞한 世上의 百姓을 救濟하는 하는 것이 風雷益卦이다.

4) 序卦傳에서는 "損而不已면 必益이라 故로 受之以益하고……"라 되어 있다. 즉 損이 極하면 益이 되고, 益이 極하면 損이 오는 것은 盈虛消息이 循環反復하며 一陰一陽하는 것과 같이 必然的인 理致이기 때문에 益卦로 받는다고 나와 있다.

3. 卦의 變化

1) 倒轉卦 – 山澤損　　　　– 風雷益은 앞의 山澤損卦의 倒轉卦이다.
　　(☶ / ☱) → (☶ / ☱)

2) 配合卦 – 雷風恒　　　　– 모든 일에는 恒常함이 있어야 더함을 받을 수 있다.
　　(☳ / ☴) → (☳ / ☴)　　損의 配合卦와 錯綜卦가 모두 澤山咸卦인 데 反해, 益의 配合卦와 錯綜卦는 모두 恒卦이다. 陰陽이 처음 交感하였을 때는 서로 조금씩 자기 것을 덜어내고 讓步해야 하지만 그것이 하나를 이루어 오래 持續되면 서로 보탬이 된다는 意味이다.

3) 錯綜卦 – 雷風恒　　　　– 위의 설명과 같다.
　　(☳ / ☴) → (☳ / ☴)

4) 互卦 – 山地剝　　　　　– 繼續 더하기만 하다 보면 언젠가는 깎아 내야 하는
　　(☶ / ☷) → (☶ / ☷)　　때가 오고 그럴 때는 반대로 깎아 내는 것이 보탬이 될 때도 있다.

[卦辭]

益은 利有攸往하며 利涉大川하니라

　◐ 益은 利 有攸往하며 大川을 건넘이 利로우니라.
　◎ 益은 갈 바가 있음에 利로우며 大川을 건넘이 利롭다.

　1) 益卦는 적극적으로 일을 행하는 것이 좋다. 커다란 일을 꾀하고 어려움과 싸우는 것이 좋다.
　2) 넉넉하지 못한 살림살이는 잘할 수 없으나, 넉넉한 살림은 잘할 수 있으니 利有攸往이라 하고 또 利涉大川이라고 하였다.
　3) 利有攸往 — 萬事如意와 같은 뜻이다.

[彖辭]

　彖曰 益은 損上益下하니 民說无疆이오 自上下下하니 其道 — 大光이라 利有攸往은 中正하야 有慶이오 利涉大川은 木道 — 乃行이라. 益은 動而巽하야 日進无疆하며 天施地生하야 其益이 无方하니 凡益之道 — 與時偕行하나니라.
　疆: 지경 강

　◐ 象에서 말하기를 益은 上을 損하고 下를 益하니, 民이 기뻐하기가 无疆이요, 上으로부터 下로 내리니, 그 道가 크게 빛남이라. 利有攸往은 中正하여 慶事가 있고, 利涉大川은 木道가 이에 行해짐이라. 益은 動하여 巽하고, 日進하여 无疆하며, 天施하고 地生하여 그 益이 无方하니, 무릇 益의 道는 與時하여 偕行하나니라.

◎ 象에서 말하기를 益은 위의 것을 덜어(上九爻) 아래에 보태어 주는 것이니(六三爻), 百姓의 기뻐함이 地境이 없을 것이요, 위로부터 아래로 내려 보내 주는 것이니, 그 道는 크게 빛나는 것이다. 갈 바가 있어 利롭다고 한 것은 二五之中에 있어 慶事가 있다는 것이고 大川을 건너는 데 利롭다는 것은, 나무(巽木)의 道가 바로 行하는 것이다.

益이라는 것은 움직이되 巽順하여(風雷) 날마다 限없이 나아간다. 하늘은 베풀고 땅은 낳으니, 그 有益됨이 끝이 없다. 대개 益卦의 道는 때에 따라서 함께 行하는 것이다.

1) 益卦는 위에 있는 임금이 자기 것을 덜어서 백성에게 더하여 주는 것이니 백성이 기뻐하기가 한량없다. 이것은 또한 임금이 자기의 尊嚴性을 굽히면서 아래에 있는 賢人에게 내리는 것으로도 볼 수가 있다. 그러므로 위를 損하고 아래를 益하는 방식은 廣大하여 天下에 빛이 나는 것이다(이상은 卦象과 괘의 뜻으로 풀이한 것이다).

2) 卦辭에서 利有攸往이라 한 것은 益卦의 六二와 九五가 모두 中正의 德을 갖추고 있으며, 또한 이 두 효가 음양이 바르게 응하고 있기 때문에 천하가 잘 다스려지고 백성이 복종하여 복된 慶事스러움이 있다는 것이다.

3) 卦辭에서 利涉大川이라 한 것은, 益卦의 上卦 巽이나 下卦 震이 모두 木의 象이며 이 두 木이 합쳐서 舟楫의 利를 얻고 있기 때문이다. 震에서 움직여 天命과 民心에 따르고 巽의 虛中無我로서 사람들의 말을 잘 듣기 때문에 大事를 행할 수 있고, 어려움을 극복할 수 있는 것이다(舟楫: [주즙) - 나무로 배와 노를 만들어 渡行한다. 楫은 노 즙).

4) 益卦는 下卦가 震으로 動이고 上卦가 巽으로 遜이기 때문에 행동해서 겸손하다는 것을 의미하고, 이와 같이 上이 下를 利益되게 하는 것은 하루하루 나아가서 끝이 없는 것이다. 이것은 마치 하늘의 기운이 내려가 땅에 베풀어 萬物을 化生하고 그 利益됨이 사방으로 퍼지는 것과 같다.

5) 무릇 만물을 利益되게 하는 길은 그때에 응해서 알맞게 이루어져야 하는 것이다.

6) 日進無疆 ― 매일 매일 나아가서 끝이 없다. 坤卦에서는 應地无疆(疆: 지경 강),

乾卦에서는 自彊不息(彊: 굳셀 강)이라 하였다.

7) 其道大光 ― 損은 아래를 덜어서 위에 보태는 뜻이므로 其道上行이라 하였지만 益은 위에서 스스로 덜어 아래에 베푸는 것이니 크게 빛난다(大光)고 표현하였다.

8) 中正有慶 ― 六二와 九五가 中正이며 相應이니 中正하기 때문에 자기를 덜어 백성에게 베풀어 주면 백성에게는 慶事가 되는 것이며, 또한 그 자체가 君臣에게도 경사가 되어 천하가 모두 경사롭게 되는 것이다.

9) 巽木은 陰, 震木은 陽이라. 모두 木이므로 나무로 배를 만들어 큰 내를 건너서 後天으로 가는 의미가 있다. 後天으로 건너가는 과정에는 東方(震東方木)의 木道가 필요함을 암시하고 있다. 巽은 鷄가 되고 震은 龍이 되니 風雷益은 鷄龍이며 鷄龍山이다. 우리나라에 相互 소통되지 않는 두 곳을 소통시키는 데는 鷄龍으로 都邑이 되어야 木道乃行이 된다는 설이 있다. <※ 鷄龍山에 있는 刻字> 方夫馬角 庚牛(丑) / 口或生禾 國禾生(移)

10) 益卦에서는 木道乃行(風雷), 渙卦에서는 乘木有功(風水), 中孚卦에서는 乘木舟虛(風澤 中孚)이 되어야 利涉大川이다.

11) 繫辭傳에 孔子가 說明하기를 益은 사람이 살아가는 데 必要한 有益한 것을 만들어서 이바지하는 것으로 되어 있다. 繫辭下傳 第二章에 "包犧氏沒커늘 神農氏作하야 斲(촉, 착: 깎을 촉) 木爲耜(보습 사)하고 揉(굽힐 유)木爲耒(쟁기 뢰)하야 耒耨(김맬 루)之利로 以敎天下하니 蓋取諸益하고……"

斲: 깎을 착. 耒耨: 뇌루 ― 밭을 갈고 김을 매다.

12) 巽而動 ― 움직이되 巽順하게 해야만 無事히 後天에 到達할 수 있다. 또한 佛敎에서 人生을 苦海라고 하듯이 人間이 주어진 삶을 誠實히 살다가 다시 宇宙로 還元되는 것을 조심스럽게 大川을 건너는 것에 比喩해 볼 수 있다. 人間이 天理에 巽順하면서 行動해 나가야만 險難한 人生航路(大川)를 지혜롭게 헤쳐 나갈 수 있고 (涉) 더 나아가서 後天이라는 새 世上도 바라볼 수 있을 것이다.

13) 天施地生 ― 實際로 하늘은 베풀고(萬物資始; 乾卦 彖辭) 땅은 낳아서(萬物資生; 坤卦 彖辭) 천지가 서로 쉼이 없이 더함으로 인해 萬物이 生成化育된다.

14) 凡益之道與時偕行 ― 損에서는 아래의 陽實한 것을 덜어 위의 陰虛에 보태주고(泰 → 損), 益에서는 위의 陽實한 것을 덜어 아래의 陰虛에 보태 준 것이다(否 → 益). 이처럼 한쪽의 지나치게 實한 것을 덜어 다른 쪽의 虛한 데에 보태주는 것이 易道(裒(덜 부, 감할 부)多益寡 稱物平施; 謙卦 大象)이며 이것이 곧 損에서 말한 損益盈虛與時偕行과 여기서 말한 凡益之道－與時偕行의 意味로 볼 수 있다.

[象辭(大象)]

象曰 風雷－益이니 君子－以하야 見善則遷하고 有過則改하나니라

遷: 옮길 천

◑ 象에서 말하기를 風雷가 益이니 君子가 써 하여 見善이면 곧 遷하고 有過면 곧 改하나니라.

◎ 바람과 우레가 益이니, 君子가 이것을 본받아 善함을 보면 곧 본받고, 잘못이 있으면 곧 고치는 것이다.

1) 見善則遷 ― 본 받아서 善行을 한다. ― 앞으로의 行動方向. 有過則改 ― 지나간 過去의 잘못을 깨달으면 고친다. 곧 見善則遷하고 有過則改를 하면(恐懼修省, 重雷震卦 大象; 두려워하고 조심하여 수양하고 반성한다.) 나도 모르는 사이에 益이 된다. 눈앞에 보이는 金貨의 利益은 없으나 無價의 寶物이라고 생각할 수 있다.

2) 益은 行動에 德業을 增益하는 原理이다.

3) 繫辭傳에서 益은 德之裕라 하였다. 이것은 益卦라는 것은 더하고 증가하는 괘이기 때문에 군자가 수양을 하여 道德이 증가하여 餘裕 있고 넉넉하게 된다는 것이다.

4) 繫辭傳에서 또한 益은 長裕而不設이라 하였다. 이것은 德이 자연스럽게 成長하고 충실하게 되어서 새삼스럽게 여러 가지 시설을 만드는 그러한 作爲를 하지 않는

다는 것이다.

[爻辭]

初九는 利用爲大作이니 元吉이라아 无咎 - 리라

◑ (有益한 일을) 크게 일으킴이 利로우니 元吉이므로 无咎리라.
◎ 써 큰일을 잘하여 利로우니 원래부터 좋고 허물이 없을 것이다.

1) 初九는 正位이며 六四와 正應이다. 어느 卦라도 卦名에 따라 益의 內容이 담겨져 있어야 하고 꼭 맞아야 한다. 初九는 剛이 剛位에 있으니 조동의 우려가 있으며 益이 되기 위해서는 大業을 하여야만 元吉 无咎가 된다.

2) 陽剛의 大德으로 初位에 내려와서 得正하여 益卦의 主爻가 되었으니 益卦의 道를 利用해서 큰 事業을 始作하면 그 賢明한 資格으로 低位의 事業을 成功할 것은 사실이니 元來 吉할 것이다. [장관의 자격으로 평민의 사업을 하니] 그런데 无咎는 上位에서 下位로 내려왔으니 사업이 重厚하지 않기 때문이다.

象曰 元吉无咎는 下 - 不厚事也 - 리라

◑ 象에서 말하기를 元吉无咎라는 것은 下가 厚事로 하지 않음이리라.
◎ 크게 길하고 허물이 없다는 것은 아래에 있는 자는 후한일(큰일)을 할수 없기 때문이다.

1) 下位, 즉 初爻에 있으면서 큰일을 못할 사람이 위에 있는 사람의 信任을 받아 큰일을 해야만 元吉 无咎가 된다.

2) 厚事 ― 大事라고 할 수 있다. 例를 들면 일을 100% 目標達成을 하고, 또 150%
초과 달성해야 元吉无咎가 된다.

六二는 或益之면 十朋之라 龜도 弗克違나 永貞이면 吉하니 王用享于帝라
도 吉하리라

☯ 六二는 或 益之하면 十朋의 것이라. 龜도 어긋날 수 없을 것이나 永貞하면 吉
하니 王用으로 帝에 享하더라도 吉하리라.

◎ 혹 이것을 利益되게 하면 高價의 거북이라 어긋남이 없을 것이다. 기리 올바르
게 하면 吉하니 王이 天帝께 제사 지내더라도 吉하다.

1) 六二는 柔順中正의 德을 가지며 九五와 正應爻이다. 九五의 임금으로부터 신임
을 받고 사람들을 도우고 그들에게 이익을 준다. 이런 것은 분명하지만 만약 의심해
서 아주 비싼 거북으로써 점치더라도 어긋날 수가 없다. 그러나 방종해서는 안 되고
영구히 올바른 길을 굳게 지킨다면 길할 것이다. 만약 왕이 六二처럼 성심을 가지고
天帝에게 제사 지낸다면 길하여 하늘은 반드시 복을 내릴 것이다.

2) 或益之 ― 或은 不特定의 말이다(六二는 九五와 正應爻이지만 九五말고도 다른
爻 주로 初九의 剛爻를 가리킨다). 益之의 之는 六二를 가리키며 六二에게 利益을
주는 것.

3) 中正의 位이나 받고 주는 것도 없으니 精神的인 益을 말할 수 있다. 그 基本
姿勢 그 位置가 中正이니 남보다 더 잘해야 (有益하게) 남이 나를 稱讚한다는 뜻이
或益之라 볼 수도 있다.

4) 十朋之龜 不克違 ― 十朋이라는 것은 아주 비싼 것. 고가의 거북으로 점을 치더
라도 어긋나지 않는다(能히 어긋남이 없다는 뜻).

5) 享于帝 ― 帝는 天帝. 享은 제수를 차려 제사 지내는 것. 君王이 天帝에게 精誠을
드려 祭祀를 지내는 것과 같은 精誠스러운 마음가짐이면 吉할 것이다. 中正의 마음가
짐으로 君王이 天帝에게 祭祀 지내는 精誠으로 하면 吉할 것이다. 益이 될 것이다.

6) 爻辭에 吉이 두 번 들어 있는 것을 研究해 볼 것.

象曰 或益之는 自外來也-라

◐ 象에서 말하기를 或有益 됨이 있다는 것은 外로부터 來하는 것이라.
◎ 혹 이를 益한다고 한 것은 外部로부터 有益함이 오는 것이다.

1) 自己가 잘하면 남이 칭찬을 해주고 自己도 모르는 사이에 益이 된다는 것이다.

六三은 益之用凶事앤 无咎-어니와 有孚中行이라아 告公用圭리라
　　圭: 도장 규

◐ 六三은 益之함에 凶事를 用하면 无咎이고 有孚하고 中行이라야 公에 告하기를 圭를 用하리라.
◎ 이것을 利益되게 하는 데 凶事를 이용하면 허물이 없고 성심이 있고 중도를 행하여야 하며 公을 만나고 圭를 상납해야 한다.

1) 六三은 中이 아니고 不正이다. 下卦의 最上位에 있고 위험한 지위이다. 아래를 더한다는 益의 때에 있어서 그 益을 받을 수가 없다. 그러므로 이 六三을 益되게 하려면 보통으로는 되지 않는다. 흉년이 든 때라든가 어려운 일을 담당하게 하여 (괴롭히고 고생하게 하여) 애쓰게 하여야만 利益을 줄 수가 있다. 그렇게 하면 六三이 재앙을 만나지 않을 수가 있다. 六三은 誠心誠意로 일을 처리하고 中庸을 지켜서 六四의 三公을 만나고 백성을 살리는 일을 도와달라고 부탁해야 하며 그때 예물로서 玉으로 만든 圭를 드리면서 마음의 신실함을 알려야 한다.
2) 百姓의 有益은 兵火나 凶年이 지면 國家에서 補助해 주는 것이다. 이것이 益之用凶事이다. 그렇게 하면 허물이 없겠지마는 그러나 信義를 가지고 中庸之道를 行하

여야 한다. 그리고 圭玉을 使用하여 公的으로 널리 알려야 한다.

3) 六三은 不正이나 上九와는 相應이다. 益之用凶事无咎가 되기 위해서는 마음가짐과 凶事를 조사하여 輕重을 가려내는 過程을 有孚中行으로 해야 한다. 그리고 서로 믿음으로 결재를 얻으리라. 圭는 決裁印 官印의 뜻도 있고, 通信의 方法이라는 것(圭玉).

4) 有孚中行 ― 六三이 이미 中에서 지나쳤고 正位도 아니므로 有孚中行이라는 말을 强調하였다.

5) 六三은 內卦의 맨 위에 있으므로 백성의 바로 위에 있는 守令 정도에 該當한다. 백성들이 凶한 일을 당했을 때 節次를 無視하고 먼저 益하여 救濟해 주어야 하는데 그것을 誠實함이 있고 中道에 맞게 해야 後에 公에게 報告하여 信任을 받을 수 있는 것이다.

6) 六三은 唯一하게 凶事를 맞아 스스로 權限을 휘두르는 자리이다. 그러므로 바름을 굳게 지키고 恒常 恩惠로운 마음을 가져야 한다.

7) ‘來註’에서는 六爻中虛 有孚之像也 巽綜兌 兌爲口 告之象也, 故夬外卦兌 亦曰告自邑, 泰卦中爻兌 亦曰自邑告命. 震爲玉圭之象也 用圭 乃有孚之象이라 하였다.

象曰 益用凶事는 固有之也일새라

◑ 象에서 말하기를 益用凶事라 한 것은 고유한 일인 것이라.
◎ 益함에 흉사를 쓴다는 것은 眞實로 일이 있을 때 행하는 것이다.

1) 益함에 있어서 흉사를 쓴다는 것은 六三의 固有의 운명이고 당연한 일이라 할 수 있다는 것이다. 이 당연히는 眞實로 일이 있을 때 行하는 것이고, 眞實로 그러할 때만 行使할 수 있다는 것이다.

六四는 中行이면 告公從하리니 利用爲依며 遷國이니라

◑ 六四는 中을 行하며 公에 告하여 從함이니 依支하여 用함을 삼고 나라를 遷하는 데 利롭다.

◎ 中庸之道를 行하면 모든 사람들이 따르게 된다. 뭇사람들의 여론에 따라 나라를 옮기는 것, 즉 都邑을 옮기는 것이 利로우니라.

1) 六四는 初九와 相應이며 正位이다. 아무런 變動이 없는 爻이나 온 百姓의 뜻에 依하여 大臣地位에 있는 사람이니 政治를 하면 君主나 百姓의 利益이 있다는 것이다.

2) 告公從 ― 九五(王)에게 알리어 六四의 뜻을 따르게 한다.

3) 利用爲依 ― 柔順한 大臣으로서 위로는 賢明한 九五 임금을 따르고 아래로는 百姓을(大衆)을 따라야 한다. 이렇게 巽順(巽)하게 움직여서(震) 百姓들이 適當하다고 여길 때는 나라를 옮기는 일도 이롭게 된다. 百姓의 뜻에 따라야 한다.

4) 六四는 外卦의 始初이니, 后天의 처음이다. 故로 遷國이 可能하다.

5) 이 爻에서 鷄龍山으로 都邑地를 옮긴다는 說이 나왔다고도 한다.

象曰 告公從은 以益志也ㅡ라

◑ 象에서 말하기를 告公從이라는 것은 써 益하려는 志인 것이라.

◎ 온 百姓의 뜻에 依한다고 한 것은 有益한 방향으로 행해야 한다는 것이다. 中行해야 益해진다.

1) 육사가 백성의 이익을 꾀하려는 뜻이 있기 때문에 九五 임금과 뜻이 맞고 그 신임을 받아 行하게 되는 것이다.

九五는 有孚惠心이라 勿問하야도 元吉하니 有孚하야 惠我德하리라

◐ 九五는 有孚하여 惠心이라. 묻지 않아도 元吉하니 有孚하여 나의 德을 惠하리라.
◎ 믿음이 있어야 心的으로 百姓들을 은혜롭게 함이니 묻지 않아도 크게 吉할 것이다. 믿음이 있어 百姓들은 나(九五)의 德을 은혜롭게 여길 것이다.

1) 九五는 六二와 相應이고 中正의 君位에 있다. 益해 줄 때에 아래에 베푸는 자리이므로 勿問하야도 元吉이 된다. 君位에 있으니 百姓이 感謝히 여길 수 있는 善政을 베푼다면 스스로 有益함이 그 속에 있다는 것이다.

象曰 有孚惠心이라 勿問之矣며 惠我德이 大得志也－라

◐ 象에서 말하기를 有孚하여 惠心이라 이것을 묻지 않는 것이며 나의 德을 惠하는 것이 크게 志를 얻음이라.
◎ 은혜로운 마음에 정성이 있으니 물을 것도 없으며 나의 德에 감사한다는 것은 크게 뜻을 얻는다는 것이다.

1) 大得志也 ― 惠我德을 했으니 王位가 뜻을 얻었다는 말이니 곧 눈에는 보이지 않는 益이 있다는 것이다.

上九는 莫益之라 或擊之리니 立心勿恒이니 凶하니라

◐ 上九는 益之함이 없는 것이라. 或 擊之하리니 立心하되 勿恒이니 凶하니라.
◎ 有益하게 되려고 생각하지 말라. 혹 공격함이 있을 것이고 마음을 세우되 한결같음이 없으니 흉할 것이다.

1) 上九爻는 덜어 주어야 할 爻이니 益을 하려고 해서는 아니 된다는 警戒辭다. 혹시 攻擊을 받을지도 모른다. 마음을 세우는 것이 恒久치 못하기 때문에 凶하리라.

2) 六三과 相應이고, 不正이다. 外卦에서 內卦로 有益하게 덜어 주는 爻이니 자신이 益하려 하지 마라. 그것은 大自然法則이라고 여겨야 한다. 이 世上에는 損益의 關係에서 益만 取하려는 것이 바로 生存競爭이다.

3) 莫益之 ― 損을 할 사람이니 益을 하려고 하지 말라

4) 立心勿恒 ― 物欲을 없애는 것을 恒常하지 못하면 아니 된다. 日乾夕惕의 정신으로 나아가야 한다.

象曰 莫益之는 偏辭也 ― 오 或擊之는 自外來也 ― 라

◉ 象에서 말하기를 莫益之라 한 것은 偏辭이고 或擊之는 밖에서부터 오는 것이라.

◎ 益만을 하려고 생각지 말라고 한 것은 偏僻하다는 말이고 혹시나 攻擊할지 모른다는 것은 치는 놈이 밖으로부터 온다는 것이다.

1) 上九가 자기 利益을 얻으려 하고 남에게 利益을 주지 않기 때문에 莫益之는 한쪽으로 기울어진 말이고 혹 치는 사람이 있다는 것은 六三이나 六五 이외에도 뜻밖의 사람이 나설 수도 있다는 것이다. 決定辭는 아니다.

2) 繫辭 下經 五章에서 再解釋하고 있다.

子曰 君子 ― 安(便安)其身而後에야 動하며 易(平易)其心而後에야 語하며 定其交(사귐, 交際)而後에야 求하나니 君子 ― 修此三者라故로 全也하나니 危而動하면 則民不與也코 懼以語하면 則民不應也코 无交而求하면 則民不與也하나니 莫之與하면 則傷(中傷)之者 ― 至矣나니 易曰 莫益之라 或擊之리니 立心勿恒이니 凶이라 하니라

3) 立心 ― 恒心이라야 한다. 無恒産無恒心 ― 平民이고 無恒産有恒心 ― 聖人이다.

〈益卦의 綜合〉

有益함을 얻기 위해서는 前進해야 하기 때문에 利有攸往이요, 冒險도 해야 하기 때문에 利涉大川이다. 이것이 益卦의 基本原則이다.

初九에 利用爲大作 — 大事를 하는 데 利益이 있고,

六二에 或益之 — 九五에 의한 益下함이요

六三에 益之用凶事 — 凶事를 하는 데서 有益이 있다.

六四에 利用遷國 — 民衆에 益하려는 政策

九五에 有孚惠心 — 六二를 爲해서 損傷함이다.

上九에 立心勿恒 — 民衆을 爲하는 精神이 없어진다.

有益을 求하기 爲해서는

첫째 事業을 하라는 것이고

둘째 誠心을 가지며

셋째 凶事도 하라는 것이고

넷째 人民을 爲하는 方向을 取하고

다섯째 人民을 爲하는 事業을 따르며

여섯째 人民을 爲하는 精神을 變치 마라.

下卦의 三者는 自身의 益을 取하는 것이나 上卦의 三者는 他人의 益을 爲하는 것이라 이것이 治國하는 데 必要한 損上益下의 原則이다. 治者의 利益을 損해서 民衆의 利益을 益하는 것이 國家 全體에 利益이 되는 것이다.

그럼으로 象傳에서 ‘損上益下하니 民悅无疆하고 自上下下하니 其道가 大光이라’ 하고 書經 五子之歌에는 ‘民惟邦本이니 本固라사 邦寧하리라’고 하였으니 이것이 東洋的인 王道政治의 德治思想이라, 이는 實로 損下益上하는 西洋的인 伯道政治의 權力主義와는 正反對되는 것이다.

(43) 澤天 夬(下經 13)

```
         ━━  ━━  正
說  ━━━━━━  正    中  兌  澤
         ━━━━━━  不正
────────────────────────────
         ━━━━━━  正
健  ━━━━━━  不正  中  乾  天
         ━━━━━━  正
```

―序 説―

1. 卦의 뜻

1) 夬는 三月卦이다. "夬는 決也라. 剛決柔也니 君子道長이요 小人道憂也라"(雜卦傳). 夬卦는 處決한다. 決斷한다. 決濟한다는 뜻이다. 모든 일에는 물리칠 때 물리칠 줄 아는 果斷性을 가지고 決斷하는 것이 반드시 필요하다. 따라서 雜卦傳에서도 夬로 끝맺음을 하면서 夬를 強調한 것이다. 易經의 맨 끝이 雜卦傳이다. 따라서 周易은 夬卦로서 終結지어져 있다고 할 수 있다.

2) 雜卦傳의 "夬는 決也라 剛 決柔也니 君子道長이오 小人道憂也라"고 한 것을 보면 后天始初에는 夬卦와 같이 되어야 한다고 하여 世上에는 君子는 많이, 賢者가

大部分을 차지하는 社會가 되어야 한다는 뜻에서 夬卦다.

　3) 節侯로 보면 淸明 穀雨의 節이라 群陰이 決去되고 陽氣가 方暢하여 百花가 滿發하고 氣分이 明快할 때다.

　4) 事實上 三 月의 種子 播種이 곧 結實하여 收穫하는 것이 夬卦다. 決의 形而上學的인 것이 夬다.

　5) 政治的인 面에서 볼 때 惡을 除去하고 나라를 바로잡고자 한다고 달콤한 말로 國民의 輿論을 向하야 부르짖는다. 이러한 勢力과 對峙하는 일은 위험하며 잘못하면 失敗할 위험이 있다. 이 위험을 생각하는 조심성만 있으면 改革의 기운이 크게 發展할 것이다.

　6) 夬는 君子가 모여서 上六, 즉 小人을 결단하는 形象이며, 이 反對는 剝卦이다. 또 夬와 剝이 相對的이라면 三 月의 播種期가 形而上學的 決算이라고 할 수 있고, 剝月 곧 九 月이 形而下學的인 決算期라고 할 수 있다.

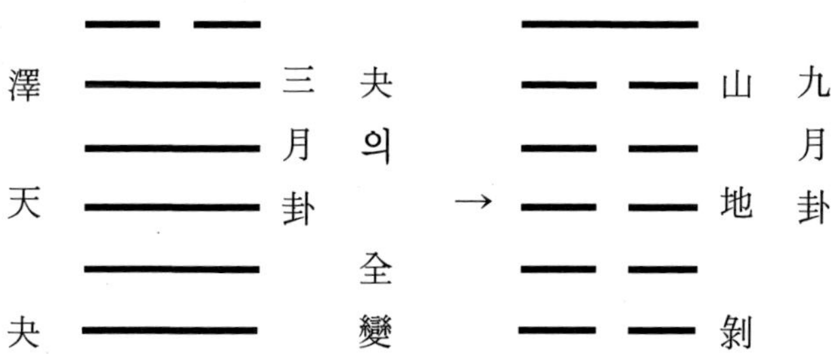

　7) 夬와 剝은 反對이다. 陽이 陰을 處斷하는 데는 別다른 것이 없으나 剝卦에서 小人이 君子를 처단하는 데는 周易에서 많은 풀이를 하고 있다. 아무리 亂世에 小人이 得勢하여 있는 때라도 그中에서 君子의 道가 살아날 수 있는 種子 役割을 할 수 있다는 것. 이것은 大自然의 眞理이며 剝卦의 上九爻에 該當한다. 碩果不食이라 하여 剝時期의 君子의 處地를 說明하여 우리들에게 理致를 알려주고 있다.

　8) 夬卦와 剝卦의 原理는 抑陰扶陽의 理致, 遏惡揚善의 理致, 消長과 盈虛의 理致이다.

以上의 네 가지는 陽 中에 陰이 있고, 陰 中에 陽이 있는 것과 같다. 이것을 한마디로 說明한 것이 太極이라고 하겠다.

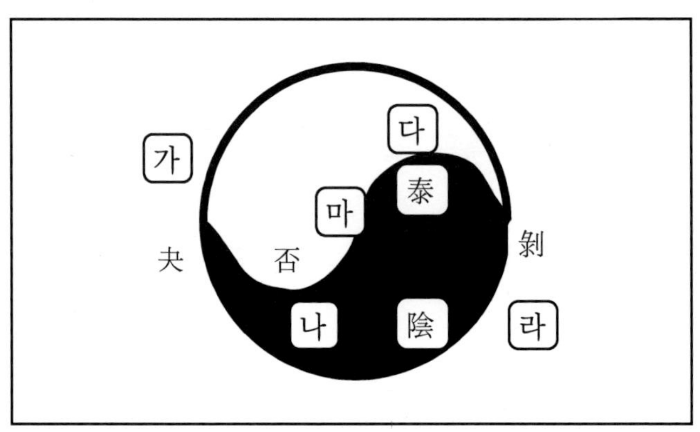

　(가)와 (라)의 두 極이 夬와 剝의 現像이라고 할 수 있고 (나)와 (다)의 위치는 否泰의 處地이다. 아무리 보아도 純陽純陰은 없다. 結局(가 나 다 라 마)의 陰陽 分岐點은 輪廻하고 있다. 隱見起沒의 法則으로 생각할 수 있다.

　9) 序卦傳에서 보면 "益而不已면 必決이라 故로 受之以夬하고……"라 나와 있다.

　益卦 上九에서도 '莫益之或擊之'라고 하였듯이 계속 더하고 利益을 추구하다 보면 判決하고 決斷하게 된다. 우리 사회에서도 서로 自己集團의 利益만을 追求하려 할 때에는 合理的인 基準을 가지고 決斷하여 이익을 調整·分配해 주어야 한다. '損而不已必益'과 '益而不已必決'을 比較하면서 君子는 恒常 謙遜한 마음으로 '虧(이지러질 휴, 덜릴 휴)盈而益謙'(謙卦 象辭)의 敎訓을 마음에 새겨야 한다.

2. 卦象과 卦德

　1) 卦象을 보면 다섯 陽爻가 上六의 한 陰爻를 決斷하는 形象이다. 또한 안에서는 健壯한 君子(重天乾:☰)가 得勢하여 小人(兌上絶:☱)을 밖으로 몰아내는 形象이다.

周易은 君子之學이므로 陽·君子를 中心으로 表現하는 것이 常例이다. 따라서 陽을 중심으로 夬라는 이름이 붙여진 것이다.

2) 卦德으로 보면 下卦 乾은 健하고 上卦 兌는 悅이다. 그러나 健하여 悅로 간다 하기보다는 卦象에 의하여 陽五爻가 陰一爻를 決去하는 것으로 본다.

3) 옛 聖賢들이 이 夬卦의 決斷하는 形象을 보고 行政에 文書를 導入하여 正確하고 明快하게 다스리도록 하였다고 한다. 繫辭 下傳 第2章에 "上古앤 結繩而治러니 後世聖人이 易之以書契하야 百官이 以治하며 萬民이 以察하니 蓋取諸夬니라"로 나와 있다.

4) 夬는 卦象으로 보아 陽爻, 즉 君子가 陰爻, 즉 小人을 決斷하는 象이다. 五陽이 一陰을 決斷하는 形象이며, 形而上學的인 決斷, 즉 立志가 가장 중요하다.

5) 夬卦는 剛爻가 柔爻를 除去하려는 형상이기도 하며 善이 惡을 제거하며 배제하려는 형태를 象徵한 것이다. 惡한 獨裁者가 나라 위에 君臨하고 있는 모습을 말하고 있으며 독재자를 朝廷에 고발하여 그 죄를 규탄하려 한다. 正義의 심판을 의미한다.

6) 이 卦의 陰陽 調和를 보면 初九와 九四는 같은 陽이라 不應이고, 九二와 九五도 둘 다 陽剛하여 역시 不應이다. 그러나 九三과 上六은 正位에 있으면서 正應이다.

7) 十二消息卦로 보면 夬는 地雷復(11月卦)에서부터 一陽이 始生하여 陽이 漸漸 자라 올라가 이루어진 것이며 맨 위의 一陰마저 물러가 陽이 꽉 차면 重天乾(4月卦)이 되고 다시 一陰이 始生하여 天風姤(5月卦)가 된다. 陰이 漸進하여 山地剝(9月卦), 重地坤(10月卦)을 거쳐 다시 復으로 還元되는데 이러한 科程이 一 年 12月을 形成하기도 한다.

8) 十二辟卦 = 十二消息卦를 참고로 소개하면 다음과 같다.

11月－地雷復(24) → 12月－地澤臨(19) → 正月－地天泰(11) → 2月－雷天大壯(34)
→ 3月－澤天夬(43) → 4月－重天乾(1) → 5月－天風姤(44) → 6月－天山遯(33)
→ 7月－天地否(12) → 8月－風地觀(20) → 9月－山地剝(23) → 10月－重地坤(2)
→ 地雷復

9) 序卦傳에서는 "益而不已면 必決이라 故로 受之以夬하고"라 나와 있다. 즉 利益

되는 것이 그치지 않는다면 반드시 決할 일이 생긴다. 故로 夬로 받는다고 하는 것이다.

3. 卦의 變化

1) 倒轉卦－天風姤
   (☱ / ☰) → (☰ / ☴)

   － 夬에서 마지막 남은 陰 하나마저 決斷해 버리면 그 陰爻가 아래로 내려와 天風姤가 되어 一陰이 始生하게 된다. 이것은 山地剝卦의 上九爻의 '碩果不食'이 地雷復으로 轉換되는 것과 같은 理致이다. 또한 夬와 姤가 서로 連結되는 것은 陽이 서로 만나서(姤는 遇也－니 柔遇剛也－오) 陰을 決斷한다는 意味가 있다.

2) 配合卦－山地剝
   (☱ / ☰) → (☶ / ☷)

   － 夬는 맨 위에 남은 陰爻 하나를 다섯 陽爻가 決斷하는 卦인 反面에 夬의 모든 爻가 變하여 이루어진 剝은 反對로 다섯 陰爻가 마지막 남은 陽爻 하나를 깎아 내리는 卦이다.

3) 錯綜卦－天澤履
   (☱ / ☰) → (☰ / ☱)

   － 밟아서 決斷하는 意味가 되고 또한 決斷해서 君子가 위에 있고 小人이 아래에 있는, 禮節이 갖추어진 社會가 된다는 意味가 있다.

4) 互卦－重天乾
   (☱ / ☰) → (☰ / ☰)

   － 健壯하게 決斷하는 意味가 있다. 또한 夬는 乾으로 가는 過程에 있는 卦이기도 하다.

[卦辭]

夬는 揚于王庭이니 孚號有厲니라 告自邑이오 不利卽戎이며 利有攸往하니라
　　揚: 오를 양, 위로 오르다.　號: 부르짖을 호.　戎: 되 융, 북쪽 오랑캐, 병기.

　☯ 夬는 王庭에서 揚하니 孚 있어 號하니 有厲니라. 自邑에서 告하는 것이며 卽戎함에 不利하며 有攸往에 利하니라.

　◎ 夬는 임금의 뜰에서 떨쳐 놓았다. 성심을 다하여 울부짖으나 위태함이 있느니라. 자기 읍에서 하는 것이며 무력으로 다스리는 것은 불리하며 갈 바 있음에 이롭다.

　1) 夬는 決이라는 뜻이며 五陽으로써 一陰(上六)을 제거하려는 괘이다. 主爻는 剛健中正한 九五(王)이다. 王이 朝廷의 자리에서 一陰의 죄상을 들어내어 성심을 다해서 九二가 그 무리, 즉 아래 4陽에게 호소하여 협력게 하지만 그래도 뜻하지 않은 위태로움이 있다. 그래서 九五는 먼저 자기 私邑에 고하여 잘 다스리되 무력을 내세우는 것은 좋지 않다는 것을 모두에게 알린다. 그런 연후에 일을 결행하는 것이 좋다(지금 一陰을 제거하면 純陽인 乾이 된다).

　2) 誠과 信을 다하여 小人을 처결하니 두려움이 있을 것이다. 小人은 반드시 물러갈 때는 君子를 해친다. 그리하여 小人을 君子로 만드는 方法論을 제시한 것이 周易이다.

　3) 揚于王庭 — 小人輩 上六의 非行이 임금에게까지 미쳐서 조정에서 널리 알린다는 것이다.

　4) 夬卦의 根本趣旨는 小人이 아무리 밉고 나쁜 일이 있을지라도 단번에 처결하지 말고 오래 붙잡아서 感化시켜 君子로 되도록 努力하고 小人 自己 스스로 물러나도록 하는 데 있다.

　5) 小人을 처결하는 데는 自身의 결함이 없도록 잘 다스려야 하며 武力으로 나아가는 것은 不利하다는 것.

　　6) 孚號 ― 信과 誠으로 呼訴하는 것. ― 卦辭. 惕號 ― 조심조심 呼訴하는 것. ― 爻辭 九二. 无號 ― 呼訴할 곳이 없다. ― 爻辭 上六

[彖辭]

　　彖曰 夬는 決也―니 剛決柔也―니 健而說하고 決而和하니라 揚于王庭은 柔―乘五剛也―오 孚號有厲는 其危―乃光也―오 告自邑不利卽戎은 所尙이 乃窮也―오 利有攸往은 剛長이 乃終也―리라

　　◐ 彖에서 말하기를 夬는 決이라는 뜻이니 剛이 柔를 決하는 것이니 健하여 說하고 決하면서 和하니라. 揚于王庭이라는 것은 柔가 五剛을 乘하고 있기 때문이요, 孚號有厲는 그 위태함이 이어 빛나는 것이요, 告自邑 不利卽戎은 숭상하는 바가 곧 궁하기 때문이요, 利有攸往은 剛이 長하면 이어 끝나기 때문이리라.

　　◎ 夬卦는 決斷하는 것이니, 剛이 柔를 決斷하는 것이다. 健壯하며 和樂한다. 王의 뜰에 떨쳤다는 것은 柔가 다섯 剛을 타고 있음을 말한 것이고, 성심을 다하여도 두려움이 있다는 것은 그 위태로움이 이어 빛난다는 것이고, 자기 고을에 告하되 무력을 상용하는 것이 불리하다는 것은 숭상하는 바가 궁하다는 것이며, 갈 바가 있어 利롭다고 하는 것은 剛이 자라서 이에 끝이 난다는 뜻이다.

　　1) 夬決也 ― 夬라는 것은 決하고 제거한다는 뜻이다.

　　2) 剛決柔也 ― 剛爻, 즉 五陽이 柔를 決하고 除去한다. 그러므로 上六의 國師地位에 있는 사람을 決斷하는 것.

　　3) 健而說 ― 健은 下卦 乾을 그리고 說은 上卦 兌의 象이다. 따라서 健壯하여 기뻐한다는 卦德을 말했다.

　　4) 決而和 ― 決斷하여 和樂하다. 모든 일을 알맞게 처결하는 것을 和라 한다.

5) 揚于王庭 ― 王의 뜰에까지 떨쳤다는 것은 柔가(上六) 다섯 剛을 타고 있는 形象을 말한 것이다.

6) 孚號有厲 其危乃光 ― 誠과 信을 다하여 小人을 처결하니 두려움이 있다는 것은 그 위태로움이 이미 빛나는 일이라는 것이다.

7) 告自邑 不利卽戎 所尙乃窮 ― 자기 고을에 고한다는 것은 곧 自身의 결함이 없도록 잘 다스린다는 것이고, 武力으로 나아감이 不利하다는 것은 그 崇尙하는 바가 이에 窮하기 때문이다.

8) 利有攸往 剛長乃終也 ― 갈 바가 있어 利롭다고 하는 말은 剛이(陽) 자라서 이에 끝이 나고 純陽이 된다는 뜻이다.

9) 夬卦의 政治的인 面을 말한다면 ‘芝蘭은 種不榮이요, 荊棘은 剪不去라’ 아직은 小人의 餘勢가 殘存하여 危險性이 있으니 誠信한 精神으로 國民에게 呼訴하여 小人의 再起를 막아야 한다. 이것이 孚號有厲라 것이고, 自己의 領內(邑)로부터 경고하여 內部를 튼튼하게 해야 하고 무력으로 나아감(征伐만을 하려 함)은 利롭지 않다. 이 말이 告自邑, 不利卽戎이다.

[象辭(大象)]

象曰 澤上於天이 夬니 君子―以하야 施祿及下하며 居德하야 則忌하나니라

◐ 象에서 말하기를 澤이 上於天이 夬이니 君子가 써 하야 施祿하여 及下하며 德에 居하야 곧 忌하나니라.

◎ 못이 하늘 위에 있는 것이 夬卦이니 君子가 이것을 보고 본받아서 福祿을 널리 베풀어서 下民에게까지 미치게 하고 또한 君子는 德에 居해도 그것을 자랑하면 미움을 받을 수가 있다.

1) 군자가 올바르게 하더라도 그 덕을 지나치게 내세운다면 小人의 無忌憚함을 초래할

수가 있다. 곧 君子가 自身이 모범을 보여서 小人이 따라오도록 한다.

2) 忌－防也. 父母死亡－忌中 喪中 祭祀日－忌日. 忌案－祭祀日을 적어 놓은 것.

[爻辭]

初九는 壯于前趾니 往하야 不勝이면 爲咎－리라

趾: 발 지, 복사뼈 이하의 부분

☯ 初九는 壯하게 前趾하니 往하야 不勝이며 爲咎하리라.

◎ 초구는 앞 발꿈치가 씩씩하지만 가서 이기지 못하면 허물이 되리라.

1) 初九는 正位이나 九四와 相比關係이다. 剛이 剛位에 있으니 그 氣勢가 너무 旺盛하다 그러나 서로 應이 없다. 初九이니 아직 발꿈치만 壯한 어린 상태이니 躁急하게 前進하는 軍事的인 行動을 하게 되면 이기지도 못하고 過誤를 범하기 쉬운 象이다.

2) 발을 앞으로 勇敢하게 내딛기는 하지만 아직은 實力이 不足하다. 나아가도 勝算은 없고 허물만 남게 된다.

3) 初九가 변하면 澤風大過가 되어 지나친 행동을 한다는 뜻이요, 그러나 初九는 유순한 음으로 되어 大過 初六의 '藉用(자리 자)白茅(띠풀 모) 无咎'가 된다는 것을 염두에 두어야 한다.

象曰 不勝而往이 咎也－라

☯ 象에서 말하기를 不勝으로 往함이 咎也이라.

◎ 이기지 못할 것을 간다고 하는 것은 허물이 된다는 것이다.

九二는 惕號-니 莫夜에 有戎이라도 勿恤이로다

◑ 九二는 惕하여 號하니 暮夜에 有戎이라도 勿恤이로다.
◎ 두려워서 울부짖으니 저녁 밤에 병사가 습격해오더라도 우려할 필요가 없다.

1) 九二는 剛爻로서 中庸의 덕이 있기 때문에 두려워하고 걱정하여 신중하게 대처하고 소리 지르면서 경계한다. 야간에 적이 습격해 오더라도 경계를 게을리 하지 않기 때문에 걱정할 필요가 없다.

2) 惕號 — 惕은 두려워한다는 것이고 號는 소리 지르면서 경계하는 것. 부르짖으며 自己의 處身을 바로 하여 小人에게 模範을 보인다. 그러면 소인도 反省하고 뉘우쳐서, 感化된다. 이렇게만 되면 밤낮으로 도둑이 侵犯할지라도 걱정할 것이 없다는 것이다.

3) 莫夜 — 莫은 暮의 本字이다. 따라서 暮夜와 같다. 밤이라는 뜻.

象曰 有戎勿恤은 得中道也일새라

◑ 象에서 말하기를 有戎勿恤이라는 것은 中道를 得하였기 때문이라.
◎ 도둑이 침범할지라도 염려할 것이 없다는 것은 中庸之道를 얻었기 때문이다.

九三은 壯于頄하야 有凶코 獨行遇雨-니 君子는 夬夬라 若濡有慍이면 无咎-리라

　頄: 광대뼈 규　濡: 젖을 유　慍: 성낼 온

◑ 九三은 壯하기를 頄에 하야 有凶코 獨行하다 遇雨니 君子는 夬夬라 若濡有慍이면 无咎리라.

◎ 광대뼈가 툭 불거져 있어 흉한 일이 있을 것이다. 혼자서 길을 가다가 비를 만나니 君子 같으면 결단할 장소에서는 결단하는 것. 만약에 젖어서 不平이 있는 것 같지만 허물이 없을 것이다.

1) 九三은 正位로서 上六과 正應關係에 있다. 五陽 中에 中央에 있어 지극히 剛健하다. 그러나 그 剛健한 기운이 얼굴에 나타나서 광대뼈가 불거져 있다. 그러므로 너무 서둘러서는 惡人의 반발을 사고 일이 실패해서 흉함을 초래한다. 따라서 君子는 惡人을 꼭 척결한다는 굳은 의지를 가지고 있을지라도 표를 내지 않고, 마치 혼자 나서서 비를 만나 온몸이 젖은 것같이 상육 때문에 더럽혀진 것처럼 보인다. 이 것은 곧 應爻이지만 惡人인 上六과 사귀어 더럽힌 것처럼 보인다는 뜻이다. 따라서 세상의 君子들로부터 의심받게 되지만 끝내는 그 깊은 뜻으로 목적을 달성하고 그 결백한 것이 알려지기 때문에 재앙을 면할 수가 있다.
2) 若濡有慍 一 小人, 즉 上六에 대하여 말려 들어가지 아니한다는 뜻.

象曰 君子는 夬夬라 終无咎也ー니라

◑ 象에서 말하기를 君子는 夬夬이라 끝내 无咎이니라.
◎ 군자는 결단할 場所에 가면 결단하는 것이라 끝내 허물이 없다는 것이다.

九四는 臀无膚ー며 其行次且ー니 牽羊하면 悔ー亡하련마는 聞言하야도 不信하리로다
  臀:궁둥이 둔. 膚: 살갖 부. 次: 머뭇거릴 자. 且: 머뭇거릴 저. 牽: 끌 견.

◑ 九四는 臀에 无膚하며 그 行하는 바가 次且이니 羊을 牽하면 悔가 亡하련마는 聞言하여도 不信하리로다.

◎ 궁둥이에 살이 없다. 그 행하는 바가 우물쭈물하니 羊을 이끌어 가면 뉘우침이 없겠으나 말을 들어도 믿지 아니한다.

1) 九四는 不正位며 初九와 相比關係이다. 지금 上六의 惡人을 척결함에 있어 궁둥이에 살이 없는 것처럼 우물쭈물하고 잘 나아가지 못한다. 그러나 예컨대 羊의 무리를 이끌고 나아가는 것처럼 다른 陽爻의 君子들을 이끌고 나아가면 後悔스러운 일이 없어질 것이다. 그렇지만 그런 말을 들어도 신용하지 않고 실행에 옮기지 못한다.

2) 次且(자저) ─ 망설이고 주저하는 것을 말한다.

3) 牽羊 ─ 羊을 앞에서 이끌어 간다. 羊은 陰物이니 上六을 말하고, 陰物, 즉 小人은 앞에서 指導하여야만 따라온다는 뜻.

象曰 其行次且는 位不當也─오 聞言不信은 聰不明也─라

　　聰: 귀 밝을 총

◐ 象에서 말하기를 其行次且는 位가 부당함이요, 聞言不信은 聰明이 不明하기 때문이라.

◎ 그 行함을 주저한다고 하는 것은 位가 적당치 아니함이요. 말을 들어도 믿지 아니한다고 하는 것은 귀가 밝지 못함이다.

1) 귀가 밝지 못하다고 하는 것은 마음에 있지 아니하는 것이니까 聰不明이다.

九五는 莧陸夬夬면 中行에 无咎─리라

　　莧: 비름 현, 馬齒莧

◐ 九五는 莧陸하지만 夬夬하면 中行함에 无咎리라.

◎ 풀이 나 있더라도 과감하게 제거하면 中道를 行함에 있어 허물이 없을 것이다.

1) 九五는 剛健中正한 천자의 위치에 있다. 陰柔한 上六은 九五의 환심을 사려고 애쓰고 있지만 九五는 결연하게 上六을 척결함에 있어 果斷性 있게 決斷한다. 그러나 중용의 道를 지켜 올바르게 決斷하면 허물이 없을 것이다.

2) 莧陸 ─ 못에 나는 풀로서 연약하여 부러지기 쉬운 것. 곧 陰物을 뜻한다. 陰은 邪媚之物이다. 三 月에 나는 풀이다. ─小人에 비유한 것. ─ 말리기가 어려운 음기가 많은 식물.

象曰 中行无咎-나 中未光也-라

☯ 象에서 말하기를 中行하면 无咎이나 中이 아직 빛나지 않음이라.
◎ 中道를 行하면 허물이 없다고 함은 中庸之德이 아직 빛나지 않기 때문이다.

1) 九五가 上六을 척결하는 것은 옳은 일이나 上六은 先王 또는 先生의 地位에 있는 사람이다. 그러므로 상육을 척결하는 것은 그 중용이 광대하고 빛나는 것은 아니라는 것이 中未光이다.

上六은 无號-니 終有凶하니라

☯ 上六은 无號라야 하니 終에 有凶하니라.
◎ 울부짖지 말아야 하는 것이니 끝내 흉함이 있으리라.

1) 상육은 음유한 소인으로 夬卦의 끝에 가서 제거당하더라도 큰소리로 울부짖고 호소하더라도 소용이 없다. 어디 호소할 곳이 없으니 끝끝내 凶함이 있을 것이다.

象曰 无號之凶은 終不可長也ㅣ니라

◑ 象에서 말하기를 无號之凶은 終에 不可長이니라.
◎ 울부짖지 말라는 것의 흉함이라는 것은 끝내 오래갈 수 없다는 것이다.

1) 울부짖지 말라는 것의 흉함이라는 것은 호소할 곳이 없어 마침내 장구할 수 없다는 말이다. 즉 상육은 머지않아 반드시 멸망한다는 뜻이다.
2) 陽이 陰을 처단해 오는 과정, 곧 純陽인 4月卦로 될 직전에 있으니 오래가지 않는다는 뜻이다.

〈夬卦의 綜合〉

1) 未光也 ― 九五의 中正의 位이며 飛龍在天 할 수 있는 實力者이나 小人을 決斷하는데 또 國師地位에 있는 者를 決斷한다면 아무리 中正된 者라 하나 道理에 어긋난다. 그래서 五爻가 中을 얻었기 때문에 아무것이나 能히 할 수 있지만 中庸之道의 德이 약간 빛이 나지 않는다고 풀이하였다. 九五爻에 未光이라고 한 것은 이것 이외는 없다.

初九는 壯于前趾 ― 實力을 養成하는 것.
九二는 惕號 ― 모든 行動을 삼가며 경계한다.
九三은 壯于頄 ― 上六에 應하여 결단에 방해한다.
九四는 臀无膚 ― 行動을 지체 말고 敏捷하게 한다.
九五는 莧陸夬夬 ― 결단을 하는 데 무자비하게 해서는 아니 된다.
上六은 无號 ― 결단이 되는 것이다.

(44) 天風 姤(下經 14)

```
健 ————————— 不正
  ————————— 正      中 乾 天
  ————————— 不正
  ————————— 正
巽順 ———————— 不正    中 巽 風
  ——  —— 不正          姤: 만날 구, 어여쁠 구.
```

―序 説―

1. 卦의 뜻

1) 姤卦는 夬卦의 倒轉된 卦이다. 夬와 반대로 姤는 陰이 처음으로 始生하여 자라나는 형상이다. 또한 一陰이 五陽을 만나는 것으로 뜻을 잡아 이루어진 것이다. 扶陽抑陰의 사상에서 바라지 않는 一陰의 始生을 만난다는 의미로 姤라 한 것이다.

2) 姤는 遇也니 柔遇剛也라고 雜卦傳에 말하였다. 곧 柔陰이 剛인 陽을 맞는 것이 姤다. 많은 男子들 사이에 한 사람의 女子가 있어서 男子들을 대적하고 있는 狀態를 상징한다.

3) 姤는 五月卦이다. 復月과 相冲이니 五冬至달은 相對性을 띠고 있다. 11月에 눈이 오면 5月에 豊年이 온다고 한다. 비가 많이 와서 豊年이 된다는 것이다. 그리하여 北쪽 지역은 五月에 萬物이 잘 자란다고 하여 五月 端午를 가장 큰 名節로 친다. 五月에 잡초가 많다. 여기서 잘 매 주어야 곡식이 잘된다.

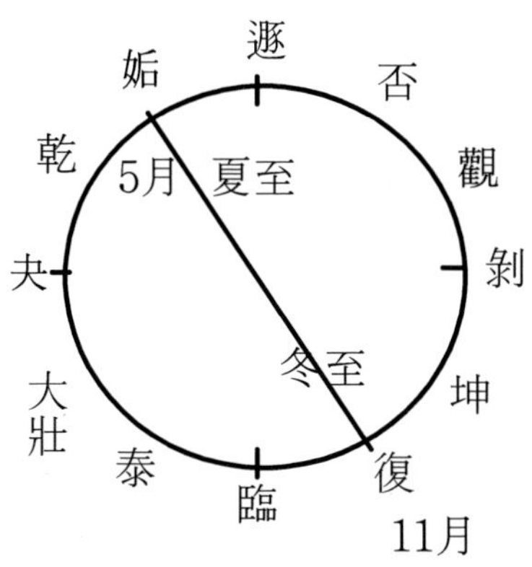

4) 姤는 一陰이 始生하고, 復은 一陽이 始生하는 것이 서로 相對되는 卦다. 그리하여 下經은 人事的으로 말한 것이니 治亂의 反復 속에서 걸어온 것이 우리의 지나온 歷史라면 姤卦는 亂의 始發點이라고 할 수 있다.

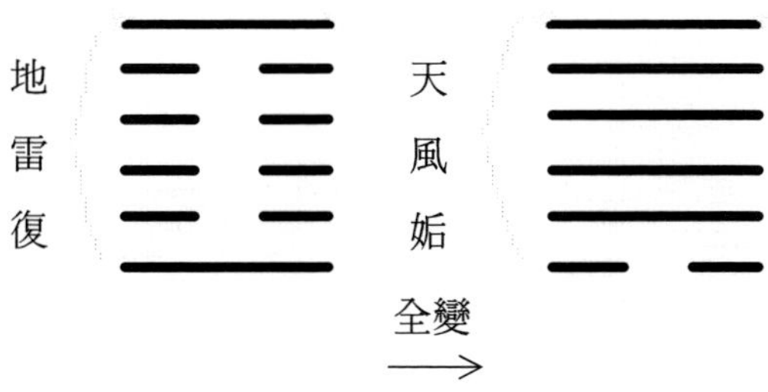

모체에 생명이 움틈. 성숙한 개체로 짝할 상대를 만나는 과정

5) 姤는 不期而遇를 말한다. 一陰의 女子는 지나치게 거세다. 이러한 女子를 아내를 맞이하지 말라. 오래 더불어 家庭을 함께하지 못하리라.

6) 姤는 大自然의 原理로 말하면 하늘 밑에 바람이 부는 것이 姤다. 復月에는 地上이 서늘한 反面 地下는 陽氣가 있으니 훈훈하다. 姤는 이의 反對다. 地上에는 따뜻하나 地下는 서늘하다. 故로 五月에는 잡초가 잘 자라고 小人이 잘 자라는 時期이다.

2. 卦象과 卦德

1) 卦象을 보면 乾三連은 天이 되고 巽下絶은 風이 된다. 하늘 아래에 바람이 불어 두루 미치는 것처럼 萬物이 두루 만나게 되는 意味가 있다.

2) 또한 다섯 陽이 一陰에 直面해 있는 것이 이 괘의 形象이다.

3) 巽의 象은 長女이다. 乾의 사내가 上卦에 있으나 그 세력은 이미 늙어 少壯이 아니다. 이미 늙은 陽이 少壯한 陰을 만나는 象이다.

4) 卦德을 보면 下卦의 風은 巽順하고 上卦의 天은 健하다. 그러므로 바람이 하늘 아래에 불어 만물이 바람을 맞는 꼴이다.

5) 이 卦는 君子와 小人이 우연히 만나고 낮은 지위의 소인이 점차 세력을 더해가는 극히 경계해야 할 때임을 나타내고 있다.

6) 이 卦의 陰陽 調和를 보면 初六과 九四는 不正이지만 陰陽의 조화, 즉 相應을 하고 있다. 그러나 九二와 九五는 不應이고, 九三과 上九도 역시 不應이다.

7) 序卦傳에서는 "夬者는 決也 – 니 決必有所遇라 故로 受之以姤하고……"라 하였다. 즉 決斷하여 물리치면 그것이 다시 아래에서 씨가 되어 始生하기 때문에 다시 만나게 된다.

3. 卦의 變化

1) 倒轉卦 – 澤天夬　　　– 君子의 道가 成長해 가니 小人의 勢가 衰退하여 장차
　 (☱ / ☰) → (☱ / ☰)　　없어지려는 때이다. 오래지 않아 또 새로운 만남이
　　　　　　　　　　　　　시작된다.

2) 配合卦 – 地雷復　　　– 剝卦 다음에 復卦가 오는 것으로 보아 우리는 治가
　 (☷ / ☰) → (☷ / ☳)　　亂에서 생하는 것을 알 수 있다. 君子는 항상 이러한
　　　　　　　　　　　　　原理를 알고 時에 따라 對備할 수 있는 能力을 갖추
　　　　　　　　　　　　　어야 한다.

3) 錯綜卦 – 風天小畜　　– 서로 만나서 작게 쌓아가는 의미가 있다.
　 (☴ / ☰) → (☴ / ☰)

4) 互卦 – 重天乾　　　　– 重天乾을 中心으로 夬 · 姤를 보면 夬는 三月卦로서
　 (☴ / ☰) → (☰ / ☰)　　乾으로 가는 과정에 있고 姤는 五月卦로서 四月卦인
　　　　　　　　　　　　　乾을 거쳐 一陰이 始生하여 이루어진 卦이다.

[卦辭]

姤는 女壯이니 勿用取女 – 니라

◑ 姤는 女가 壯하니 勿用 取女하니라.
◎ 姤는 여자가 씩씩하니 이런 女子는 取하여 얻지 말 것이니라.

1) 姤는 遇也라 陰이 五陽과 만나는 象이다. 故로 女德의 不正함이 된다. 때문에 女
壯이라고 말하고 이런 女子를 아내로 맞아들이지 말라고 한 것이다. 음의 세력이 아직
은 미약하나 곧 자라서 세력을 넓힐 것이니 반드시 경계하고 취하지 말아야 한다.

[彖辭]

象曰 姤는 遇也ㅣ니 柔遇剛也ㅣ라 勿用取女는 不可與長也일새라 天地相遇하니 品物이 咸章也ㅣ오 剛遇中正하니 天下에 大行也ㅣ니 姤之時義ㅣ大矣哉라

☯ 象에서 말하기를 姤는 遇也이니 柔가 剛을 만난다는 것이라. 勿用取女라는 말은 더불어 오래할 수 없다는 것이라. 天地가 서로 만나니 品物이 모두 章함이요, 剛이 中正을 만나서 天下에 大行이니 姤의 時義가 대단히 큰 것이라.

◎ 姤는 만나는 것이니, 柔가(陰) 剛을(陽) 만나는 것이라. 女子를 取하여 쓰지 말라고 한 것은 가히 더불어 오래 살 수 없다는 말이다. 하늘과 땅이 서로 만나니(氣運으로 서로 感應한다.) 온갖 물건이 모두 빛이 난다(잘 자란다). 剛이 中正을 만났으니 天下에 크게 行해지는 것이니 姤의 때가 갖는 뜻이 대단히 크도다.

1) 姤라는 것은 뜻하지 않게 서로 만난다는 것이다. 이 괘는 하나의 음효가 다섯 개의 양효와 만나는 형상이다. 이것은 마치 한 사람의 여자가 다섯 남자와 만나는 것과 같다.

2) 女子를 취하여 쓰지 말라고 한 것 곧 여자에게 장가들지 말라 함은 함께 오래 갈 수 없다는 것이다. 곧 陽이 모두 없어지고 重地坤이 된다는 뜻이다.

3) 천지가 서로 만나니 만물이 모두 빛난다는 것은 하늘의 양기와 땅의 음 기운이 서로 만나면 땅 위의 만물이 모두 훌륭하게 성장한다는 것이다.

4) 剛인 九二爻가 中正인 九五爻를 만나서 天下에 大道를 行한다는 것은, 즉 천자의 교화가 천하에 크게 이루어진다는 것이다.

5) 姤卦의 때와 意義는 크도다(五 月의 姤卦가 가지는바 時義는 가장 뜻이 크다는 것).

[象辭(大象)]

象曰 天下有風이 姤니 后-以하야 施命誥四方하나니라

◐ 象에서 말하기를 天下에 有風이 姤니 后가 써 하여 命을 베풀어 四方에 알리느니라.

◎ 하늘 아래(天乾) 바람(巽風)이 있는 것이 姤니 君后는 이것을 보고 天下에 命令을 내려 四方의 百姓에게(모든 百姓) 고한다(四方의 百姓을 깨우친다).

誥: 깨우칠 고, 가르칠 고.

1) 天地가 不相遇則萬物이 不生한다. / 君臣이 不相遇則政治가 不興한다. / 聖賢이 不相遇則道德이 不亨한다. / 그러므로 事物이 不相遇則功用이 不成한다.

2) 이렇게 만난다는 姤의 理致는 至大하다. 즉 姤之時義는 甚大하다고 한다. 모든 일은 만남에서 비롯된다. 서로 만나지 않고는 어떤 일도 이루어질 수 없다. 이와 같이 만남이라는 것은 작은 일에서부터 나아가 宇宙의 大自然에, 眞理에 이르기까지 形而上學的인 만남이 있어야만 이룰 수가 있다는 것이다.

[爻辭]

初六은 繫于金柅면 貞이 吉코 有攸往이면 見凶하리니 羸豕-孚蹢躅하나니라.

柅: 말뚝 이, 쇠말뚝 이. 羸: 상할 이, 파리할 이, 약할 이. 蹢: 뛸 척, 躑也.

躅: 뛸 촉, 跳也.

◐ 初六은 金柅에 매어두면 貞이 吉하고 往할 바가 있으면 凶을 볼 것이니 상한 돼지가 실로 팔딱팔딱 뛰는 것이니라.

◎ 쇠말뚝에 매어두는 것이니 올바르면 길하며 갈 바 있으면 흉함을 볼 것이니 상한 돼지가 틀림없이 팔딱팔딱 뛰는 것 같을 것이다.

1) 姤는 陰이 바야흐로 나아가려 하는 괘이다. 初六은 陰柔하고 지금은 미약하지만 차츰 세력을 키워 위의 陽爻를 해치게 된다. 그래서 지금부터 대책을 강구해야 한다. 쇠로 된 말뚝에 꼭 매어 두어야 한다. 初六이 九二의 견제를 받아 가만히 정도를 가면 길하다. 그러나 제 마음대로 갈 바를 가게 되면 흉하게 될 것이다. 지금은 初六이 피곤하고 상한 돼지같이 보이지만 팔딱팔딱 뛰고 가만히 있지 못한다.

2) 五陽中에 一陰이 存在하여 이것을 어떻게 牽制하고 억눌러야 할까 그 方法論을 말하고 있다.

3) 繫于金柅 — 쇠말뚝에 매여 둔다고 해석하였다. 그러나 이 구절에 대해서는 異說이 많다. 쇠로 만든 실을 감는 기구라는 설이 있고, 또 쇠로 만든 수레 받침이라는 설도 있다. 그러나 뜻은 단단하게 메어 둔다는 것으로 볼 수 있다.

4) 初六은 不正位이고 九四와 相應關係에 있다. 初六은 正當치 못한 자리에서 九四의 陽氣와 서로 應하고 있다. 그러나 本來 弱한 氣運으로 剛한 九二와 九三의 陽氣에 눌려 있으므로 차라리 밖으로 나가지 말고 本來 제자리에 있는 것이 安全하다. 坤의 初六에서 '履霜하면 堅氷이 至'하는 結果를 招來한다는 것과 같은 맥락이다.

5) 周易의 思想은 君子의 便에 서서 군자 위주로 저작되었기 때문에 恒常 小人을 직접 벌하는 것이 아니고, 敎化 및 感化시켜서 不善의 行動을 못하도록 하며 小人에 대하여 模範을 보인다. 이러한 角度에서 經典을 보아야 할 것이다.

象曰 繫于金柅는 柔道－牽也일새라.

● 象에서 말하기를 繫于金柅는 柔의 道가 牽制되는 것이라.
◎ 쇠말뚝에 맨다는 말은 柔한 初六의 道가 견제된다는 것이다.

1) 陰의 始初인 初六은 부드럽고 아부하는 습성을 가지고 있기 때문에 九二의 陽剛에게 견제되어 자유롭지 않게 된다는 뜻.

2) 初六의 陰이 자라나지 못하도록 牽制한다는 것. 結局은 難進을 意味하는 것이다.

九二는 包有魚－면 无咎하리니 不利賓하니라

　　賓: 손 빈, 손님 빈.

◐ 九二는 包에 有魚하면 无咎하리니 賓에 不利하니라.

◎ 魚를 휩싸서 가지고 있으면 허물이 없을 것이니 손님에 대하여 이롭지 못하다.

1) 初六은 陰이니 이것을 魚로 나타냈다. 그러므로 구이가 初六을 휩싸고 있으면 허물이 없을 것이고 이것은 初六의 相應인 九四를 손님으로 보아 거기에 대하여는 利롭지 못하다.

2) 九二는 不正位이나 得中이며 九五와 不應이다. 그런데 때가 되면 九二는 변하여 六二가 된다. 初六은 九二에 가장 가까운 位置에 있으며 또 九四와 相應이다. 그러므로 九二를 넓은 마음으로 포용하고 그 해로움이 다른 데 미치지 않도록 한다. 그렇게 하면 재난을 면할 수가 있다. 그러나 初六을 九四에 가까이 가도록 하면 오히려 불리하다.

3) 魚－陰物이다. 外部로는 좋게 보이나 內部는 좋지 못하다. 故로 小人의 心理가 그러하고 陰의 性質이 또한 그러하다. 易學에서는 '魚'를 小人이나 陰物에 비유하여 取象하였다.

象曰 包有魚는 義不及賓也-라

● 象에서 말하기를 包有魚라는 것은 義가 賓에게 미치지 않게 한다.
◎ 고기를 휩싸서 가지고 있다고 하는 것은 의리가 九四에게 미치지 못한다는 말
이다.

1) 구이가 휩싼 고기를 탐하는 것이 아니고 그 고기가 썩어서 냄새가 나기 때문에
도의상 구사의 賓客에게 제공하지 못하게 하는 것이다.

九三은 臀无膚-니 其行은 次且-니 厲하면 无大咎-리라

● 九三은 臀에 无膚이니 그 行이 次且이니 厲하면 큰 허물이 없으리라.
◎ 臀, 즉 궁둥이에 살이 없고 그 가는 것을 주저하니 두려워하면 큰 허물이 없으
리라.

1) 九三은 正位에 있으나 궁둥이에 살이 없어 가만히 있을 수가 없어 우물쭈물
하고 잘 나아가지 못한다. 그런데도 일에 대한 관심을 가지고 있으면 크게 허물이
없다.
2) 臀无膚 ― 궁둥이에 살이 없다는 말은 편치 못하다는 뜻이다. 初六을 九二에게
빼앗기고 안절부절 못하는 모양을 말함.
3) 次且 ― 자저. 處雖(비록 수)不安而其行則又次且也. 次且는 進難之象이다.

象曰 其行次且는 行未牽也-라

● 象에서 말하기를 그 行이 次且라는 것은 行하더라도 아직 이끌리지 않기 때문

이라.

◎ 그 나아가는 것을 주저한다는 것은 나아가되 아직 이끌리는 바 없기 때문이다.

1) 九三은 初六을 만나러 가려고 했지만 자기 분수를 알아 주저한다고 하는 것은 初六의 이끄는 바가 이루어지지 않고 허물이 없게 된다는 뜻.

2) 危險性이 있지만 陰物과 相遇하지 못함이 큰 過失은 없는 것이다(正位이기 때문이다).

九四는 包无魚－니 起凶하리라.

☯ 九四는 包에 无魚이니 起하면 凶하리라.
◎ 꾸러미에 고기가 없으니 장차 흉한 일이 일어날 것이다.

1) 九四는 不正位이나 初六과 相應關係에 있다. 初六이 고기이나 九二에게 빼앗겼기 때문에 无魚라고 하였으며 九四의 大臣(重臣) 地位는 百姓의 신망을 사고 신망으로 百姓에게 政治를 해야 하나 그러하지 못하다. 故로 앞으로 凶함이 일어날 것을 예고하고 있다. 이것이 起凶이다.

2) 政治的인 面으로 본다면 九四가 九二를 對敵하여 투쟁한다면 반드시 流血의 演出을 보게 될 것이다. 결과는 凶하다.

象曰 无魚之凶은 遠民也일새라

☯ 象에서 말하기를 无魚의 凶은 民에 遠하기 때문이라.
◎ 고기가 없어 凶하다는 것은 百姓을 멀리하기 때문이다.

1) 大臣 地位에 있는 九四는 初六의 소인과 應爻이지만 멀리 떨어져 있기 때문에 九二가 初六을 包容한 것이다. 그래서 九四에서는 꾸러미에 고기가 없다고 하였다.

2) 九四가 잘못해서 멀리했다는 뜻이다. 즉 百姓이 나를 멀리하도록 政治를 했다는 것이다.

3) 起凶 ― 그냥 凶하다고 한 것이 아니고 앞으로 凶함이 닥쳐온다는 뜻이다. 初六의 小人의 극성이나 不正함이 이르러 온다는 뜻. 姤 → 遯 → 否 → 觀 → 剝으로 점점 이르러 온다.

九五는 以杞包瓜－니 含章이면 有隕自天이리라

杞: 나무이름 기, 냇버들, 갯버들, 구기자. 瓜: 오이 과, 외.

隕: 떨어질 운, 도울 운, 곤란할 운.

☯ 九五는 杞로서 包瓜하니 含章이면 天으로부터 隕이 있으리라.

◎ 杞나무 잎으로 외를 싸니 含章하면 하늘로부터 떨어짐이 있을 것이다.

1) 杞나무, 즉 갯버들 잎사귀로 외를 싼다는 것은 小人을 다루기가 어려운 것을 이름하고, 含章, 즉 빛나는 것을 머금는다는 것은 小人을 잘 다스린다면 하는 뜻이다. 有隕自天이라는 것은 하늘로부터 스스로 복이 떨어진다는 뜻이다.

2) 높은 地位에 있는 杞, 즉 君位가 낮은 위에 있는 瓜, 즉 百姓을 包容하는 것이다. 그 美德을 자랑하지 않고 內心에만 가지고 있으면 天神은 그 美德을 嘉尙해서 隕祿을 줄 것이다.

3) 九五는 正中이며 또 相比關係에 있다. 九五는 君位이다. 좋은 사람이나 나쁜 사람을 莫論하고 모두 善導하여 太平盛世를 갖도록 할 의무가 있고 善政을 베풀어야 한다. 그래야만 聖君이 되는 것이다.

4) 以杞包瓜 ― 버들잎으로 외를 싼다. 큰 보자기로 싸도 어려운데 나뭇잎으로 하기는 어렵다. 君位에 있으면서 小人을 포섭하기가 어렵다는 것. 杞는 高處에 있으니

君位, 즉 九五에 비유하고 瓜는 低處에 있으니 初六, 즉 百姓에 비유하였다. 魚와 瓜는 陰物이다. 겉으로는 좋게 보이나 속은 좋지 않다. 속부터 상하여 온다. 곧 小人에 비유하여 取象하였다.

含章 — 빛나는 것을 머금는다. 다루기 힘든 小人을 잘 善導한다는 것.

有隕自天 — 隕은 佑也라 하늘로부터 스스로 福이 떨어진다는 것.

象曰 九五含章은 中正也ㅣ오 有隕自天은 志不舍命也일새라

　舍: 버릴 사, 어긋날 사

◉ 象에서 말하기를 九五의 含章은 中正이기 때문이요, 有隕自天은 志가 命을 버리지 않음이라.

◎ 九五에서 빛나는 것을 머금는다는 말은 中正을 얻었기 때문이요, 하늘로부터 스스로 떨어진다는 것은 뜻이 天道에 어긋나지 않기 때문이다.

1) 구오는 剛健中正이다. 그래서 빛나는 것을 머금었다고 하였다. 하늘로부터 스스로 떨어진다는 것은 구오의 뜻이 천명을 어긋나지 않게 처리하기 때문이다.

2) 志不舍命也 — 命은 天理也, 舍는 違也, 至成中正, 屈己求賢, 存志, 合於天理, 所以有隕自天, 必得之矣, 順天을 해야 한다.

上九는 姤其角이라 吝하니 无咎ㅣ니라

◉ 上九는 姤가 그 角이라 吝하니 无咎하니라.

◎ 만나는 마지막(위에 있는 것이 角이다.)이라 인색하니 허물할 곳이 없을 것이다.

1) 上九는 不中이고 不正位이다. 딱딱한 뿔(角)이 머리 위에 있어서 사람을 대함

에 강하기만 하고 겸손하고 포용함이 없다. 이러한 것은 올바른 것은 아니지만 그렇게 함으로써 소인을 멀리할 수가 있기 때문에 재앙을 면할 수가 있다.

象曰 姤其角이라 上窮하야 吝也ㅡ라

◉ 象에서 말하기를 姤가 그 角이라 上에 窮하여 吝함이라.
◎ 그 만나는 마지막이라고 함은 上位에 있으면서 窮하니 인색한 일이다.

1) 上九가 姤卦의 마지막에 있어 지나치게 강하여 포용하는 바가 없기 때문에 어려움을 만나게 된다는 것이다.
2) 夬卦의 九四는 姤卦의 九三과 倒轉卦로 보아 같은 것이니까 그 內容도 大同小異하다.

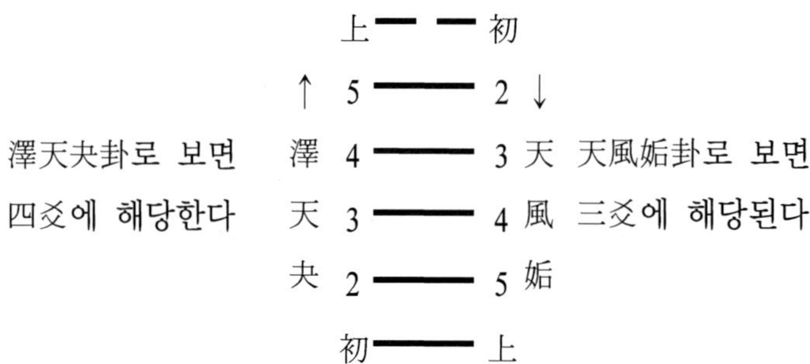

澤天夬卦로 보면 四爻에 해당한다

天風姤卦로 보면 三爻에 해당된다

〈天風姤卦의 綜合〉

姤卦를 說明할 때는 恒常 만나는 것이 前題되어야 한다.

初六 繫于金梶 ― 相遇해서 結合하는 것이
九二 包有魚 ― 相遇하여 所得이 있다는 것이고

九三 臀无膚 ― 相遇하여 安定하지 못하는 것이며

九四 包无魚 ― 相遇하여 所得이 없는 것이고

九五 以杞包瓜 ― 下者와 相遇해도 驕慢이 없는 것이며

上九 姤其角 ― 高人만 만나면 失敗한다는 것이다.

※명심보감에 「人生何處不相逢」이라는 말이 있다.

(45) 澤地 萃(下經 15)

<pre>
說 ━━ ━━正
   ━━━━━正   中 兌 澤
   ━━━━━不正
   ━━ ━━不正
順 ━━ ━━正   中 坤 地   萃: 모일 췌(취)
   ━━ ━━不正
</pre>

—序 説—

1. 卦의 뜻

1) 서로 만나면 모이게 마련이다. 故로 姤 다음에 萃다. 萃는 聚也니 萬物·精神 등이 모이고 모으는 것을 象徵한 卦라 하겠다. 善政으로 民을 모으고 謙虛하고 寬大하여 賢人을 包容해야 참다운 爲政者다. 모았으면 精誠으로 善用해야 한다.

2) 萃卦에서 온 天下 사람을 모으고 모이게 한다면 自然히 그 속에는 經濟가 따르기 마련이다. 飮食이 필요하게 되고 나라의 指導者의 精誠의 測度를 알아보는 좋은 契機가 되기도 한다.

3) 君主가 萃를 使用하는 데는 孝나 祭의 精誠으로 했으니 上位에 있으면서 謙虛

하고 寬大하며 크게 包容性이 있는 指導者가 있어서 賢能한 人士들의 人格을 尊重하고 그들의 意見과 進言을 즐겁게 성의 있게 받아들이고 人才를 善用할 줄 아는 君主라면 天下의 훌륭한 人物들이 모두 이 나라에 모여 올 것이다.

4) 大自然의 理致로 본다면 못에 물이 모이는 것과 같으나 못물이 흘러서 農事나 食水로, 多樣한 용도로 使用되는 것과 같이 온 天下에 人才를 모아서 앞으로 닥쳐올 亂世를 생각하고 그 훌륭한 人才로 하여금 善政을 베풀 수 있도록 하는 데 그 根本이 있다. 故로 사람을 모아서 크게 잔치를 한다. 큰 소를 잡고 푸짐한 飮食으로 百姓을 爲하여 임금의 베풂을 至大하게 하며, 王의 精誠은 祭祀를 지낼 때 그 誠을 다하는 그 精神으로 한다. 이것은 善者와 福된 것을 받아들일 수 있는 마음의 虛를 가져야 하고 받아들여야 한다.

2. 卦象과 卦德

1) 萃卦의 卦象을 보면 地上에 澤이 있는 것이니 地上의 여러 方向의 물이 못으로 모여드는 形象을 나타낸 것이다. 이것을 본받아 君位에 있는 君主나 또 爲政者는 善政과 仁善을 베풀어 百姓의 民心을 한곳에 集中시켜서 政治를 하며 同志를 얻고 協力者를 얻고 그리하여 發展과 繁榮을 이룩할 수 있는 幸運의 徵兆를 보이는 卦다 (澤及萬民).

2) 萃卦는 二陽四陰의 卦로서 네 개의 陰이 두 陽을 중심으로 해서 모여 있다. 聚는 풀의 모습이며 풀이 叢生하듯 모여 있는 것을 말한다. 坤의 땅 위에 兌의 못이 있고 그 못 속에 물이 모여 있는 象이다.

3) 卦德을 보면 下卦 坤의 象은 順이고 上卦 兌의 象은 悅이다. 그러므로 기뻐하면서 따르는 것, 즉 만백성이 기뻐하면서 모인다는 것이다.

4) 이 卦의 陰陽 調和를 보면 初六과 九四는 不正이나 相應하고 있으며, 六二와 九五는 올바르게 正應하고 있다. 그러나 六三과 上六은 不應이다.

5) 序卦傳에서는 "姤者는 遇也니 物相遇而後에 聚라 故로 受之而萃하고……"라 하였다. 그러므로 姤卦에서 만나면 모이기 때문에 姤卦 다음에 萃卦가 온다.

3. 卦의 變化

1) 倒轉卦 – 地風升   – 모이면 오르게 되어 높아지고 커진다.
   (☰ / ☰) → (☷ / ☴)
2) 配合卦 – 山天大畜   – 무슨 일이든 모이지 않고는 크게 쌓을 수가 없다.
   (☰ / ☰) → (☶ / ☰)
3) 錯綜卦 – 地澤臨   – 萃가 땅 위에 물이 모여 못을 이루는 데 反해서 臨
   (☰ / ☰) → (☷ / ☱)   (임할 임, 높은사람이 아래 사람에게 가까이 감)은 위에 있
                          는 땅이 아래에 있는 못에 임하는 상이다. 서로 임해
4) 互卦 – 風山漸   – 서 모이는 뜻이 있다.
   (☰ / ☰) → (☴ / ☶)   점차로 모이고 모아 나가는 의미가 있다.

[卦辭]

萃는 亨王假有廟－니 利見大人하니 亨하니 利貞하니라. 用大牲이 吉하니 利有攸往하니라

　　假: 지극할 격, 이를 격(가), 格也, 至也. 廟: 사당 묘. 牲: 희생 생, 짐승 생.

　◐ 聚는 亨하여 王이 假有廟하니 利見大人하니 亨하니 利貞하니라. 大牲을 用하면 吉하니 利 有攸往하니라.

　◎ 聚는 王이 선조의 廟堂에 이르는 것이 형통하니, 大人을 만나는 것이 利롭다.

亨通하니 올바르게 함이 이롭다. 소를 잡아 사용하는 것이 길하며 갈 바 있음에 이롭다.

　1) 聚의 卦는 王이 선조의 묘당에서 제사를 지내는 것같이 정성을 드리면 형통하다는 뜻을 담고 있다. 천하의 민심이 歸一하면 반드시 九五와 같은 明君이 이를 통솔해야 한다. 우러러 볼 왕이 있을 때 백성은 따른다. 그렇게 하면 형통하고 정사를 올바르게 하는 것이 이롭다. 제사를 지내는 데 있어서 소를 犧牲시켜 제물을 바치면 길하다. 聚의 때에 있어서는 적극적으로 사업을 일으켜도 좋을 것이다.

　2) 精誠을 모으면 亨通하다고 했는데 王이 宗廟社稷에 이르는 것과 같이한다. 왜냐하면 精誠을 가장 많이 드리는 것이 宗廟社稷을 지키는 일이기 때문이다. 大人을 보는 것이 利로우니 亨通하다고 한 것은 六二와 九五가 正應에 正中이 다 되어 있기 때문이다. 正道로 함이 利로우며 큰 소를 잡아 씀이 吉하고 갈 바가 있어 利롭다는 것은 새로 사업을 시작해도 좋다는 것이다.

　3) 萃卦는 萃는 聚也라고 하였으니 聚合함을 意味한다. 무릇 事物은 分散하면 消亡되고 聚合하면 生成되는 것이니 亨通한 것이다. 萃合하는 데는 精誠을 統一하는 것이 가장 重要하니 王이 親히 祖考의 先靈에 誠敬을 다함으로써 自身의 精神을 萃合하고 나아가서는 天下의 民心을 聚合해야 할 것이다. 그래서 天下의 百姓을 政治함에는 大人을 指導者로 받드는 것이 利로우니 그리하면 政事가 亨通할 것이다. 그렇게 해도 正道로 해야 한다 그러면 利로울 것이다.

　4) 百姓을 聚合하기 위해서는 物質이 없어서는 아니 된다. 宗廟에 祭祀할 때는 大牲을 써야만 좋을 것이다. 그때에는 무슨 事業에나 進行함이 있어야만 利로울 것이다. 國家의 大事나 政事를 爲하여 聚合하였다면 財政을 약간 支出하는 일이 있어도 用大牲하여 祭祀를 드리고 百姓들과 잔치를 벌려도 좋다는 것이다. 結果論으로 利有攸往 則 무슨 事業이라도 잘되어 利롭다는 것이다.

　5) 損卦 때에는 曷之用二簋可用享 하여 百姓들이 못사는 處地라 대그릇 두 개로 祭祀를 지내도 좋으나 國家財政이 豊足할 때는 用大牲을 하여 祭祀를 지내도 좋다는 것이며 民心을 萃合시키기 위하여서는 마땅히 그렇게 하여야만 한다.

6) 用大牲 — 소 생, 산고기 생, 생고기를 祭需로 쓰는 것은 天賦之性으로 돌아가서 純粹함을 나타냄. 故로 血食君子라고도 한다.

[彖辭]

彖曰 萃는 聚也니 順以說하고 剛中而應이라 故로 聚也 – 니라. 王假有廟는 致孝享也 – 오 利見大人亨은 聚以正也일새오 用大牲吉利有攸往은 順天命也 – 니 觀其所聚而天地萬物之情을 可見矣리라

　聚: 모일 취.

☯ 彖에서 말하기를 萃는 聚야이니 順함으로써 說하고 剛中으로서 應하는 것이라 故로 聚야이니라. 王假有廟는 孝享을 致함이요, 利見大人 亨은 聚함으로써 正也인 것이요, 用大牲 吉 利有攸往은 天命에 順하는 것이니 그 聚하는 곳을 觀하여 天地 萬物의 情을 可見이리라.

◎ 萃는 모으는 것이니, 順從함으로써 기뻐하고, 九五의 剛(陽)이 得中을 해서 陰인 六二가 得中하여 應하기 때문에 모여드는 것이다. 王이 宗廟에서 致誠 드리는 것과 같이한다는 말은 至孝로써 祭祀를 드린다는 것이다. 大人을 보는 것이(훌륭한 指導者를 만나야만 한다.) 利로우니 亨通하다 함은 正道로서 聚合하는 것이며 사람을 모으는 데 큰 소를 잡아서 씀이 좋고, 또한 갈 바가 있어 利롭다 함은 天命에 順應하는 것이다. 그의 聚合하는 바를 보면 天地 萬物의 情을 가히 볼 수가 있을 것이다.

1) 萃라는 卦名의 뜻은 聚, 즉 많은 사람이나 물자가 모인다는 것이다. 萃卦는 아래가 坤으로서 그 象은 順이며 위가 兌로서 說, 즉 悅로서 기뻐한다는 의미가 있다. 또한 九五는 剛健中正의 德이 있어 아래의 六二와 應爻이기 때문에 많은 사람과 물자가 모이는 것이다(이상 萃라는 卦名의 뜻을 풀이한 것).

2) 卦辭에 王假有廟라 하는 것은 왕이 聚의 때를 맞아 정성을 다하여 될 수 있는 대로 많은 제물을 갖춰서 선조의 영을 제사지내는 것을 말한다. 이렇게 함으로써 선조의 영을 위로하고 천하의 인심을 모을 수가 있다.

3) 致孝享也 ─ 가장 가까운 父子間의 孝誠으로써 초점을 알 수 있다. 王의 位置에 있으나 個人的인 孝로써 사람됨을 百姓에게 보여 民心을 聚合하는 것이다. 故로 孝를 百行之根源이라고 하였으니 自然의 哲理라고 하였다. 孝라는 것은 작게 보면 아버지를 爲하여 孝誠하는 것이라고 하나 크게 보면 自己 自身을 爲해서라고 볼 수가 있다(儒敎思想의 根本이다).

4) 卦辭에 利見大人 亨이라는 것은, 사람이 모이고 물자가 쌓여 성대하게 되는 것은 모두 正道로 하기 때문이다.

5) 卦辭에 用大牲吉 利有攸往이라는 것은 天地自然의 이법에 따르는 방식이라는 것이다.

6) 그리고는 天地간에 만물이 모이는 것은 모두 모일 수 있는 도리에 따라 모이기 때문에 어떤 장소에 어떤 것이 모여 있는가 그 이유를 잘 관찰한다면 천지만물의 실정을 알 수가 있다는 것이다.

7) 祭政一體時代이니 王의 精誠이 至極하여 百姓의 民心을 聚合하여 모아서 하나로 統一되어 國民의 信任을 사면 天地萬物之情을, 어떠한 事物에서라도 精誠이 至極하면 볼 수 있게 된다는 것이다.

8) 宇宙 大自然의 理致가 有無, 動靜, 終始, 聚散의 原理에 벗어나는 것이 없는지라 觀其所聚則天地萬物之情을 可見矣라고 하였다.

[象辭(大象)]

象曰 澤上於地－萃니 君子－以하야 除戎器하야 戒不虞하나니라
　　虞: 헤아릴 우, 근심하다, 염려하다.　戎: 군사 융, 병장기 융.
　　除: 다스릴 제, 섬돌 제, 버릴 제.　戒: 경계할 계, 고할 계, 지경 계.

☯ 象에서 말하기를 澤이 上於地가 萃니 君子가 써 하여 戎器를 除하고 不虞를 戒하나니라.

◎ 땅 위에 못이 있는 것이 萃이니 君子가 이것을 보고 본받아서(주위의 물이 모여서 못이 되었다는 뜻이다.) 兵器를 잘 수리(닦아서)하여 뜻밖의 일을 경계하나니라.

1) 民心이 聚合되었을 때는 相關이 없으나 民心이 흩어지면 그때의 困難을 생각하여 武器를 잘 保存하고 不時의 일에 對備하여 恒常 事前에 경계하고 근심한다는 것.
2) 戒不虞 ― 衆聚則有爭하고 物聚則有奪하고 大率旣聚則多故矣라 故로 觀萃象而戒也라

[爻辭]

初六은 有孚－나 不終이면 乃亂乃萃하릴새 若號하면 一握爲笑하리니 勿恤코 往하면 无咎－리라
　　握: 잡을 악, 손아귀 악.

☯ 初六은 有孚하나 不終이면 이에 亂하고 이에 萃할 것이니 萬若 號하면 一握으로 笑하리니 勿恤하고 往하면 无咎하리라.

◎ 믿음이 있으나 끝끝내 하지 못하면 이에 요란하고 이에 모일 것이다. 만약에 울부짖음이 있으면 일단 여러 사람의 嘲笑를 받을 것이나 걱정하지 말고 그대로 가면 허물이 없을 것이다.

1) 初六은 不正位이나 九四와 相應關係에 있다. 그러므로 九四와 사귀려는 진심은 가지고 있으나 가까이에 六二 六三이 있어 진심을 관철할 수가 없다. 그러나 마음이 어지럽더라도 큰소리로 九四를 부른다면 九四도 응하여 서로 손을 잡고 기뻐 웃을 것이다. 걱정할 것은 없고 나아가 九四와 사귀면 재앙이 없다.
2) 一握爲笑 ― 한 번 손을 움켜쥐고 웃는다는 뜻도 된다.
3) 乃亂乃萃 ― 乃亂은 感亂其心也오 乃萃는 與其同類聚也

象曰 乃亂乃萃는 其志亂也일새라

◑ 象에서 말하기를 乃亂乃萃는 其志가 亂也이라.
◎ 이에 요란하고 이에 마음이 모일 것이라는 말은 그 뜻이 어지럽기 때문이다.

六二는 引하면 吉하야 无咎하리니 孚乃利用禴이리라
　禴: 여름 제사지낼 약(夏祭)

◑ 六二는 引하면 吉하여 无咎하리니 孚 있으면 이에 禴을 用하는 것이 利로우리라.
◎ 이끌리게 되면 吉하고 허물이 없을 것이니 성심을 가지고 禴이라는 제사를 지내면 利로울 것이다.

1) 六二는 柔順하고 中正의 德을 갖추고 있다. 위에 있는 九五가 正應이요, 剛健 中正한 君位인 이 九五가 이끌면 吉하야 허물이 없을 것이다. 이에 믿음이 있어 간

략한 飮食으로 祭祀 지내도 좋으리라.

2) 禴祭라는 것은 간략한 제사이지만 精誠은 아주 많이 드려야 한다. 周禮에 禴이라는 것은 夏祭를 말한다. 여름에는 果實도 없고 飮食이 잘 變하니까 祭需는 적게하고 精誠은 많이 드리라는 것.

象曰 引吉无咎는 中하야 未變也일새라

☯ 象에서 말하기를 引吉无咎라는 것은 中이 아직 변하지 않았기 때문이다.

◎ 九五가 이끌어 주는 대로 가면 좋고 또 허물이 없다는 말은 中正의 德이 變하지 않았기 때문이다.

1) 六二는 下卦의 가운데 있어 두 음에 둘러싸여 있으므로 마음이 변하기 쉬우나, 中正의 덕을 굳게 지켜 正應인 九五를 섬기는 眞心을 바꾸지 않는다.

2) 누가 뭐라 해도 得中이 되었으니 그대로 지키고 있으면 좋다는 뜻이다(九四의 陽에게 눈을 돌려서는 아니 되며 九五의 正應과 合致되어야 한다).

六三은 萃如嗟如−라 无攸利하니 往하면 无咎−어니와 小吝하니라

嗟: 슬플 차, 탄식할 차.

☯ 六三은 萃如하고 嗟如라 无攸利하니 往하면 无咎하거니와 조금 인색하니라.

◎ 모이는 듯도 하고 탄식하는 듯도 하다. 利로운 바가 없으니 나아가면 허물이 없으나 조금 인색하다.

1) 六三은 不正位요, 上六과 같은 陰이라 不應關係이다. 上六은 陰柔하고 中을 잡지 못하였고 모여야 할 大人이 아니다. 初六 六二와 모여 있으나 이것은 소인의 무

리이다. 그래서 탄식을 하고 슬퍼하고 무엇을 해도 잘되지 않는다. 그러므로 나아가 陰陽關係에 있는 九四를 따르고 九五의 大人에게 모이면 재앙을 면할 수가 있다. 그러나 조금 인색하여진다.

象曰 往无咎는 上이 巽也일새라

◐ 象에서 말하기를 往 无咎는 上이 順하기 때문이라.
◎ 나아가면 허물이 없다고 하는 말은 위의 上六이 巽順하기 때문이다.

1) 六三이 上六에 따르려 하는 것을 上六이 거절하지 않고 곱게 받아 주기 때문이다.
2) 또는 上六이(倒轉이면 巽이니) 巽順하기 때문이다.

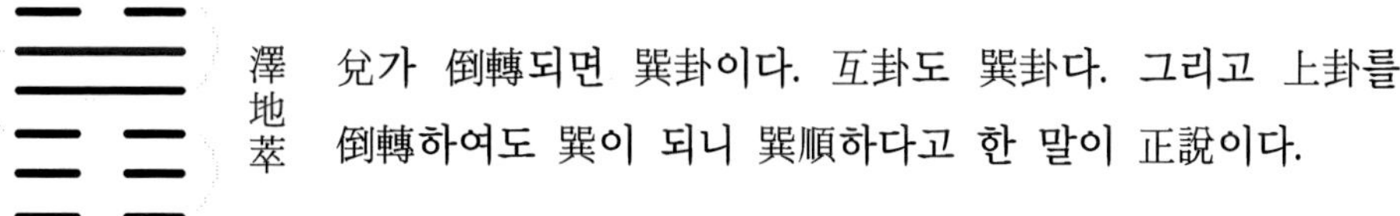

澤地萃 兌가 倒轉되면 巽卦이다. 互卦도 巽卦다. 그리고 上卦를 倒轉하여도 巽이 되니 巽順하다고 한 말이 正說이다.

① 兌가 倒轉되면 巽卦이다. ② 外互卦로 보면 巽卦다. 그리고 上卦가 도전되면 손이 되니 손순하다고 한 말이 정설이다.

九四는 大吉이라아 无咎-리라

◐ 九四는 大吉이라야 无咎리라.
◎ 크게 길하기 때문에 허물이 없을 것이다.

1) 九四는 大臣地位에 있으면서 아래 三陰을 萃合하여 自己의 責任을 다하여 위의 王位에게 혐의를 받지 않으며 허물이 없을 것이다.

2) 九四는 不正位이며, 初六과는 相應關係에 있다.

3) 大吉 ─ 不正의 位置에 있으면서 王位에게 大臣地位의 所任을 다하는 것만이 大吉이다. 公務員이면 自己의 本分을 다하고 上司에 누를 끼치지 아니하는 것이 大吉이다. 그 結果로 허물이 없다.

4) "잘해야 본전이다"라는 뜻이다. ─ 周公이 攝政을 하면서 自己의 身命을 바쳐 잘하니, 남은 잘한다고 하나 自身은 无咎밖에 되지 않는다.

象曰 大吉无咎는 位不當也일새라

◑ 象에서 말하기를 大吉无咎는 位가 不當한 것이라.
◎ 크게 길해야 허물이 없다고 하는 말은 위가 마땅하지 않기 때문이다.

1) 九四는 陰의 자리에 剛이 있기 때문에 위가 마땅하지 않다.

九五는 萃有位코 无咎하나 匪孚─어든 元永貞이면 悔─亡하리라

◑ 九五는 有位에 萃하고 无咎하나 孚가 아니어든 元永貞이면 悔가 亡하리라.
◎ 모임에 位가 있고(임금은 位를 가지고 말한다.) 허물이 없다. 王의 至極한 精誠이 아니거든 크게 길하고 마음이 곧아야 뉘우침이 없을 것이다.

1) 九五는 正位이고, 六二와 正應이다. 천하의 백성이 모두 이 九五 천자에게 모이고 따른다. 그러므로 허물이 없다. 그러나 아직 따르지 않는 자가 있다. 初六은 九四와 應하고 六三은 九四와 比하고 九四 대신 밑에 모인다. 그러므로 九五는 크게 선하고 영

구히 굳게 정도를 지킬 때 천하의 백성이 모두 모여 뉘우칠 일이 없어진다.

　2) 萃有位 ― 누가 임금이 되던 모여들기 마련인데 그저 位만 보고 百姓들이 모여 든다는 것이다.

　3) 匪孚 ― 임금의 位를 보고 모여들지 아니하면……

　4) 元永貞 ― 元은 善 元來부터 永은 永久하게 常也 貞은 正道로

　5) 悔亡 ― 뉘우침이 없을 것이다. 亡은 無와 같다. ― 亡하고 없어진다.

九四가 變하면 水地比卦다。 澤地萃

互卦로는 風山漸卦다。 水地比

風山漸

象曰 萃有位는 志未光也일새라

🌓 象에서 말하기를 萃有位는 志가 未光일새라.

◎ 모이는 것이 位에 있다고 하는 것은 뜻이 아직 빛나지 않는 것을 말한다.

　1) 아래에 있는 九四가 권력을 분단하고 있기 때문에 九五 천자의 뜻이 아직 광대하게 되어 있지 않다는 것이다.

上六은 齎咨涕洟니 无咎―니라

　齎: 쌀 재, 탄식할 재　咨: 슬플 자, 탄식할 자.　涕: 눈물 체, 을 체　洟: 콧물 이.

🌓 上六은 齎咨하고 涕洟이니 无咎하니라.

◎ 탄식하고 슬퍼하며 눈물과 콧물이 나오는 것이니 허물이 없다.

1) 상육은 높은 자리에 있으나 아무도 모이지 않고 따르지 않는다. 그래서 탄식하고 슬퍼하며 눈물을 흐리고 콧물을 흘리는 形象이니 누구에 허물할 곳이 없다.

2) 上六은 正位이나, 六三과 相比關係이다. 上六의 地位에 있으니 눈물 콧물 슬픔 등이 있어 그 기세가 다한 形象이다. 陰柔居極이니 함께 모여서 즐겨 줄 사람이 없으니 그 자리가 平安하지 못한 象이다.

3) 齎咨 ― 슬퍼서 탄식하는 모양을 말한다.

象曰 齎咨涕洟는 未安上也ー라

◉ 象에서 말하기를 齎咨涕洟라는 것은 아직 上에 편안치 못하기 때문이다.
◎ 탄식하고 슬퍼하며 눈물과 콧물을 흘린다는 것은 位가 너무 높아서 平安치 못해서 그렇다.

1) 여기서 上은 上位, 즉 上六이다. 未安은 그 位가 편안하지 못하다는 뜻.

〈萃卦의 綜合〉

※ 姤卦는 個人的으로 遇合하는 데 反하여, 萃卦는 大衆的으로 聚合하는 것이다. 勿論 聚合하는 데는 精神的인 것도 있고 物質的인 것도 있지만 그것은 다 人間이 聚合하는 것이다. 精神을 모으는 데는 物質이 必要하고 物質을 모으는 데는 또 精神을 흩어야 되는 것이다. 그러니 人間을 모으는 데는 物質도 精神도 모아야 하는 것이다.

初六 乃亂乃萃 ― 無秩序한 萃合
六二 孚乃利用禴 ― 精神的으로 統一하는 것.

六三　萃如嗟如 — 個人的으로 努力하는 것.

九四　大吉无咎 — 全體的으로 調和하는 것.

九五　元永貞 — 群衆을 統治하는 者이니 元永貞해야 하며

上六　齎咨涕洟 — 모인 群衆에서 孤獨한 者이다.

※　萃卦의 特色 — 다른 卦와 다른 特色을 살펴보면

　　　初六 — 往无咎

　　　六二 — 引吉无咎

　　　六三 — 往无咎

　　　九四 — 大吉无咎

　　　九五 — 萃有位无咎

　　　上六 — 涕 无咎

各 爻마다 无咎가 들어 있다. 六十四卦 中에 萃卦만이 이러하다. 그러나 各 爻의 无咎는 뜻이 각기 다르다.

(46) 地風 升(下經 16)

```
順 ━━━ ━━━ 正
    ━━━ ━━━ 不正  中  坤  地
    ━━━ ━━━ 正
   ─────────────────
    ━━━━━━━ 正
巽順 ━━━━━━━ 不正  中  巽  風
    ━━━ ━━━ 不正
```

―序　說―

1. 卦의 뜻

1) 升은 萃卦가 倒轉된 卦이다. 進而上也라. 앞으로 나아가는 것을 가리킨다. 順從하는 態度로 順理에 따라 上昇하는 卦다.

2) 升은 해가 떠오를 升의 뜻이 있다. 이 속에는 日照, 즉 離가 있어야 한다. 故로 升은 全盛期라고 할 수 있다. ― 사람의 年齡으로 치면 30才~40才 사이가 가장 좋다.

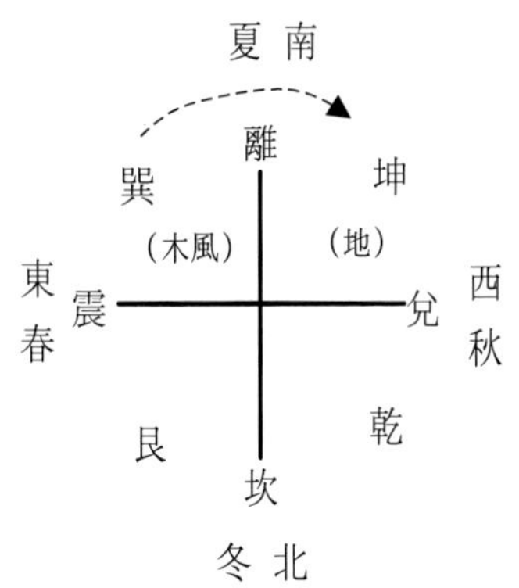

地風升이면 文王后天卦로 보면 해가 떠서 질 때까지의 全盛期다.

나무(巽)가 싹이 터서 地上에 올라와 크기 爲하여는 日照 즉 離가 있어야 하니 巽에서 坤으로 가는데는 離를 거쳐가야 한다.

自然히 存在한다고 보아도 좋다.

3) 升卦는 日午中天, 즉 先天에서 后天으로 건너가는 것을 뜻하는 것이다. 日午, 즉 離가 中天이라면 巽과 坤이 合쳐진 것이 升이니 進退를 잘해야 한다. 前進을 잘하는 것만이 君子의 道理가 아니며 이와 反對로 後退도 잘해야 한다.

4) 乾卦 마지막에 進退에 관한 말을 해 놓았다.

* 知進退存亡而不失其正者 其唯聖人乎, 마지막의 聖人은 現在까지 지나간 聖人을 말하는 것이 아니고 앞으로 나올 聖人을 이야기한 것이 아닐까?

2. 卦象과 卦德

1) 升卦는 卦象으로 보면 坤이 上位에 있고 巽木이 아래에 있다. 땅속에는 나무가 싹이 터서 땅 위로 올라오는 形象이 升이다. 그래서 크게 發展하는 것을 상징한다. 부드러운 새싹이 때를 맞춰 成長하는 狀態다. 結論的으로 말하면 升卦는 幸運의 卦이다.

2) 卦象에서 보면 外卦는 坤三絶, 內卦는 巽下絶로서 上下 모두 謙遜하고 順한 卦이다. 先天 巽方은 後天 坤方이 되므로 升卦는 '本乎地者는 親下하나니'(乾卦 文言 九五)가 이루어진 卦라 할 수 있다. 또한 坤陰土 아래에 巽陰木이 木克土하여 順히 자라오르는 象이며 巽長女가 坤母를 繼承하고자 漸次 準備하는 뜻이 있다.

3) 卦德을 보면 下卦 巽風은 巽順하고, 上卦 坤地는 順하다. 그러므로 長女와 같은 順함이 나아가 어머니로서의 順함으로 가는 德이 있다.

4) 이 卦의 陰陽 調和를 보면, 初六과 六四는 不正位에 있고 같은 陰이라 不應이다. 그리고 九二와 六五는 位가 옳지 않으나 相應하여 陰陽의 調和는 이루고 있다. 그리고 九三과 上六은 正應하고 있다.

5) 序卦傳에서는 "聚而上者를 謂之升이라 故로 受之以升하고……"라 나와 있다. 즉 많은 것이 모여서 쌓여 올라가게 되므로 萃卦 다음에 升卦가 오게 된다는 것이다.

3. 卦의 變化

1) 倒轉卦 – 澤地萃   – 많이 모아야 쌓이고 升함을 알 수 있다.
   (☴ / ☷) → (☱ / ☷)

2) 配合卦 – 天雷无妄   – 하늘이 賦與한 性이 回復되었으니 妄靈됨이 없이 盛
   (☴ / ☷) → (☰ / ☳)   한 때를 기다려 漸次 萬物을 기르는 뜻이 있다.
                        – 无妄 象曰 '天下雷行하야 物與无妄하니 先王이 以하
                          야 茂對時하야 育萬物하나니라'
                        – 升 象曰 '地中生木이 升이니 君子－以하야 順德하야
                          積小以高大하나니라'

3) 錯綜卦 – 風地觀   – '積小以高大' 함으로써 마침내 '大觀으로 在上'하여
   (☴ / ☷) → (☴ / ☷)   백성을 화하게 하여야 함을 알 수 있다(省方觀民하야
                          設敎하니라).

4) 互卦 – 雷澤歸妹   – '永終知敝'(夫婦가 平生을 같이하나 언젠가는 헤어짐
   (☴ / ☷) → (☳ / ☱)   을 안다.)하여야 하는 것이 婦道(人之終始)임을 알 수
                          있다.

[卦辭]

升은 元亨하니 用見大人호대 勿恤코 南征하면 吉하리라

◐ 升은 크게 亨하니 用하여 大人을 見하되 勿恤하고 南征하면 吉하리라.
◎ 升은 元來부터 亨通하니 大人을 目標로 해서 나아가되(만나보되) 걱정을 하지 말 것이며 南쪽으로 征伐하면 吉하리라.

1) 升의 卦는 下卦가 巽이고 上卦가 坤이다. 따라서 겸손하고 유순한 상이라 할 수가 있다. 그리고 剛健한 덕을 갖추고 中正에 있는 九二의 賢人이 柔順한 덕을 갖추고 있는 六五의 천자와 相應하고 있다. 그러므로 升은 일이 순조롭게 풀리고 발전 승진하는 괘이다. 六五의 천자는 그 손순한 덕을 가지고 아래에 있는 九二의 大人을 살피고 있다. 그러므로 아무런 우려를 할 필요가 없다. 밝은 남쪽으로 나아가면 吉함을 얻을 수 있다.

2) 用見大人 ― 立志를 말한다. 文王은 堯舜을 目標로 했다.

3) 勿恤 ― 恤은 憂也 걱정하지 말라 ― 發展的인 것을 말한다.

4) 南征 ― 南쪽은 文王 당시에 紂의 方向, 南쪽으로 前進한다는 것. 地火明夷卦의 南狩가 곧 南征이다. 文王은 紂를 征伐하지 않았다. 이것이 聖人된 바다. 왜냐하면 不義의 짓을 하지 아니한다.

5) 父作之子述之는 文王과 武王의 關係를 말했다. 聖人은 天地人의 道理와 合致 된다는 것. 하늘과 땅이 征伐을 하는 일이 있을 수 없으니 聖人이라면 征伐이 있을 수 없다.

6) 升이라는 것은 全體的으로 보아 元來부터 亨通하다. 10才에서 60才까지 順理로 前進한다는 것이다. 그러나 뜻을 마음속에 세우는데 大人을 目標로 하되 걱정하지 말고 봄에서 여름까지의 全盛期에 잘 키우고 가꾸기만 하면 萬事가 다 좋아진다는 뜻이다.

7) 用見大人이라는 표현은 現實之事를 말하고. 利見大人은 未來之事를 말한다.

[彖辭]

彖曰 柔-以時升하야 巽而順하고 剛中而應이라 是以大亨하니라. 用見大人
勿恤은 有慶也-오 南征吉은 志行也-라

◑ 彖에서 말하기를 柔가 時로 써 升하여 巽하여서 順하고 剛이 中으로서 應이라 그러므로 써 大亨하니라. 用見大人 勿恤은 慶事가 有하는 것이며 南征吉은 志가 行해짐이라.

◎ 柔가 때에 따라서 커 간다. 巽順함으로써 順하고 剛이 中으로서 應하는 것이라 그러므로 써 크게 亨通하는 것이다. 用見大人 勿恤이라는 것은 慶事스러운 일이 있다는 것이고 南征吉이라는 것은 뜻이 행해진다는 것이다.

1) 柔는 六五(文王)를 잘 키워 나가고 卦德으로는 坤順과 巽順으로 되어 있고 剛中으로 九二가 得中하여 柔인 六五와 應하고 있어 크게 亨通하다. 立志를 세워 걱정할 것이 없다 함은 慶事가 있기 때문이요, 南쪽으로 征伐하러 가면 좋다 함은 뜻대로 된다는 것이다.

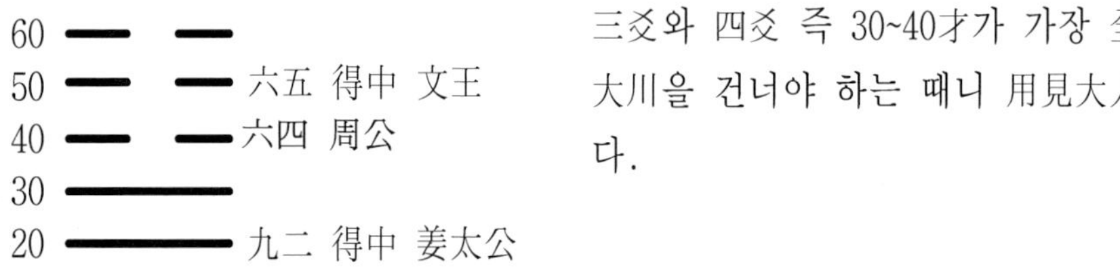

三爻와 四爻 즉 30~40才가 가장 全盛時期이고 大川을 건너야 하는 때니 用見大人을 해야 한다.

2) 有慶也 ─ 福慶을 말한다. 坤卦 積善 ─餘慶이 오고, 積不善을 하게 되면 餘殃이라고 하였다. 餘는 慶事와 災殃의 相對性에 原理를 가지고 있다.

[象辭(大象)]

象曰 地中生木이 升이니 君子─以하야 順德하야 積小以高大하나니라

◐ 象에서 말하기를 地中에서 生木하는 것이 升이니 君子가 써 하여 順德하여 積小로써 高大하나니라.
◎ 땅속에서 나무가 커나오는 것이 升卦이다. 君子는 이것을 보고 모방하고 거울삼아 德에 順從하고 작은 것을 쌓아 높고 크게 한다.

1) 땅속에 나무가 살아 커 올라오는 것이 升이다. 나무가 자라는 것은 차차 커지는 것이 前進하는 形象이며 世上萬事가 이것과 같다. 工夫하는 데나 昇進하는 데나 善을 쌓는데도 적은 것부터 크게 나아가는 것이 升卦를 본받는 것이다. 그러나 大自然의 理致에 順從해야 하고 順天을 해야 한다는 것이다. 이것에 대한 人事的인 말은 積小以高大요, 小成大라고도 할 수 있다. 順─愼也(왕숙본) 德─巽順也

[爻辭]

初六은 允升이니 大吉하나니라
允: 진실로윤. 허락할 윤

◐ 初六은 允으로 升함이니 大吉하나니라.

◎ 眞實되고 誠心으로 升함이니 크게 吉하다.

1) 初六은 不正位이고, 육사와 相比關係이다. 그러나 九二爻가 中의 位에 있는 훌륭한 者이니 九二에 信從한다.

2) 允升, 允執厥中, 또 允升, 衆允 等의 允은 眞實한 것을 뜻한다. 衆允 - 晋卦六三爻

象曰 允升大吉은 上合志也 - 라

◑ 象에서 말하기를 允升大吉이라는 것은 上과 志合하기 때문이라.

◎ 성심으로 升함이 크게 좋다고 한 말은 위로 九二와 뜻이 合해졌기 때문이다.

1) 初六과 九二는 陰陽이 和合되어 있다. 따라서 初六이 柔順하면서 겸손하게 올라오는 것을 위에 있는 九二가 반긴다는 것이다.

2) 여기서 上을 九二 九三이라 보는 설도 있고, 또 上卦의 세 陰이라 보는 설도 있다.

3) 初六은 眞實해야 昇進할 수 있다. 왜냐하면 不正位이고 應도 없기 때문이다.

九二는 孚乃利用禴이니 无咎 - 리라

◑ 九二는 孚 있으면 이에 禴을 用함이 利로우니 无咎리라.

◎ 精誠을 至極히 하여야 夏節 祭祀 지내는 것이 利로우니 허물이 없을 것이다.

1) 九二는 不正位이지만 得中하였고 六五와 相應이다. 柔弱한 六五의 王位에 精誠을 다하여 順從하고 大自然 그대로 行하는 것을 뜻한다. 이것이 이 괘의 主爻다.

2) 九二爻는 人事的으로 말한다면 文王의 子인 周公을 비유한 말이다. 姜太公이

文王을 精誠드려 섬기면 허물이 없다는 뜻도 된다.

3) 周禮에 四季節의 祭祀를 말하였으니, 冬期에는 烝(증), 秋期에는 嘗(상), 夏期에는 禴, 春期에는 祀(年)라고 하였다. 十有三祀라고 하면 13年을 뜻한다.

4) 九二爻에 升의 말이 없는 것은 더 이상 나아갈 것이 없다는 뜻이 있다.

象曰 九二之孚는 有喜也-라

◐ 象에서 말하기를 九二의 孚는 喜가 有함이라.
◎ 九二의 精誠으로 하여야 기쁜 일이 있다는 것이다.

1) 在止於至善이면 有喜가 온다. 그리고 心에서 外部로 나오는 즐거움이 喜다(樂은 外部에서 內部로 들어가는 즐거움이다).

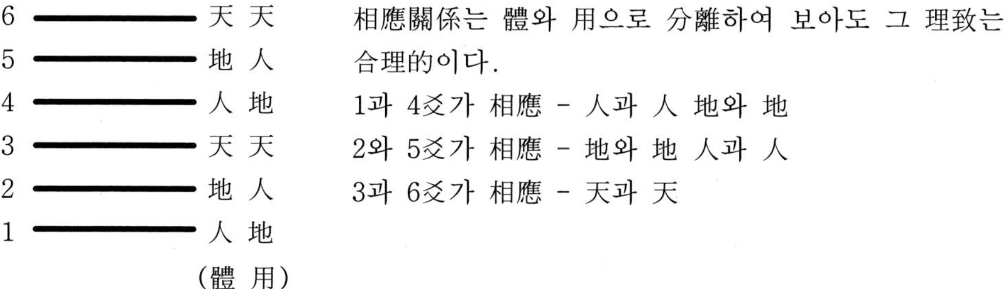

九三은 升虛邑이로다

◐ 九三은 虛邑에 升함이로다.
◎ 虛한 고을에 올라가는 것이다.

1) 九三은 得正이고 上六과 正應關係에 있다. 上六과 만날 수 있다.

2) 큰 것을 빙자하여 작은 것을 表現할 때 邑이다. 또한 自己 自身을 말한다.

3) 우리나라 東方禮儀之國을 虛邑이라고도 한다. 太虛라는 말이 있는데 이것은 本바탕이라는 뜻이다.

4) 또한 虛邑이란 南征을 뜻하기도 한다. 九三爻는 사람의 일생을 쳐도 全盛期이니까 重要하다. 그래서 虛邑이 되어야 한다.

象曰 升虛邑은 无所疑也-라

◐ 象에서 말하기를 升虛邑이라는 것은 疑心할 바가 없음이라.
◎ 빈 고을에 올라간다 함은 의심할 것이 없다는 것이다.

1) 九三이 올라감에 있어서 위에 있는 세 陰이 아무런 장애가 없으므로 의심하고 두려워할 것이 없고 지극히 용이하다는 의미이다.

2) 疑阻 ― 의심하고 막힐 것이 없다는 것을 말할 때 쓴다.

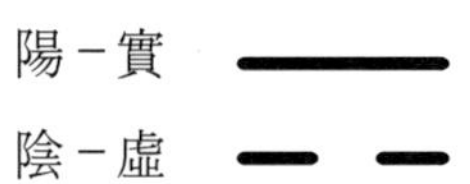

六四는 王用亨于岐山이면 吉코 无咎하리라
  亨: 享也

◑ 六四는 王이 用하여 岐山에서 亨하면 吉하고 无咎하리라.
◎ 王이 岐山에서 祭祀를 지내면 吉하고 허물이 없으리라.

1) 六四는 正位이면서 初六과는 相比이다. 王位인 六五의 밑에 大臣位에 있으면서
至極한 精誠을 드리면 좋고 허물이 없다.
  2) 이 글은 文王의 政治하는 방법을 말하였다고 한다. 祭政一體時代이니 위로는
임금을 至極히 섬기고 百姓을 잘 다스리는 것을 말한다.
  3) 岐山 岐州 西山 등은 文王이 살던 곳을 뜻하였다.

象曰 王用亨于岐山은 順事也 - 라

◑ 象에서 말하기를 王이 用하여 岐山에서 亨한다는 것은 順하게 따르는 것이라.
◎ 王이 岐山에서 祭祀를 지내면 좋다는 것은 일을 順하게 하기 위한 것이다.

1) 順事라는 것은 따르고 섬긴다는 뜻이며, 文王이 柔順하게 殷나라의 紂王을 섬
겼다는 것을 말한다.

六五는 貞이라아 吉하리니 升階로다
  階: 섬돌 계

◑ 六五는 貞이라면 吉하리니 階에 升하는 것이로다.
◎ 올바르게 하는 것이라면 吉할 것이니 階段을 오르게 된다.

1) 六五는 陰爻로서 陽의 자리에 있고 得中은 되었으나 不正位이다. 그러나 柔順하고 中庸의 德이 있고 아래에 剛健하면서 中庸의 德이 있는 賢人 九二와 바르게 응하고 있다. 그러므로 正中하게 하면 좋을 것이며 相對的인 九二의 用賢을 얻어서 君의 名聲이 上昇할 것이다.

2) 升階 — 階段을 오른다는 것은 곧 階級이 오른다는 뜻이다. 말하자면 천자의 위로 오른다는 것이다. 九二의 도움을 받아 六五가 君位에 오른다는 것으로 볼 수가 있다. 그리고 自己 自身이 升階를 하는 것으로도 解說할 수 있다.

3) 뜰에서 品階를 區別할 수 있는 階段 — 正과 從으로 구분한다.

象曰 貞吉升階는 大得志也 - 리라

◑ 象에서 말하기를 貞이라면 吉하리니 階에 升한다는 것은 志를 大得함이리라.
◎ 올바르게 하는 것이라면 吉할 것이니 階段을 오르게 된다는 것은 크게 뜻을 얻게 된다는 것이다.

1) 六五가 天子의 位에 올라 賢人을 이용하여 天下를 편안하게 한다는 뜻이 충분히 실현된다는 의미이다.

2) 中正으로 정치를 하여 君의 名聲이 上昇될 것이라고 하는 것은 크게 뜻을 얻었다는 것이다.

3) 貞 - 正以固 - 順德(純德) - 文王은 純德이다.

上六은 冥升이니 利于不息之貞하니라

◑ 上六은 冥하여 升함이니 不息으로 貞함이 利로우니라.
◎ 마음을 어둡게 하여 昇進함이니 올바른 것을 쉬지 않고 지키는 것이 利롭다.

1) 上六은 陰柔하면서도 나아감이 極度로 올라갔다. 마음이 어두워 승진할 것만 알고 물러설 줄은 모른다. 이런 사람은 올바른 길을 쉬지 않고 언제까지나 오래 지켜 나가는 것이 좋다는 것이다. 즉 極致則不益이다.

2) 上六은 正位이며 九三과 相應關係에 있다. 또 上六爻는 六爻全體의 뜻을 밝혀 두고 있으니 유의할 것이다. 明明德을 하는 데 利用하는 것이 좋다.

3) 冥升 ― 進이 極度로 가면 어두워진다. 進은 知進而不知退의 進이다. 乾卦 自彊不息하는 뜻이다. 冥升으로 우리가 工夫하는 곳에 不息之貞을 利用함이 좋을 것이다. 冥升 冥豫는 極致則不益하다는 뜻이다.

4) 不息之貞 ― 올바른 길을 쉬지 않고 오래 지켜가는 것. 君子終日 乾乾하야 自彊不息하는 것이 利롭다는 뜻이다.

5) 聖賢들의 乾乾하는 方法을 列擧하면
   堯임금은 欽으로서 誠之를 했다(공경할 흠).
   舜임금은 恭으로서 誠之를 했다(공손할 공).
   禹임금은 孜로서 誠之를 했다(부지런할 자).
   湯임금은 慄로서 誠之를 했다(두려워할 율).
   文王은 翼翼으로서 誠之를 했다(공경할 익).
   武王은 蕩蕩으로서 誠之를 했다(넓고 클 탕).

6) 易學에서는 天道는 誠으로 地道는 敬으로 人道는 誠과 敬으로 爲主하여 풀이하고 있다.

象曰 冥升在上하니 消不富也 ― 로다

◑ 象에서 말하기를 冥升으로 在上하니 消하여 不富로다.

◎ 마음을 어둡게 하여 승진하여 위에 있으니 가진 것이 소멸하여 富하지 않음이다.

1) 昇進에만 눈이 어두워 최상위에까지 올라 있다는 것은 이미 궁극까지 갔기 때

문에 더 갈 데가 없고 지금까지 얻었던 것도 모두 소멸하여 곤궁하게 될 것이라는
뜻이다.

$$\left(\begin{array}{l}消-息\\損-益\end{array}\right.\left(\begin{array}{ll}貧-富 & 陰-陽\quad 不富=消=陰\\虛-實\end{array}\right.$$

〈升卦의 綜合〉

初六 允升 ― 向上하여 出發하는 것.
九二 孚乃利用禴 ― 誠心으로 努力한다.
九三 升虛邑 ― 前道가 洋洋하다.
六四 王用享于岐山 ― 謙順으로 處事함이다.
六五 升階 ― 地位가 高貴한 것.
上六 冥升 ― 極度로 昇進하는 것이다.

(47) 澤水 困(下經 17)

```
      ━━ ━━ 正
說 ━━━━━ 正    中  兌  澤
      ━━━━━ 不正
    ───────────────
      ━━ ━━ 不正
險 ━━━━━ 不正   中  坎  水
      ━━ ━━ 不正
```

―序　説―

1. 卦의 뜻

1) 困은 困難 困窮이니 困苦라고도 하여 危亂의 狀態를 象徵하는 卦라고 할 수 있다.

2) 困卦는 四凶卦의 하나다. 四大難(凶)卦는 屯, 蹇, 困, 坎이다. 凶하고 難한 卦 속에서는, 견디기 어려운 벅찬 試鍊과 부딪쳤을 때 人間의 眞價는 드러나는 것이다. 周易은 이 澤水困卦의 상태와 같은 環境에서 꿋꿋이 이를 克服하는 지혜를 담고 있다. 이렇게 어려움을 딛고 다시 順坦하게 나아가는 길을 開拓하는 일은 君子만이 可能하다고 말하고 있다.

3) 困卦가 곤하다는 말은 나무가 물속에서 자양분을 흡수하여 자라나야 하나 글자와 같이 나무를 가두어 놓았으니 그 자체가 困하다.

4) 卦體는 困하고 險難하지만 이 속에서 오히려 즐겨 할 줄 알고 亨通하는 바를 잃지 않는다고 說明하고 있다. 變함없이 가슴속에 굳은 信念이 있는 큰 人物에게는 吉하리라고 말하고 있다.

5) 論語에서는 三軍可奪師也 匹夫不可奪志也라고 하였다. 즉 千兵萬馬를 거느린 대장은 빼앗을 수 있으나 한 사람의 匹夫일지라도 굳게 가진 그 마음은 그 누구도 빼앗을 수 없는 것이다.

6) 易學은 困하고 險하다고 하여 결코 敗北나 逃避를 가르치고 있지는 아니하다. 오직 굳은 信念으로 때를 기다리며 實力을 培養하라 한다. 마치 못에 물이 없으나 비 오기를 기다리는 것과 같다. 이것은 大自然의 理致가 사람을 죽이는 일이 없는 法이다. ― 窮則變하고 變則通한다고 하였다. ―

7) 困卦는 難關을 克服하고 타개할 意志와 努力이 있는 者에게는 發展의 길이 열릴 것이라고 啓示하고 있다. 故로 君子는 困卦에 處하였을 때는 마음으로 미리 조심하는 자세가 되어 있고 苦難을 甘來로 할 수 있는 마음가짐이 있어 放心하지 않으니 外部로 보기에는 險(坎)하나 (形而下學的인 面) 內部로는 기쁘고 즐겁다. 悅(兌)이다 (形而上學的인 面). 이것이 困의 卦象이다.

2. 卦象과 卦德

1) 卦象을 보면 못의 물이 땅 아래로 빠져 물이 없으니 곤한 상태이다. 또 나무 (外互卦 巽下絶 巽木)가 울타리(口: 外卦 兌上絶)에 갇혀 뿌리를 내리지 못하고 가지도 뻗지 못하여 어려움을 겪는 상태를 형상화한 것이다.

2) 卦象으로 볼 때 못을 상징하는 兌卦가 上卦에 있고 물을 뜻하는 坎卦가 下卦로 되어 있다. 물이 못 밑에 있는 모습이다. 못 안에는 물이 없다는 뜻이다. 못이라는 것은 恒常 맑고 푸른 물이 넘쳐 있어야 그 使命을 다할 수 있는 것이다. 이렇게 물이 없는 못이란 메마르고 삭막하고 공허한 감회만이 있을 뿐이다.

3) 困卦의 形態를 보면 세 個의 陽爻가 陰爻에 가로 막혀 있다. 이것은 곧 善은 惡에 구축되고 正義는 不義에 包圍당하고 밝고 빛나는 것은 어둡고 沈鬱한 것에 가려지고 幸運은 不運에 억눌려지고 박해를 당하는 狀態를 상징하는 것이다. 이것은 바로 人間社會에 있어서의 困卦의 모습인 것이다.

4) 卦德을 보면 下卦 坎水는 險이고, 上卦 兌澤은 悅이다. 難卦의 하나로서 困한 狀況이지만, 險한 데로부터 脫出하여 기뻐할 수 있는 可能性을 보여주고 있다.

5) 이 卦의 陰陽 調和를 보면, 初六과 九四는 不正이지만 相應하고 있으나, 九二와 九五는 不應이고, 六三과 上六도 역시 不應이다.

6) 序卦傳에서는 "升而不已면 必困이라 고로 受之以困하고……"라 나와 있다. 즉 "올라가기만 하고 그치지 않으면 반드시 困함이라 故로 困卦로 받는다"고 하였다.

3. 卦의 變化

1) 倒轉卦 – 水風井　　　　　– 困이 막힌 것이라면 井은 通하는 것이다. 땅속에 숨
　（☵ / ☱）→（☴ / ☵）　　겨진 물을 우물을 파서 길어 올리는 뜻이 있다.

2) 配合卦 – 山火賁　　　　　– 山에는 萬物이 모여 있고 밑에서 환하게 비춰주니 萬
　（☵ / ☱）→（☲ / ☶）　　物이 아름답게 보인다. 그러나 山 밑의 太陽은 저녁
　　　　　　　　　　　　　　노을이니 外面만 華麗하고 生氣 없는 沒落直前의 文
　　　　　　　　　　　　　　明을 뜻하기도 한다.

3) 錯綜卦 – 水澤節　　　　　– 못에 물이 고여 있는 모습이니 넘치면 흘러나가고 비
　（☵ / ☱）→（☱ / ☵）　　었으면 채워지는 것이 節度가 있다. 節은 精神的인
　　　　　　　　　　　　　　節制와 物質的인 節約의 뜻이니 어떤 變化의 程度 또
　　　　　　　　　　　　　　는 時點을 알려주어 일의 節次를 가리킨다.

4) 互卦 – 風火家人　　　　　– 한 家庭을 다스리는 道를 말한다. 家族 構成員 各自
　（☵ / ☱）→（☴ / ☲）　　가 서로의 位置에서 서로 도와서 자기 일을 다하고
　　　　　　　　　　　　　　있는 것으로 家庭이 잘되면 國家도 잘된다는 뜻이다.

[卦辭]

困은 亨코 貞하니 大人이라 吉코 无咎하니 有言이면 不信하리라

◉ 困은 亨通하고 貞하니 大人이라 吉하고 无咎하니 有言이면 不信하리라.

◎ 困은 亨通하고 올바르니, 大人이라면 吉하고 허물이 없으니, 말이 있으면 不信을 받을 것이다.

1) 困의 卦는 亨通하지 않다고 해야 할 것을 여기서 亨通하다고 한 것은 이 괘에 형통할 길이 있기 때문이다.

2) 困卦의 下卦는 坎으로서 險하고 艱難을 의미하고, 上卦는 兌로서 喜悅을 의미한다. 이것은 비록 몸이 困難에 있을지라도 正道를 지키고 태연하게 스스로 기뻐하는 자세를 강조하고 있는 것이다.

3) 困卦는 困難에 처하더라도 자기가 지키는 바가 크게 형통해진다는 것이다. 正道를 지키고 변동하지 않는 훌륭한 大人이라면 困難에 처하더라도 길하고 복을 얻을 수가 있고 재앙을 면할 수가 있다. 그런데 이에 반해서 쓸데없이 불평을 늘어놓고 사람들에게 호소하더라도 아무도 그 말을 믿어주지 않는다는 것이다.

4) 有言 ― 남에게 辨明을 하여 困窮을 헤쳐 나가려고 하는 것.

[彖辭]

彖曰 困은 剛揜也니 險以説하야 困而不失其所亨하니 其唯君子乎ㄴ저. 貞大人吉은 以剛中也―오 有言不信은 尚口―乃窮也―라.

揜: 가릴 엄.

◑ 象에서 말하기를 困은 剛이 가려 있는 것이니 險함으로써 說하고 困하더라도 그 亨通한 바를 不失하니 그 唯 君子인가. 貞大人吉은 써 剛中이오 有言 不信은 尙口하면 이에 窮함이라.

◎ 困은 陰이 剛을 가리고 있는 것이니 險하나(坎) 기뻐한다(兌). 아무리 困難에 빠지더라도 道를 닦아 亨通함을 잃지 않는다. 그것은 오직 좋은 君子이다. 貞正하면 大人은 吉하다고 한 것은 二爻, 五爻가 剛으로 得中을 하였고 困할 때 말로 辨明을 하여도 믿지 아니한다는 말은 입만을 崇尙하면 困窮해진다는 말이다.

1) 困卦는 九五 九四의 剛爻가 六三과 上六의 陰爻에 가려지고 또한 九二의 剛爻가 六三과 初六의 사이에 빠져 陰爻에 가려져 있다. 이것은 君子가 小人 때문에 가려져서 군자의 도가 괴롭고 막혀 있음을 뜻한다.

2) 困卦는 下卦가 坎으로서 險하고 艱難의 象이고, 上卦가 兌로서 喜悅의 상이다. 그러므로 險하고 艱難에 처하더라도 천명을 거슬리지 않고 도를 행하는 기쁨을 알고 어려운 속에 있더라도 正道를 가는 일은 오직 君子만이 할 수 있는 일이다.

3) 貞大人吉 – 九二와 九五의 剛健한 能力과 中庸의 德으로써 스스로를 지키는 바가 있기 때문이다.

4) 有言不信 尙口乃窮 – 困難에 빠져 사람들에게 동정을 바라고 입을 놀려 변설로써 사람을 움직이려 한다면 오히려 곤궁함에 빠질 뿐이다.

[象辭(大象)]

象曰 澤无水 – 困이니 君子 – 以하야 致命遂志하나니라
　致: 다할 치. 遂: 이룰 수.

◑ 象에서 말하기를 澤에 无水함이 困이니 君子가 써 하야 致命하고 遂志하나니라.

◎ 못에 물이 없는 것이 困이니 君子가 이것을 본받아 身命을 던져 뜻하는 바를 수행한다.

1) 못의 물이 새어 나와 밑에 있고 枯渴해서 못에 물이 없는 것이 困卦이다. 君子는 이 괘의 卦象이 갖는 법칙을 본받아 天下의 위기를 맞아 그 신명을 던져서 責務를 다한다. 말하자면 자기 몸으로써 천하의 難局을 구하려는 뜻을 성취한다는 것이다.

2) 致命遂志 — 天命에 이르러 大自然 法則에 順應하여 自身의 뜻에 따라 修行한다. 安重根 義士가 감옥에 갇혀 있으면서 現在는 困難한 地境에 있으나 見危授命이라고 하였으니 나라를 빼앗아 간 日本人의 不義를 보고 自身의 生命은 하늘에 있으니 죽고 사는 것은 天命이다. 내 뜻이 伊藤博文을 죽이는 데 있으니 이 뜻을 行했을 뿐 大自然의 法則에 依하여 行動하였다는 것. 結論的으로 말하면 困難한 現實을 克服하기 爲해서는 오직 高尙한 理想이 必要한 것이다.

[爻辭]

初六은 臀困于株木이라 入于幽谷하야 三歲라도 不覿이로다.
　臀: 궁둥이 둔.　株: 등걸 주, 그루터기 주.　幽: 그윽할 유.　覿: 볼 적.

☯ 初六은 궁둥이가 株木에 困한 것이라. 幽谷에 入하여 三歲라도 보지 못하는 것이로다.

◎ 궁둥이가 나무 등걸에 걸려서 편치 못한 것이다. 깊은 골짜기에 들어가서 三年이 되더라도 보지 못한다.

1) 初六은 陰柔하고 마음이 바르지 못한 小人이다. 위의 六三과 더불어 九二 賢人의 德을 덮어 숨기고 있다. 九四와는 相應이지만 九二에게 가로막혀 만날 수가 없다.

2) 初六은 下卦의 坎의 險한 밑바닥에서 곤궁하고 그 자리에서 편할 수가 없다. 그래서 예컨대 나무 등걸에 앉아서 그 바닥이 고르지 못한 데서 궁둥이가 아파 괴로워하는 것과 같다.

3) 九四의 도움을 청하려 해도 九二가 가로막아 이룰 수가 없다. 점점 곤궁해서 드디어 어두운 골짜기로 들어가서 三 年 동안 서로 볼 수 없는 것과 같다는 말이다.

4) 入于幽谷 ─ 어두운 골짜기에 들어갔다. 남이 알게끔 하는 것이 아니고 나 혼자 애태운다. 極히 險惡한 아래 위치에 있어서, 九二가 있어 九四에 가지 못한다.

5) 株木 ─ 한 그루 잎사귀 없는 나무를 말한다. 편히 앉아 있지 못하는 形象을 말한다.

6) 三歲不覿 ─ 끝끝내 보지 못한다. 영영 만나지 못한다.

象曰 入于幽谷은 幽不明也─라

◑ 象에서 말하기를 入于幽谷이라는 것은 幽하여 밝지 못한 것이라.
◎ 깊고 어두운 골짜기에 들어간다고 함은 어두워서 밝지 못하다는 말이다.

九二는 困于酒食이나 朱紱이 方來하리니 利用亨祀─니 征이면 凶하니 无咎─니라

　　紱: 인끈 불(印組), 얽을 불.

◑ 九二는 酒食에 困한 것이나 朱紱이 바야흐로 오려 하리니 用하여 亨祀하는 데 利로우니 征하면 凶하니 无咎니라.

◎ 困難한 때를 맞아 단지 술 마시고 음식을 먹으면서 때를 기다린다. 곧 임금의 사신이 와서 登用을 하게 될 것이다. 先祖의 靈에게 祭祀 지내는 態度로 마음을 바르게 가지고 공경하는 態度로 때를 기다리는 것이 利롭다. 스스로가 나아가서 구하

면 흉하다. 그러니 기다리고 있으면 허물이 없다.

1) 九二는 不正이나 得中하였다. 初六 六三의 小人에게 가려 괴로움을 당하고 있다. 이 어려운 처지에서 가만히 술을 마시고 음식을 먹으면서 때를 기다리고 있다. 곧 九五의 천자가 사람을 보내 등용하게 될 것이다. 九二는 선조의 제사를 모시듯이 성실하게 처신하는 것이 좋다. 그런데 스스로가 등용되기를 구하면 흉하다. 따라서 때를 기다리고 있는 것이 허물이 없다.

2) 朱紱 ― 朱는 君 赤은 臣下를 뜻한다. 故로 朱紱은 九五의 君位를 말한다.

3) 方來 ― 바야흐로 온다.

4) 亨祠 ― 百姓이 宗廟社稷에 또는 自己 先祖에게 지내는 祭祀

象曰 困于酒食은 中이라 有慶也 ― 리라

◐ 象에서 말하기를 酒食에 困하다는 것은 中으로서 有慶이라라.

◎ 酒食에 困하다는 것은 中道를 지키면 慶福이 찾아온다는 말이다.

六三은 困于石하며 據于蒺藜 ― 라 入于其宮이라도 不見其妻 ― 니 凶토다.
　據: 걸릴 거, 웅거할 거.　蒺: 도트라지 가시 질.　藜: 도트라지 가시 여.

◐ 六三은 石에 困하며 가시덤불에 據하는 것이라. 그 宮에 入하더라도 그 妻를 不見이니 凶하도다.

◎ 여문 돌에 부딪쳐 困하다. 또 가시덤불에 처하여 있다. 고로 그 집에 들어가도 그 아내를 보지 못하니 凶하다.

1) 六三은 陰柔하고 不中不正이다. 柔弱하면서 智慧가 없고 행실이 좋지 않다. 위

로 나아가면 九四의 陽剛을 만나는 것이 마치 견고한 岩石과 같고, 물러서서 구이에 게 의지하려 하면 예컨대 가시덤불 위에 있는 것처럼 편안할 수가 없다. 나아가도 물러서도 곤궁하기 때문에 돌아가서 자기 집에 들어가도 아내가 도망가고 없다. 몸 둘 바가 없고 흉하여 재앙을 받는다.

象曰 據于蒺藜는 乘剛也 – 일새오 入于其宮不見其妻는 不祥也 – 라

◐ 象에서 말하기를 가시덤불에 據한다는 것은 剛을 乘했기 때문이요, 그 宮에 들어가도 그 妻를 볼 수 없다는 것은 不詳함이라.

◎ 가시덤불에 걸린다고 하는 것은 九二의 剛을 탔기 때문이요, 그 집에 돌아가도 아내를 못 본다고 하는 말은 상서롭지 못한 것이다.

1) 가시덤불에 據한다는 것은 六三의 陰爻가 九二의 剛爻 위에 타고 있기 때문이고, 그 집에 들어가도 그 아내를 못 본다고 한 것은 장차 죽음의 시기가 오고 있음에도 그것이 밝혀져 있지 않는 것이라 죽음을 면할 수가 없다는 것이다.

2) 不詳＝不祥 – 死期가 이르고 있으나 명확하지 않는 것.

3) 繫辭下經五章에서 孔子가 說明하였다.

子曰非所困而困焉하니 名必辱하고 非所據而據焉하니 身必危하리니 旣辱且危하여 死期將至하니 妻其可得見邪아

困할 바가 아닌데 困한 것은 名聲에 반드시 辱이 되고, 據할 바가 아닌데 據하는 것은 自身이 반드시 危殆할 것이니 이에 辱되고 또한 危殆한데 死期가 將次 오니 妻를 可히 얻어볼 수가 있을까?

九四는 來徐徐는 困于金車일새니 吝하나 有終이리라

　徐: 천천히 서

　☯ 九四는 來하는 것이 徐徐한 것은 金車에 困함이니 吝하나 有終이리라.

　◎ 천천히 온다는 것은 九二의 金車에 困해서 그렇다. 吝嗇하기는 하나 마침이 있으리라.

　1) 九四는 不正位이나 相應이 初六인데 九二의 金車에 막혀 있다. 그러나 이 九二의 妨害를 헤치고 나아가면 마침내는 和合할 수 있다는 것이다.

　2) 來徐徐 ― 來는 外卦에서 內卦로 간다는 것. 九四는 初六과 應爻이기 때문에 初六을 구하려고 한다.

　3) 金車 ― 황금으로 만든 수레. 金은 剛이다. 故로 初六이 九二에 빠져 있는 形象을 困于金車라고 表現하였다.

　4) 吝有終 ― 九四는 位가 바르지 않다. 그러므로 인색하다, 그러나 初六과 相應이다. 그러므로 유종이다.

象曰 來徐徐는 志在下也－니 雖不當位나 有與也－니라

　☯ 象에서 말하기를 來徐徐는 志가 下에 在하는 것이니 雖 位 不當이나 與하는 것이 有함이니라.

　◎ 서서히 온다는 것은 뜻이 아래(初六)에 있기 때문이요. 비록 正位는 아니지만 應해 주는 것이 있다는 것이다.

　1) 九四는 陽爻로서 陰의 자리에 있고 그 자리가 정당하지는 않지만 初六과 應爻로서 初六의 어려움을 구해준다.

　2) 志在下也 ― 下는 初六이다. 그래서 初六의 困難을 구하려는 뜻을 가지고 있다

는 것.

3) 有與也 ― 여는 친구. 구사는 初六과 應爻이기 때문에 친구가 있다.

九五는 劓刖이니 困于赤紱하나 *乃徐有說하리니 利用祭祀*-니라.

　劓: 코 베일 의. 刖: 발꿈치 베일 월

◑ 九五는 코를 베이고 다리를 잘리니 赤紱(불)에 困하나 乃徐에 有說하리니 用하
여 祭祀 지내는 데 利하니라.

◎ 코를 베이고 다리를 잘리어 臣下九二에게 困하다. 그러나 이에 서서히 기쁨이
있을 것이니 제사를 지내는 것이 이로울 것이다.

1) 구오는 剛健中正의 德을 갖춘 天子이다. 九二와는 陽끼리라 敵應이다. 九五의
天子는 세상의 困難을 救하고자 코를 베고 다리를 자르는 형벌을 처하는 것처럼 六
三의 小人을 제거한다. 그렇게 하지 않으면 賢明한 臣下九二를 등용하기 어렵기 때문
이다. 지금 九五가 九二의 賢人을 등용하여 天下의 困難을 救濟하려고 하는데 九二
가 간사한 무리에게 저해되고 있다. 그러나 이제 저해하는 小人을 除去했기 때문에
九五가 九二를 用할 수가 있고 君臣이 서로 얻는 기쁨이 있다. 그러므로 九五는 至誠
과 誠實로서 天地神明에게 祭祀 지내듯 眞實로서 사람들을 감동시키는 것이 좋다.

2) 劓刖―코를 베고 발을 잘리는 刑罰을 말함. 곧 위에 있는 上六을 제거한다는 뜻.

3) 赤紱 ― 臣下를 뜻한다. 九五爻에서 九二位를 말한다.

4) 利用祭祀 ― 庶民이 禮를 지내는 至極한 精誠을 다한다면 모든 일이 利롭다.

象曰 劓刖은 志未得也-오 *乃徐有說은 以中直也*-오 *利用祭祀는 受福也*-리라.

◑ 象에서 말하기를 코를 베고 발을 잘린다는 것은 志 未得也오 乃徐에 有說은
써 中直也오 利用祭祀는 受福也리라.

◎ 코를 베고 다리를 자른다는 것은 뜻을 아직 얻지 못하는 것이다. 이에 서서히 기쁨이 있다는 것은 中道로서 마음을 곧게 하기 때문이다. 至極한 精誠으로 祭祀를 지냄이 利롭다고 하는 것은 福을 받는다는 말이다.

1) 以中直也 ― 中은 中庸之道를 말하고, 直은 坤卦 六二爻의 '直은 其正也'라고 하였으니 中直은 中正과 같다. 天火同人의 九五爻의 象辭에서도 '以中直也'라고 말하고 있다.

2) 受福也 ― 利用祭祀하는 結果로서 이루어지는 産物이다. 祖上에게 드리는 至誠의 마음가짐이 모든 것을 利롭게 할뿐더러 그 外에 또 福을 가지고 온다는 것이다. 우리 祭祀를 지내고 飮福을 하는 것이 모두가 至誠의 祖上 崇拜에서 가져오는 結果로 이루었다는 것이라고 생각하면 될 것이다.

上六은 困于葛藟와 于臲卼이니 曰動悔라 하야 有悔면 征하야 吉하리라
　　葛: 칡쟁이 갈.　藟: 칡덩굴 류　臲: 위태할 얼, 不安한 모양.　卼: 위태할 올

● 上六은 葛藟와 臲卼에 困하는 것이니 여기서 움직일 때마다 뉘우침이 있다. 그래서 有悔면 征하여 吉하리라.

◎ 칡덩굴에 얽혀 있듯이 困하다. 危殆로우니 여기서 움직이면 후회한다. 뉘우치고 나아가면 길한 일이 온다.

1) 上六은 正位이나 六三과 相比關係다. 象辭에 剛揜이라고 한 것은 上六爻가 九五를 가로막고 있다는 것. 칡덩굴은 性質이 나무를 依存하여 감고 큰다. 또 무성하게 잎이 나무를 가리게 한다. 이러한 性質을 利用하여 葛藟라고 하였다.

2) 曰動悔有悔 ― 여기서 曰을 상육이 스스로 말하는 것이라는 설도 있으나 여기서 이제 또는 여기에서라는 뜻으로 해석하기로 한다. 動悔는 不善 有悔는 善이다. 困難의 때를 맞이하여 어려운 때일수록 不善의 方向으로 가지 말고 善으로 나아가

는 마음가짐이 必要하다는 것. 結果的으로 吉하게 된다는 것.

　3) 上六爻에서 悔字가 二字 들어 있다. 周易全體에서 雷地豫卦 六三爻에 悔字가 二字 들어 있다. 困卦와 豫卦에 들어 있는 悔字를 硏究해 볼 必要가 있다. 六三은 肝豫(쳐다볼 우)라 悔며 遲하야도 有悔리라

象曰 困于葛藟는 未當也－오 動悔有悔는 吉行也－라

　◑ 象에서 말하기를 칡덩굴에 얽혀서 困하다는 것은 位置가 不當하기 때문이요, 動悔有悔라는 것은 吉한 行이라.

　◎ 칡덩굴에 얽혀서 괴롭다고 하는 것은 하는 짓이 마땅하지 않기 때문이고 움직여 뉘우치고 뉘우침이 있을 것이라는 것은 吉한 데로 간다는 것이다.

　1) 칡덩굴에 얽혀 있다는 것은 상육은 너무 높은 자리이고 困의 극치이기 때문이다. 그리고 상육이 하는 행동이 도리에 맞지 않다는 것이다. 動하면 後悔가 있으며 나쁜 것을 뉘우치면 吉한 곳으로 간다는 것이다.

　2) 吉行也 ― 吉한 곳으로 간다. 그런데 이것을 吉을 위의 有悔에 붙이고 行也를 따로 해석하는 경우도 있다.

　3) 困卦를 우리가 工夫하는 데 비추어 본다면, 공부하는 데는 最大의 努力이 必要하다. 이 努力이 곧 困이다. 窮則變이라고 하였으니 精神工夫를 한다면 困의 程度에 따라서 通하는 정도가 다를 것이다. '困以知之'라는 말도 있으니 困에 대한 理解가 重要하다 하겠다.

　4) 君子가 困에 處하면 自己를 단련하고 시험하는 과정으로 생각한다. 小人이 困에 處하면 자포자기하며 타락한다.

困卦九二의 困于酒食……　　酒食은 水다 水로써 술을 만든다.
需卦九五의 需于酒食……

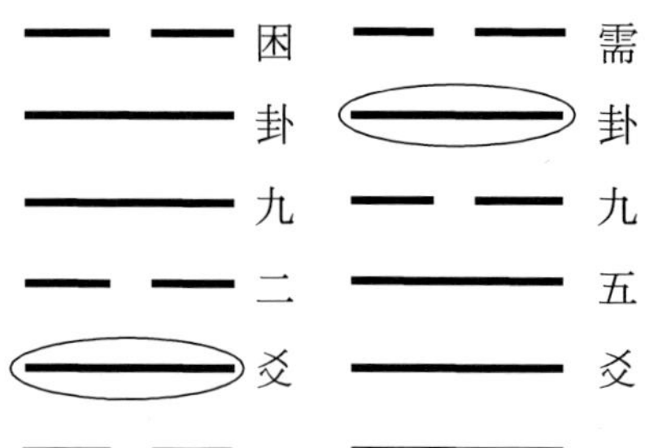

坎이 水이니 坎의 主爻가 中央의 陽爻이다.

〈困卦의 綜合〉

初六은 臀困于株木 — 困窮으로 不安한 것　　　　　　　　　　墮落

九二는 朱紱方來 — 生活이 困窮해서 高官에 登用하려는 士君子　修養

六三은 困于石 — 모든 方面에서 困窮한 것이고　　　　　　　　困極甚

九四는 困于金車 — 벗어나려는 努力에도 困難이 있다　　　　　變動

九五는 困于赤紱 — 刑威를 濫用해서 人材에 困難한 統治者　　自取 마라

上六은 困于葛藟 — 困에서 解脫할 수 있다　　　　　　　　　　解脫

(48) 水風 井(下經 18)

```
              ━━  ━━  正
險  ━━━━━━━  正      中  坎  水
              ━━  ━━  正
─────────────────────────────
              ━━━━━━━  正
巽[遜]順  ━━━━━━━  不正  中  巽  風
              ━━  ━━  不正
```

―序　説―

1. 卦의 뜻

1) 井卦는 困卦의 倒轉된 卦이다. 井은 우물이다. 우물은 社會에서 없어서는 아니된다. 왜냐하면 우물은 곧 生命의 根源이요 幸福의 象徵이기 때문이다.

2) 가장 밑에 있는 地下水가 곧 井이다. 우물 맨 아래에는 참나무로 井字 모양을 만들어 넣는데 이것이 數百 年 지나면 남는 것이 '沈香'이라는 藥材가 된다고 한다. 또한 어느 教派에서는 이 井字로 教旗를 정하였고 新都邑은 井字가 달린 地名이 된다는 說도 있었다.

3) 井卦로 말미암아 우리 國文 製作의 근원이 되었다고 한다. 이것은 也山文集에

있는 井困(둥근 곳집 균, 서릴 균, 곳간 균)義 속에서 찾아볼 수가 있다. 또한 옛날의 井田法이 이 井卦에서 나왔다고 한다.

4) 井卦는 地下水의 성질을 利用하여 大自然을 설명하는 것이다. 우물은 임자가 없다. 自己의 力量대로 받아 가고 利用하고 있다. 또 地下水를 利用하는 方法도 옛날이나 只今이나 未來에도 언제나 같을 것이고 또 고쳐서 딴 것으로 使用할 수도 없으며 우물의 물은 使用할수록 더욱더 좋은 물이 나오고 더 좋아진다.

5) 井은 갇혀 있는 물, 즉 地下水를 利用하는 것이 우물이다. 이에 비해서 泉은 작은 우물이요. 또 흐르는 샘을 말한다.

$$泉 → 白 + 水$$

6) 井은 '韓'字의 意味와 같은 性質이 있다. 그러므로 韓國이 井卦와 같은 役割을 한다는 뜻이 담겨져 있다고 보는 설도 있다.

$$韓 → 丼 → 井$$

7) 井卦는 意慾과 努力이 있는 者에게 大成을 約束하는 幸運의 卦이다. 우물은 옮길 수 없는 것이다. 이와 같이 人間에게도 道德은 변하여도 良心은 변하지 않는다는 것이다. 倫理觀이 바뀌고 文物制度가 변천하여도 人間의 良心이라는 것은 變할 수 없는 것이다. 人間의 良心은 샘, 즉 우물처럼 無盡藏한 善을 퍼낼 수 있고, 生命力의 源泉이어서 헤아릴 수 없는 에너지를 떠올릴 수 있는 것이다.

8) 易學에서는 이 井卦의 우물 속의 물을 나라 안의 有能한 人材에 비유하고 있다. 그래서 人材는 우물과 같다. 이것을 發掘하여 쓰면 쓸수록 새로운 人材는 얼마든지 있는 것이다. 이런 人材를 쓰면 나라는 發展하고 繁榮할 수가 있는 것이다.

9) 古代로부터 우물은 獨占하지 않는 것이 人間의 한 善良한 慣習이었다. 그리고 또 언제나 開放되어 있고 또 우물의 물은 그냥 먹을 수 있는 것이 아니고 퍼 올려야만 물을 마실 수가 있다. 이것을 위하여 두레박이 準備되어 있는 것이다.

2. 卦象과 卦德

1) 卦象을 보면 內卦는 巽下絶이라 나무로 둘러싸 있고 外卦는 坎中連이라 물이 고이는 형상이다.

2) 地天泰卦의 初九와 六五가 자리바꿈을 하여 泰平한 世上에 백성 중에서 한 사람을 君으로 삼아 모든 사람에게 德을 베풀어 준다는 뜻도 있다.

3) 卦德을 보면 下卦는 巽이라 巽順하고 上卦는 坎卦라 險하다는 뜻이 있다. 그리고 巽卦는 나무이기도 하고 또한 入이 된다. 따라서 나무로 만든 두레박이 坎인 水의 아래에 들어가 물을 퍼서 위로 올라간다는 상이 되기도 한다.

4) "說文解字"에서 보면 八家를 一井으로 삼는다고 한다. 말하자면 여덟 집이 하나의 우물을 공유했다는 것이다.

5) 卦象에서 初六은 땅을 파낸 구멍, 즉 泉源이고, 九二 九三은 우물 속의 물, 六四는 우물의 가장자리, 九五는 이미 퍼 올린 물, 上六은 우물의 덮개라 보기도 한다.

6) 이 卦의 陰陽 調和를 보면, 初六과 六四는 不應이고, 九二와 九五도 不應이다. 그러나 九三과 上六은 正應을 하고 있다.

7) 序卦傳에서 보면 "困乎上者-必反下-라 故로 受之以井하고……"라 나와 있다. 즉 위에서 困한 者는 반드시 아래로 내려옴이라 故로 井으로 받는다고 나와 있다.

3. 卦의 變化

1) 倒轉卦 - 澤水困   - 井은 물이 모이는 곳이요, 困은 澤 밑으로 물이 세어
   (☵ / ☴) → (☱ / ☵)   서 물 없는 못은 곤란하다.

2) 配合卦 - 火雷噬嗑   - 입속에 있는 것을 씹어서 위아래 턱을 合하게 하는
   (☵ / ☴) → (☲ / ☳)   것을 뜻한다. 그리하여 妨害物을 除去하고 上下가 和
                         合되어 秩序社會를 이루는 것이다.

3) 錯綜卦 - 風水渙   - 물 위에 바람이 불면 모든 수면에 퍼져서 흩뜨린다.
   (☵ / ☴) → (☴ / ☵)   散이라고 할 수 있다.

4) 互卦 - 火澤睽   - 모든 것이 서로 어긋나는 形象을 말하고 同而異한 眞
   (☵ / ☴) → (☲ / ☱)   理를 말하고 있다.

[卦辭]

井은 改邑호대 不改井이니 无喪无得하며 往來-井井하나니 汔至亦未繘井
이니 羸其甁이면 凶하니라.
   汔: 거의 흘, 물이 마르다. 繘: 두레박줄 귤(율). 羸: 상할 이. 甁: 병 병, 두레박 병.

◑ 井은 邑을 改하더라도 井은 改하지 않음이니 喪함이 없고 得함도 없으며 往來
에 井井하나니 汔至하더라도 역시 아직 井에 두레박줄 없음이니 그 두레박을 깨는
것이면 凶하니라.

◎ 井은 고을은 고칠 수 있으되 우물은 고치지 않는다(고치지 못한다). 상함도 없
고 또 얻음도 없다. 가는 사람도 내 샘이고 오는 사람도 내 샘으로 하여 쓴다. 거의
이르렀는데도 또한 우물물을 길러 내지 못한다. 그 두레박이 깨지면 나쁘리라.

1) 사람을 샘과 같은 存在가 되라고 한다면, 道學 工夫하는 것을 뜻한다. 마음가짐은 우물의 물은 쓰면 쓸수록 좋은 것과 같이 道學이 높으면 높을수록 더욱더 좋아진다. 故로 우물은 意味深長한 뜻이 있다. 易學에서는 이와 같이 形而下學的인 뜻도 있으나 이것으로 인한 形而上學的인 面이 더욱더 중요하다.

2) 井卦가 占卦로 나왔다면 幸運의 卦이기는 하나 직업으로 본다면 물장수나 술장수가 適合한 職種이다. 쓰면 쓸수록 더욱 좋고 더욱더 좋아지는 것이니 이것으로 大成할 수가 있는 것이다.

3) 샘은 原來의 使命이 물을 퍼 올려서 食水를 供給하는 데 있으니 卦象으로 보면 옛날 두레박은 바가지로 하니 巽木이다. 위로 물을 퍼 올리니 坎水다. 이것이 合쳐져 水風井이 되었다고 보겠다.

4) 고을은 고쳐서 다시 變形시킬 수 있지만 좋은 우물은 원칙적으로 바꾸지 않는다. 샘물은 아무리 길어도 더 좋은 물이 흘러나오며 마르지 않고 내버려두어도 넘치지 않는다. 이러한 상황은 王道의 長久한 것과 비유하기도 한다.

5) 往來井井은 王道政治의 廣大한 것에 비유했다. 그리고 이 王道政治도 有德한 사람이 없으면 이룰 수가 없다는 것이다. 이 井의 形而上學的인 뜻은 大自然인 淸風明月과 같이 임자가 없다. 가고 오는 사람이 使用하고, 有力하게, 利用하는 데 따라서 빛이 나고 그 使命을 다하는 것이다.

6) 卦辭에 元亨利貞이 全혀 없다. 下經이 人事的인 것이니까 없을 수가 있으나 井卦는 우리 人間生活과 가장 密接한 關係에 있고 또 없어서는 안 될 것의 하나다. 水火가 없이는 단 1초라도 存在할 수가 없기에 이 井卦의 自然水는 生命水라고 할 수 있다. 그러니까 一定한 論理 範疇 속에 들어 있는 것이 아니다.

7) 井의 境地는 누구든지 努力하여 求하려고 애쓰면 얻을 수 있으니 元亨利貞이 存在할 必要가 없는 것이다. 이러한 井의 性質을 본받아서 우리가 工夫하는데, 養心하는데, 易學은 비겨서 말하고 있다. 그래서 흔히들 '知識의 샘'이니 '앎의 源泉'이니 하는 말도 있을 수가 있다.

[彖辭]

彖曰 巽乎水而上水－井이니 井은 養而不窮也하니라. 改邑不改井은 乃以剛
中也－오 汔至亦未繘井은 未有功也－오 羸其瓶이라 是以凶也－라.

　● 彖에서 말하기를 水에 巽하여 上水함이 井이니 井은 養하여 不窮하니라. 邑을
改하더라도 井은 改하지 않는다는 것은 이에 剛中으로 써 하기 때문이요, 汔至하여
도 역시 아직 두레박줄이 모자람이라 하는 것은 아직 功이 有하지 않음이요, 그 두
레박을 깬다는 것이라. 이로써 凶함이라.

　◎ 물속에(坎) 나무를(나무로 만든 두레박) 넣어서 물을 위로 퍼 올리는 것이 井이
니, 井이라는 것은 물을 한없이 길어 내도 다함이 없는 것이다. 고을은 고쳐도 우물
은 고치지 않는다는 것은 바로 剛이 得中하고 있기 때문이다. 거의 이르렀는데도 우
물물을 길어 올리지 못하는 것은 功이 미치지 못함이요, 두레박이 부서졌으니 凶하
다는 것이다.

　1) 井의 卦는 下卦가 巽이고 上卦가 坎이기 때문에 우물물, 즉 坎水에 두레박을
넣어(즉 巽은 入이기 때문이다) 물을 퍼 올리는 象이다. 그래서 이 卦를 井이라 하
는 것이다. 우물물은 퍼서 쓰면 쓸수록 물이 솟아 나오고 사람이나 사물을 기르고
그 쓰임은 대단히 많다.

　2) 고을을 고치더라도 우물은 고치지 않는다는 것은 九二 九五가 모두 陽爻이고
각기 得中을 하여 中庸의 德을 가지고 있기 때문이다.

　3) 거의 이르렀는데도 우물물을 길어 올리지 못한다는 것은, 우물물이라는 것은
사람이나 일에 사용해야 되는 것이지 물을 퍼 올리지 못한다면 아무런 소용이 없다.
이는 일을 중도에 그만두면 안 된다는 뜻이다.

　4) 두레박을 깨면 물을 퍼 올 수가 없고 사람들에게 유용할 수가 없다. 그러므로
흉하고 재앙을 받는다.

5) 巽乎水而上水 ― 巽은 木이고, 이 木으로 만든 用器로 地下의 샘물을 地上에서 利用하게끔 퍼 올린다는 뜻이다.

6) 養而不窮也 ― 길어서 다함이 없다는 말은 井의 德을 말한 것이다. 人事的 面에서 볼 때 井道의 理致와 같이 한량없는 知誠의 저장이 있으므로 지식이란 많으면 많을수록 使用하면 使用할수록 빛이 더욱더 밝게 나고 무궁무진하다는 뜻이다.

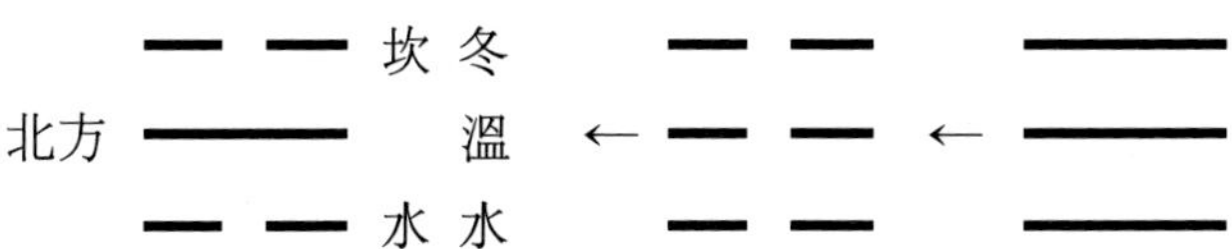

本바탕은 坤則土이니 坎卦는 乾의 中間爻가 坤에 가서 坎卦가 되었다. 坎卦는 坤의 中間에 陽爻가 들어 있다.

陰은 寒, 陽은 暑(溫)라고 한다면 坎은 冬節이면서도 地下에 있는 地下水는 溫水(溫氣)가 되는 理致가 陽爻의 中間爻 때문이다. 故로 겨울의 地下水 샘물은 따뜻하다.

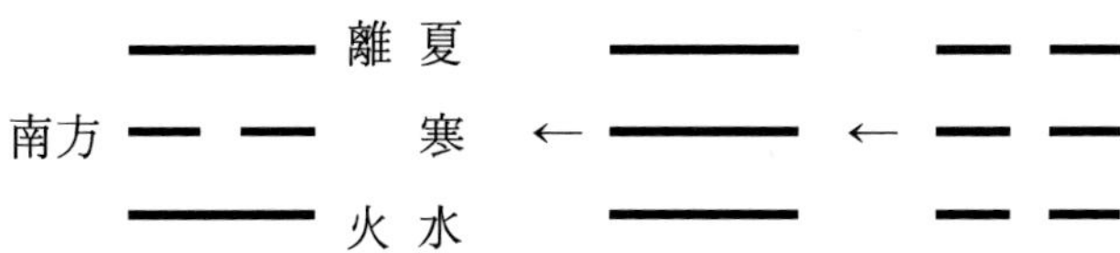

[象辭(大象)]

象曰 木上有水 ― 井이니 君子 ― 以하야 勞民勸相하나니라

🌑 象에서 말하기를 木上有水가 井이니 君子가 써 하야 民을 勞하고 勸하여 서로 돕게 하나니라.

◎ 나무 위에 물이 있는 것이 井이다. 君子가 이것을 본받아 百姓을 위로하고 서로 돕도록 권장한다.

1) 君子는 우물의 理致를 본받아 王道의 政治를 베푼다는 뜻이다(巽이 木이니까 木上有水는 두레박으로 물을 퍼 올리는 形象이다).

2) 勞民勸相 ― 勞는 달래고 위로한다는 뜻. 勸相은 서로 돕도록 권한다는 뜻.

[爻辭]

初六은 井泥不食이라 舊井에 无禽이로다.

　泥: 진흙 니.　禽: 날짐승 금.

☯ 初六은 井 泥하여 不食이라 舊井에 禽 无로다.

◎ 우물에 흙이 섞여 흐려서 먹을 수가 없다. 옛 우물에는 禽獸도 먹으러 오지 않는다.

1) 初六은 不正이고 위에 應爻도 없다. 그러니까 못 쓰게 된 우물과 같다. 우물물이 탁해서 먹을 수도 없다. 이런 우물에는 짐승이나 새도 날아들지 않는다.

2) 有-无-哲學-形而下學이다. 物에서 心으로 硏究하여 哲學이 發展되면 科學이 發展된다. 无-有-理學-形而上學이다. 心에서 物을 硏究한다. 그러므로 西哲은 2천 년의 歷史를 가지고 있는 反面에 東洋의 理學은 五千 年의 歷史를 가지고 있으니 西洋의 哲學者가 東洋의 理學을 硏究하기 위한 學問의 方向 轉換이 많아지고 있다.

象曰　井泥不食은　下也-일새오　舊井无禽은　時舍也-라

舍-捨也

◉ 象에서 말하기를 井泥不食은 下이기 때문이요, 舊井无禽은 時를 버린 것이라.

◎ 우물이 흐려서 먹을 수가 없다는 것은 맨 아래에 있기 때문이다. 낡은 우물이라 금수도 없다는 것은 때로 버려진 것이기 때문이다.

1) 사람이 우물물을 먹을 때는 가장 윗물을 먹는다. 그런데 가장 아래에 있는 물이라는 것은 황폐하고 흙탕물이니 不食이다. 심지어 禽獸라도 먹지 않기 때문이다.

九二는　井谷이라　射鮒-오　甕敝漏-로다.

　射: 쏠 석.　鮒: 붕어 부.　甕: 독 옹, 옹기 두레박.　敝: 깨질 폐.　漏: 셀 루.

◉ 九二는 井谷이라 물이 흘러 붕어 정도가 있을 뿐이요, 옹기가 깨져 새는 것이로다.

◎ 井水가 흐르는 谷穴이 있으나 붕어 정도나 살수가 있을 뿐이고 옹기가 깨져서
　　물이 샌다.

1) 우물이 무너져 그 속에 물이 흐르는 골짜기가 있고 그 水量은 붕어(송사리 같이 작은 고기)가 나와서 놀 만할 뿐이고, 또 옹기 두레박이 깨어져서 물을 퍼 올릴 수도 없으니 옳은 샘의 구실을 못하는 샘을 表現하였다.

2) 鮒 ― 我東海之波臣, 魚婢, 妾魚, 皆小魚之意.(來註)

3) 射鮒 ― 물이 작은 고기에 미친다.

4) 위가 陽爻요 아래가 陰爻이니 溪谷의 象이요, 二爻變 卽 艮이니 山下有井. 坎爲弓이니 射之象이요, 巽爲魚니 鮒之象也요, 九二는 不正이나 得中이다. 九五와 相比關係이니 初六과 相交되는 象으로 볼 수가 있다. 가장 가까운 陰爻이기 때문이다.

象曰 井谷射鮒는 无與也일새라

◑ 象에서 말하기를 井谷 射鮒라는 것은 더불어 할 것이 없는 것일새라.

◎ 井水가 흐르는 谷穴이 있으나 붕어가 있을 뿐이라는 것은, 더불어 할 것이 아무것도 없다는 것이다.

1) 九二는 陽剛이지만 위로 正應이 없어 이끌어 줄 사람이 없다. 그래서 하는 수 없이 아래에 있는 初六과 친하게 지낸다. 九五는 같은 陽이라 應이 될 수가 없기 때문에 无與라 하였다.

2) 우물 속에 골짜기가 생겨 물이 흘러내려 붕어가 놀 수 있다. 위로 솟아올라 올 수 없는 샘물(위로 솟아 공을 이루지 못하고 붕어나 적시는 물)이라는 말은 위로는 應與하지 못하였기 때문이다.

九三은 井渫不食하야 爲我心惻하야 可用汲이니 王明하면 並受其福하리라.

渫: 칠 설, 깨끗할 설. 惻: 슬퍼할 측. 汲: 물길을 급. 並: 아우를 병.

◑ 九三은 井을 渫하더라도 不食하야 나를 위하여 마음이 惻하여 可用汲이니 王이 明하면 나란히 그 福을 受하리라.

◎ 우물을 쳤는데도 먹지 않는다. 나를 위한 마음이 슬프다. 퍼내어 이용하는 것이 좋을 것이다. 왕이 밝은 덕이 있다면 나란히 그 복을 받을 것이다.

1) 九三은 陽剛이고 位가 바르다. 지금 우물을 깨끗하게 쳤는데도 아직 퍼 올려서 마시는 물로 사용되지 않고 있다(이것은 군자가 아직 등용되지 못하고 있는 것과 비유할 수 있다). 應爻인 上六이 나를 위해서 슬퍼해 준다. 우물물은 가히 퍼 올려 먹는 물로 쓰여야 한다(왕이 퍼 올릴 수 있다). 九五의 王이 밝은 德이 있어 九三을 등용한다면 九三의 君子가 복을 받는 것은 물론이고 그것은 王의 복이며 나아가 백

성들의 복이라 할 수가 있다는 것이다.

2) 우물을 쳐서 깨끗한 물이 되었는데도 먹지 아니하니 나의 마음이 슬프다. 나를 써 주었으면 좋겠다. (밝은)王의 明哲한 命을 받으면 그 福을 아울러 받을 것이리라.

3) 우리가 工夫하는 것에 비유한다면 本性을 닦고, 德을 쌓아 많은 지식과 眞理를 터득해 놓으면 當然히 남기고 가야 하고, 自然히 그렇게 되는 法이다. 故로 可用汲이니 王明하면 並受其福이라 하였다.

4) 井渫不食 爲我心惻 ― 많은 實力을 쌓아서 지식의 축적을 해 놓는다면 반드시 使用할 기회가 있을 것이며 마치 劉玄德이 諸葛亮을 만나서 모든 政事를 펴내는 일과 같다.

象曰 井渫不食은 行을 惻也―오 求王明은 受福也―라.

◑ 象에서 말하기를 우물을 쳤는데도 물을 먹지 않는다는 것은 行을 惻하는 것이요, 王의 明을 求한다는 것은 福을 受하는 것이라.

◎ 우물을 쳐서 물이 깨끗하여도 먹지 않는다는 것은 그 實行하는 것을 슬퍼하는 것이고, 王이 밝은 것을 求함은 福을 받는 것이다.

1) 九三爻는 陽剛居正이다. 우물을 파서 물이 맑아 먹을 수 있지만 사람들이 먹지 아니하니 슬픈 象이다. 이것을 人事的으로 비유하면 草野에 있는 어진이가 지혜와 德望이 있는데 임금이 이것을 쓸 줄 안다면 아울러 그 福까지 받을 것이라는 뜻이다.

六四는 井甃―면 无咎―리라.
甃: 샘 칠 추, 우물벽돌 추, 꾸밀 추.

◑ 六四는 井을 청소하면 无咎리라.
◎ 우물을 잘 치면 허물이 없을 것이다.

1) 六四는 正位이나 初六과 相比關係다. 그러나 九五의 剛健中正의 君位를 補弼하면 无咎하다.

象曰 井甃无咎는 脩井也-일새라

◑ 象에서 말하기를 우물을 치면 无咎하다는 것은 우물을 수선하는 것일새라.
◎ 우물을 치면 허물이 없다는 것은 우물을 修理하였기 때문이다.

1) 井 中을 修築하여서 井水를 깨끗하게 한다는 것이다.

九五는 井冽寒泉食이로다.

 冽: 찬샘 렬, 맑을 렬(洌通). 寒: 찰 한

◑ 九五는 井이 冽하여 寒泉이라 食이로다.
◎ 우물이 차고 맑아 찬 샘과 같으니 사람들이 먹는 것이다.

1) 구오는 陽剛의 德으로서 尊位에 있다. 이것은 井水가 淸冽하여 萬民의 生活에 資하는 것이다. 그러나 上下에 親比가 있으니 汚濁할 危險性이 있지만 또한 中正의 德이 있으므로 寒泉처럼 冷冽하여 그것이 人間의 食用이 되는 것이다.
2) 九五는 正位 得中의 爻다. 九二와는 不應이나 六四 및 上六과 相比다.

象曰 寒泉之食은 中正也-일새라

◑ 象에서 말하기를 寒泉을 먹는다는 것은 中正이기 때문이라.
◎ 찬 샘물을 먹는다는 것은 正中이 되었기 때문에 그러하다.

1) 寒泉食 ― 寒泉은 우물 가운데 가장 좋은 것이다. 이것은 九五가 中正이기 때문에 井이나 泉의 맑고 깨끗함이 사람들을 기르는 데 유용하기 때문이다.

上六은 井收勿幕고 有孚ㅣ라 元吉이니라.

　幕: 덮을 막

　◑ 上六은 우물의 물을 긷고 나서 뚜껑을 덮지 아니하고, 有孚라 元吉이니라.

　◎ 우물의 물을 퍼서 사용하고 난 후에 뚜껑을 덮지 아니한다. 믿음이 있는 것이라 크게 길할 것이다.

1) 上六은 正位이고, 九三과의 相應關係에 있다.

2) 井收勿幕 ― 卦象自體가 우물물을 퍼서 먹고 뚜껑을 덮지 않는 것이다. 往來井井의 道를 유지하기 위해서는 누구나 이용하도록 뚜껑을 덮지 않는 것이 井의 本性이다.

3) 有孚元吉 ― 뚜껑을 닫지 않고 계속적으로 使用함은 大自然의 法則에 따르는 것이고 이것은 无喪无得의 理致라고 할 수가 있다.

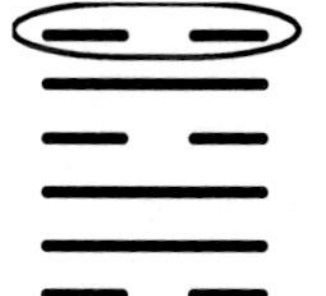

上六이 陰이니까 뚜껑이 열려 있는 象이다. 그래야만 우물의 물을 누구나 먹을 수 있고 자꾸 먹고 퍼낼수록 새로운 물이 生成되어 우리들에게 供給되는 것이다.

4) 사람이 工夫를 하는 데 비유를 한다면 샘의 뚜껑을 열어 놓고 물을 퍼 가는 것과 같다. 知識은 샘물과 같아서 使用하고 活用할수록 더욱더 빛이 나고 넘쳐서 흐르는 法이며 더욱더 참신한 지식 공급이 可能할 수가 있겠다.

象曰 元吉在上이 大成也-라.

◑ 象에서 말하기를 元吉이 在上인 것이 大成인 것이라.
◎ 元吉하면서 上六에 있다 함은 크게 成功하는 것이다.

1) 上六의 地位에 있으면서 元吉은 大聖人의 修養이된 사람이 아니면 될 수 없다.

2) 六四卦 中에 上六爻에 '元吉'이라고 쓴 句節은 井卦밖에 없다. 例를 들면 孔子나 諸葛亮 等의 人物이 王位의 上座에 國師로 있다면 元吉이 될 수가 있다. 그러한 結果로 大成이 될 수가 있다.

3) 孔子의 위패를 모신 鄕校에는 大成殿이라고 현판이 붙어 있다. 또 孔子의 稱號를 "大成至聖文宣王"이라고 한 것은 井卦와 같이 往來井井하고 无喪无得한 心性과 井道의 偉大한 大自然法則을 간직하고 있다는 것이다. 聖人은 至善으로 계속 一貫하여 나아가는 사람이니 元吉이요, 또 이 元吉을 恒常 간직하고 있는 者가 곧 聖人의 境地라고 할 수 있다.

4) 一般的인 샘. 옛날에는 위아래 나무로 井字 모양으로 하여 놓고 샘을 팠다. 아래의 나무는 참나무로 만들어 놓는다. 이것이 百 年 千 年이 지나면 좋은 藥材가 되는 '沈香'이 되는 것이다.

〈井卦의 綜合〉

井卦를 여러 가지 側面에서, 特히 知識을 쌓는 程度나 아니면 大自然의 活用度 等으로 考察한다면 다음과 같이 생각해 볼 수가 있다.

初六 井泥不食 ― 工夫하여도 알아주지 않고 버려진 샘이니 大自然의 利用度가 우리 人間에게 미치는 바가 全然 없다는 것이다.

九二 井谷射鮒 ― 조금 進步된 狀態이고 多少의 利用度는 있으나 資의 궁핍을 뜻

하고 있다.

九三 井渫不食 — 工夫가 조금된 狀態이며 大自然의 資源이 開發되는 뜻이다.

六四는 井甃 — 自己 自身의 知識의 省察을 뜻하고 또한 資源의 保護를 뜻하는 것이다.

九五는 井冽寒泉食 — 工夫가 다 되어 있는 狀態다. 따라서 資源이 開發되어 經濟가 풍성하게 되어 있는 狀態를 말한다.

上六 井收勿幕 — 풍부한 지식을 쌓아서 哲人이나 大人의 地位에 있다고 한다면, 또 그 사람이 누구라도 未來를 예지하며 通達하였다면, 샘물을 많은 사람에게 供給하는 것과 같이 무엇인가 남기고 가야 한다는 것. 그래서 샘 뚜껑을 닫지 말라는 것은 知識의 門을 열어 놓도록 하라는 뜻이며, 풍부한 資源은 獨占하지 말고 分配를 公正하게 하여 大象에서 말하는 바와 같이 勞民勸相의 精神을 가지도록 한다.

※ 井은 經濟生活에 있어서도 우리에게 많은 理致를 알려준다.
"井田法"

4	9	2
3	5	7
8	1	6

土地의 九等分中에서 주변의 八地域은 個個人이 耕作하여 所有하나, 가운데 (5)는 公有로 共同耕作을 한다. 洪範九疇의 五 皇極에 해당한다.

中央(5)의 곳에 우물을 팠다. 그래서 우물을 井이라 한다.

또한 井田法의 內容은 文王八卦의 次序와도 같으니 井卦의 內容을 깊이 研究해 볼 必要가 있겠다.

(49) 澤火 革(下經 19)

<pre>
說 ━━ ━━ 正
   ━━━━━ 正   中 兌 澤 少女
   ━━━━━ 不正
   ━━━━━ 正
文明 ━━ ━━ 正   中 離 火 中女
   ━━━━━ 正
</pre>

―序 説―

1. 卦의 뜻

1) 革은 革新 革命과 같이 改革의 뜻을 말하며 水火의 原理에서 革이 이루어진다. 가죽을 고쳐서 물건을 만드는 데에서 고치는 뜻으로 革이라 하였다.

2) 河圖와 洛書 속에서 바꾸어 말하면 先天에서 後天으로 가는 것도 革이다. 相互 比較하면 金火가 서로 바꾸어져 있다.

金火交易

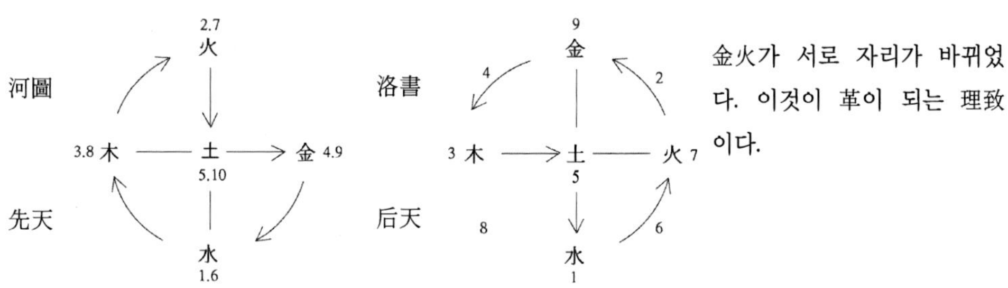

3) 五行으로 볼 때 革이란 水火 아니면 되지 않는다. 그 이면에는 또 金이 없는
革은 失敗한다. 故로 우리가 살아온 過去를 돌이켜 볼 때 革命은 軍에서 장악하게
되었고 主動的인 역할을 했다. 澤火革 속에는 兌爲金이니까 金이 內包되어 있다.

4) 革은 皮革이라고 한다. 가죽은 금수의 껍질로 만들어지는데 우리들은 이 가죽
으로 많은 生必品을 만들어 供給하지만 불기운만 있다면 變하게 된다. 오그라들고
줄어들며 모양이 달라진다. 그렇지만 가죽의 原形質은 保存되고 있는 것이다. 革의
原理는 바로 이것이다.

5) 革新이다. 改革이라고 하는 것은 形而上學的으로 본다면 惡을 몰아내고 善을
들어내 보인다. 不正을 없애고 正으로 나아가는 社會를 만드는 과정이라 할 수 있
다. 우리는 心性을 革하기 위하여 工夫하고 生活한다고 볼 수가 있다. 바꾸어 말하
면 不善에서 善으로 바뀌는 過程이 곧 革이라고 할 수 있다. 우리가 부르짖는 正義
社會나 福祉社會가 되려면 形而下學的인 變化보다는 形而上學的인 變革이 된 後에,
變革이 波及되어야 할 것이다.

6) 易學徒가 觀察해 보아야 할 것은 마음의 흐르는 方向이다. 善과 不善, 正과 不
正 나아가 男과 女의 마음의 行方을 포착하는 豫知感이 있어야 한다. 또 天心이 어
디에 있는가, 그 時期는 어느 때인가를, 우리는 알도록 努力하고 硏究해야 할 것이
다. 그렇다면 現代를 살아가는 우리들에게 있어 易學의 理致는, 흡사 '里程標'와 같
은 役割을 한다고 볼 수 있을 것이다. 오늘날 西洋의 學者가, 東洋의 易學에 關心을

가지고 硏究를 거듭하고 있으므로 우리도 加一層 硏究해야 할 것이다.

7) 儒敎는 革命을 싫어한다. 五倫 또는 五常을 바탕으로 한 人間이 지켜야 할 德目을 重視한다. 君主의 尊嚴性과 君主에 대한 臣下와 人民이 忠誠, 身分 秩序도 重視한다. 그런데 이러한 秩序를 뒤엎어 버리는 革命을 儒敎가 싫어하는 것은 當然하다. 그렇지만 儒敎의 經典인 周易에서 革命을 肯定하는 것은 무엇 때문인가? 이것은 分明히 모순이다. 그러나 이 모순을 合理化하는 것은 '天命思想'이다. 儒敎의 政治思想은 天命思想을 바탕으로 成立한다. 天命이란? 하늘의 命令인 것이다.

8) 宇宙의 萬物을 創造하고 主宰하는 것은 하늘이다. 中庸에서는 天命之謂性이라 表現하였다. 人間의 모든 일이 하늘의 命令에 의하지 않는 것이 없다. 사람은 이 命令에 順天할 따름이며 하늘은 完全하고 바르고 善하고 無限히 生成하고 變化하면서 發展한다. 人間은 그 自身이 하늘을 縮小한 存在라 하고 또 小宇宙라고도 한다. 그래서 하늘은 사람을 通하여 人間에게 하늘의 의사를 遂行하도록 하는 것이다. 이것이 人乃天思想이라 할 수가 있고 人間을 硏究하는 것은 곧 宇宙를 硏究하는 행위라고 생각할 수 있으며 天道, 地道, 人道를 各各 다른 것이 아니라 같다고 보는 理論에 도달하는 것이다.

9) 天命思想은 王道政治의 理念이라야 한다. 天命을 받아 天下를 다스리는 사람을 萬乘天子라고 한다. 天子는 곧 帝王으로 君臨하여 하늘의 命令을 받은 選擇된 指導者로서 하늘을 代行하여 하늘의 뜻으로 人民(百姓)을 다스리는 것이다. 帝王은 하늘의 뜻에 어긋나는 政治를 하면 天命을 잃게 된다. 이것은 곧 하늘이 天子(帝王)를 파면시키는 것이다. 그렇다면 무엇으로 天命을 잃은 것을 알 수 있는가? 바로 民心의 所在이다. 天子가 民心을 잃으면 天下를 잃는 法이다. 고로 帝王이 된 者는 恒常 民心이 어디에 있는가를 알고 또 自身이 修養하고 反省하며 하늘에서 타고난 天賦之性을 發揮하고 德으로서 天下에 善政을 펴야 天命을 유지하는 것이다.

10) 儒敎가 革命을 具體的으로 肯定하고 예찬하기까지 한 例는 두 번 있을 뿐이다. 하늘의 뜻을 違反하고 虐政으로 人民을 괴롭히는 天子는 民心을 잃었으니 곧 天命을 잃은 者이다. 그러므로 새로 天命을 받은 者가 하늘을 代身하여 革命을 遂行할

수 있다는 것이다.

例 1－夏나라의 最後의 帝王인 桀이 음란하고 暴惡無道하여 百姓을 몹시 괴롭혔기 때문에 그때 諸侯의 한 사람인 殷나라의 湯王이 桀王을 쫓아내고 스스로 天子가 되었다.

例 2－殷나라 最後의 帝王인 紂王이 典型的인 暴君으로 百姓들을 도탄에 빠지게 하고 虐政으로 人民을 괴롭혔기에 그때의 諸侯의 한 사람인 周나라의 武王이 이를 쳐서 滅亡시키고 스스로 天子가 되었다. 結果的으로 桀과 紂는 暴惡한 君主의 標本的인 存在인 것이요, 湯王과 武王은 聖君이고 理想的인 帝王인 것이다. 이와 같이 두 차례의 革命은 하늘의 뜻이요 사람이 單獨으로 行한 것이 아니다. 그것은 天命을 받은 湯王이나 武王이 하늘의 뜻을 具體的으로 遂行한 天子로서 任務를 遂行한 것이요, 결코 下剋上이나 以臣伐君은 아니라는 것이다.

11) 孟子는 이 두 차례의 革命을 다음과 같이 評하였다. "仁道를 해치는 行爲를 賊이라 하고 義理를 해치는 行爲를 殘이라고 한다. 殘賊의 行爲를 하는 者를 匹夫라고 한다. 匹夫인 紂를 쳐부쉈고 베였다는 말은 있으나 임금을 죽였다는 말은 아직 듣지 못하였다"라고 極言하여 그들의 革命行爲를 合理化하였던 것이다. 이와 같이 革命이라는 槪念은 殘惡한 것을 쳐부수고 善한 것으로 바꿔 놓는 王權交替의 행위를 일컫는 것이요, 단순한 王權奪取를 目的으로 한 實力行事는 革命이 아닌 것이다. 그것은 反亂인 것이요 反亂은 簒弑의 罪, 즉 叛亂罪를 免할 수 없다는 것이다.

12) 古代 祭政一體時代에서는 祭祀－孝－忠－政治人 堯 임금이 王位를 大孝인 舜 임금에게 繼承시켰다. 王位는 神聖不可侵의 存在이니 이것을 儒敎에서는 天命思想으로 表現하고 西洋에서는 王權神授說로 표현한다.

13) 天命思想 → 王道政治를 理念으로 하여야 한다.
　　　　　　└──→ 德治로서 人民을 다스려야 한다.

天子－帝王－天命思想－王道政治－仁忠－德治
孟子의 學說이요 儒敎의 根本思想이다.

2. 卦象과 卦德

1) 卦象을 보면 上卦 兌上絕 못의 물이, 下卦 離虛 中 불을 끄려 한다. 아래의 불은 위의 물을 蒸發시키려는 성질이 있어 서로 화합하지 못하므로 이를 고쳐 화합하게 하여야 하는 象이다.

2) 革의 卦象에서 兌는 少女 離는 中女다. 二女가 한 집에서 同居하고 살아가고 있으나 장차 여자는 시집을 가기 때문에 오랫동안 동거할 수 없어 變革의 뜻이 있다.

3) 兌는 가을이고, 離는 여름이다. 四季節의 변화는 夏秋에 陰陽이 크게 변화하는 象이 있다. 五行에서는 兌는 金이고 離는 火이다. 불로써 금을 가열하면 금은 녹아 변하므로 革이다.

4) 洛書의 相剋하는 理致에 따라 만물이 완성되듯이 수화가 상극하나 不相雜·不相離함으로써 능히 변화의 妙用을 이루게 되는 것이다.

5) 河圖에서 洛書로의 변환과정은 西方의 金과 南方의 火가 서로 交易하는 데 있다(金火交易). 즉 二七火와 四九金이 洛書에서 서로 자리바꿈하고 있다.

6) 革은 上卦가 兌이니 이는 澤이며 또 止水이다. 下卦는 離 곧 火이다. 故로 澤中有火의 象이니 水火는 서로 相克의 原理로 現實에서 볼 수 있으나 不相雜의 原理도 있다. 이렇게 水火가 上下로 대치되어 있으니 革이다. 물은 불을 滅하려 하고 불은 물을 없애려고 하는 現象이 곧 革이요 또한 水火가 原動力이다.

7) 卦德을 보면 下卦 離火는 文明이고, 上卦 兌澤은 悅이다. 물이 불을 끄는 것은 變革이지만 正義로운 革命은 文明化하여 기쁨을 가져온다.

8) 그러나 革이 이루어지기 위해서는 많은 苦痛과 同人이 되어야 하며 또 時期가 또한 重要하다. 그리하여 周易上下經을 통틀어 12時가 있는데 그中에 이 革卦에도 時가 하나 들어 있는 것이다.

9) 이 卦의 陰陽 調和를 보면, 初九와 九三은 둘 다 正이고 初九는 不應이다. 그러나 六二와 九五는 中正에 있으면서 正應하고 있으며, 九三과 上六 또한 正應하고 있다.

10) 序卦傳에서는 "井道-不可不革이라 故로 受之以革하고……"라 하였다. 즉 우물이 오래되거나 허물어지면 새로 고치지 않을 수 없으니 井卦 다음에 革卦로써 받았다는 것이다.

3. 卦의 變化

1) 倒轉卦-火風鼎 　　　　 - 솥으로 모든 물건을 삶고 고치는 뜻이 있다.
   (≡ / ≡) → (≡ / ≡)

2) 配合卦-山水蒙 　　　　 - 蒙昧한 것을 고쳐서 잘 기르는 뜻이 있다.
   (≡ / ≡) → (≡ / ≡)

3) 錯綜卦-火澤睽 　　　　 - 어긋난 것을 革하는 뜻이 있다.
   (≡ / ≡) → (≡ / ≡)

4) 互卦-天風姤 　　　　　 - 柔가 剛을 期約하지 않았는데도 만났다. 決斷하여 물
   (≡ / ≡) → (≡ / ≡) 　　 리치면 그것이 씨앗이 되어 一陰이 始生하는 것이니
   　　　　　　　　　　　　 姤는 亂의 始發點이라고 할 수 있다.

[卦辭]

革은 己日이라아 乃孚하리니 元亨코 利貞하야 悔-亡하니라

◉ 革은 己의 日이라야 이에 孚하리니, 元亨하고 利貞하여 悔가 亡하니라.
◎ 革命을 하는 데는 이미 그날이라야 비로소 믿어진다. 革命 後에는 크게 亨通하고 마음이 곧아야 이롭고 뉘우침이 없을 것이다.

1) 革은 一朝一夕에 行하는 것이 아니다. 時中이 되어야 한다. 마땅할 때 일으켜야 世上 사람들에게 革命을 일으킨 참된 성의가 인정받게 되는 것이다.

2) 己日 — 己는 十干에서 여섯 번째이다. 己의 날이 되면 이미 절반을 지났다. 己의 다음은 庚이다. 庚은 更이라 事의 變이다. 모든 일은 절반을 지나면 弊端이 나타난다. 그러므로 改革해야 할 필요가 생기는 己의 날, 즉 革命하자고 定한 그날을 말한다. 革命할 날. 五, 一六이나 四, 一九 같으면 그날이다. 이날이 다갔을 때, 즉 成功을 했을 때 天干으로 말한다면 己는 后天始初이다.

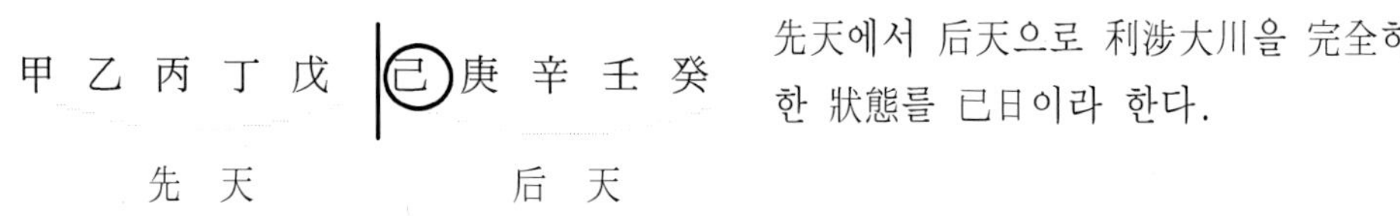

3) 乃孚 — 이에 믿음이 있을 것이다. 己日이 있고 난 다음에, 革命이 成功된 然後에 乃孚가 있을 수 있다.

4) 元亨코 利貞하니 — 革命을 할 때는 成敗를 結果에 따라 論해야 하기 때문에 元亨코 利貞이다. 이것은 大自然의 運數에 맡겨야 한다는 것. 政治는 政治家에게 맡겨야 한다는 것. 文章的으로도 크게 亨通하고 마음이 곧게 바르게 하여 利롭다는 것. 이것은 革命을 하기 전의 마음가짐이나 하고 난 後의 마음가짐이 元亨코 利貞이다.

5) 悔亡 — 自己가 所望하는바 뜻이 成就되었으니 뉘우침이 없다는 것. 만약 成功을 못하였다면 有悔다.

[彖辭]

彖曰 革은 水火-相息하며 二女-同居호대 其志不相得이 曰革이라. 已日乃孚는 革而信之라 文明以説하야 大亨以正하니 革而當할새 其悔-乃亡하니라. 天地-革而四時-成하며 湯武-革命하야 順乎天而應乎人하니 革之時-大矣哉라.

◉ 彖에서 말하기를 革은 水火가 相息하며, 二女가 同居하되 其志가 不相得함을 革이라 한다. 已의 日에 乃孚라는 것은 革하여 이를 信함이라, 文明하여 써 説하여 大亨하여 써 正하니, 革하여 當할 새 其悔가 이에 亡하니라. 天地가 革하여 四時가 成하며, 湯武가 革命하여 順乎天하고 應乎人하니 革의 時가 大矣哉라.

◎ 水火가 서로 相生 相剋하고, 두 女子가 (少女, 中女) 같이 살면서 그 뜻을 서로 얻지 못하는 것을 革이라고 한다. 이미 定한 그날이 지나가야 이에 믿음이 있다는 것은, 革命하여 이에 믿는다는 것이요, (그날이 지나가야 革命이 되었다고 믿어지는 것.) 文明으로 써 기뻐하니 크게 亨通하여 올바르다. 革命을 하여 여기에 당하면 그 뉘우침이 없을 것이다. 天地가 變革하여 春夏秋冬의 四時가 이루어지고, 湯王 武王이 革命을 일으켜 하늘에 順하고, 사람에게 應했으니, 革命을 하는 때의 意義가 큰 것이다.

1) 水火가 相生 相剋한다.

澤(止水)　水曰潤下　水火가 共存하고 相交하면서 서로 잡아먹고 있으니
이러한 形而下學的 理論을 革이라고 한다.
그러나 서로 살아가야 한다.

離(火)　　火曰炎上

2) 水火는 不相雜 不相離라고 하였으나 水火 中 어느 한쪽도 많으면 變革이 온다. 언제나 水火의 調節을 잘하여야 한다.

3) 二女同居 ─ 澤은 少女 離는 中女이니 二女가 함께 살고 있는 象이다. 女子는 함께 살지만 成長하여 出嫁를 各各 다르게 가고 또 陰陽의 原理에서 뜻이 서로 달라서 一致할 수가 없다는 것.

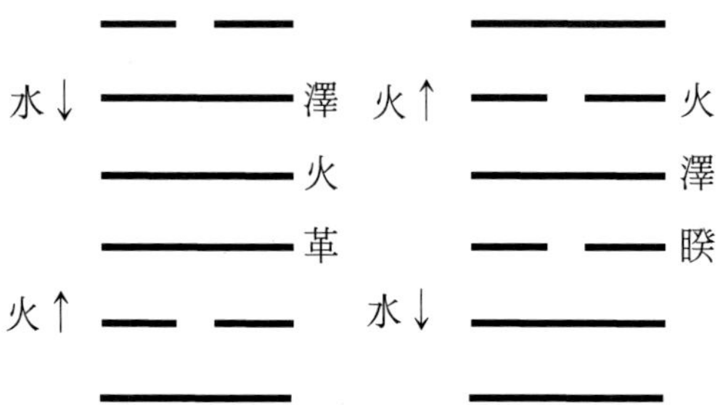

澤火는 相息하여 革이 되지만 火澤은 相離하여 어긋남. 이것을 睽라고 말한다.

4) 水火相息 ─ 革을 말한다. 二女同居其志不相得 ─ 革을 말한다.

5) 文明以說 大亨以正은 革卦의 德을 말하였으며 또 革의 始初는 文明以說이며 至善하며 正義感을 가지고 革에 臨한다. 그 結果로 其悔乃亡이다.

6) 大自然의 秩序, 즉 四時가 돌아오는 理致와 같이 湯王이 桀王을 武王이 紂王을 征伐하여 天命을 받는 것은 順乎天應乎人 하였으니 이것은 大自然에 依하여 이루어졌다는 것. 故로 革이 되는 時는 크고도 重要하다(湯武革命을 天命思想에 결부시켜 말하였다. 또한 人爲가 아닌 大自然의 힘에 의하여 이루어지고 하늘과 사람이 다 이에 應하고 順從하였다는 것이다).

7) 大學의 在新民 ─ 精神的인 革命을 뜻한다. 革은 秩序가 정연해야 하고 계획을 正確하게 해야 하며 天時와 人事에 어긋남이 없이 맞아야 한다. 이 表現이 元亨코 利貞이다.

天地革而四時成 ― 至公无私한 天心 大自然의 흐름

人事的으로는 湯武革命 ― 元亨利貞으로 革命을 이룩하였음.

順乎天而應乎人 ― 上順天命下應人心

[象辭(大象)]

象曰 澤中有火-革이니 君子-以하야 治歷明時하나니라.

◐ 象에서 말하기를 澤 中에 有火한 것이 革이니 君子가 써 하여 治歷하고 明時하나니라.

◎ 못 속에 불이 있는 것이 革이니, 君子가 이것을 본받아 曆法을 다스리고 때를 밝힌다.

  1) 澤中有火 ― 兌의 象 못 속에, 離의 象인 불이 있다는 것. 불이 강하면 물을 마르게 하고, 물이 강하면 불을 끄게 된다. 이것은 곧 改革된다는 뜻. 이 형상은 용광로라 볼 수도 있다. 人生의 삶이 모두가 革이다. 發展을 위한 革이 없이는 大成功이 있을 수 없다.

  2) 治歷明時 ― 治歷은 曆을 다스린다. 곧 大自然의 理致를 알아야 한다는 것. 그리고 明時는 春夏秋冬의 때를 밝히는 것. 正易을 하는 사람들은 治歷을 보고 周易을 周歷으로 보아서 歷書를 重要視하고 있다. 歷은 曆也니 曆法을 잘 다스려서 때를(時節) 밝힌다. 이는 革命이 되면 반드시 歷法도 바꾸는 것이니 곧 卦象인 澤中有火의 革되는 것을 보고 治歷明時의 革을 알아내는 것이다.

  3) (傳) 水火相息이 爲革이니 革은 變也라 君子觀變革之象하여 推日月星辰之遷易하여 以治歷數하여 明四時之序也라.

[爻辭]

初九는 鞏用黃牛之革이니라
　鞏: 굳을 공.

☯ 初九는 鞏用하여 黃牛의 革이니라.
◎ 묶되 황소가죽을 사용하라

1) 革의 始初이니 內部로는 順하게(黃牛 － 順也) 하고 外部로는 공고히 하여야 한다.

2) 初九는 陽자리에 陽이 있으니 正位이고 九四와 不應이다. 鞏은 固也라. 黃色을 中色. 牛는 順物이라. 鞏用黃牛之革은 謂以中順之道라. 自固하야 不妄動也라.

3) 初九는 革命을 하는데 始初이니 굳게 지키기를 소가죽으로 묶어 놓은 것과 같이하라. 絶對로 輕率하게 行動하여서는 아니 된다. 곧 革命을 하기 위한 초기단계이니 地下工作을 아주 튼튼히 하고 革命의 냄새를 풍겨서는 아니 된다는 것이다.

4) 革卦의 內三爻는 正位이다. 三爻의 內容은 革命이 되는 것을 말하였고, 外三爻는 革命이 되고 난 後의 뒷일에 대한 것을 써 놓았다.

象曰 鞏用黃牛는 不可以有爲也일새라

☯ 象에서 말하기를 鞏用黃牛라는 것은 써 有爲함이 不可일새라.
◎ 黃牛의 가죽을 굳게 使用한다는 것은, 아직은 일을 해서는 아니 되기 때문이다.(革의 始初이니 그러하다.)

六二는 己日이어야 乃革之니 征이면 吉하야 无咎하리라

　◯ 六二는 己의 日이어야 이에 革之하니 征이면 吉하여 无咎하리라.
　◎ 이미 作定한 그날이라야 이에 革命을 하는 것이니, 그대로 遂行해 가면 좋고 또한 허물이 없을 것이다.

　1) 六二는 柔順中正으로서 九五의 剛健中正과 正應이다. 급하게 改革을 하지 않고 弊害가 이제 뚜렷해진 己의 날에 改革을 斷行한다. 나아가 改革을 하더라도 吉하고 허물이 없다.
　2) 九五에 和應하여 주저하지 말고 往進하면 勝利를 하고 倫理上으로도 過失은 없을 것이다. 고로 无咎라고 하였다. 相對的으로 成功하지 못한다면 有咎이고 有凶하다는 것이다.
　3) 六二는 改革의 適格者로서 (1) 文明의 才能이 있고 (2) 中正의 德이 있으며, (3) 九五와 正應이며, (4) 巽順하여 衆을 얻을 수 있다는 네 가지 資格이 있다.

象曰 己日革之는 行有嘉也ㅣ라

　◯ 象에서 말하기를 己日革之라는 것은 行하야 有嘉한 것이라.
　◎ 己革의 날에 革命을 遂行한다는 것은, 行하는 데에 아름다움이 있다는 말이다.

　1) 二爻는 中正柔順이고, 亨者는 嘉之會也라고 하였으니 革命遂行 後의 亨通은 말할 것도 없고 아름다움의 生命이 再生된 기쁨에 會合한다고 할 수가 있다. 그리하여 有嘉라고 하였다. 또한 亨者는 禮이니 秩序가 있게 革命을 遂行하고 뒤에도 모든 節次에 맞게 한다는 것이다.

澤 改   外三爻는 革된 후의 후사에 대한 것.

火 革   內三爻는 革命이 이루어지는 과정.

九三은 征이면 凶하니 貞厲홀지니 革言이 三就면 有孚-리라

就: 이룰 취, 나아가다.

◐ 九三은 征이면 凶하니 貞하여도 厲할 것이니 革言이 三就면 有孚이리라.

◎ 치고 나가면 凶할 것이니, 올바르게 하여도 위태로울 것이니, 革命을 요청하는 소리가 세 번 나면 믿음이 있을 것이다.

1) 九三은 陽자리에 陽이 있으니 正位이며 上六과는 正應이다. 그러나 改革하려고 들떠서 함부로 덤비면 凶하다. 비록 正道에 맞는다고 할지라도 위험하고 실패하면 죽는다. 改革에 관한 論議가 여러 번 있고 난 이후라야 성취하며, 이렇게 해야 정당하고 진실성이 있어 사람들의 支持를 받고 성공하는 것이다.

2) 九三爻는 革命을 하고자 하는 사람에게 愼重을 느끼게 하는 곳이며, 計劃 없이 革하려면 凶하다고 警戒시키고 있다.

3) 貞正하여도 危險함을 免치 못하기 때문에, 이것을 경계하고, 再三 革命의 타당성을 검토하거나 그것을 要請하는 소리가 나온 뒤에 자세히 살펴서 行動해야 한다. 즉 함부로 나가면 凶하다는 것이다. 바른 일이지만 위태롭다. 改革해야 하는 世論이 무르익을 때 일을 단행해야 한다는 것이다.

4) 三就 — 꼭 세 번을 말하는 것이 아니라 多數를 말함.

5) 革하는 方法 — 征이면 凶하니 貞厲할 것이니 愼重을 期하라는 것. 즉 革言이

三就라야 有孚가 있다는 것이다.

象曰 革言三就어니 又何之矣리오

◐ 象에서 말하기를 革言三就이니 又 何之矣리오.
◎ 革命을 要請하는 소리가 세 번 나오고 난 이후에 이루어진다는 것이니, 또 어디로 가려 하는 것인가.

1) 革命을 하는 것이 至極히 온당하다는 것이며, 革命의 當爲를 말하고 있다.
2) 又何之矣 ― 더 갈 곳은 없다는 것. 틀림이 없다는 뜻이다(여기에서 之字는 간다고 풀이한다).
3) ※ 周易 六十四卦 中에서 마지막 끝자가 세 가지 형태로 되어 있다.

<table>
<tr><td rowspan="3">（</td><td>....也라   결정사로 使用됨.</td><td rowspan="3">）</td><td rowspan="3">三爻에 들어 있는 것은 大明終始
의 時期다.</td></tr>
<tr><td>....乎아   의문사로 使用됨. 水地比卦六三爻</td></tr>
<tr><td>....矣리오   틀림이 없다. 澤火革卦九三爻</td></tr>
</table>

모든 글의 끝맺음을 '也'字로 하는 것을 보면 也山先生님의 號속의 也字에 포함된 理致는 깊다 하겠다.

九四는 悔亡하니 有孚-면 改命하야 吉하리라

◐ 九四는 悔가 亡하니 有孚하면 改命하여 吉하리라.
◎ (革命을 하여 過去의 모든 것은) 뉘우침이 없어진다. 믿음이 있으면 天命에 의하여 改革을 하여도 좋을 것이다.

1) 革命家에 의하여 目的을 達成해 놓고 政治는 政治家에게 맡겨서 天命에 依據하므로 萬百姓의 喜悅을 가져온다는 것이다.

2) 九四는 陰位에 陽이 있으니 不正이며 初九와 不應이다.

3) 改命 ― 天命을 고치는 것을 말한다.

4) 外卦는 兌다. 卦德으로 보면 悅이니 萬百姓의 喜悅을 사서 吉하다는 것이다. 內卦는 革命을 하는 方法論을 外卦는 革命 後의 다스림과 後事에 대한 것을 말하였다.

象曰 改命之吉은 信志也일새라

☯ 象에서 말하기를 改命之吉은 信志일새라.
◎ 天命을 改革하여 吉하다는 것은, 그 뜻을 믿는다는 것이다.

1) 革命을 하여도 吉하다는 것은, 온 天下가 그 뜻을 믿기 때문이다.

九五는 大人이 虎變이니 未占에 有孚ー니라

☯ 九五는 大人이 虎變하는 것이니, 未占에도 有孚하니라.
◎ 大人이 호랑이처럼 변하는 것이니, 占을 치지 않더라도 誠心이 있는 것이다.

1) 九五는 剛健中正의 尊位에 있다. 혁명의 주체이다. 革命이 成就되었을 때 위대한 大人은 낡은 弊端을 除去한다. 이는 마치 호랑이의 털이 가을이 되어 새로 돋아나 光澤이나 色彩가 鮮明해진 것처럼 국가의 제도나 인심이 바뀌어 아름답다. 온 天下의 사람들은 이러한 至誠과 眞實을 신뢰하며 이것은 새삼스럽게 占을 쳐볼 필요도 없는 일이다.

2) 이와 같이 順理로 自然에 順應하여 해 나가면 天下가 泰平하게 되는 것이다.

占을 치지 않아도 믿음이 있어 萬民이 信賴하게 될 것이다. 九五는 中正이며 六二와 正應이다.

3) 虎變 ― 범이 털을 갈아 變하는 것. 夏節에는 더운 故로 털이 듬성듬성 났으나 가을인 秋節에는 越冬準備關係로 아주 촘촘하게 나는 것을 말한다. 이렇게 季節에 따라 變하는 것은 自然에 順應한다는 것을 意味한다. 범의 털갈이를 毛毨(선, 털 다시 나서 고를 선)이라고도 한다.

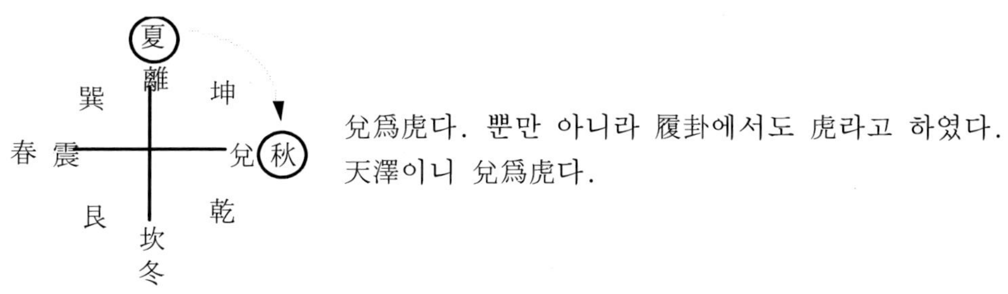

兌爲虎다. 뿐만 아니라 履卦에서도 虎라고 하였다. 天澤이니 兌爲虎다.

九五의 中正 ┬ 先天 ― 龍飛 ― 乾卦(革卦의 虎와 相對的임.)
　　　　　　 └ 后天 ― 虎變 ― 革卦의 澤(兌)

故로 文章的으로 龍虎를 相對的으로 尊貴한 靈物로 취급한다. 龍은 形而上的인 存在요, 先天的인 것에 비한다면 虎는 形而下的인 存在로 后天에 비유하였으니 언제나 相對的이다.

象曰 大人虎變은 其文이 炳也 ― 라

　炳: 밝을 병, 빛난다는 뜻. 文: 문채날 문.

◑ 象에서 말하기를 大人虎變은 그 文이 炳인 것이라.
◎ 大人이 호랑이처럼 변한다는 것은, 그 文彩가 밝은 것이다.

1) 自然에 順應하여 大人이 變한다는 것은, 그 文彩가 빛이나 환히 드러남을 말한다.

2) 其文이 炳也라—大人의 剛健中正之德이 빛나고 환하게 表面에 나타남을 말한다.

3) 九五는 君位이니 大人은 君主를 말한다. 虎變한다 함은 범이 그 가죽이 가장 아름답고 威嚴이 있는 짐승이다. 훌륭한 指導者가 아름답고 秩序 있는 世上으로 바꿔 놓는다는 뜻이다. 그런 故로 未占에 有孚라고 하였다.

上六은 君子는 豹變이오 小人은 革面이니 征이면 凶코 居貞이면 吉하리라

　　豹: 표범 표.

◉ 上六은 君子는 豹變이요, 小人은 革面이니, 征이면 凶하고 居貞이면 吉하리라.

◎ 君子는 표범처럼 변하는 것이요, 小人은, 얼굴만 바꾸는 것이니, 치고 나아가면 凶하고 올바르게 머물고 있으면 吉할 것이다.

1) 上六은 革命이 성취되고 난 이후에 그 효과가 天下에 미치는 것을 설명한다. 諸侯나 卿大夫 등 君子는 九五 天子의 虎變에는 미치지 못하나 표범이 가을이 되어 새로 털이 나온 것처럼 협력한다. 그러나 小人들은 얼굴만 변하고 위에 따를 뿐이다. 이러한 때에 쓸데없이 덤비면 좋지 않고 가만히 올바르게 있으면 吉할 것이다 (程子, 朱子의 해석).

2) 여기서 小人革面에 대해서는, 小人도 마음을 바꾸어 王을 따른다고 하는 해석이 있다. 이러한 경우, 面은 向으로 해석, 잘못된 方向을 바꾼다고 본다(項安世, 王引之의 해석).

3) 上六爻는 革命에 대한 總體的 說明이다.

　　豹變 — 自然에 順應하여 살아가는 君子之象.

　　革面 — 一時的인 顏色만을 바꾸는 것. — 小人之象

　　표범 — 그 文彩가 빽빽하여 자세히 보아야 알아볼 수가 있다.

　　九五는 陽의 大人虎變

上六은 陰의 君子豹變

象曰 君子豹變은 其文이 蔚也-오 小人革面은 順以從君也-라
  蔚: 성할 위, 빽빽할 위, 땅 울

☯ 象에서 말하기를 君子豹變은 그 文이 蔚한 것이요, 小人革面은 順하게 써 從君하는 것이라.

◎ 君子가 표범과 같이 變한다고 함은 그 文彩가 盛함을 말한다(指導者가 표범처럼 아름답고 훌륭한 모습으로 變함을 말한다). 小人이 얼굴빛만 變하게 한다는 것은 外面으로는 順하여 임금을 따르는 것이다.

1) 順以從君也 — 모든 國民이 지향하는 마음의 方向을 바꾸어 君主에게 順從해 온다는 뜻이다.

〈革卦의 綜合〉

※ 革卦의 根本原理는 天時와 人事, 計劃과 順序가 있어야 될 것이다.

初九 — 鞏用黃牛之革 輕擧를 굳게 制止하는 것. 또 秘密을 嚴守해야 한다는 것.

六二 — 已日乃革之 時期가 되어 擧事하는 것. 비로소 革命이 擧事하는 것.

九三 — 革言三就 革命의 理論이 完成된 것. 再三 完成한 理論을 竝行하는 것.

九四 — 有孚改命 드디어 革命을 遂成하는 것이다. 革命의 目的을 達成하는 것이다.

九五 — 大人虎變 善의 威力으로 天下를 號令하는 것. 大人이 統治해야만 民衆이 信賴할 수가 있다는 것.

上六 — 君子豹變 善의 態度로서 天下에 수범하는 것. 豹變하는 君子가 上位에 있으면 貞吉이 찾게 되는 것이다.

(50) 火風 鼎(下經 20)

```
文明 ━━━━━━━  不正
     ━━  ━━  不正  中  離  火  中女
     ━━━━━━━  不正
     ─────────────────
     ━━━━━━━  正
巽順 ━━━━━━━  不正  中  巽  風  長女
     ━━  ━━  不正
```

―序　説―

1. 卦의 뜻

1) 鼎은 革卦가 倒轉된 卦이다. 卦象으로 보면 上卦가 火(光明)이고 下卦가 木(巽)이니 나무가 불에 타는 形象이고 여기에 또 巽風이 불어 이것을 부채질하고 있다. 그 위에 존재하는 物體가 솥이다. 솥은 쇠붙이 곧 金이다. 金은 火속에서 造化를 이루고 變化한다. 金과 火의 相互作用에 따라 人類가 支配되어 왔다고 하겠다.

2) 鼎은 불속에서 自己의 本分을 다한다고 봄으로 鐵工所(製鐵所)의 쇳물을 녹이는 독을 뜻한다. 쇳물이 적당한 作業 徑路를 거쳐 그릇이 만들어지는 것이다. 則 그릇의 本故鄕이 독안이다.

3) 鼎은 크게 보아 사람이 工夫하여 大聖人이 되고 大學者가 되는 道場에 比喩할 수 있다. 서로 切磋琢磨하고 修練하여 完全하고 훌륭한 人格者가 되는 일을 鼎에 견주어 說明하였다.

4) 中國의 滄洲精舍, 麗澤會의 龜龍精舍 등은 修練하는 道場으로서 많은 學者나 名賢을 배출하였는데 이 精舍라는 것은 용광로와 같은 鼎의 役割을 한다고 볼 수 있다.

5) 鼎은 솥이다. 古代에 있어서 鼎은 天子의 地位와 國家의 威信을 상징하는 神聖視되는 그릇이었다. 그러기에 王位를 鼎祚라고 하고 國運을 鼎運이라고 불렀다. 솥은 삶고 익히는 그릇이다. 古代 祭政一致 時代에 있어서 國家의 가장 크고 所重한 行事는 조상에 대한 祭祀를 지내는 일이라고 보았다. 이 祭祀에는 많은 祭物을 장만하여 놓는다. 이 祭物을 익혀서 내는 道具가 鼎이다. 國家의 運命을 左右할 神의 加護를 받기 爲하여 祭物은 聖潔하고 알맞게 익혀져야 한다. 이 任務를 맡은 것이 鼎이다. 즉 나무에 불을 때어서 烹飪하는 데 쓰는 것이 솥이다.

6) 솥은 발이 세개 個가 있다. 한 國家의 勢力이 三權으로 分立되어 있으며 또한 세 개의 솥발이 함께 合心함으로써 솥의 구실을 하고 옳게 설 수가 있다. 古代의 新羅, 高句麗, 百濟를 三國의 鼎立이라고 하였다. 古今을 莫論하고 솥의 임자는 그 집을 繼承해 가는 宗者 宗孫이다. 조왕에 솥을 걸고 산다는 것은 한 家口를 認定하는 것이니 이 솥의 지니는바 뜻은 크며 모든 그릇에 對한 主器로 使用해 왔다.

7) 鼎과 井의 差異點은 水火의 差異에 있다. 井의 本質的인 任務는 좋은 飮料水를 供給하는 일이다. 그러자면 물을 많이 퍼내야 한다. 坎은 流水, 즉 地下水이므로 나무로 만든 두레박으로 물을 퍼 올려 먹게 된다. 井卦의 生命은 샘물을 퍼 올려 먹는 것. 井卦 上六의 位置는 물을 퍼서 地上에 도달시켜 우리가 먹는 形態이다. 그러면 井의 任務를 다한 것이다.

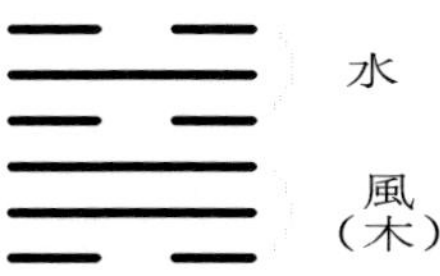

한편 鼎 속에 있는 飮食物은 火로써 익혀 내야 먹을 수 있게 된다. 또한 井과 마찬가지로 鼎 속에 있는 物件을 퍼내야 한다. 퍼내야만 먹을 수 있으니까 井의 上六과 같이 鼎卦의 上九爻도 좋은 것이다. 그러나 井은 이동할 수가 없으나 鼎은 이동할 수 있다는 점이 다른 것이다.

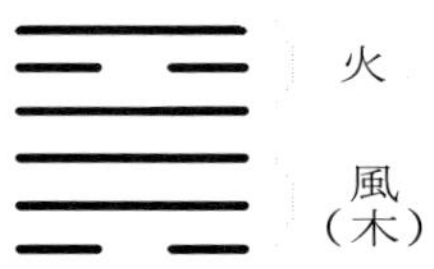

2. 卦象과 卦德

1) 鼎卦의 卦象을 보면 初爻는 솥발, 二爻에서 四爻까지는 솥과 속의 물건, 五爻는 솥 귀, 上爻는 솥 고리로서 內互卦, 外互卦가 모두 乾金, 兌金이므로 솥의 形象이다.

2) 鼎卦의 卦德을 보면 上卦는 離다. 離는 光明이니 賢明을 뜻한다. 下卦의 巽은 謙遜을 뜻한다. 賢明한 윗사람에게 아래 사람들이 謙遜한 態度로 順從하는 모습이다. 上下의 마음이 서로 呼應하고 協力하는 모양을 보인다.

3) 이 卦의 陰陽 調和를 보면, 初六과 九四는 不正이지만 相應하고 있으며, 九二와 六五는 역시 不正이나 相應하고 있다. 그러나 九三과 上九는 不應이다.

4) 序卦傳에서 보면 "革物者－莫若鼎이라 故로 受之以鼎하고……"라 나와 있다. 즉 物件을 變革시키는 데는 솥만한 것이 없으므로 革卦 다음에 鼎卦로 받는다는 것이다.

3. 卦의 變化

1) 倒轉卦 – 澤火革　　　　– 鼎道로써 모든 物件을 革新케 하는 뜻이 있다.
　　(☱ / ☲) → (☲ / ☴)

2) 配合卦 – 水雷屯　　　　– 鼎으로 革新하는 뜻이 있다.
　　(☵ / ☳) → (☲ / ☴)

3) 錯綜卦 – 風火家人　　　– 各其 位를 바르게 하여 正位應命(鼎卦 大象)하게 됨
　　(☴ / ☲) → (☲ / ☴)　　을 알 수 있다. 家人卦 象辭 中에 "家人은 女 – 正位
　　　　　　　　　　　　　乎內하고 男이 正位乎外하니 男 女正이 天地之大義也
　　　　　　　　　　　　　– 라"

4) 互卦 – 澤天夬　　　　　– 決斷하여 鼎으로써 物件을 革하는 뜻이 있다.
　　(☱ / ☰) → (☲ / ☴)

[卦辭]

鼎은 元吉亨하니라

◐ 鼎은 元吉하고 亨하니라.
◎ 鼎은 크게 吉하고 亨通하다.

1) 鼎卦는 솥으로써 음식을 삶아서 天地나 宗廟에 받치고 또한 天下의 어진 사람들을 대접하며 그럼으로써 天下를 養하는 卦라 할 수가 있다. 그리고 이 卦는 六五가 柔順하고 中正한 천자이고 九二는 剛健中正의 賢人으로 서로가 상응하여 새로운 정치를 한다는 뜻을 지니고 있다. 그러므로 크게 길하고 복이 있으며 일이 잘 진행되고 발전한다.

2) 元은 大也라고 하였으니 鼎의 使命은 어떤 物件을 넣어서 익혀 내어 먹는 데 의의가 있으니 亨通한 것이다. 또한 吉字는 衍文이라고 本義에서는 말하고 있다.

[彖辭]

彖曰 鼎은 象也−니 以木巽火−亨飪也−니 聖人이 亨하야 以享上帝하고 而大亨하야 以養聖賢하니라. 巽而耳目이 聰明하며 柔進而上行하고 得中而 應乎剛이라 是以元亨하니라.

　　飪: 익힐 임.

　☯ 彖에서 말하기를 鼎은 象이니 木으로 써 火에 巽하고 亨飪이니 聖人이 삶아서 上帝를 享하고 그럼으로써 大亨하야 써 聖賢을 養하니라. 巽하여 耳目이 聰明하며 柔가 進하여 上行하고 得中하여 剛에 應하는 것이라 그럼으로써 元亨하니라.

　◎ 鼎은 取象을 한 것이다. 나무로써 불을 넣어서 飲食을 삶고 익힌다. 聖人이 祭物을 삶아서 上帝에게 祭祀를 드리고, 크게 형통하고 써 聖賢을 기른다. 巽順하여 귀와 눈이 聰明하며 六五인 柔는 위로 올라가고 中을 얻어 剛인 九二에 應한다. 그러므로 크게 亨通하다.

　1) 元吉은 原來부터 또는 先天的으로 吉하다는 것이다. 그러나 大吉은 中斷된 狀態가 있는 것으로서 흉에서 吉로 갔기에 大吉이 되는 것이다. 鼎은 한 家口의 基準이 되며 生命의 源泉이 되는 것이다. 우리의 飲食物을 供給하는 作用을 맡은 것이 鼎이다. 이러한 思想을 우리가 학문을 하는 側面에서 볼 때 鼎은 어떤 道場과 같은 役割이 된다고 보며 여기에서 어진 사람을 길러 내는 것이라고 할 수 있다.

　2) 鼎은 象也니 —鼎을 만들기 위한 象을 이야기한다. 곧 철공소에서 鼎을 만들려면 나무로 木型을(形態의 틀) 떠서 쇠솥을 만드는, 솥의 祖上格인 것을 象이라고 한

다. 또한 易學에서 象이라고 하면 事物의 理致를 알아내는 方法論 中의 하나이다. 卦象으로 大象이 全部 있고 어느 卦의 爻마다 小象이 있어 그 深奧한 理致를 우리에게 말하여 주고 있다.

3) 繫辭下傳三章에서…… 是故로 易者는 象也니 象也者는 像也오라 하였다. 그러므로 易은 全部 우리 人間萬事를 象으로써 나타내고 있다. 그래서 易은 곧 象이라고 하였으니 그래서 象曰…… 云云하며 象이라고 하면 우리의 肉眼으로 볼 수 있는 像을 말하는 것이다.

易 – 象 – 像

4) 像以前의 것은 觀念的인 事項을 말한다. 곧 形而上學的인 것을 말하고 비로소 우리의 눈에 볼 수 있는 像 이것은 形而下學的인 것이다. 像에서부터 吉凶悔吝으로 나타나는 法이다.

5) 繫辭上傳十章에서 "易有聖人之道 – 四焉하니 以言者는 尙其辭하고 以動者는 尙其變하고 以制器者는 尙其象하고 以卜筮者는 尙其占하나니……라 하였다. 곧 聖人의 道가 四 가지가 있는 그中에 하나가 尙其象이다. 象에 대한 깊은 研究를 한다면 모든 것을 알 수가 있다는 것. 어떤 物件을 製作하려면 꼭 象이 必要하다는 것. 制器를 하자면 象을 알아야 한다. 이것을 더 發展시킨다면 科學技術의 振興을 할 수 있을 것이다.

6) 亨 — 형통할 형 元吉亨에 亨字의 뜻하는 바이다. 亨＝享＝烹

享 — 드릴 향 以享上帝에서는 享으로 解釋하여야 한다.

烹 — 삶을 팽 亨飪也에서는 烹으로 解釋한다.

7) 巽而耳目聰明 — 巽은 風이니까 사방을 다니며 많이 듣고 보고 배워서 총명해지며 耳는 聰, 目은 明이다. 耳目聰明에 대하여는 上卦가 離니까 聰明이라고 할 수 있다.

8) 柔進而上行 — 離, 즉 火가 上卦로 되어 있으니 六五가 柔이고 火이니까 上行이다. 火地 晋, 火澤 暌, 火風 鼎卦는 柔進而上行이 들어 있다.

9) 鼎卦에서는. 鼎은 象也라 하였는데 剝卦에서는 象辭에서 順而止之 觀象也라 하였다(大自然의 象을 보고 알아내는 것이다. 觀象臺라는 말이 剝卦觀象에서 찾아볼 수 있다).

象曰 木上有火 − 鼎이니 君子 − 以하야 正位하야 凝命하나니라.
　凝: 어릴 응. 엉길 응.

☯ 象에서 말하기를 木上에 有火가 鼎이니 君子가 써하여 正位하야 命을 凝하나니라.

◎ 나무 위에 불이 있는 것이 鼎이니 君子가 이것을 본받고 거울삼아 位를 바르게 하여 天命을 성취한다.

1) 鼎의 象은 巽木 위에 離火가 있어 나무를 넣어 불을 때고 그럼으로써 물건을 삶는 것이 鼎의 役割이다. 君子는 이 鼎의 자세를 본받아 그 位를 바르게 하고 받는 天命이 성취되도록 한다.

2) 凝命 ── 천명을 성취하는 것.

[爻辭]

初六은 鼎이 顚趾나 利出否하니 得妾하면 以其子无咎 − 리라.
　顚: 엎어질 전.　趾: 발꿈치 지.　否: 비색할 비, 나쁜 것, 악한 것.　悖:모질어질 패

☯ 初六은 鼎이 趾를 顚하나 否를 出함에 利로우니 得妾하면 써 其子 无咎리라.

◎ 鼎이 다리를 뒤집은 것이라, 더러운 것을 내보내는 데 利로우니 妾을 얻으면

그 아들이 허물이 없으리라.

　1) 初六은 鼎으로 말하면 가장 낮은 곳으로 다리에 해당한다. 九四와 應하여 다리가 위를 향하고 있는 모양이다. 말하자면 솥이 뒤집어져서 다리가 위로 향하고 있는 것이다. 따라서 아직 솥 속에 삶을 것이 들어 있지 않고, 지금까지 밑바닥에 고여 있는 찌꺼기를 비우는 데 좋다. 첩을 얻어 대를 이을 아들을 낳는다. 그러면 사람들의 존경을 받고 허물이 없다.

　2) 初六은 不正位이나 九四와는 相應關係이다. 初六은 陰柔居下인 몸으로 九四의 陽에 應해서 이것을 돕는다. 때문에 솥을 거꾸로 하여 더러운 것(否)을 씻어 내는 것과 같이 舊惡을 일소하는 뜻이 있다. 또 윗사람이 實子가 없으면 庶子 中에서 어진 이를 嫡子로 하여야 그 어미를 尊敬한다. 그래야만 어미가 子息을 貴하게 여긴다는 것. 故로 妾을 두는 것이 아들을 얻기 爲해 하는 일이라면 허물될 것은 없다.

象曰 鼎顚趾나 未悖也－오 利出否는 以從貴也－라

◐ 象에서 말하기를 鼎이 顚趾이나 未悖이요, 否를 出하는 데 利롭다는 것은 써 貴함을 따르는 것이라.

◎ 솥의 발이 뒤집어졌다 하나 아직 거슬린 것은 아니고 더러운 것을 버리는 데 이롭다고 한 것은 귀한 것을 따르는 것이다.

　1) 솥의 다리가 뒤집어져 있기 때문에 도리에 어긋난 것같이 보이나, 오히려 그렇기 때문에 고여 있는 찌꺼기를 치울 수가 있으므로 결코 그렇지가 않고, 찌꺼기를 내보냄으로써 새로 삶으려는 귀한 음식을 넣을 수가 있다.

　2) 未悖 ― 아직 배반하고 거역하지는 않았다는 것.

　3) 利出否 ― 솥에 고여 있는 찌꺼기를 씻어 내는 것.

　4) 從貴 ― 貴는 여기서 새로 조리하려는 좋은 음식이다.

九二는 鼎有實이나 我仇-有疾하니 不我能卽이면 吉하리라
　　仇: 짝 구, 원수 구. 疾: 병들 질. 卽: 나아갈 즉.

◐ 九二는 鼎에 實이 有하나 나의 仇에 疾이 有하니 나에게 卽하지 않는다면 吉하리라.

◎ 솥 속에 實物이 들어 있다. 나의 원수가 병들어 있다. 나에게 능히 다가오지 못하게 하면 길할 것이다.

1) 九二는 陽爻이기 때문에 實이고 또한 솥 안에 음식이 들어 있는 형상이다. 初六은 가까이 있으나 陰爻로서 柔弱하다는 병이 있다. 九二가 剛健하기 때문에 初六은 접근할 수가 없다. 그러면 吉하고 복을 얻을 수 있다.

2) 陰은 虛이고 陽은 實이다. 九二는 陽이니 實이다. 九二는 스스로를 我라 하였고 仇는 상대방 친구 등이다. 나의 원수가 병이 들어 있다는 것은 初六과 가까이 있으나 正應이 아니기 때문에 仇라고 하였다.

3) 九二는 得中이고, 六五와 相應關係에 있다. 九二는 陽剛居 中이라 솥 속에 먹을 것이 가득 차 있는 象이다. 원수란 初六을 뜻하는데 나의 相應인 六五에 應하려면 初六은 이를 질투하지만 가까이 오지는 못하기 때문에 吉하다는 것이다.

象曰 鼎有實이나 愼所之也-니 我仇有疾은 終无尤也-리라

◐ 象에서 말하기를 鼎에 有實이나 愼 所之也이니 我仇有疾은 終에 无尤也리라.

◎ 솥에 먹을 수 있는 實物이 들어 있으나 갈 바(먹는것)를 삼가는 것이고, 나의 원수가 병이 들었다 함은 마침내 허물이 없다는 것이다.

1) 九二가 初六을 따른다면 해를 입지만 六五의 相應을 따른다면 좋기 때문에 그 가야 할 방향을 조심하고 삼간다는 것이다. 그렇게 삼간다면 가까운 初六에 병이 있

다 할지라도 끝내 피해를 입지 않는다는 것이다.

　2) 九二의 짝은 六五이다. 그러므로 初六에게 말려들까 봐 걱정되나 괜찮다는 것.

九三은 鼎耳-革하야 其行이 塞하야 雉膏를 不食하나 方雨하야 虧悔-終吉이리라

　　雉: 꿩 치.　膏: 기름 고.　虧: 이질러질 휴

　◐ 九三은 鼎의 耳가 革하여 그 行이 塞하야 雉의 膏를 不食하나 方雨하야 虧悔하나 終에 吉이리라.

　◎ 솥의 귀가 革하야 그 행함이 솥귀 이하로 막혀 있다. 꿩 기름을 먹지 못하나 바야흐로 비가 오려 하니 뉘우침이 없어지고 마침내는 길할 것이다.

　1) 솥의 귀가 革한다는 것은 솥의 밑, 즉 三爻 以下에서 物質이 火를 받아 烹飪되고 變化되는 것을 말한다. 말하자면 그 行함이 솥귀 이하로 막혀 있다는 것이다. 이것은 곧 火 기운이 솥귀에서 막혀 있다는 의미이다.

　2) 鼎卦의 倒轉이 革卦이다. 故로 鼎耳革이라고 하였다. 솥은 그 속에 있는 物質, 즉 물을 익혀 내고 끓여 내어야만 그 目的을 達成하는 것이다. 솥전, 즉 솥귀는 內三爻 外三爻를 가르는 分離線의 役割을 하며 水火의 造化를 中間에 솥이라는 物體를 매개체로 하여 調節하고 變化시키며 또한 그 理致를 이 속에 심어서 우리에게 많은 敎訓을 주는 것이다.

　※ 솥에는 전이 있어 地上에 닿아 불기운이 더 이상 올라오지 못하도록 막아 놓고 있다.

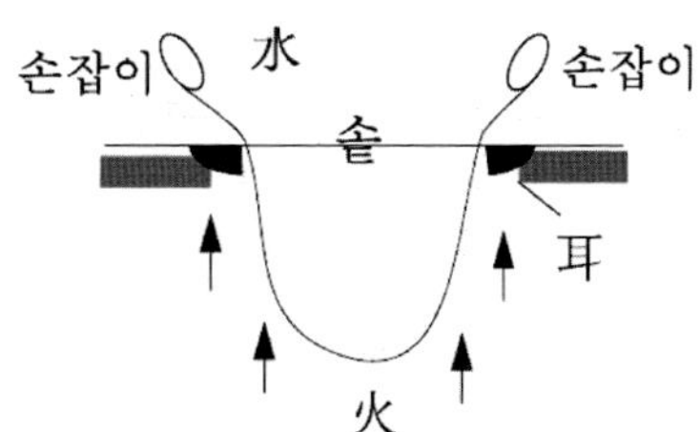

3) 九三은 正位이나 上九와 相比關係이다.

4) 雉膏 ― 솥에 기름칠하여 솥을 잘되도록 하는 것을 말한다. 꿩이라는 짐승은 外

部에 윤택한 짐승이니 기름칠하여 文明하게 한다는 뜻으로 雉膏라고 하였다. 離가
變하면 坎(水)이니 기름이라고 함.

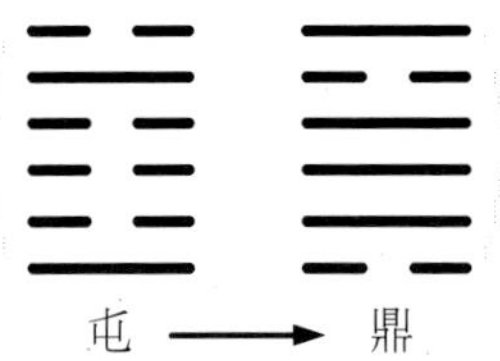

屯과 鼎은 相互配合卦다. 全變이면 屯이 鼎이고 鼎이 屯
이 된다. 故로 屯其膏.... 鼎卦에 雉膏.... 相互의 관련
이 있는 것이라고 보겠다.

屯 ⟶ 鼎

5) 雉(꿩) — 짐승 가운데 外形이 五色燦爛하게 아름답다. 離卦가 文明이니 꿩이라
고(取象) 하였고 또 弟子가 先生에게 폐백을 할 때 이 꿩으로 한 것은 내가 꿩과 같
이 熱心히 工夫하여 文明으로 발전할 것이며 잘하겠다는 맹세로써 꿩을 使用하였다.
그 先生이 꿩을 받아들이면 弟子가 되고 꿩을 退하면 弟子가 못되는 것이다.

　例示: 寒岡, 東岡, 鄭仁弘 三人이 退溪 先生에게 제자 되기를 원하며 꿩을 가지고
갔다. 寒岡과 東岡은 폐백이 받아들여져 弟子가 되었고 鄭仁弘은 받아들이지 않아
弟子가 되지 못하였다. 後에 曹南冥 先生의 弟子가 되었다. 鄭仁弘이 得勢하여 政丞
이 되었을 때 南冥 先生을 높여 많은 일을 하였으며 退溪 先生 側에는 많은 타격을
주었으니 폐백에 얽힌 일화라고 할 수가 있다.

　6) 納贄(폐백을 더림: 납지)로서의 尊雁禮 — 結婚 禮式場에서 新郎이 雁을 幣帛으로
드리는 것임. 단, 즉 원앙새처럼 죽어도 같이 죽고 같이 살며 百 年 회로를 하겠다
는 뜻이다.

象曰 鼎耳革은 失其義也일새라

◐ 象에서 말하기를 鼎耳의 革은 그 義를 失함일새라.
◎ 솥에 귀를 개혁한다는 것은 그 意義를 잃는 것이다.

1) 솥의 귀를 혁한다는 것은 나무를 쓸데없이 넣어 마구 불을 땐다는 것은 음식 조리하는 본래의 도를 잃었기 때문이다.

2) 그 마땅한 길을 잃은 것이라는 것은 時代 변천에 順應해야 하는데 그렇지 못한 것이다.

3) 先天에는 三陽二陰으로 陽이 優位이고, 陽으로 始作 陽으로 끝이 났다. 그러나 后天에는 三陰二陽으로 陰이 優位이고, 陰으로 始作 陰으로 끝이 났으니 先天의 相對的인 것이다. 先天에서의 生活樣式과 后天에서의 生活樣式이 다를 것이니 各各 다른 데로 大自然에 順應해 가는 것이 곧 失其義(宜)也다.

1　2　3　4　5	6　7　8　9　10
先　天	后　天

九四는 鼎이 折足하야 覆公餗하니 其形이 渥이라 凶토다

覆: 엎지러질 복　餗: 밥 속　渥: 악착할 악

☯ 九四는 鼎이 足을 折하여 公의 餗을 覆하니 그 形이 渥이라 凶하도다.

◎ 솥의 발이 부러져 公의 밥을 엎었으니 그 모양이 악착같아 흉하다.

1) 九四는 政丞의 地位에 있으며 初六과 相應이다. 그런데 初六의 相應을 무시하고 오히려 得中이요, 君位인 六五의 陰에게 마음이 動하여 끌려간다면 솥의 발이 부러진 것과 같다. 公의 밥을 쏟아 버렸으니 그 形象이 악착한지라 凶하다.

2) 여기서 折足은 初六의 顚趾와 서로 相通된다.

3) 九四는 不正位이고 初六과 相應이다. 九四는 輕擧妄動하는 自己의 位를 알고 正道로서 行하여야 한다는 것을 暗示하고 있다.

象曰 覆公餗하니 信如何也오

☯ 象에서 말하기를 公의 餗을 覆하니 信이 如何이오.
◎ 公의 밥을 엎질렀다 함은 精誠이 어떠한가 하는 것이다.

1) 信如何 — 精誠(信義)이 必要하다는 것이다.

2) 繫辭下經五章에 다음과 같은 것이 强調되고 있다. "子曰 德薄而位尊하며 知小而謀大하며 力小而任重하면 鮮不及矣나니 易曰 鼎이 折足하야 覆公餗하니 其形이 渥이라 凶이라하니 言不勝其任也라" 즉 子曰 德은 엷으면서 位는 높으며 아는 것이 적으면서도 謀事는 크게 하고 힘(實力)은 적으면서 責任은 무거우니 當해 가지 못할 것이다. 이러한 것과 같은 것이 易曰 鼎이 折足하야 覆公餗하니 其形이 渥이라 凶이라 하니 위와 같이 그 所任을 이기지 못함을 말하는 것이다.

3) 德薄而位尊 — 知小而謀大 — 力小而任重 등도 鼎折足 覆公餗과 같다.

4) 孔子家語에서…… "孔子가 弟子를 거느리고 工夫를 하고 있을 때 날씨가 좋지 않아 食糧 공급도 끊어지고 며칠을 굶게 되었다. 한번은 顔子를 食事當番을 시켰을 때 平素에 孔子가 顔子를 사랑했고 다른 弟子보다도 찬양을 했으니 용맹이 있는 子路가 이를 못마땅하게 여겨 오던 中에 食事配食을 할 때 밥 한 덩어리가 땅에 흘렀다. 顔子는 이것을 얼른 주어 自己가 먹고 自己 몫의 밥에서 그만큼 떼어 남에게 보태어 주었다. 흙이 묻은 것을 남에게 줄 수가 없다는 心情에서 그렇게 하였다. 이것을 모르는 子路가 孔子에게 이 사실을 고자질하였다. 孔子는 말하기를 顔子에게 必有曲折일 것이라고 일축하였다.

그 後에 孔子가 식량을 구하러 子貢을 齊나라에 보내 놓고 오래되어도 오지 않자 이런 困窮한 때에 撰著를 命하였다. 그 結果 鼎卦 九四爻가 나왔다. 그러자 子路는 이제 모두가 굶어 죽게 될 것이니 큰일이 났다면서 땅을 치며 울었다. 여기서 本文 그대고 解說한다면 其形이 渥이라 凶이라 하였으니 全員이 굶어 죽게 된다고 하였던 것이다. 그러자 顔子는 웃으면서 오늘 未時가 되면 風浪도 조용해져서 子貢이 食

糧을 한 배 싣고 올 것이니 걱정할 것 없다고 하였다.

그런데 結局 未時가 되니 바람이 잠잠해지고 子貢이 食糧을 한 배 싣고 왔다. 이리하여 子路가 顔子에게 굴복하였다는 이야기가 孔子家語에 있다고 한다.

그 이유는 어디에 있는가? <鼎이 折足하야 覆公餗하니 其形이 渥이라 凶토다> 하는 글을 顔子는 鼎이 折足이 되었다면 바다 물 위에 뛰우는 배와 같다고 보았다. 九四는 全爻의 時를 보면 未時에 該當한다. 그래서 顔子는 子貢이 배를 타고 未時에 食糧을 가지고 올 것이라고 豫知를 하였다. 위와 같이 글의 解說如何에 따라 달라진다.

이것을 變易이라고 한다. 隨時變易以從道也 한 말과 같이 隨時變易은 어렵고 變易을 한다고 해도 從道를 해야 한다. 모든 事理에 알맞아야 한다.

六五는 鼎黃耳金鉉이니 利貞하니라

◐ 六五는 鼎이 黃耳이며 金鉉이니 利貞하니라.

◎ 솥에 누른 귀가 있으며 金으로 만든 고리가 있으니 마음을 곧고 바르게 가져야 利롭다.

1) 六五는 得中 君位이나 不正이며 九二와 相應이다. 솥에는 황금으로 만든 귀가 양쪽에 있으며(六五를 가리킨다), 여기에 황금으로 만든 둥근 고리가 달려 있다(上九를 가리킨다). 이것은 六五의 천자가 유순하면서도 중용의 덕을 가져 上九의 보좌를 잘 받아들인다는 뜻이다. 그리하여 올바른 道를 지켜 변하지 않는 것이 좋다.

2) 六五가 上九의 도움을 받아서 그의 鼎實로 萬民에 惠澤을 주는 形象이니 黃耳는 六五의 德이 있는 것을 말한다.

3) 金鉉을 應爻인 九二로 보는 설도 있으나 上九로 보아야 할 것이다. 왜냐하면 鉉이

라는 것은 솥의 귀 위에 있는 것이기 때문이다.

象曰 鼎黃耳는 中以爲實也 – 라

◐ 象에서 말하기를 鼎의 黃耳는 中으로 써 實 （열을 받지 아니한다.）
로 삼는 것이라.

◎ 솥의 황금의 귀라는 것은 中을 잡아서 그 實로 삼는 것이기 때문이다.

1) 黃金의 귀라는 것은 六五가 中庸之道를 지녀서 實한 덕을 갖추었다는 것이다.

上九는 鼎玉鉉이니 大吉하야 无不利니라

◐ 上九는 鼎 玉鉉이니 大吉하여 不利함이 无하니라.
◎ 솥에 玉으로 만든 고리가 있으니 크게 吉하고 利롭지 아니함이 없다.

1) 上九는 王의 上位에 있으니 玉이다. 玉人이라고 하면 성품이 溫和한 사람을 두
고 말한다.

2) 上九는 不正이며 九三과 不應관계에 있다. 그런데 井과 鼎의 上爻는 大吉로 되
어 있다. 井의 上爻는 샘물을 퍼 올린 狀態이니 吉한 것이고, 鼎의 上爻는 솥 속에 物質이 들
어 있어 밥이나 飮食物을 퍼내는 形象이니 吉할 수밖에 없다.

3) 上爻가 좋은 卦는 六十四卦 中 드물다. ― 밖으로 퍼내는 것을 爲主로 말할지니
上爻가 좋은 것이다. 鼎의 鉉을 玉으로 하여 溫潤한 感情을 주며 또 이것을 가지고
다니면서 衆人에게 飮食을 施惠하니 大吉하여 利롭지 않음이 없는 것이다. ― 곧 利
롭다는 뜻이다. ―

象曰 玉鉉在上은 剛柔－節也일새라

　◐ 象에서 말하기를 玉鉉의 在上은 剛과 柔가 節있음 일새라.
　◎ 玉으로 만든 고리가 위에 있다는 것은 剛柔가 딱 맞게 된 것이다.

　1) 上九는 玉으로 만든 솥의 고리가 맨 위에 있는 것으로 비유되나 이것은 上九가 剛爻이면서 柔의 位에 있고 玉처럼 견고하면서도 溫潤하여 剛과 柔가 알맞게 조화되었다는 것을 나타낸다.
　2) 熱은 玉까지 와서 그치고 剛과 柔의 마디와 같은 役割을 한다고도 볼 수 있다. 솥을 들고 할 때는 손잡이로서 용이하게 들 수 있도록 하기 위함이다.
　3) 元吉 － 元來부터 自然的으로 吉한 것. 그리고 大吉 － 人爲的으로 努力하여 吉한 것.
　4) 宇宙大自然과 우리 人間과의 關係를 表現하기 爲하여 鼎으로 取象하여 여러 가지 側面에서 論하였다. 鼎은 王道政治를 펴 나가는 데 있어 享神 養民에 必要한 器具로 하였다.
　5) 史記 封禪書에 依하면 黃帝는 荊山에서 鼎을 鑄造하였다고 말하고 있다. 漢書 郊祀誌에 依하면 禹王은 九牧의 金으로 九鼎을 鑄造하였다는 것이다. 또한 禮記 明堂位에는 崇鼎, 貫鼎은 天子의 器具다. 崇, 貫은 다 國名이니 예전에 王者는 鼎으로써 貴重한 寶器로 해서 그것을 製造하는 데는 土者는 鐵大夫, 銅 諸侯는 白金, 天子는 黃金으로 하였다고 하니 鼎은 實로 王政의 要器이기도 하다. 王者가 奠都(전도: 定都)하는 것을 定鼎이라고도 한다.

〈鼎卦의 綜合〉

鼎卦는 革의 綜卦로서 供養의 原則을 卦象한 것이다. 供養하는 原則은
淸潔해야 하기 때문에
初六 ― 鼎顚趾 利出否라 하고
食物을 充實하게 해야 하니
九二 ― 鼎有實하니 我仇有疾
供養은 公平하게 해야 하니
九三 ― 鼎耳革하며 其行이 塞하니 不可
百姓을 供養해야 될 것이니
九四 ― 鼎折足하야 覆公餗하니 凶
君王이 되어 天下를 供養해야 되니
六五 ― 鼎의 黃耳라
君王으로 하여금 萬民을 供養시켜야 하니
上九 ― 鼎의 玉鉉이라.

(51) 重雷 震(下經 21)

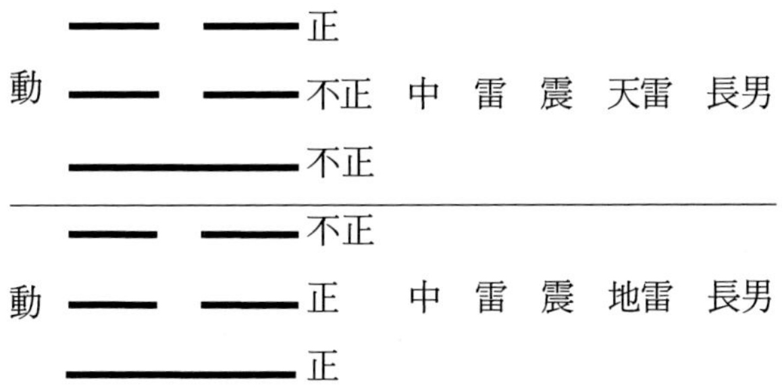

```
    ――  ――正
動  ――  ――不正  中  雷  震  天雷  長男
    ――――不正
―――――――――――――――――――――
    ――  ――不正
動  ――  ――正    中  雷  震  地雷  長男
    ――――正
```

―序　説―

1. 卦의 뜻

1) 震卦는 小成卦 震卦의 重疊으로 長男을 象徵한다. 乾坤이 서로 사귀어 첫 번째 얻은 것이 長男인 震이다.

2) 震者는 動也라고 序卦傳에서 말하고 있다. 形而上學的인 地下에 있는 우레와 形而下學的인 地上의 우레를 합한 것으로 重雷震이다. 곧 地雷와 天雷를 合하여 震이라고 할 수 있다.

3) 震은 한 家庭으로 말하면 長男이다. 主器者莫若長子라 故로 受之以震이라고 하였으니 鼎이 모든 器皿의 主器라고 하면 그 家庭의 主器는 相續者인 長男이 繼承하게 된다. 故로 鼎卦 다음이 震卦로서 이루어졌으며 또한 卦順이 맞다.

4) 震은 八個의 小成卦를 두 개씩 묶어 이룬 六十四卦 中, 같은 小成卦가 거듭한 것으로는 下經에서 처음으로 나오는 것이다. 같은 小成卦가 중첩되는 卦의 性質을 알아보면, 上經의 四卦는 天地日月로 正方位에 存在하고 또 이것은 大自然이 運行하는 그대로를 묘사한 것이다. 下經에는 四卦가 모두 間方에 存在한다. 이는 下經이 人事的인 고로 大自然의 運行 속에서도 人間과 相關되는 問題에 대한 造化가 그 속에 存在한다는 것이다.

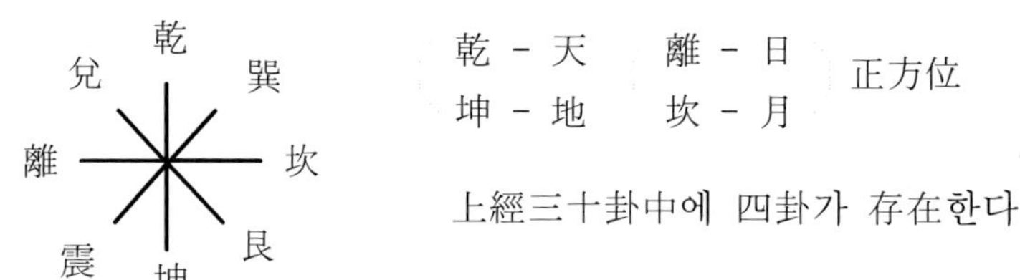

5) 上經이 乾坤으로부터 始作하여 坎離로 끝났다. 이것은 正方位일 뿐만이 아니라 大自然의 運行하는 法則 그대로를 說明하고 있다.

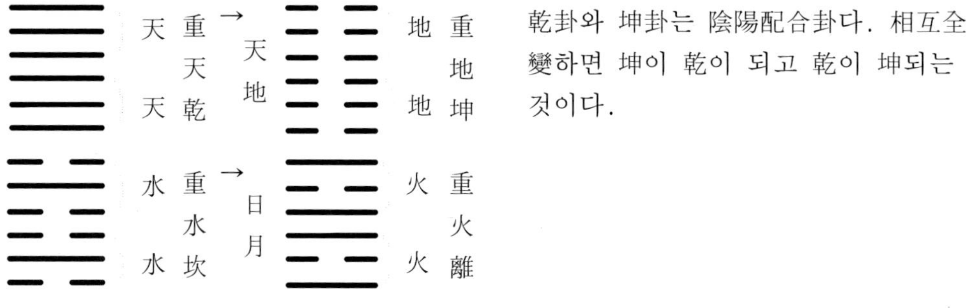

離는 乾의 中爻가 陰으로 變하면 되고 坎은 坤의 中爻가 陽으로 變하면 되는 것이다. 中爻가 變하여 이루어졌으니 이것이 中節이라고 할 수 있다. 또한 乾金離火와 坤土坎水는 五行으로도 相互關係가 있고 離坎의 母體는 乾坤이라는 것이다.

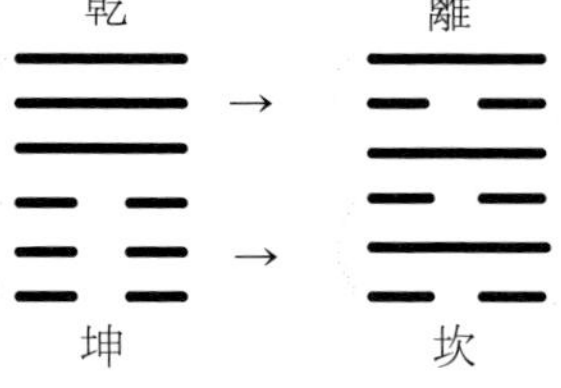

6) 下經에서의 중첩 卦는 다음과 같다.

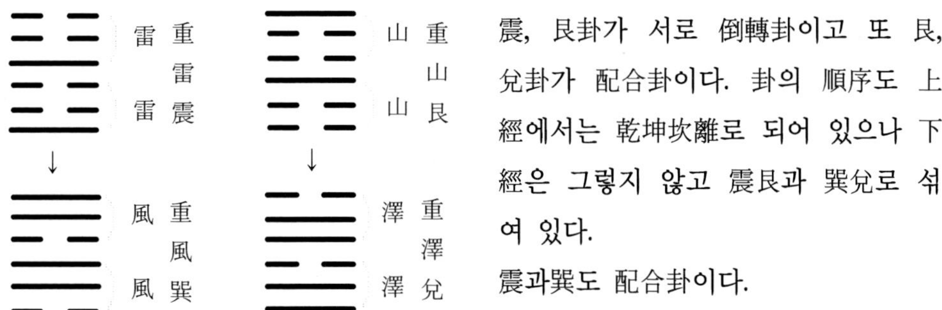

震, 艮卦가 서로 倒轉卦이고 또 艮, 兌卦가 配合卦이다. 卦의 順序도 上經에서는 乾坤坎離로 되어 있으나 下經은 그렇지 않고 震艮과 巽兌로 섞여 있다.

震과巽도 配合卦이다.

이것은 複雜한 人間事를 말하는 것이다.

2. 卦象과 卦德

1) 卦象을 보면 下卦 雷도 震이고 上卦 雷도 震이다. 震은 사물을 흔들게 하는 것을 말하며 여기서 연유하여 모든 움직이는 것을 震이라 한다.

2) 震卦는 一陽이 二陰의 아래에 생기고 흔들어 움직이는 것을 우레에 비긴다. 그러므로 震의 象을 우레로 하고 그 의미를 움직이고 흔드는 것으로 한다.

3) 震의 卦德은 아래와 위가 모두 動이다. 그러므로 흔들고 움직인다는 모습을 나타낸다. 그리고 震의 우레는 무섭다. 심한 우레가 울리면 사람들은 모두 두려워한다. 그러므로 震卦에서는 恐懼戒愼의 道를 말한다.

4) 震은 우레, 움직임 이외에 長子의 象이 있다. 乾과 坤이 사귀어 먼저 震이 태어나기 때문이다. 長男은 젊고 활동력이 왕성한 것으로 본다.

5) 正方은 體라 하고 間方은 用이라 한다. 下經에서 基本 八卦 中 처음 온 것이 震卦이다.

6) 震方으로부터 帝가 出現한다는 말이 說卦傳에 나온다. 즉 帝出乎震이라 하였

다. 齊乎巽 相見乎離 致役乎坤 說言乎兌 戰乎乾 勞乎坎의 段階를 거쳐 間方에서 萬物의 終과 始를 이루게 된다고 한다(說卦傳 上五章).

7) 이 卦의 陰陽 調和를 보면, 初九와 九四는 같은 陽이라 不應이고, 六二와 六五도 같은 陰이라 不應이며, 六三과 上六도 역시 같은 陰이라 不應이다. 震은 偉大한 自然現象에 관한 卦이기 때문에 陰陽의 調和는 문제가 되지 않는 것이다.

8) 序卦傳에서 보면 "主器者 莫若長子－라 故로 受之以震하고……"라 나와 있다. 즉 鼎卦에서 飮食을 만들고 祭祀를 올리되 이를 主張하는 것은 長子(長男)인 까닭에 鼎卦 다음에 震卦를 두었다고 한 것이다.

3. 卦의 變化

1) 倒轉卦－重山艮   － 帝出乎震하여 마침내 艮方에서 終萬物始萬物하게 된다.
   (☳ / ☳) → (☶ / ☶)

2) 配合卦－重風巽   － 帝出乎震하여 齊乎巽하게 되고 또한 恐懼修省하여 巽
   (☳ / ☳) → (☴ / ☴)   順히 申命行事(重風巽 大象)를 이루어야 함을 알 수
                          있다.

3) 錯綜卦－重雷震   － 아래위를 바꾸어도 같다.
   (☳ / ☳) → (☳ / ☳)

4) 互卦－水山蹇   － 動함이 極하면 어려운 과정이 따름을 알 수 있고 反
   (☳ / ☳) → (☵ / ☶)   面에 어려운 難關을 克服하여 帝出乎震하게 됨도 또
                          한 알 수 있다. 蹇卦大象에 反身脩德이고, 震卦大象에
                          서는 恐懼脩省이다.

[卦辭]

震은 亨하니 震來에 虩虩이면 笑言이 啞啞이리니 震驚百里에 不喪匕鬯하나니라.

> 虩: 왕파리 혁 – 顔處不安之貌. 啞: 웃을 액 – 和適之貌. 匕: 匙 숟가락 시, 젓가락 시.
> 鬯: 향불 창, 향기로운 술 창, 宗孫 창. 驚: 놀랠 경. 喪: 상할 상

◑ 震은 亨하니 震이 來함에 虩虩이면 笑言이 啞啞이리니 震이 百 里를 驚함에 수저를 잃지 않느니라.

◎ 震은 亨通하니 震이 옴에 겁이 나고 두려워하나, (우레가 그치면) 웃는 소리가 즐겁게 들릴 것이니 우레가 백 리를 울리더라도 수저를 떨어트리지 아니한다.

1) 震卦는 일이 잘 풀리고 크게 발전한다. 우레가 울릴 때에는 사람들이 두려워하고 놀라지만 우레가 멈추면 사람들이 웃으며 즐긴다. 우레가 울려 백 리까지 들리더라도 선조의 제사를 모시는 천자나 세자는 神에게 바치는 음식을 퍼는 수저를 떨어트리지 아니한다.

2) 우레는 꼭 그때 그 時期에 일어나니까 亨通하다. 또한 震은 천둥의 뜻이다. 천둥이 칠 때 놀란다. 천둥이 그치자 아아 하고 웃는다. 우레가 百 里까지 놀라게 한다. 至極한 精誠을 드리는 사람은 傷하게 하지 않는다.

3) 虩虩啞啞 ― 動作하는 形態를 말함. 우레가 칠 때는 누구나 마음의 동요가 있으며 이제 죄를 지은 사람은 天罰을 받는다고 생각하며, 모든 사람들이 至善의 마음으로 돌아간다. 우레가 끝나면 야! 이제야 살았구나 하고 서로 쳐다보며 웃는다.

4) 不喪匕鬯 ― 震이 長子이기 때문에 匕鬯이라고 하였다. 또한 震은 坤卦(小成卦)의 初六이 初九로 변한 것이기 때문에 中正의 精神을 가져야만 된다는 警戒辭이다. 곧 中正之道를 가지려고 애쓰는 사람. 主孫으로 祖上에 대한 향염이 至極하여 精誠을 다하는 사람에게는 天地神明도 害치지 아니한다는 것이다.

5) 천둥칠 때는 놀라고 두려워하지만 두려워함으로써 반성하여 수신하면 정성과 공경으로 평안함을 얻을 것이니

6) 彖君 ― 長子를 말함. 彖孫 ― 宗孫을 말함.

[彖辭]

彖曰 震은 亨하니 震來虩虩은 恐致福也-오 笑言啞啞은 後有則也-라. 震驚百里는 驚遠而懼邇也-니 出可以守宗廟社稷하야 以爲祭主也-리라

　　邇: 가까울 이.

◑ 彖에서 말하기를 震이 來하여 虩虩한다는 것은 공하여 복을 치하는 것이요, 笑言啞啞이라는 것은 후에 칙이 유함이라. 震이 百 里를 驚한다는 것은 驚遠하고 懼邇하는 것이니 出하여 可以守 宗廟社稷하야 써 祭主로 삼는 것이리라.

◎ 震은 亨通하니 震이 옴에 겁이 나고 두려워한다는 것은, 두려워함으로써 福을 이르게 한다는 것이고, (우레가 그치고서) 웃는 소리가 즐겁게 들린다는 것은, 후에 法則에 맞는 것이다. 우레가 백 리를 울린다는 것은 멀리 있는 것을 놀라게 하고 가까운 것을 두려워하게 하는 것이니, 나아가서는 써 宗廟社稷을 지키고 그럼으로써 祭主가 되는 것이다.

1) 천둥은 亨通하다. 천둥이 칠 때 놀란다고 하는 것은 두려워해야 福이 오기 때문이다. 웃으면서 아~ 하고 소리친다 함은 뒤에 法度가 있기 때문이다. 또 우레가 백 리를 놀라게 한다는 것은 이 격렬한 우레 소리를 듣고 멀리는 백 리 밖 사람까지 놀라고 가까이로는 집안사람들도 겁을 내어 자기반성을 하게 된다. 震의 象은 長子이기 때문에 황태자가 우레 소리에 공경하면서 두려워하는 마음을 잃지 않고 태연할 수 있다면 天子의 위를 이어받아 종묘사직을 잘 지켜서 제주로서의 역할을 훌

룽하게 할 수 있다는 것이다.

2) 震來虩虩 笑言啞啞 — 天威를 利用한 敎化方法이다.

3) 恐致福也 — 良心을 지키면 福이 이른다. 즉 천둥이 칠 때면 모든 사람의 마음이 一致된다. 天威는 天賦之性인 善心(良心)을 生成케 하여 惡으로 흐르지 못하게 하여 福을 받도록 한다는 것.

4) 驚遠而懼邇 — 멀리로는 놀라게 하고 가까이는 두렵게 한다. 至極한 精誠을 드리는 사람은 震驚百里에도 가히 無事할 수 있다.

出可以守 — 宗廟社稷의 祭主가 帝出乎震의 出字다. 震方에서 帝出한 者가 곧 震은 東方이라 하였다. 또한 出이라는 글자는 重山艮의 모양이다. 先天의 震方이 后天의 艮方이다. 震卦의 倒轉卦가 重山艮卦다. 乾卦의 首出庶物의 出字 또한 같은 뜻이 있다.

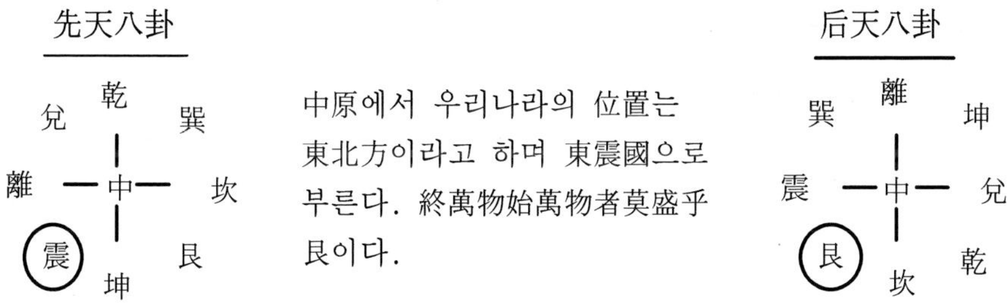

中原에서 우리나라의 位置는 東北方이라고 하며 東震國으로 부른다. 終萬物始萬物者莫盛乎 艮이다.

[象辭(大象)]

象曰 洊雷－震이니 君子－以하야 恐懼脩省하나니라

　洊: 거듭 천

◉ 象에서 말하기를 洊雷가 있음이 震이니 君子가 써 하여 恐懼하고 脩省하나니라.

◎ 우레가 거듭되는 것이 震이니 君子가 이것을 거울삼고 본받아서 두려워하고

조심하여 善을 닦고 省察하는 것이다.

1) 自己의 몸을 修養하고 살펴보아야 한다는 것이다. 修省하는 方法으로써 恐懼를 한다. 曾子의 日三省吾身과 같은 뜻이라고 할 수가 있다.

2) 震은 動也, 艮은 止也라 하였으니 震艮은 動止와 같다. 우리의 日常生活도 動止다. 움직이고 그치는 일을 震艮이라고 한다. 군자가 하늘의 위엄을 두려워하여 恐懼함으로써 脩省하는 恐懼脩省은 우리가 많이 쓰고 있는 四勿箴(잠: 경계할 잠)에서 찾아볼 수가 있다. 이는 곧 弗禮勿動, 弗禮勿視, 弗禮勿言, 弗禮勿聽이다.

[爻辭]

初九는 震來虩虩이라아 後에 笑言啞啞이리니 吉하니라

● 初九는 震이 來함에 虩虩이라야 後에 笑言이 啞啞이리니 吉하니라.
◎ 천둥(지진이 와서)이 치기 때문에 놀라야 뒤에 웃는 소리가 나는 것이니 길하다.

1) 初九는 得正이다. 震卦의 主爻이므로 爻辭가 卦辭와 같은 말을 썼고 다만 後字 以後가 더해져 있을 뿐이다. 맨 아래에 있고 우레가 울리는 것을 가장 먼저 느끼고 놀라워하면서 두려워하며 삼간다. 그런 후에 웃고 화락한다. 이렇게 하면 안정되고 행복을 얻을 수가 있다.

2) 震은 乾의 陽初爻가 坤初爻에 가서 震이 되었으니 陰二爻와 陽一爻로 陽이 主爻로서 活動하고 勢力을 잡고 있다. 結局 地雷復卦의 初陽爻에 該當하는 것이다.

3) 지금 地雷復卦에서 보면 <冬至子之半에 地動(震)하여 一陽이 始生하는 그 鼓動은 天地 萬物의 至極한 情을 가히 볼 수가 있지 않으랴>로 되어 있다.

4) 震의 初九는 天上의 우레를 나타낸다. 그리고 地雷復에서는 地震이다. 그러므로 天上의 우레와 땅속의 우레가 서로 相關한다면 어느 한쪽이라도 힘이 센 것에 흡수되어 버리는 形象을 內包하고 있다.

象曰 震來虩虩은 恐致福也－오 笑言啞啞은 後有則也－라

◉ 象에서 말하기를 震이 來함에 虩虩은 恐致福也－오 笑言이 啞啞은 後有則也－라
◎ 천둥이 칠 때 (지진이 와서) 놀랜다고 하는 것은 두려워함으로써 복을 이르게 하는 것이고, 웃는 소리가 아아 하는 것은 후에 법도가 있기 때문이다.

1) 天威를 두려워함으로써 나쁜 일을 저지르지 못하니 스스로 福이 온다는 것이고, 또 천둥이 친 뒤에 웃는 소리가 아아 하는 것은 천둥이 친 뒤에는 올바른 法道가 있기 때문이다.

2) 六四卦 中 象辭가 象辭와 같은 것은 震卦 初九밖에는 없다. 이것은 初九가 震卦의 主爻이면서도 洊雷의 뜻을 內包하고 있기 때문이다.

六二는 震來厲－라 億喪貝하야 躋于九陵이니 勿逐하면 七日得하리라.
　億: 헤아릴 억.　躋: 오를 제　　九: 重之多也 (九天, 九地)

◉ 六二는 震이 來함에 厲한 것이라. 億하여 喪貝하고 躋于 九陵하는 것이니 勿逐하면 七 日에 得하리라.

◎ 우레가 오면 (지진이 오면) 위태롭다. 財物을 喪할 것을 헤아려 九陵에 올라가는 것이니 쫓아가지 아니하면 七 日 만에 原狀回復을 얻을 것이다.

1) 우레가(지진이) 격렬하게 울리고 있다. 여기서 우레가 온다는 것은 초구를 가리킨다. 무서워서 아! 아! 하고 탄식하며 어찌할 바를 모른다. 재물 같은 것은 돌아볼 겨를도 없이 높은 언덕으로 올라가 피한다. 되돌아가 재물을 찾으려 해서는 안 된다. 7일이 지나면 그 재물은 되돌아올 것이다.

2) 六二는 得中이요, 得正이다. 그러나 六五와는 不應關係이다.

3) 震雷厲 ─ 여기서 厲는 격렬하다는 뜻, 우레가 울리는 것이 심하다는 것.

4) 億喪貝 ─ 億은 度也(헤아린다, 탁)는 해석도 있고, 億과 噫(희)는 통하는 글로서 噫로 보아 아! 하고 탄식하는 것으로 해석하기도 한다. 貝는 옛날의 화폐이며 재물이다.

5) 躋于九陵 ─ 躋는 오를 제(升也)이다. 九陵에서 九는 중첩된다는 뜻이고 陵은 높은 언덕이다. 그러므로 九陵(매우 높은 언덕, 山陵之高處)에 오른다는 뜻이다.

6) 七日得 ─ 七日來復의 뜻이다. 아무리 地震이 심하여도 七 日 後에는 平穩을 찾는다는 뜻이다.

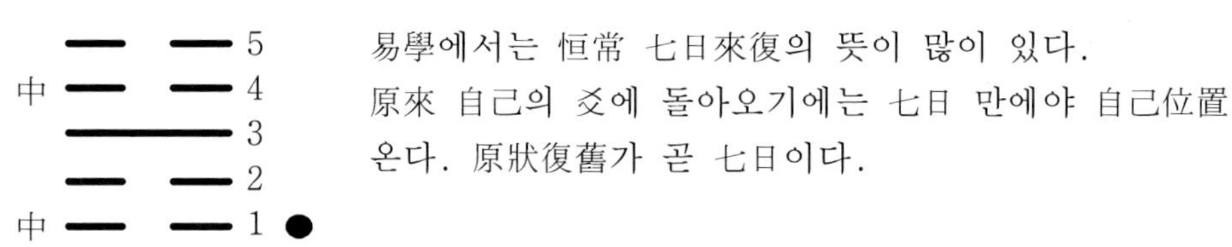

7) 亞山 先生의 學說 ─ 六二는 陰의 中正이니 地震을 말하였다. 地震이 났을 때의 대피 方法과 七 日 만에 回復이 된다는 說이다.

象曰 震來厲는 乘剛也일새라

◉ 象에서 말하기를 震이 來하여 厲하다는 것은 剛을 탔기 때문이라.
◎ 우레가(地震이) 옴에 두렵다고 하는 것은 初九의 剛을 위에서 타고 있기 때문이다.

1) 여기서 剛은 초구를 가리킨다. 곧 地下에 있는 地震을 地上인 六二가 그 위에 存在하기 때문에 地上의 모든 것이 위태롭다고 하였다.

六三은 震蘇蘇－니 震行하면 无眚하리라
　蘇: 까무러칠 소, 소생할 소, 쓱소, 멀 소.　眚: 재앙 생.

◉ 六三은 震 蘇蘇하니 震이 行하면 无眚하리라.
◎ 우레가(지진이) 멀리서 울리니 우레가 (地震이) 지나가면 재앙이 없을 것이다.

1) 六三은 不正位, 上六과 相比關係이다. 六三은 初九로부터 멀리 떨어져 있기 때문에 우레가 조용히 울리고 있다. 그러므로 이러한 때에 나아가면 아무런 탈이 없다.
2) 震蘇蘇 ― 우레가 멀어져 천천히 조용하게 우는 모습.
3) 震行无眚 ― 우레가 아직 울리고 있을 때 행동하는 것을 말한다(행동해야 할 때 머물러 있으면 좋지 않다). (조금 두려워하는 모습을 나타낸 것이나 사람이 저지른 허물은 없을 것이다.)
4) 이 爻辭에는 震이 두 자 들어 있다. 이것을 震國에서 行하면 无眚하다고 해석하는 사람도 있다.
5) ‘來註’ 三爻去初雖遠　而比四則近　故下初之震動將盡　而上四之震動復生　上蘇下蘇　故曰蘇蘇

象曰 震蘇蘇는 位不當也일새라

☯ 象에서 말하기를 震 蘇蘇라는 것은 位가 不當한 것이라.
◎ 우레가 먼데서 울린다고 함은 六三陰이 陽 자리에 있어 位가 마땅하지 않기 때문이다.

九四는 震이 遂泥라

☯ 九四는 震이 遂泥하는 것이라.
◎ 우레가 진흙 속에 빠져 있는 것이다.

1) 九四는 陰 자리에 陽이 있으니 不正이며, 아래 위의 두 음 사이에 빠져 있다. 우레가 진흙 속에 빠져 있으니 소리가 제대로 나지 않는다.

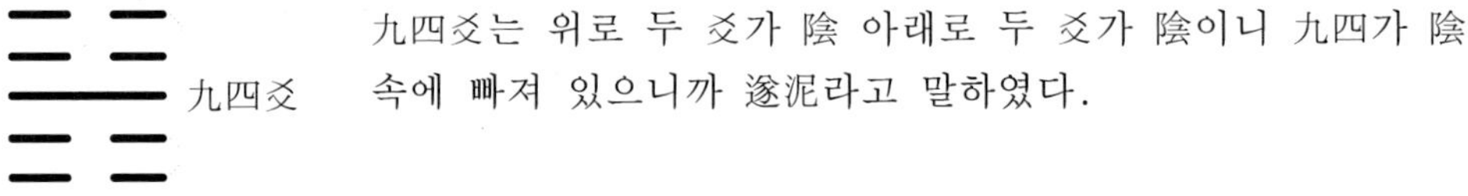

九四爻는 위로 두 爻가 陰 아래로 두 爻가 陰이니 九四가 陰 속에 빠져 있으니까 遂泥라고 말하였다.

2) 震遂泥 ─ 遂는 隊 같은 뜻으로 빠진다는 의미가 있다.

3) 지금 六三 九四 九五의 象을 보면 坎水가 된다. 그리고 九四가 陰으로 변하면 坤土가 된다. 그래서 진흙이라 한다. 또한 震卦의 互卦를 보면 六二 六三 九四는 艮卦로서 止이다. 그래서 아래 두 음에 끌리어 머물고 나아가지 않는다. 그래서 진흙 속에 빠져 있는 것으로 된다.

象曰 震遂泥는 未光也－로다

◐ 象에서 말하기를 震이 遂泥라는 것은 未光이기 때문이로다.
◎ 우레가 진흙 속에 빠져 있다는 것은 아직 빛이 나지 못하기 때문이다.

1) 구사의 양은 원래 광명한 것이지만 지금 험한 속에 빠져
있다. 그러므로 빛날 수가 없다는 것이다.
2) 互卦로 보면, 즉 九四卦를 主로 한 內互卦는 艮卦다. 艮
은 止也라고 하였으니 震은 動하여야 빛나는 것인데 그쳐 있으니 未光이다.

六五는 震이 往來－厲하니 億하야 无喪有事－니라

◐ 六五는 震이 往來하여 厲하니 億하여 无喪하면서 有事하니라.
◎ 우레가 가고 오는데 위태로우니 아! 하면서 잃는 일 없이 일이 있을 것이다.

1) 初九의 우레가 그쳤다고 생각했더니 다시 九四 陽爻의 우레가 심하게 울린다.
六五의 天子는 두려워하면서 아! 하고 탄식하며 수저 같은 것을 떨어트리지 않고 제
사를 잘 지낸다.
2) 震往來厲 ― 震은 여기서 우레로서 한 번 그쳤다가 다시 울리는 것. 厲는 격렬
하다는 뜻. 震動하는 狀況에서는 가나 오나 危險性이 있는 것이다.
3) 无喪有事 ― 무상은 천자가 제사를 지내면서 수저 등을 떨어트리지 않는다는
것. 有事는 제사를 올바르게 지내는 것. 또한 中正之道를 行하고 順天命을 하며 그
精誠이 至極하면 비록 震이 往來하여도 잃거나 상할 수가 없다. 곧 하늘도 어찌할
수가 없다는 뜻이다.

象曰 震往來厲는 危行也-오 其事-在中하니 大无喪也-니라

☯ 象에서 말하기를 震 往來에 厲하다는 것은 行을 危하는 것이고, 其事가 在中하니 크게 无喪하니라.

◎ 象에서 말하기를 우레가 가고 또 오는데 위태하다는 것은 行事를 위태롭게 함이고, 제사가 중용을 얻었으니 아무른 실패가 없는 것이다.

1) 危行也 ― 行은 行事, 危는 危懼, 즉 자기가 행하는 것을 삼가고 두려워한다.
2) 其事在中 ― 其事는 여기서 祭事, 在中은 중용을 얻고 있다는 것.
3) 大无喪也 ― 아무런 실패 없이 훌륭하게 祭事를 執行한다는 것.

上六은 震이 索索하야 視-矍矍이니 征이면 凶하니 震不于其躬이오 于其鄰이면 无咎-리니 婚媾는 有言이리라

　　索: 두려울 삭, 흩어질 삭. 矍: 두려워할 확, 두리번거릴 확. 躬: 몸 궁. 鄰: 이웃 인.
　　媾: 화친할 구, (겹 혼인).

☯ 上六은 震이 索索하여 視하기를 矍矍이니, 征하면 凶하니 震이 不于其躬이요, 于其鄰이면 无咎하리니 婚媾에는 有言이리라.

◎ 上六은 우레가 드문드문하여 눈을 굴러 두려워하니, 나아가면 흉할 것이니 우레가 자기에게 떨어지지 않고 이웃에 떨어지면 허물이 없을 것이며, 혼사에는 말썽이 있을 것이다.

1) 上六은 陰柔하고 不中이며 震卦의 끝에 있다. 우레(九四) 소리가 겨우 멀어져 드문드문하다. 그러나 上六은 두려워서 눈을 이리저리 굴리며 마음이 안정되지 아니한다. 이런 상태로 나아간다면 반드시 흉할 것이다. 上六은 맨 위에 있기 때문에 九四의 우레는 자기에게 떨어지지 않고 그 이웃의 六五에게 떨어져 해가 없다. 上六은

六三과 서로 응하는 자리에 있으나 남을 돌볼 겨를이 없다. 그래서 비난을 받을 수가 있다.

　2) 震索索 ─ 진은 우레, 색색은 드문드문하다는 것.

　3) 視矍矍 ─ 눈을 이리저리 굴러 震에 대해 두려워하는 모양.

象曰 震索索은 中未得也일새오 雖凶无咎는 畏隣戒也일새라.

　　隣＝鄰, 鄰의 속자.

　◐ 象에서 말하기를 震索索이라는 것은 中을 未得한 것이요, 雖危无咎는 이웃을 두려워하여 戒함이라.

　◎ 우레가 드문드문하다는 것은 아직 中을 얻지 못함이요, 비록 凶하나 허물이 없다는 말은 이웃의 變故를 보고 경계하고 두려워하기 때문이다.

　1) 上六은 初九로부터 멀리 떨어져 가장 極에 있다. 그러나 震에 대한 全體的인 뜻이 담겨져 있다.

　2) 震은 爆音으로 威嚇(혁, 노할 혁)하고, 閃光으로서 우리 人間에게 충격을 주는지라 어느 누구도 그 當時에는 自己를 反省하지 않는 者가 없을 것이다. 故로 大象에 恐懼修省이라고 하였다. 震卦는 實로 天神이 人間을 試鍊하는 卦象이니 이 속에서 우리는 克服하는 길을 찾아야 한다. 이것이 아마도 震驚百里라도 不喪匕鬯하는 精神의 能力을 培養하면 가히 神明에게도 이를 수가 있을 것이다.

　3) 地震이 왔다고 할 때 ─ 地球上에 變動이 있다고 할 때 ─

　　(1) 億喪貝하야 躋于九陵하며

　　(2) 그러나 그 期間은 七日得이다.

　　(3) 震蘇蘇니 震行하면 无眚하리라.

　　(4) 震이 往來厲나 无喪有事니라.

4) 帝出乎震……震이 行하면 眚이 없으리라. 인간이 만들어서 생기는 화는 없다는 뜻이다. 果然 震國에서 偉大한 能力을 가진이가 나올까?

〈震卦의 綜合〉

震卦는 非常한 變故에 處하는 原則을 卦象한 것이다. 突發하는 變故에 對備하는 原則은 [震來虩虩, 笑言啞啞]이니 이것은 安而不忘危! 변고에 예비하라

初九에 笑言이 啞啞해서

六二에 億喪貝도 七日得이요

六三에 震蘇蘇는 震에서 蘇生하는 것이고

九四에 震遂泥는 震에서 拘泥된 것이니 非常時의 對備가 過한 것이고

六五에 震往來라는 것은 변고가 왕래되는 것이고

上六에 震索索은 注意가 散漫해진다는 것이다.

精神을 如常하게 가지고

物質에 係心을 말라

變故中에 適應하라

非常의 時에서 拘泥되는 것이고

事故는 往來하니 注意하라

注意가 散漫해서 唐慌하지 마라.

恐懼修省하여 突然히 震驚百里라도 不喪匕鬯하는 精神의 能力을 養成하면 可히 宗廟社稷의 祭主가 되어 神明에 交通할 수 있다.

(52) 重山 艮(下經 22)

```
━━━━━━━━  不正
止 ━━━  ━━━  不正  中 山 艮
   ━━━  ━━━  正
────────────────────
   ━━━━━━━━  正
止 ━━━  ━━━  正    中 山 艮
   ━━━  ━━━  不正
```

─序　説─

1. 卦의 뜻

1) 艮卦는 앞의 震卦를 倒轉한 卦이다. 艮은 卦象으로 山이니 山이 上下로 **중첩되**어 있어 서로 相通하지 않는다. 그러므로 先後天卦 中에서 艮卦만이 相通되지 **않는**다. 그것은 서로 그쳐 있기 때문이다.

2) 艮은 止也라 한다(一陽止于二陰之上 陽自下升 極上而止). 艮은 地表이고, 止이다. 한편 土는 地球이고, 動이며. 動中有靜이 止於至善이다.

3) 艮字를 破字하면 日(날 일)과 氏(각시 씨: 뿌리의 뜻)가 合하여 이루어진 字로서 日出의 뿌리가 된다는 뜻이 있다. 24方位를 보면 地闢(於丑)을 거쳐 人生(於寅)하

는 中間에 艮(東北方)이 놓여 있다(丑艮寅). 또한 24節氣로 보면 東北間方이 立春에 該當하므로 만물이 움트는 봄이 艮으로 말미암음을 알 수 있다(艮은 根也라).

4) 文王의 後天八卦로 보면 東쪽인 震에서 出發하여 東北方인 艮에서 終止한다. 說卦傳五章에서 艮은 萬物之所成終而所成始也일새 故로 曰成言乎艮이라고 하였으니 大明終始의 뜻이 곧 艮卦이다. 또한 先天의 震이 后天의 艮이다. 震卦의 始動的인 뜻과 艮의 終止的인 意味가 同時에 숨어 있다고도 할 수가 있다.

5) 艮卦는 六爻全體가 相應이 없고, 全部相比關係에 있다. 서로 靜止된 狀態이니 造化가 있을 수 없다. 그러나 形而上學的인, 心的으로는 다 相通되고 있다.

6) 艮은 가장 重要한 位置라고 할 수 있다. 東北의 間方이 우리나라라고 한다면 우리나라 중에서도 또 가장 重要한 位置라면 안면도다. 이는 亞山 先生이 過去에 忠淸南道 安眠島에서 工夫하였는데 이는 艮이 爲狗라고 하였으니(說卦傳 八章 11節) 狗의 第一 아끼는 것이 유방이고 韓國의 地圖가 狗와 같다고 하면 유방에 해당하는 곳이 安眠島라고 할 수가 있기 때문이다.

7) 艮卦가 韓國이라면 艮 → 良이니 韓國民의 優秀性을 알 수 있다. 또한 우리나라의 朝鮮朝 마지막 王인 英親王이 李垠公이니 垠은 土＋艮이라 艮卦와 關係가 있다고 보겠다.

震雷　坎水　　다섯 卦는 모두가 相通이 되나 艮 - 山은 안 밖 山이 중첩되어 上下
巽風　離火　　가 相通될 수가 없다.
兌澤

8) 艮은 止也라고 하였다. 形而下學的인 그침도 있겠으나 形而上學的인 그침을 말한다.

一+止 = 正이다. 그치되 한마음 곧 惟精惟一한 곳에 그치며 止於至善한 곳에 머물러 있어야 한다. 大學에서 知止而後有定이라는 말과 같이 그치는 것을 알고(至善에 止하라 정착하라) 그 後에 정착하여야 한다.

佛敎에서도 入定이라고 하였으니 入定이 되려면 그치고 난 後에 定해야 한다.- 觀, 敬工夫의 入門하는 方法이다. 故로 艮卦는 '止' 하는 方法論에 대하여 써 놓은 것이라고 할 수 있다.

9) ※ 李太祖와 舞鶴大師에 얽힌 이야기

李太祖가 王位에 登極하고 請에 依據 景福宮을 建立하였다. 이에 이 宮의 中門을 蒼葉門이라고 명명하였더니 太祖가 알고 너무 짧지 않느냐고 하여 半間을 더 지었다는 일화가 있다고 한다.

蒼　廿八은 20　君은 8　君은 君　李朝의 28王으로 代數는 20世代밖에는 王位를 繼承할 수가 없다는 것을 意味한다.

葉　廿은 20　世은 代　(世孫)　이것으로 보아 舞鶴大師의 先見之明은 가히 알 수가 있을 것이고 한 나라의 偉大한 人物 뒤에는 반드시 謀事를 하는 道人이나 大師, 哲人이 있어야 하고 꼭 그러하였다.

2. 卦象과 卦德

1) 卦象을 보면 上卦와 下卦가 모두 山으로 重厚하게 그쳐 있는 象이다. 하늘의 氣運을 가장 먼저 받는 곳이 山이므로 (本乎天者는 親上하고: 乾 文言 九五) 萬物의 始初가 艮으로부터 비롯되고 또한 萬物의 動함이 終局에 이르러서는 마침내 休止하게 되므로 艮에서 마치게 된다(始萬物 終萬物者 莫盛乎艮: 說卦傳 第六章).

2) 艮은 文王後天八卦의 東北方에 該當하며, 또한 上下가 서로 그쳐 敵對視하는

象이므로 東北亞 半島의 韓民族이 南北으로 分斷되어 있는 것과 연관된다(우리 民族이 統一을 이루어 萬物의 終始를 이루는 것도 또한 이 卦에 있다).

3) 卦德을 보면 艮卦는 下卦도 上卦도 止로서 그친다는 뜻이다. 말하자면 上下가 각기 그 그쳐야 할 곳에 그친다는 뜻을 담고 있다. 艮은 山인데 山은 크게 자리하여 安定되고 움직이지 않는다. 그러므로 艮卦에는 鎭重 安定의 의미가 있다.

4) 艮卦의 卦德은 君主는 위에 있고 臣下는 아래에 있으며 은혜가 서로 통하지 않는 것과 같다. 다시 말하자면 艮卦는 그쳐야 할 도리를 말하고 있으며 倫理上 좋은 괘로 보기도 한다.

5) 아래의 二陰은 山의 腹이요 위의 一陽은 山頂이니 重濁한 二陰이 아래 位에 있고 輕淸한 一陽이 上位에 있어서 각기 그 위치에서 정지하고 있는 것이다.

6) 日帝로부터 解放된 後 다시 南北으로 갈라지는 뜻이 있고 또한 分斷의 對峙 상황이 다시 풀리어 統一되는 理致가 있음을 볼 수 있다.

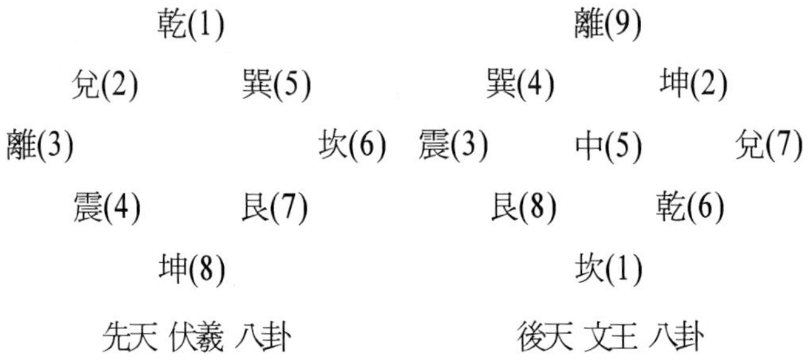

7) 이 卦의 陰陽 調和를 보면, 初六과 六四는 不應, 六二와 六五도 不應, 九三과 上九도 역시 不應이다. 重山坎의 卦는 山이 거듭되어 머물고 있는 形象이기 때문에 陰陽의 調和는 없다. 序卦傳에서 보면 "震者는 動也－니 物不可以終動하야 止之라 故로 受之以艮하고"라 나와 있다. 즉 萬物이 움직이다 보면 마침내 可히 움직이지 못하고 그치게 됨으로 震卦 다음에 艮卦를 두었다는 것이다.

3. 卦의 變化

1) 倒轉卦 − 重雷震   − 恐懼脩省하야 震驚百里에 不喪匕鬯이니라
   (☳ / ☳) → (☳ / ☳)

2) 配合卦 − 重澤兌   − 그쳐서 기뻐하는 뜻이 있다(止而悅). 上下가 다 兌니
   (☱ / ☱) → (☱ / ☱)   못에 물이 출렁거리는 象이며 사람이 입을 벌리고 기
                            뻐 웃는 象이다.

3) 錯綜卦 − 重山艮   − 上下의 卦를 바꾸어도 역시 重山艮이다.
   (☶ / ☶) → (☶ / ☶)

4) 互卦 − 雷水解   − 그치다 보면 다시 풀리는 때가 있음을 알 수 있으며
   (☵ / ☳) → (☵ / ☳)   反面 弛緩되어 풀어지는 것을 內外로 그쳐 이를 克服
                            하는 뜻도 있다.

[卦辭]

艮其背면 不獲其身하며 行其庭하야도 不見其人하야 无咎−리라
　獲: 얻을 획.　庭: 뜰 정,

◐ 其背에서 艮하면 其身을 不獲하며 其庭에 行하여도 其人을 不見하야 无咎−리라
◎ 그 등에서 그치면 그 몸을 얻지 못하며, 그 뜰에 들어와도 그 사람을 보지 못
한다. 허물이 없으리라.

1) 艮은 등(背)의 象이다. 또 艮은 門闕이니 庭의 상이다. 그리고 倒轉卦가 震이니
行의 象이기도 하다.
2) 艮其背 ― 사람은 自己의 등을 볼 수 없다. 볼 수 없는 것에서 그친다. ― 꼭 맞

게 한다. 艮其背의 結果로서 不獲其身이다. 곧 自己의 몸이 있음을 느끼지 못한다. 곧 보이지 않는 곳에 머문다는 것은 止於至善道通境地에 들어서면 自己 몸이 있음을 느끼지 못한다는 뜻이다.

3) ※ 孔子曰 朝聞道夕死可矣 — 아침에 道를 通하면 저녁에 죽어도 좋다. 明明德 天賦之性에 回復하면 곧 道通境地에 이르면 말로 表現할 수 없는 마음의 喜悅이 있다는 것.

4) 不獲其身 — 形而上學的인 表現 곧 心止다.

行其庭 不見其人 — 形而下學的인 表現 곧 行止다.

艮其背 — 止其所 — 道通境地다. 우리의 人間日常生活에 있어서도 能止를 해야 한다.

5) 君止於厚(德)仁 父止於慈(愛)　　　　꼭 알맞게 해야 하는 倫理綱領이다.
　臣止於忠(誠)敬 子止於孝(心)

[彖辭]

彖曰 艮은 止也-니 時止則止하고 時行則行하야 動靜不失其時-其道-光明이니 艮其止는 止其所也일새라. 上下-敵應하야 不相與也일새 是以不獲其身行其庭不見其人无咎也-라

◐ 彖에서 말하기를 艮은 止也이니 止할 때 則止하고 行할 때 則行하야 動靜이 其時를 不失하며 其道가 光明이니 艮其止는 止其所也일새라. 上下가 敵應하여 相與하지 아니함이라 是以로 不獲其身 行其庭 不見其人 无咎也라.

◎ 艮은 그치는 것이다. 그칠 때가 되어서 그치고 行할 때가 되어 行하여 움직이고 고요함에 그때를 잃지 않는 것이 그 道가 밝게 빛나는 것이다. 艮其止라는 것은 그칠 곳에 알맞게 그치는 것이다. 아래위가 應함이 없어 서로 더불어 하지 않는다. 그럼으로써 그 몸을 얻지 못하고, 그 뜰에 나아가도 사람을 보지 못하니 허물이 없

는 것이다.

1) 艮이라는 것은 그친다는 의미이다. 그쳐야 할 때에는 그치고 행해야 할 때에는 행한다. 움직여서 행하는 데에도 고요하게 머물러 있는데도 그때를 어기지 않으므로 艮의 道는 빛나고 밝은 것이다. 艮其止라는 것은 그 머물러야 할 곳에 머물러야 한다는 뜻이다.

2) 其道光明 — 그 道가 밝고 빛이 난다는 뜻이다. 이는 時中을 뜻하며 山이 寂然不動이니 其道가 光明하다는 것이다.

3) 陶山書院에 가면 光明室이 있다. 이 光明室의 語原이 곧 이 艮卦의 象辭에서 나왔다. 또한 閑邪存其誠(乾. 文言傳)에서 閑存齊의 이름을 引用하였다고 한다.

4) 艮其止 — 이것은 卦辭에는 艮其背로 되어 있으나 王弼 이후 艮其止로 표기하였다고 한다. 背의 뜻은 北이고 北가 잘못되어 背가 되었다고 한다. 王弼은 背는 곧 止라고 해석한 것이다.

5) 止는 中이요, 宜다(마땅한 것). 中도 곧 時中이 되어야 한다. 時中이 時止則止요 時行則行이다. 艮-止-時止則止, 時行則行-動靜不失其時(時中)-其道光明 / 艮其背-艮其止-止其所也-止於道學君子

6) 上下敵應 — 艮卦는 六爻全部가 不應關係다. 즉 陽爻는 陽爻로 陰爻는 陰爻로 마주하여 陰陽이 相應하지 않음을 두고 말한 것이다. 이것은 우리의 現實이 敵應關係에 있음을 말한다고 볼 수도 있다.

7) 艮卦 속에 震이 있으니 곧 動이 있다는 것. 그쳐 있는 곳에 움직임이 있다는 것. 互卦로 보아 震이 들어 있다. 時行則行이 動이라고 할 수 있다. 그러니 이것을 없애는 것이 克己다.

8) 艮卦에서는 篤實光明을 말하고 있다. 이것은 곧 韓國의 將來를 말해 주는 것이라고 볼 수도 있다. 六十四卦 中 山天大畜卦에 篤實輝光이라고 하였고 地山謙卦에 下濟而光明……라 하였다.

9) 艮卦는 一陽二陰이니 君子之道也라 秩序整然한 社會相을 뜻하며 또 上爻인 陽

爻가 主導權을 잡고 있다. 그러나 止於至善하고 天賦之性에 回復한 훌륭한 君子가 있는지라 또한 其道가 光明한 사람이 있으니 艮은 偉大한 君子라고 할 수 있다. 이것을 周易 六十四卦 中에서 찾아보면 다음과 같다.

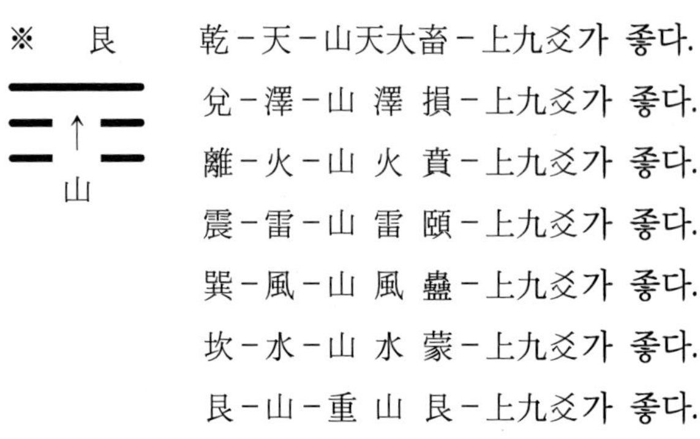

※　艮

乾 - 天 - 山天大畜 - 上九爻가 좋다.
兌 - 澤 - 山 澤 損 - 上九爻가 좋다.
離 - 火 - 山 火 賁 - 上九爻가 좋다.
震 - 雷 - 山 雷 頤 - 上九爻가 좋다.
巽 - 風 - 山 風 蠱 - 上九爻가 좋다.
坎 - 水 - 山 水 蒙 - 上九爻가 좋다.
艮 - 山 - 重 山 艮 - 上九爻가 좋다.
坤 - 地 - 山 地 剝 - 上九爻가 좋다.

艮卦는 上爻가 主爻이니 上九爻가 좋다.

위에서 살펴볼 때 山이 中樞的인 役割을 한다. 艮이 山河가 수려하고 四時의 季節이 確實하며 人心이 順厚하여 이 地球의 樂地가 곧 艮方이라는 것이다. 또한 艮卦가 들어 있는 卦는 사람의 人體에 비유한 例가 많다. 澤山咸이 그러하고 重山艮卦가 그러하다.

艮은 止也라고 하였으니 卦象으로 보면 上爻가 主爻이면서 上爻에서 머물러 있는 形象이다.

[象辭(大象)]

象曰 兼山이 艮이니 君子－以하야 思不出其位하나니라

◑ 象에서 말하기를 山이 兼해진 것이 艮이니 君子가 써 하여 思함이 不出 其位하나니라.

◎ 산이 겹친 것이 艮이니 君子가 이것을 본받아 생각함이 그 位를 벗어나지 않는 것이다.

1) 艮卦는 上卦나 下卦가 모두 산이기 때문에 위의 산은 위에 머물고 아래 산은 아래에 머물러 제각기 그 자리를 지킨다. 君子는 이 艮卦의 象에서 본을 받아 자기의 직위나 직분 이외의 일을 생각하지 말고 그 맡은 바 소임을 충실하게 해야 한다는 뜻이다.

2) 思不出其位 ― 생각이 그 위에서 벗어나지를 아니한다는 뜻. 卦가 艮이니 무슨일이라도 自己의 分數에 맞게 行하며 알맞게 그쳐 있다는 뜻이다. 곧 이 글귀 속에는 至善에 정착하여 그쳐 있다는 말이다.

　＊ 心: 心包 속에 있는 마음, 無色 無臭.
　　思: 마음 밭, 精神, 생각.

[爻辭]

初六은 艮其趾라 无咎하니 利永貞하니라

◑ 初六은 其趾에 艮하는 것이라 无咎하니 利 永貞하니라.

◎ 그 발에 머무는 것이라 허물이 없으니 길이 곧게 함이 이롭다.

1) 그 발에서 머문다(멈춰서 발을 움직이지 아니한다). 허물이 없다. 길이 마음을 곧고 바르게 가지면 이롭다.

2) 利永貞－坤卦 用六에서 말하였다. 貞은 正也라 이것은 경계사다. 그치는데도 가장 첫 단계인 발가락이다. 陽자리에 陰이 앉아 있으니까 艮其趾다. 언제나 艮은 止라고 하였으니, 初六爻에서도 止之初로 永貞을 해야 좋다고 하였다.

象曰 艮其趾는 未失正也－라

◑ 象에서 말하기를 艮其趾라는 것은 未失 正也이라.
◎ 발에 머문다는 것은 아직 바른 길을 잃지 않은 것이다.

六二는 艮其腓니 不拯其隨－라 其心不快로다
　　腓: 장딴지비 (배)　拯: 구원할 증.　快: 유쾌할 쾌.

◑ 六二는 其腓에서 艮하니 其隨에서 不拯이라 其心이 不快로다.
◎ 그 장딴지에서 머무는 것이니, 救援하지 못하고 그대로 따르는 것이라, 마음이 快하지 못할 것이다.

1) 六二는 柔順中正의 爻이다. 초육의 발 위에 있어 장딴지라 볼 수 있다. 이 장딴지가 움직이지 않고 가만히 머물러 있다. 六五와 不應關係이고, 中正의 陰으로 相應의 陽이 없으니 九三의 이웃 陽에게 마음을 두고 있으니까 其心이 不快라고 하였다.

2) 우리가 工夫하는 데 比喩한다면 中正之心을 그대로 가지고 있어야 하는데 人心이 흔들려서 그렇지 못하다. 完全無缺한 六二의 陰이 있으나 九三의 陽이 이웃에

있으니 흔들리기가 쉽다는 것이다. 곧 人心惟危 道心惟微 惟精惟一 允執厥中이라고
하였으니 마음을 正一하게 가져야 한다는 것이다.

象曰 不拯其隨는 未退聽也일새라

◐ 象에서 말하기를 不拯其隨라 한 것은 아직 退하여 聽하지 않음이라.
◎ 구원하지 못하고 그대로 따른다는 것은, 아직 물러서서 듣지 않는다는 것이다.

1) 九三이 六二의 말리는 말을 아직 듣지 않기 때문이다.
2) 아랫사람의 말을 들어야 하는데 듣지 않는다는 뜻이다.
3) 未退聽也 — 退는 初六 聽은 아랫사람에게 듣는 것.

九三은 艮其限이라 列其夤이니 厲薰心이로다
   限: 허리 한   夤: 활개 인, 척추 뼈 인, 연줄 인, 連也.   薰: 향기 훈.

◐ 九三은 其限에서 艮하는 것이라 其夤을 열하는 것이니 厲하여 薰心이로다.
◎ 그 허리에 머문다. 그 등뼈를 쪼개어 놓는다. 위태로워서 마음을 흐리게 하는
것이다.

1) 九三爻이니 허리에 該當한다. 그리고 內卦의 終이니까 限이라고 한다.
2) 艮其限 — 人體로 말하면 上下를 가름하는 부분 곧 허리를 뜻한다. 艮이 우리나
라라면, 限은 南北의 限界點(線)을 뜻한다.
3) 厲薰心 — 不安이 심한 것, 근심스러워 두근두근하는 모양을 말한다.

象曰 艮其限이라 危-薰心也-라

◐ 象에서 말하기를 艮其限이라 한 것은 危하여 薰心인 것이라.
◎ 허리에 머문다는 것은 위태로워서 마음을 흐리게 한다는 것이다.

1) 上下敵應이니까 항상 마음이 위태위태하다는 것.

六四는 艮其身이니 无咎-니라

◐ 六四는 其身에서 艮하는 것이니 无咎하니라.
◎ 그 몸에서 그친다. 허물이 없을 것이다.

1) 六四는 得正이다. 陰 자리에 陰이 있다. 時止而止 할 수 있는 資格이 있다.
2) 艮其身 ― 마음이 한 몸의 主人이라고 하였으니 곧 心을 말한 것이다. 心爲一身之主宰 ― 形而上學的인 心止를 말하였다.

象曰 艮其身은 止諸躬也-라

◐ 象에서 말하기를 艮其身이라는 것은 諸를 躬에 止하는 것이라.
◎ 그 몸에서 그친다는 것은 자기 몸을 움직이지 않고 머물러 있다는 것이다.

1) 자기 몸을 움직이지 않고 가만히 지켜 정도를 지키는 것. 곧 모든 行動을 알맞게 하며 올바르게 한다는 것이다.
2) 止諸躬也 ― 여기서 諸는 之於와 같다. 그 몸을 머물게 해서 움직이지 않는 것.
3) 身은 一般的인 몸을 말한다. 그러나 躬은 活動하는 몸, 즉 屈伸을 하는 몸을

말한다.

六五는 艮其輔－라 言有序－니 悔亡하리라

　輔: 도울 보, 광대뼈 보

☯ 六五는 其輔에서 艮하는 것이라 言에 有序하니 悔亡하리라.
◎ 볼에서 그치는 것이라, 말하는 데 순서가 있으니 뉘우침이 없을 것이다.

1) 六五는 上卦의 가운데 있으니 사람 몸으로 말하면 볼에 해당한다. 볼에서 그치고 움직이지 않는다는 것은 함부로 말을 하지 않는다는 것이다. 그렇기 때문에 말을 하게 되면 그 순서나 조리가 서 있다. 그러니 뉘우침이 없다.

2) 볼은 말이 나오는 곳이다. 그런데 陰이 陽位에 있으니 失言을 免하지 못하는 뉘우침이 있을 수 있으나 得中을 했고 말을 삼가기 때문에 뉘우침이 없는 것이다.

3) 六五는 得中이며, 君位이나 不正位이다. 不正位이니까 경계사로 悔亡하리라고 하였다.

4) 艮卦의 음양을 바꾸면 兌卦가 된다. 兌는 口舌輔之象이고 言之象이다.

5) 艮其輔는 말을 망발하지 않는다는 뜻이다.

6) 言有序는 말을 하게 되면 반드시 이치에 맞는다는 뜻이다.

象曰 艮其輔는 以中으로 正也－라

☯ 象에서 말하기를 艮其輔라는 것은 中으로 써 바른 것이라.
◎ 볼에서 그쳤다고 하는 것은 中庸之道로서 正道로 하기 때문이다.

1) 六五는 得中하였지만 不正位이니까 正道로 하라는 것.

上九는 敦艮이니 吉하니라

🌓 上九는 敦하게 艮함이니 吉하니라.
◎ 敦篤하게 그치니 吉하다.

1) 上九는 外卦의 主爻이다. 一貫해서 나아가는 것이 곧 敦艮이다. 時止則止 時行則行하는 것이 敦艮이다. 篤實하게 厚하게 하는 것.
2) 敦艮 — 艮卦의 總體的인 것을 意味한다. 始終을 모두 篤實하게 해야 한다.
3) 上九變이면 地山謙이니, 謙德으로 艮止하니 吉하지 않을 수가 없다.
4) 地澤臨 – 上六 敦臨이고, 地雷復 – 六五 敦復이며, 重山艮卦는 上九가 敦艮이다. 各 卦마다 硏究해 볼 必要가 있다.

象曰 敦艮之吉은 以厚終也일새라

🌓 象에서 말하기를 敦艮의 吉은 厚함으로써 終함일새라.
◎ 돈독하게 그치는 것이 吉하다는 것은 두텁게 끝나는 것이기 때문에다.

1) 상구가 독실하게 그쳐야 할 곳에 그쳐 있어 끝까지 독실함을 바꾸지 않기 때문이다.
2) 마침에 있어 厚하다는 것이다. 곧 有終의 美를 거두는 것이다.

〈重山艮卦의 綜合〉

1) <澤山咸卦와 重山艮卦의 相互比較〉

咸 卦	艮 卦
初六　咸其拇	初六　艮其趾
六二　咸其腓	六二　艮其腓
九三　咸其股	九三　艮其限(腰胯(다리 고, 사타구니 과))
九四　咸其心	六四　艮其身(心)
九五　咸其脢(등심 매)	六五　艮其輔
上六　咸其輔頰舌	上九　敦艮

　위의 各 爻를 相互比較할 때 相互相通되는 것이 많다. 人事的이기 때문에 人體에 比喩하여 取象하였다. 咸卦와 艮卦는 艮을 內包하고 있으니까 그 爻辭는 一脈 같은 理論이 있다고 보겠다.

　2) 重山艮卦에는 元亨利貞의 四德이 들어 있지 않다. 그 理由는 어느 한곳 局限되어 있지 않다는 것을 우리에게 보여준다. 下經 卽 後天이 人事的이라면 艮方의 여러 가지 事件도 主人이 없고 또 固定體가 아니라는 것이다. 사람의 誠意如何에 따라 吉運을 잡을 수가 있는지라. 마치 日月이 主人이 없는 것처럼 自己의 努力에 따라, 마음의 그릇 따라 받아 가는지라, 仁義中正之道로 在止於至善에 돌아간다면 心止와 行止 곧 道通의 境地에서 森羅萬像을 통활할 수가 있다. 꼭 음미하고 硏究해 볼 必要가 있다는 것이다.

　3) 艮卦는 震卦의 倒轉卦로서 行止하는 原則을 卦象한 것이다. 무릇 行止는 一體라, 止한다는 것은 어느 行에 止한다는 것이고, 行한다는 것은 어떤 止에서 行한다는 것이다. 즉 어느 일을 專心으로 行하는 것은 止하는 것이다.

4) 大學에 "人君이 되어서는 仁에 止하고

　　臣下가 되어서는 敬에 止하고

　　父母가 되어서는 慈에 止하고

　　子女가 되어서는 孝에 止하고

　　國人을 相對로 해서는 信에 止하라"고 하였다.

그러니 이에 艮其背 不獲其身이라는 것은 그의 負荷(背)된바 行에 止해서 自身의 報酬만 알지 말라는 것이고, 行其庭 不見其人이라는 것은 그의 處地(庭)에 止해서 行하는데 他人의 態度만 보지 말라는 것이다. 自身의 報酬나 他人의 態度야 어찌되었건 그의 責任을 遂行하기에만 止心하라는 것이 艮卦의 敎訓이다.

5) 따라서 初六에 艮其止 ― 自己가 발붙인 地點에서 靜止해야만 无咎이다.

　　六二에 艮其腓 ― 自己의 立脚한 處地에서 不快함이 있더라도 靜止

　　九三에 艮其限 ― 動할때도 無理하게 靜止하라는 것은 아니고

　　六四에 艮其身 ― 靜하기만 해서 无咎해도 正道는 아니며

　　六五에 艮其輔 ― 言語에 止心하는 것이라면

　　上九에 敦艮 ― 行動에 止心하는 것이다.

그러니 첫째는 비록 踐位에서라도 知足해서 妄動하지 말라.

　　둘째는 비록 不快하드라도 自制해서 安靜하라

　　셋째는 動함에도 止함이 있다는 것이고

　　넷째는 止하는데도 動함이 있다.

　　다섯째는 言語에 留心하고

　　끝으로 行動에 留心해서

그의 行할 바와 止할 바를 分別하라는 것이다. 그래서 漸進해야 하기 때문에 다음은 風山漸卦로 받는다.

(53) 風山 漸(下經 23)

<pre>
──────────── 不正
巽順 ──────────── 正　　中　巽　風
      ───── ───── 正
      ─────────────
      ───── ───── 正
止　　───── ───── 正　　中　艮　山
      ───── ───── 不正
</pre>

─序　説─

1. 卦의 뜻

1) 漸은 進也라 하였다. 그것도 크게 눈에 보이게 進步하는 것이 아니라 形而上學的인 面에서 漸進하는 것을 위주로 記述하였다.

2) 漸은 外卦 巽木이 內卦의 艮山에 止하여, 山上에 있는 나무가 커가는 狀態를 나타내는 卦이다. 山에서 나무가 자라는 것은 나무도 크지만 山도 커 간다는 것을 우리는 알아야 한다. 山이 커가는 것은 눈으로 볼 수 없는 成長을 뜻한다. 그러므로 여기서는 飛躍도 急進도 생각하지 아니하는 것이다. 따라서 우리는 漸進的으로 不斷하게 努力하는 것과, 工夫를 할 때의 漸進的인 姿勢를 여기서 배워야 할 것이다.

3) 漸은 女子가 시집을 가는 것을 말하는데, 女子가 男便을 따라 한 걸음 한 걸음 시집이 가까워지고 친정은 멀어지는 形態가 漸이다. 閨中處女가 結婚式을 하여 시집으로 가는 것, 곧 한 女子의 一生에 重大한 變化가 일어나는 일이 漸進的으로 이루어지는 것을 이 卦에서 取象하였다고 말해진다.

4) 女子는 한 포기의 버드나무와 같다. 즉 水分이 많고 자라기가 좋은 땅에 나무를 移植한다면 巨木으로 자랄 것이고, 메마른 焦土 위에 심어진다면 苦難과 시련 속에서 자랄 것이다. 이 모든 狀態는 우연이 아닌 必然的인 事實로 漸次的으로 왔다는 것이다.

5) 坤卦文言에서와 같이 積善과 積不善이 形而下學이라면, 必有餘慶과 必有餘殃은 形而上學으로 우리 눈에 보이지 않는 것이다. 그래서 이것이 其所由來者漸인 것이다. 그런고로 漸의 理致는 심오한 것이라고 할 수 있다. 그러므로 무슨 일이라도 漸漸이 이루어진다면 거기에 漸卦가 가지는 뜻을 살필 수가 있다.

6) 漸卦는 어느 面으로는 秩序 있게 漸進하는 것을 의미한다. 하늘에 날아다니는 微物인 기러기는 날아갈 때 秩序整然하게 行動한다. 이 秩序 있게 날아가는 形象은 漸이라 말할 수 있고 또한 그들의 行動도 漸進的이다. 이것은 우리 生活周邊에서 찾아볼 수 있는 例라고 할 수 있다.

2. 卦象과 卦德

1) 漸卦의 卦象을 보면 初爻와 上爻는 不正이고, 內四爻는 正位이다. 外部로는 不正인 것 같으나 內部는 內心은 正이라야 한다. 正은 곧 止於至善이다. 女子의 精神姿勢, 工夫하는 사람의 마음가짐이 이 卦象과 같아야 하고 한결같은 步調로 나아가면 順調로운 것이다.

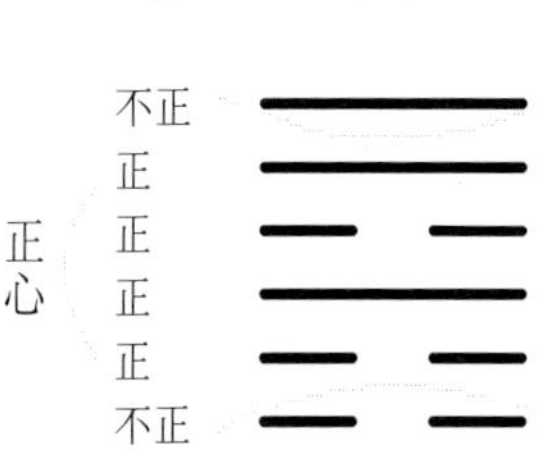

2) 卦德을 보면 下卦 艮山은 止, 즉 머문다는 것이고, 上卦 巽風(巽木)은 巽順하다고 볼 수 있다. 그러므로 아래 산은 머물러 있으나 그 산 위에 나무가 있어 해마다 점차 크게 자라가는 모습이라 할 수 있다.

3) 卦象으로 볼 때 長女가 집안에서 그쳐 있다가 出嫁하는 象이다. 기러기가 여섯 段階를 거쳐 蒼空으로 飛上하듯 女子가 六禮를 갖추어 시집가는 것이 이 漸卦에서 緣由하였다. <참고로 六禮는 다음과 같다.>

① 納采: 新郎집에서 新婦집으로 婚姻을 求하는 儀式(仲媒).

② 問名: 兩家의 姓을 서로 아는 것(옛날에는 新婦의 外家 姓까지 물었다고 함).

③ 納吉: 婚處의 마땅함을 占쳐보고 家族會議를 열어 그 與否를 決定하는 것.

④ 納徵(納幣): 新郎집에서 綵緞(비단 채, 비단 단)이 든 函을 新婦집으로 보내는 것.

⑤ 請期: 新郎집에서 新婦집으로 四柱單子를 보내고 擇日을 請하는 것.

⑥ 親迎: 新郎이 新婦집으로 가서 新婦를 맞이하여 오는 것.

4) 이 卦의 陰陽 調和를 보면, 初六과 六四는 不應이고, 六二와 九五는 올바르게 正應하고 있으며, 九三과 上九는 不應이다.

5) 序卦傳에서는 "物不可以終止라 故로 受之以漸하고……"로 나와 있다. 즉 萬物이 可히 마침내 그칠 수 없음으로 艮卦 다음에 漸卦를 두었다고 말하고 있는 것이다.

3. 卦의 變化

1) 倒轉卦-雷澤歸妹　　　- 歸妹는 六禮를 가추지 못하고 시집가는 卦
　　(☶ / ☴) → (☳ / ☱)

2) 配合卦-雷澤歸妹　　　- 역시 歸妹卦이다.
　　(☶ / ☴) → (☳ / ☱)

3) 錯綜卦-山風蠱　　　- 집안에서 살림을 축내다가 시집을 가서 새로운 가정
　　(☶ / ☴) → (☶ / ☴)　　을 만드는 뜻이 있다.

4) 互卦-火水未濟　　　- 비록 六禮를 갖추어 正式으로 婚姻을 하였더라도 夫
　　(☶ / ☴) → (☲ / ☵)　　婦之道를 따르지 않으면 서로 어긋나게 된다.

[卦辭]

漸은 女歸 - 吉하니 利貞이니라
  歸: 시집갈 귀

● 漸은 女子가 歸하는 것이 吉하니 貞함이 利로우니라.
◎ 漸은 여자가 시집을 가는 것이 길하니 올바르게 하는 것이 이롭다.

  1) 여자가 정식 절차를 밟아 결혼하는 것처럼 서서히 진행하고 급하게 진행하지 않는 것을 말한다. 그렇게 하면 길하고 복을 얻을 수 있다는 것이다.
  2) 女子가 시집을 갈 때 漸漸 시집이 가까워 오는 形態를 말하였으며 눈에 보이지 않는 喜樂이 있다는 것이 內部에 숨어 있다.
  3) 女歸吉 — 여자가 시집을 가면 길하다. 여기서 歸는 시집가는 것. 그래서 于歸日이라는 것은 新行가는 날이다.
  4) 女라는 것은 女性의 通稱이다. 그리고 閨中處女라 할 때는 도장(창고와 같은 것.) 속에 있는 시집 안 간 女子를 가리킨다.
  5) 利貞 — 正道로 해서 利롭다고 하나 여기에서는 女子의 貞을 말하였다. 一平生 동안 生命과 같은 貞操를 굳게 지키는 것이 좋다는 말이다.

[彖辭]

  彖曰 漸之進也 - 女歸의 吉也 - 라 進得位하니 往有功也 - 오 進以正하니 可以正邦也 - 니 其位는 剛得中也 - 라 止而巽할새 動不窮也 - 라

● 彖에서 말하기를 漸의 進함이 女가 歸함의 吉이라. 進하여 位를 得하니 往하여

有功함이요, 進하여 正함으로써 可히 正邦인 것이니, 其位는 剛이 得中함이라. 止하여 巽하고 動하여 不窮이라.

◎ 漸은 나아가는 것이다. 女子가 시집가는 데 吉할 것이다. 나아가 正當한 位를 얻었으니 가면 공이 있을 것이다. 나아가는 데 位가 올바르니 이로써 가히 나라를 바르게 할 것이다. 그 位는 剛으로서 中正을 얻는 것이다. 그칠 자리에 그치고 巽順할 때 손순하니 움직임에 있어서 궁하지 않을 것이다.

1) 漸卦의 漸이라는 것은 나아가는 것이지만 漸進的인 나아감이다. 風山漸(☴ / ☶)의 倒顚卦는 雷澤歸妹卦(☳ / ☱)이다. 六四효는 歸妹卦의 六三이 나아가 바른 位를 얻은 것이며 일을 행함에 功을 올릴 수가 있다. 漸卦의 九五는 陽剛하며 位가 바르며 中庸의 德이 있다. 따라서 나라가 바르게 된다. 漸卦는 안으로 그치고 밖으로 따르기 때문에 안정되고 급히 나아가지 않는다. 그러므로 움직이더라도 困窮하지 않는 것이다.

2) 進得位 ― 六四를 가리킨다. 나아가 바른 位를 얻는 것.

3) 往有功也 ― 나아가서 일을 하면 커다란 공적을 올릴 수 있다.

4) 漸卦의 正으로서 漸進하면 結果的으로 나라도 바르게 할 수가 있다.

進以正　→　可以正邦也

↓　　　　　　↓

修身齊家　→　治國平天下

5) 丁茶山, 李星湖 같은 분은 易學者로서 政治에도 많은 영향을 끼쳤다. 이들은 修己治人(律己) 함으로써 自己의 몸을 닦고 다스리는 것을 根本으로 하여 사람들을 다스리고 政治를 하였다.

6) 其位는 剛得中也 ― 六二와 九五가 相應으로 得中 得正을 하였다는 뜻이다. 德으로 보면 巽은 順하고 艮은 止의 德을 가졌으니 이 德行으로 나아가면 움직임이 困難하지 아니하다.

7) 結婚을 하는 데 있어서는 新郎과 新婦집의 雙方合意에 의하여 漸進的으로 이루

어지며 나아가야 원만한 婚事가 된다. 納采(納幣) - 新郎 집에서 新婦 집으로…… 問名, 納吉, 納徵, 請期, 親迎 等의 六禮節次를 거쳐 結婚式을 올리게 되는 것이니 貞해야 된다. 고로 卦辭에서 女歸吉이라 하고 利貞이라고 말한 것이라 볼 수가 있다.

[象辭(大象)]

象曰 山上有木이 漸이니 君子-以하야 居賢德하야 善俗하나니라

◑ 象에서 말하기를 山上에 有木이 漸이니 君子-써 하야 賢德에 居하야 善俗하나니라.
◎ 산 위에 나무가 있는 것이 漸이니, 君子가 이것을 본받아서 어진 德에 居하여 風俗을 善하게 하는 것이다.

1) 德으로써 漸漸 風俗을 變動시켜 나간다는 것이다. - 이것이 漸進的으로 德에 居하여 善으로 變化시키는 것을 비유하였다. 山上의 모든 나무가 漸長해 가는 것처럼 居賢德善俗은 急進的으로 되는 것이 아니다. 여기에 漸卦의 뜻이 있다.

[爻辭]

初六은 鴻漸于干이니 小子-厲하야 有言이나 无咎-니라
　　鴻: 큰기러기 홍.　干: 방패 간, 물가 간(水涯) - 干戈(간과 병장기의 총칭)

◑ 初六은 鴻이 干에 漸하니 小子는 厲하야 有言이나 无咎-니라.
◎ 기러기가 물가에 漸漸이 나아감이니 小子는 위태로울 것이다. 말이 있어도 허

물은 없을 것이다.

  1) 初六은 不正位이고, 六四와 相比關係다.
  2) 鴻漸于干 ― 鴻雁은 큰기러기이고 물새이다. 이 새는 날아가는 데 순서가 있고, 덤비면서 날지 않는다. 그리고 干은 여기서 물가를 말하고 岸과 통한다. 따라서 水岸을 의미한다. 그러므로 기러기가 水湄(물가 미) 또는 水涯(물가 애)에서 秩序整然하게 漸漸이 나아가는 모습이 漸의 外形的인 表現이다.
  3) 小子厲 ― 小子는 小鴻으로도 말할 수 있고, 陽은 大, 陰은 小라면 初六이 陰이니, 小子이다. 짐승으로는 小鴻으로 사람으로 치면 少女를 뜻하였고 또한 女子가 처음으로 시집가는 것을 비유한 것이다.

象曰 小子之厲나 義无咎也 – 니라

  ☯ 象에서 말하기를 小子의 厲이나 義로 无咎이니라.
  ◎ 小子가 위태로우나, 義理로 보아 허물이 없다는 것이다.

  1) 取象을 하여 漸 – 鴻(江＋鳥)이 된다.
  2) 처음으로 시집을 가는 女子는 巽順하다. 卦象으로 보아 外形的으로 不正한 것 같으나 內的으로 보면 全部 心正해 있다.
  3) 經書는 不變이다. 萬古의 眞理이니 變할 수가 없다고 말해진다. 易經은 天書이니 마음대로 고치거나 變更해서는 아니 된다고 한다.
  例를 들면 베를 짤 때 날과 같은 役割을 한다. 그러나 씨는 우리가 마음대로 變動시킬 수는 있을지언정 날은 변동이 없다.
  즉 經은 根本 바탕이니 變化시킬 수가 없다는 것이다.

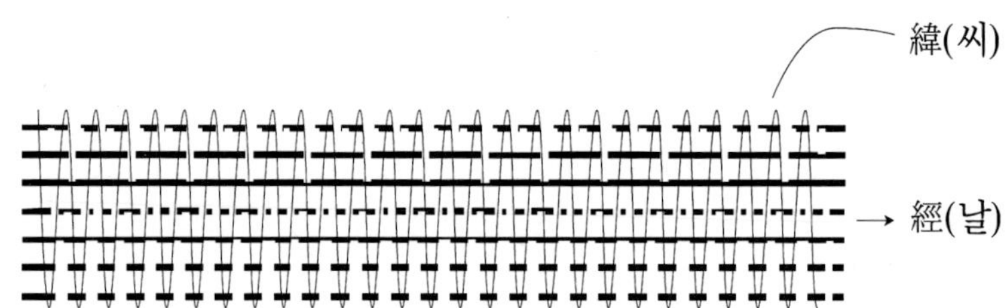

六二는 鴻漸于磐이라 飮食이 衎衎하니 吉하니라

　磐: 반석 반.　衎: 즐길 간(樂), 좋은 음식 간.

◑ 六二는 鴻이 磐에 점함이라 飮食이 衎衎하니 吉하니라.

◎ 기러기가 반석 위로 나아감이라, 飮食을 먹으며 和樂하고 있으니 길할 것이다.

　1) 六二는 柔順中正의 位에 있고 中正이니 安全한 地位이다. 그리고 九五와 正應이다. 內卦의 主人이 六二爻이다.

　2) 飮食衎衎 ― 맛 좋은 飮食을 뜻한다. 家庭의 標本은 장맛을 보아야 한다고 하나 또한 內助의 功은 良妻를 이름이다. 따라서 飮食衎衎의 뜻은 和樂의 意라고 한다.

象曰 飮食衎衎은 不素飽也ㅣ라

　素: 본디 소.　飽: 배부를 포.

◑ 象에서 말하기를 飮食衎衎이라는 것은 素飽하지 않음이라.

◎ 飮食을 즐겁게 먹는다는 말은 화락함을 얻는다는 뜻이고 공연히 배불리기 위한 것이 아니다.

　1) 素 ― 白色이다. 原色이다. 五色은 靑赤黃黑白이나 이 中에서 五色의 原色은 白色이다. 素는 本來의 始初色인 白色이므로 여기서 '원래' 또는 '공연히'로 해석된다.

九三은 鴻漸于陸이니 夫征이면 不復하고 婦孕이라도 不育하야 凶하니 利
禦寇하니라

　　陸: 물 육.　孕: 애밸 잉.　禦: 막을 어.　寇: 도둑 구.

　● 九三은 鴻이 陸으로 나아감이니 夫가 征이면 不復하고 婦가 孕이라도 不育하
야 凶하니 利禦寇하니라.

　◎ 기러기가 陸地에 漸하여 나아갔다. 男便이 나가면 돌아오지 않을 것이고, 婦人
은 어린이를 孕胎하여도 기르지 못한다. 凶하다. 도둑을 막아야 利로울 것이다.

　1) 九三은 得正이나, 上九와는 不應關係이다. 기러기는 물새이기에 陸地로 날아가
면 편안하지 못하다. 過剛不中, 應해 주는 爻가 없다. 凶한 象이다. 이 爻의 上下가
모두 陰爻이기 때문에 같이 벗이 될 수가 없다. 上九가 不應이니까 서로 和合하지
못하다.

　2) 男便은 여기서 九三을 가리키고 함부로 나아가면 돌아오지 아니하고 집을 돌보
지 아니한다. 婦人은 임신을 하였으나 정절(貞節)을 잃었기 때문에 낳아 기르지 못한
다. 그렇기 때문에 凶하다는 것이다. 이것은 모두 過欲에서 온 것이니 지나친 物欲에서 오
는 마음의 도둑을 방어하고 順應하면 利롭다는 것이다.

　3) 夫征不復 ─ 男子가 나아가서 돌아오지 않는 것. 征은 進也

　4) 婦孕不育 ─ 女子가 不正하게 受胎를 하였기 때문에 기르지 못한다.

　5) 利禦寇 ─ 도적을 막는 것이 利롭다. 周邊의 陰이 유혹하는 것을 막는 것, 뿐만
아니라 陰으로 치면 不正한 짓으로 孕胎하는 것을 막아야 한다는 것이다. 禦寇는 경
계사이다.

象曰 夫征不復은 離群하야 醜也－오 婦孕不育은 失其道也－오 利用禦寇
는 順相保也－라
　　醜: 추할 추.　保: 도울 보

◐ 象에서 말하기를 夫征不復이라는 것은 群에서 離하여 醜한 것이고, 婦孕不育이라는
것은 其道를 失한 것이며 利用禦寇라는 것은 順하여 相保하는 것이라.
◎ 男便이 나아가면 돌아오지 않는다는 것은 그 무리를 떠나서 사니 醜한 일이라는 것이
요, 婦人이 임신해도 낳아 기르지 못한다 함은 그 道를 잃었다는 것이며, 도둑을 막는 것이
利롭다는 것은 道理에 順應해서 서로 保全하기 때문이다.

1) 남편이 나가면 돌아오지 않는다는 것은 九三이 그 무리를 버리고 六四의 陰과
사귀는 것을 말한다. 부인이 임신해도 낳아 기르지 못한다는 것은 九三이 六四와 맺
어진다는 것은 올바른 부부의 도리에 어긋난다는 것이며, 도적을 막는 것이 이롭다
는 것은 初六 六二가 九三을 잘 따르고 外敵인 六四를 막아 서로 그 집을 지킨다는
것이다.

六四는 鴻漸于木이니 或得其桷－이면 无咎－리라
　　桷: 서까래 각, 평이한 가지 각.

◐ 六四는 鴻이 木에 漸하는 것이니 或 其桷을 得하면 无咎－리라.
◎ 기러기가 나무에 나아가는 것이다. 혹시 平易한 가지를 얻으면 허물이 없을 것
이다.

1) 기러기가 나무에 앉는 다는 것은 매우 困한 形態이다. 왜냐하면 기러기의 발은
오리발같이 붙어 있으므로 不便하다는 것이다. 혹시 편하게 앉을 수 있는 횃대나무
를 얻으면(九三爻를 뜻한다. 陰이니까 陽인 九三을 만난다는 것.) 별다른 허물이 없

다는 것이다.

2) 六四는 得正이나, 初六과는 不應關係이다.

上九 ━━━━━
九五 ━━━━━ 中
六四 ━━ ━━
九三 ━━━━━ 桷, 剛
六二 ━━ ━━ 中
初六 ━━ ━━

六四의 位置에서 본다면 九三의 陽이 횃대와 같은 役割을 한다. 또한 六四는 陰이니 九三의 陽剛을 타고 있다고 볼 수 있다.

3) 三爻와 四爻에 或字를 많이 使用한다. 그것은 先后天의 始終과 后天의 처음 始作이며 또한 疑問詞로 或字가 쓰인다.

1. 重天乾卦九四　或躍在淵
2. 重地坤卦六三　或從王事
3. 天水訟卦六三　或從王事无成
4. 地水師卦六三　師或輿尸
5. 天雷无妄卦六三　或繫之牛
6. 雷風恒卦九三　或承之羞
7. 風山漸卦六四　或得其桷
8. 風澤中孚卦六三　或鼓或罷或泣或歌
9. 雷山小過卦九三　從或戕之　　　(戕: 죽일 장, 손상을 입히다)

6 ━━━━━
5 ━━━━━
4 ━━━━━ 九四
3 ━━━━━ 九三
2 ━━━━━
1 ━━━━━

九三과 九四는 倒轉으로 錯綜된 爻라고 할 수 있다.

象曰 或得其桷은 順이 巽也－ㄹ새라.

◐ 象에서 말하기를 或得其桷이라는 것은 順이 巽함일새라.
◎ 혹시 횃대 같은 나무를 얻는다는 것은 順함으로써 巽順하기 때문이다.

九五는 鴻漸于陵이니 婦-三歲를 不孕하나 終莫之勝이라 吉하리라
  陵: 큰 언덕 능.

☯ 九五는 鴻이 陵에 漸하는 것이니 婦가 三歲를 不孕하나 終莫之勝이라 吉하리라.
◎ 기러기가 큰 언덕 위로 나아간다. 婦人이 三 年間이나 孕胎치 못하나 끝내는 이것을 이기지 못할 것이니 吉할 것이다.

1) 九五는 得中得正이며, 六二와 正應이다. 君位에 있으면서 剛健中正의 爻이다. 剛中居尊丘陵의 平安한 곳에 있는 象이다. 다만 처음에는 六二의 正應이 三爻, 四爻에 妨害당하여 오지 못하기 때문에 아내가 三 年이나 아이를 배지 못하는 象이다. 하지만 中正의 精誠이 있어 절조를 지켜서 마침내는 九五의 正夫와 만나게 된다는 것이다.

2) 三歲不孕 一 九五와 六二가 正應關係이다. 여기서 三歲라는 것은 易學에서 規定되어 있지 않으며 場所에 따라 三 年, 三 月, 三 日로 말한다. 三字는 天人地의 三極이나 三才로서의 뜻이 있다.

3) 終莫之勝 一 九三 六四가 九五와 六二의 부부 사이를 끊을 수는 없다는 것이다. 吉凶者는 貞勝者也라 一 貞이 이기는 것이다.

象曰 終莫之勝吉은 得所願也-라

☯ 象에서 말하기를 終莫之勝吉이라는 것은 所願하는 바를 得하는 것이라.
◎ 끝내는 이것을 이기지 못한다는 것은 원하는 바를 얻는다는 것이다.

1) 九五가 六二와 짝 지으려는 所願을 얻는다는 것이다.

上九는 鴻漸于陸－니 其羽－可用爲儀니 吉하니라

◑ 上九는 鴻이 陸에 漸하는 것이니 其羽를 可用하여 爲儀하니 吉하니라.
◎ 기러기가 空中에 漸漸 날아간다. 그 날개가 가히 써 禮儀를 삼으니 吉하니라.

1) 여기서 原文에는 鴻漸于陸으로 나와 있으나 九三과 같은 글이기 때문에 程子나 朱子는 逵의 잘못이라 해석하고 있다. 그러므로 陸＝逵(하늘 거리 규)로 일반적으로 해석한다.

2) 기러기가 끝없는 空中에서 마음껏 나는 形態다. 그 날개가 가히 秩序整然하게 날아가니 吉하다는 것이다.

3) 上九는 不正位이며 九三과의 不應關係이다. 漸卦의 마지막이다.

4) 儀 — 禮儀, 秩序의 形態,

象曰 其羽可用爲儀吉은 不可亂也일새라

◑ 象에서 말하기를 其羽可用爲儀吉이라는 것은 不可亂也일새라.
◎ 그 날개를 펴 秩序 있게 난다는 것은 가히 어지럽지 아니하다는 것이다.

1) 기러기가 질서정연하게 대열을 지어 날아가는 것은 아무것도 이를 어지럽힐 수가 없다는 것이다.

2) 女子가 시집가서 內外間에 의좋게 살아가면 天理에 順應하는 것이다. 이것을 비유했다고도 볼 수 있다.

3) 孫吳의 兵法(兵書－孫臏, 吳起)에 기러기가 空中에서 秩序整然하게 날아가다가 갑자기 흩어지고 그 나는 形態가 요란해지면 반드시 敵의 伏兵이 있음을 알려준다는 것이다. 또한 기러기는 候鳥이니 이 후조는 時序를 잘 알려 주고 또한 우리에게 間接的으로 時代的 變遷을 暗示해 주기도 한다.

쥐라는 짐승은 영리한 것이다. 항해하는 배 속에도 쥐가 있다가 어느 항구에 기착했을 때 쥐가 全部 陸地로 脫出한다면 장차 배에서 불이 나는 變故가 있을 것을 豫告하는 것이다.

4) 漸卦는 漸進하는 原則을 말하였다. 이 原則을 代表하는 것은 女子가 于歸하는 것이요. 반드시 貞正해야만 利롭다. 또한 秩序를 지켜서 漸進해야 한다는 것이다.

〈漸卦의 綜合〉

初六　鴻漸于干 − 小子厲: 아직 惡한 狀態에서 脫出하지 못했기 때문이요,

六二　鴻漸于磐 − 飮食衎衎: 善한 세계로 漸進했기 때문이요,

九三　鴻漸于陸 − 夫征不復 − 利禦寇: 前進만 하는 것이 凶하다.

六四　鴻漸于木 − 或得其桷: 休息하는 것도 无咎하다.

九五　鴻漸于陵 − 終莫之勝: 正義만이 最後의 勝利를 하니 吉하다.

上九　鴻漸于逵 − 可用爲儀(萬人의 儀表): 秩序로써 萬人의 儀表가 되어야 吉하다.

1) 위에서 기러기가 나는 여러 가지 形態를 말하였다. 善으로 一貫하는 漸進 行爲는 慶事가 스스로 오는 것이니 相對的으로 反省的으로 回歸도 하는 것임을 알아야 한다. 우리의 人間萬事가 漸으로 이루어지고, 始作이 된다. 여기에 君子之道 곧 中庸之道가 要求되는 것이다,

2) 漸進하는 要諦는 惡한 狀態에서 脫出하여 善의 世界로 漸進한 以後에는 다시 自己의 缺點을 反省해 가면서 安全한 장소에서 休息도 하며 最善의 世界에 到達하여 世人의 儀表로 成就하라는 것이다.

(54) 雷澤 歸妹(下經 24)

```
         ━━  ━━ 正
動 ━━━━━━  ━━ 不正 中 震 雷 長男
         ━━━━━━ 不正
        ───────────────
         ━━  ━━ 不正
說 ━━━━━━━━━ 不正 中 兌 澤 少女
         ━━━━━━━━━ 正
```

―序 說―

1. 卦의 뜻

1) 歸妹는 漸의 倒轉卦이다. 여자가 시집을 가는데 少女인 兌가 長男인 震을 따라가는 形象이다.

2) 歸妹는 젊은 少女인 兌가 過熱한 情欲을 기울이는 卦이니 凶하다. 그러나 中正의 道로 시집간 女子에 대한 警戒辭로서의 의미를 갖는 것이 歸妹이다.

3) 歸妹는 女子의 一生에 대한 것을 나타내고 있다. 卦象을 보면 初上爻를 除外하고는 全部 不正이다. 人事的으로 보아 女子의 시집살이에 대한 것을 기술하였다. 어렵고 말 많은 시집살이를 슬기롭게 넘기고 婦德을 발휘하여 잘 살아간다면 마침내

는 吉하다는 것이다.

4) 歸妹는 孤立해 있던 女子가 男子에게 依支하는 것이니 結婚을 前提한 것이라야 한다. 歸妹의 互卦가 水火旣濟이니 이는 結婚을 意味하는 것이다.

5) 女子가 시집가는 것이 歸妹이니 女子는 多變的인 天性과 本來的으로 從屬的인 因性이 있다. 故로 受動的이어야 하고 感傷的이다. 新婦는 靜的인 性品을 가져야 한다.

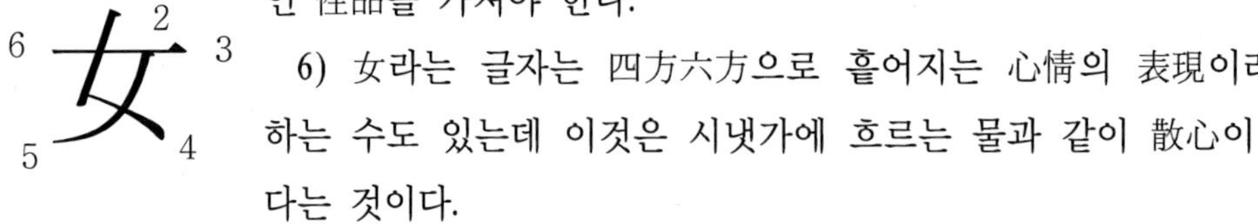

6) 女라는 글자는 四方六方으로 흩어지는 心情의 表現이라고 하는 수도 있는데 이것은 시냇가에 흐르는 물과 같이 散心이 된다는 것이다.

7) 出嫁를 하는 것은 女子에게 第二의 生命이 탄생되는 重大한 時期라고 볼 수 있다.

2. 卦象과 卦德

1) 卦象을 보면 兌 少女가 震 長男을 따라서 지나치게 기뻐하는 마음으로 움직이므로(說而動) 婦道를 잃은 상태이며 또한 六禮를 갖추지 못하고 시집을 가는 象이라 할 수 있다.

2) 못 위에 우레가 있으니 못의 기운은 위로 蒸發하고 우레로 因하여 動한다. 陰으로써 陽을 느끼는 것이다. 女子가 男子를 좋아하여 動하는 象이기 때문에 歸妹라 했다.

3) 때로 말하면 兌는 正秋이다. 가을의 우레는 萬物을 태어나게 하는 우레가 아니다. 마치 少女와 長男이 不正하게 合한 것과 같다. 始作이 不正으로 합해졌으면 그 마침에도 반드시 弊端이 있다.

4) 卦德을 보면 內卦의 兌는 悅이다. 그리고 外卦의 震은 動이다. 歸妹는 결혼을 의미하는데 妹歸라 하지 않고 歸妹라고 한 것은 시집가는 것이 妹이고, 자기가 스스

로 결혼에 나서기 때문이다. 이것은 소녀가 기뻐하면서 따르는 象이 있기 때문이다.

5) 이 卦의 陰陽 調和를 보면, 初九와 九四는 不應이고, 九二와 六五는 不正이나 相應하고 있으며, 六三과 上六은 不應이다.

6) 序卦傳에서는 "進必有所歸라 故로 受之以歸妹하고……"라 나와 있다. 즉 나아가면 반드시 돌아오게 되는 바가 있으므로 漸卦 다음에 歸妹卦를 두었다는 것이다.

3. 卦의 變化

1) 倒轉卦 – 風山漸　　　　– 感情에 치우쳐 中道를 잃고 함부로 나아가지 말고 每
　　(≡ / ≡) → (≡ / ≡)　　事를 漸進的으로 하여야 함을 알 수 있다.

2) 配合卦 – 風山漸　　　　– 위와 같다.
　　(≡ / ≡) → (≡ / ≡)

3) 錯綜卦 – 澤雷隨　　　　– 震 長男이 안을 잘 主張하고 兌 少女가 이를 기쁜 마
　　(≡ / ≡) → (≡ / ≡)　　음으로 잘 따라야 함이 順理임을 알 수 있다. 그러나
　　　　　　　　　　　　　　反對로 歸妹는 오히려 兌가 앞장서서 主張한다. 그러
　　　　　　　　　　　　　　므로 理性을 잃고 感情에 치우쳐 움직이는 象이므로
　　　　　　　　　　　　　　男先女後의 法度에 어긋난다.

4) 互卦 – 水火旣濟　　　　– 비록 六禮를 잃은, 정식 婚姻이 아니더라도 바른 마
　　(≡ / ≡) → (≡ / ≡)　　음으로 婦道를 지켜나가면 圓滿한 가정을 이룰 수 있
　　　　　　　　　　　　　　게 된다.

[卦辭]

歸妹는 征하면 凶하니 无攸利하니라

● 歸妹는 征하게 되면 凶하니 利로운 바가 없느니라.
◎ 歸妹는 앞장서서 나아가게 되면 흉한 것이니 이로운 바가 없다.

1) 卦象 자체를 보면 初九와 上六만 正이고 나머지 爻는 全部가 不正이다. 이 不正인 것이 그대로 나아가면 凶하고 또 利로울 바가 없다는 것이다.

2) 女子가 시집을 간다는 것은 낯설고 물도 선 곳으로 나아가는 것이니 잘해야 한다. 또는 女子가 시집을 가서 너무 男便에게만 치우쳐 情熱的으로 날뛰면 처음 시집 온 女子로서 좋지 못하며 利益이 아무것도 없다. 故로 每事에는 中正之道가 가장 알맞다는 것이 이 속에도 들어 있다.

3) 이 卦는 下卦 兌의 아직 젊은 少女가 震의 나이 든 남자와 결혼하는 괘이다. 이 여자는 아직 성숙되지 못하였고 가정교육도 제대로 되지 못한 情熱的인 女子가 앞장서서 결혼하는 것이기 때문에 예의에 합당한 결혼이라 할 수가 없다. 그렇기 때문에 나아가게 되면 흉한 것이다.

[彖辭]

彖曰 歸妹는 天地之大義也—니 天地不交而萬物이 不興하나니 歸妹는 人之終始也—라. 説以動하야 所歸—歸妹—니 征凶은 位不當也—오 无攸利는 柔乘剛也일새라

☯ 象에서 말하기를 歸妹는 天地의 大義이니 天地가 不交하면 萬物이 不興하나니, 歸妹는 人의 終始이라. 說하여 써 動하야 所歸하는 바가 歸妹이니, 征凶이라는 것은 位가 不當한 것이고 无攸利라는 것은 柔가 乘剛한 것이라.

◎ 女子가 시집가는 것은 天地의(大自然) 큰 義理이다. 天地가 交合하지 않으면 萬物이 發育할 수가 없다(興旺). 女子가 시집가는 것은 處女로서의 마지막이며 婦人으로서는 始作이 되는 것이다. 기뻐함으로써 동하여 시집가는 바가 귀매이다. 征凶이라는 것은 위가 마땅하지 않는 것이고 无攸利라는 것은 柔가 剛을 乘하였기 때문이다.

1) 天地之大義也 ― 女子가 결혼을 하는 것은 天地間에 곧 宇宙大自然에 있어서 큰 義理이다. 곧 女子의 哲學이라고 할 수가 있다(常理이다).

2) 卦德으로 보면 兌는 說, 震은 動이니 기쁨으로써 움직이는 것이 女子가 시집가는 일이다. 다시 말하면 시집을 가는 것이 天地之大義로 하나 그 이면에는 男女陰陽配合의 기쁨이 있기에 結婚을 하는 것이다.

3) 天地不交而萬物 不興 ― 여기서 而는 則과 같다 그러므로 하늘과 땅이 사귀지 않는다면 만물이 흥하여 생성 발전하지 못한다는 뜻.

4) 歸妹人之終始也 ― 결혼은 딸로서의 끝이고 아내로서의 시작이다. 여기서 人은 위의 天地와 對하는 글이다.

5) 位不當也 ― 구이에서 육오에 이르기까지의 효는 모두 음양의 위가 바르지 않다.

6) 征凶 ― 그대로 精進해 가면 凶하다는 것은 四爻 全部가 不正位이기 때문이요, 利되는 바가 없다는 것은 柔한 陰이 剛한 陽을 타고 있다. 그래서 利가 없다는 것이다.

7) 柔乘剛也 ― 卦象으로 보면 六三이 九二를 六五가 九四를 타고 위에 存在하여 있다는 것이다. 이것은 兌인 젊은 少女가 情熱의 度를 넘기는 것을 말한다.

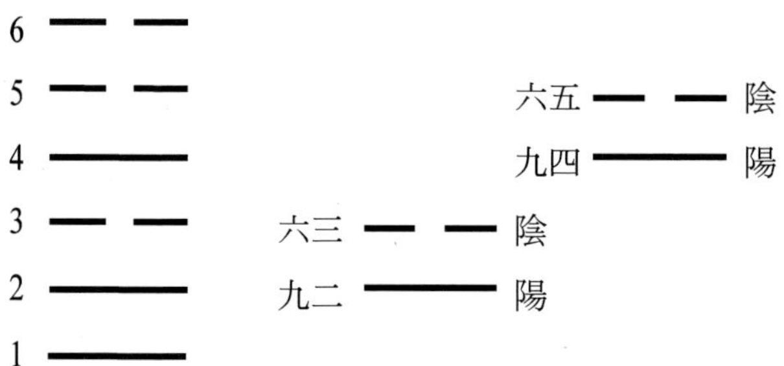

8) 여기서 시집가려는 女子는 正常이 아니다. 지나친 女性의 情熱을 內包하고 있다. 女子는 나타나지 않는 婦德이 숨겨져 있어야 하고 보이지 않는 마음의 얼굴이 좋아야 한다.

9) 三從之道에 얽힌 逸話

鄭寒岡(述) 先生은 曺南冥(植)의 外孫女와 結婚하였다. 夫人과의 이야기의 한 句節을 소개하면 三從之道를 물은즉 다음과 같이 答辯했다.

未嫁從父 ― 女子가 시집가지 않았을 때는 아버지의 命令을 좇는다.

旣嫁從夫 ― 이미 시집을 가면 男便의 命令을 좇는다.

夫死從子 ― 男便이 죽고 없으면 아들의 命令을 좇는다.

그런데 夫人은 夫死從子를 고쳐 夫老從子라고 하였다. 寒岡 先生은 夫人의 갸륵한 마음과 고운 얼굴에 경탄하여 百年偕老하였다는 것이다.

男便이 죽으면 아들의 命令에 따른다는 것을 現在 男便이 生存해 계시니 男便이 나이가 많아 늙으면 아들에게 따른다고 하였으니 그의 機智나 머리는 정말 놀라운 일이다.

[象辭(大象)]

象曰 澤上有雷-歸妹니 君子-以하야 永終하야 知敝하나니라

　　敝: 가릴 폐

◉ 象에서 말하기를 澤上에 有雷함이 歸妹이니 君子가 써 하여 永終하여 知敝하나니라.

◎ 못 위에 우레가 있는 것이 歸妹이다. 君子는 이것을 본받아 길이 끝을 맺도록 하고 폐단이 있음을 알아야 한다.

1) 歸妹卦는 못의 기운이 올라가고 우레가 이로 인하여 울린다. 즉 陰이 陽을 느끼게 하고 여자가 기뻐하고 남자가 움직이는 상이다. 군자는 이것을 본받아 夫婦의 道를 올바르게 하면 언제까지나 그 관계가 지속되지만 그렇게 하지 않으면 그 끝에는 반드시 폐단이 생긴다는 것을 알고 그 원인을 제거해야 한다는 것.

2) 永終知敝 ― 永久히 길이길이 恒卦와 같이 變함없이 男女가 偕老하는 것이 永終이고, 夫婦 사이에는 正으로 一貫해야 하지 不正이 있어 마음을 가리는 것이 있으면 아니 된다. 이것을 알아야 한다는 永終을 위해 경계하는 말이다.

[爻辭]

初九는 歸妹以娣니 跛能履라 征이면 吉하리라

　　跛: 절름발이 파.　娣: 서동생 제, 하님 제,　媵(보낼 잉, 몸종)과 同意語다.

◉ 初九는 歸妹함에 娣로 써 하니 跛가 能히 履라 征이면 吉하리라.

◎ 女子가 시집을 가는 데 시중들 사람을 데리고 가는 것이다. 절름발이가 능히 걷는 것이라 그렇게 나아가면 길할 것이다.

1) 젊은 여자가 시집을 가는데 그곳에서 시중들 사람을 데리고 간다(옛말로 하님을 데리고 간다). 절름발이가 남의 뒤를 따라서 걷듯이 따라간 몸종이 알아서 처리하는 대로 나아가면 좋을 것이다.

2) 歸妹以娣 ― 女子가 시집살이를 가는 데 女子 몸종을 데리고 간다. 古來로 하님이라고 하여 한 사람 데리고 가는 수도 있고 또 쌍 하님이라 하여 두 사람 데리고 가는 수도 있다. 왜냐하면 이것은 시집가는 女子가 낯설고 물선 곳이니 媤宅의 모든 事情을 이 하님이 잘 알아서 가르쳐 주고 시집살이에 도움을 주도록 하며 또 시댁 어른들께 절을 시킬 때도 이 하님이 시키기도 한다.

3) 跛能履 ― 절름발이가 能히 신을 신는다는 것은 걷는다는 뜻. 절름발이는 걸음을 걷는 데 지장이 있고 잘 걷지 못하는 것이다. 그러나 걸음을 걷기 위하여 신을 신는다는 것은 不完全한 狀態에서도 어느 정도 可能性을 나타내는 말이다.

象曰 歸妹以娣나 以恒也 ― 오 跛能履吉은 相承也일새라

◑ 象에서 말하기를 歸妹가 以娣이나 써 恒하는 것이고 跛能履吉이라는 것은 相承하는 것이라.

◎ 女子가 시집을 갈 때 하님을 데리고 가는 것은 항구히 시집살이를 잘하기 위한 것이고, 절름발이가 능히 걸어서 길하다는 것은 하님이 정처와 더불어 남편의 명을 받든다는 것이다.

1) 시집가면서 하님을 데리고 간다는 것은 그 시집의 家道나 모든 것을 잘 알아서 恒久히 시집살이를 잘하기 위함이며 절름발이가 能히 걸어서 좋다는 것은 시댁의 모든 것을 서로 이어받아서 百年偕老를 하기 위함이다.

2) 以恒也 ― 有常久之德을 말하며 그러기 위해서는 많은 努力이 必要하고 또 變함없는 德으로써 시집의 家統을 繼承하여 이어나가는 것을 相承也라고 하였다.

九二는 眇能視니 利幽人之貞하니라

　　眇: 애꾸눈 묘

　☯ 九二는 眇가 能히 視하니 幽人의 貞이 利하니라.
　◎ 애꾸눈이 能히 볼 수가 있으나 남이 보지 않는 곳에 隱居하여 修道하는 사람과 같이 올바르게 하면 利로울 것이다.

　1) 九二는 不正位이나 六五와는 相應이다. 그리고 得中이다. 비록 不正位이나 또 剛으로서 시집간 女子가 너무 날뛰어도 아니 된다는 것.
　2) 過去의 친정 家風이나 家道는 없애고 시가의 모든 것에 익숙해지고 빨리 닮아야 된다는 것이다.

象曰 利幽人之貞은 未變常也 ― 라

　☯ 象에서 말하기를 幽人의 貞에 利하다는 것은 常을 未變함이라.
　◎ 은거해서 修道하는 사람과 같이 올바르게 하는 것이 利롭다는 말은 正常的인 시가의 家道에 따르고 變하지 아니했기 때문이다.

　1) 未變常也 ― 利幽人之貞을 하는 것은 正常的인 시가의 家道에 잘 順應하여 시집살이를 잘하려고 努力하고 애쓰는 일이다. 즉 女子가 本然의 常道를 이탈하여 變치 아니한다는 뜻이다.
　2) 幽人 ― 남이 보지 않는 山中에서나 隱居하여서 修道를 하는 사람을 말한다.

六三은 歸妹以須－니 反歸以娣니라

須: 종첩 수, 모름지기 수.

◐ 六三은 歸妹함에 須로 써하니 反歸하여 娣로 써하니라
◎ 女子가 시집을 감에 종첩으로 따라갔다가 다시 하님으로 시집가려 한다.

1) 六三은 不中이며 不正이다. 위에 應爻가 없기 때문에 賤妾(須)이라는 상을 취한다. 또한 六三은 下卦 兌의 주효이므로 기뻐하는 절조가 없는 여자로 본다. 젊은 여자가 시집을 감에 있어 이 절조 없는 여자가 하님이 되어 따라간다. 그러나 환영받지 못하고 생가로 되돌아가서 다시 하님이 되어 시집가려 한다.
2) 이 卦 中에서 가장 凶한 爻이다. 또한 三爻이고 모든 條件에 맞는 것이 없다.
3) 歸妹以須 ― 須는 女之賤者也라 하였으니 女貞을 하지 않고 本性을 망각하고 賤하게 行動하는 것을 말한다. 千字文에서도 須星이라고 하면 賤星을 말한다.
4) 須 ― 종첩(婢妾), 娣(媵妾)보다 낮다(下).

象曰 歸妹以須는 未當也일새라

◐ 象에서 말하기를 歸妹함에 須로 써한다는 것은 未當한 것이라
◎ 女子가 시집을 감에 종첩으로 따라간다는 것은 (자리가) 아직 마땅하지 않은 것이라.

1) 六三은 陰爻로서 양의 자리에 있고 그 위가 정당하지 않다. 따라서 천첩으로라도 시집가려 하는 것이다.
2) 不正한 자리이며 先天에서 后天으로 건너가는 危險한 자리이기 때문이다.

九四는 歸妹愆期니 遲歸–有時니라

　　愆: 허물 건, 정성 건, 너그러울 건, 어질 건

☯ 九四는 歸妹를 함에 愆期하는 것이니 遲歸하면 有時니라
◎ 女子가 시집을 가는 데 있어서 그 時期를 놓친다. 늦게 시집보냄은 때가 있기
때문이다.

1) 九四는 不正位이며, 初九와 相比關係이다. 陽剛이면서 無應이기 때문에 어진
女子가 좋은 짝이 없어 婚期를 놓친다. 그러나 초조하게 여기지 않고 기다리면 반드
시 좋은 배필이 나타나고 결혼할 시기가 오게 된다.

象曰 愆期之志는 有待而行也–라

☯ 象에서 말하기를 愆期한다는 것의 뜻은 有待하면 行함이 있는 것이라.
◎ 時期를 놓친다는 것의 뜻은 기다림이 있고난 후에 행함이 있다는 것이다.

1) 九四가 혼기를 놓친 그 본심은 좋은 배필을 찾을 때를 기다려서 혼인하려 하기
때문이다.

六五는 帝乙歸妹니 其君之袂–不如其娣之袂–良하니 月幾望이면 吉하리라

　　袂: 소매 몌, 차림새 몌.

☯ 六五는 帝乙이 歸妹하니 그 君의 袂는 그 娣의 袂가 良함에 不如하니, 月幾望
이면 吉하리라
◎ 임금이 누이동생을 시집보낸다. 그 임금 누이동생의 옷소매가 몸종의(하님) 옷

소매만큼 좋지 못하다. 달이 거의 보름이면 吉할 것이다.

1) 六五는 君位이며 不正位이나 得中이며, 九二와 相應關係이다. 따라서 신하에게 시집가는 상이다. 그 임금누이의 혼례의상은 함께 따라가는 하님의 것보다 못하다. 이는 그 누이는 유순중정의 부덕이 있으며 겸손함으로 말미암아 의상을 화려하게 장식하지 않기 때문이다. 이것은 보름달이 가까운 것과 같이 교만하지 않는 것으로 길하고 복을 받는다.

2) 帝乙 ― 殷의 第27代王, 六禮를 갖춘 婚姻은 帝乙 때부터라고 전해진다.

3) 其君之袂 ― 여기서 君은 小君으로 제후의 부인이나 여기서는 妹에 해당된다. 袂는 의상을 가리킨다.

4) 月幾望 ― 14日 저녁을 뜻함. 女子의 德이 가장 盛한 것으로 幾望의 달과 같다.

5) 六五는 柔順得中의 位이나 其君之袂 곧 君位인 六五의 자리보다 不如其娣之袂, 곧 하님(庶民)의 자리가 좋으나 그러나 自慢이 없어야만 吉하다고 말하였다. ―庶民의 地位는 初九다.

6) 帝位에 있던 女性으로서 歸妹하니(王女로서 九二의 士者에게 出嫁하니) 그의 柔順得中의 德은 衣裳의 外飾에는 關心하지 않기 때문에 王女의 衣袂가 그의 娣姒(맏며느리 사, 동서 사)의 衣裳보다 良好하지 못하여도 月幾(기미 기)望과 같이 훌륭하고 길하다.

象曰 帝乙歸妹不如其娣之袂良也는 其位在中하야 以貴行也―라

◓ 象에서 말하기를 帝乙이 歸妹함에 不如 其娣之袂良也라는 것은 其位가 在中하야 以貴行也―라

◎ 임금의 누이가 結婚을 하는데 그 衣裳이 몸종의 것보다 좋지 않다고 하는 것은 그 位가 得中하고 있어 貴함으로써 行하기 때문이다. 즉 中道로서 高貴하게 行動하기 때문이다.

1) 帝乙歸妹 ― 帝乙은 殷의 임금으로 紂王의 아버지이다. 妹女는 젊은 여자로 여기서는 王女를 말한다. 王女 中에서 坤位에서 난 王女는 公主라고 하고, 坤位 以外에서 난 王女는 翁主라고 한다.

2) 王女의 男便을 夫馬라고 하였다. 朝鮮朝 五百 年의 歷史에서 볼 때 男子가 夫馬가 되면 좋지 못한 生涯를 보낸 사람이 많았다. 그래서 夫馬되기를 피하기 위하여 宮合을 보아 궁합이 좋지 않다고 피하게 되었다는 말이 있다.

3) 其君之袂 ― 六五王位, 즉 王女의 차림새

4) 其娣之袂 ― 初九의 庶民의 차림새

5) 月幾望 ―14日 밤의 달의 形態(歸妹卦六五爻　帝乙歸妹)
　　月已望 ―15日 밤의 보름달의 形態(地天泰卦　六五爻)
　　月旣望 ―16日 밤의 달의 形態

上六은 女―承筐无實이라 士刲羊无血이니 无攸利하니라
　筐: 광주리 광.　刲: 찌를 규.

◑ 上六은 女가 承筐함에 无實이라 士가 刲羊함에 无血이니 无攸利하니라.

◎ 女子가 祭需나 물건을 담는 광주리를 이어받으나 안에 든 것이 없고, 士(男子)는 祭需로 쓰기 위한 羊을 잡는데 피가 나지 않았으니 利로움이 없을 것이다.

1) 上六은 不正이며 六三과 陰끼리 相比關係이다. 그러므로 혼인할 수가 없다. 고대에 있어서는 혼례를 宗廟에서 행하고 여자는 안에 대추나 밤을 넣은 광주리를 들고 神에게 받치고 남자는 羊을 잡아 그 피를 뿌려 신에게 제사 지냈다.

2) 그런데 六三의 여자가 上六으로부터 받은 대광주리에는 아무것도 들어 있지 않고 士는 양을 잡아 그 피로서 제사 지내려 하는데 죽은 양이라 피가 없어 제사 지낼 수가 없다. 그러니 이로운 바가 없다.

3) 이 爻는 歸妹卦의 總體的인 것을 뜻하였다.

4) 筐 ― 대나무로 만든 광주리이다. 이것은 祭祀를 지낼 때 祭需를 담아서 나르는 器具이다. 女子의 모든 것을 代表하는 것이 筐이다.

5) 祭祀는 夫婦相酬之禮라 함께 參席하는 것이다. 初獻大官은 祭主(主孫) 亞獻大官은 主婦, 終獻大官은 親賓(매부, 사위 등)이 參席한다. 만약에 初獻에 아버지가 亞獻에 며느리가 하면은 法度에 어긋난다. 반드시 內外間에 參席하여야 한다.

6) 女 ― 承筐无實 ― 男女가 無誠意하게 祭祀에 參與하는 擧動을 말한다.

   男 ― 刲羊无血 ―

7) 또한 女子가 結婚해서 幣帛을 받았으나 內實이 없고, 士者는 婚姻에 쓸려고 牛羊을 잡아도 肉血이 없으니 모두가 虛事라는 것이다.

象曰 上六无實은 承虛筐也 ― 라

◑ 象에서 말하기를 上六의 无實이라는 것은 承 虛筐이라.

◎ 上六이 實이 없다는 말은 빈 광주리를 이어받았다는 것이다. 곧 精誠이 없어서 飮食을 장만하지 못한다는 뜻이다.

〈歸妹卦의 綜合〉

1) 歸妹의 側面的 解說

女子의 出嫁하는 要件은 첫째 賤한 종과 같이 일하고, 둘째로는 愚昧한 듯, 道人처럼 黙黙히 말없이 일하며, 셋째로는 頑强하지 말고 柔順하여야 하며 , 넷째로 女子의 本性인 順을 爲主로 하여 時期를 기다려야 하며, 다섯째로 王女라도 柔下하여야 하며 結婚해도 失敗가 있다는 것을 알아야 吉함이 있다는 것이다(永終知敝).

2) 各 爻의 意味

   初九 跛能履   賤役이라도 履行

九二　眇能視　　賢明해도 無知한 듯
六三　歸妹以須　　資格이 없는 女子는 反歸以娣
九四　歸妹愆期　　賢質이 있는 女子는 遲歸有時할 것.
六五　帝乙歸妹　　柔順得正한 것
上六　承筐无實　　歸妹不成

　3) 歸妹는 어느 側面에서는 微微한 出嫁의 問題이나 天地의 大義요, 人生의 終始인 것이다. 天地가 交合하지 않으면 萬物이 生成할 수가 없는 것이고 男女가 交合하지 않으면 萬事가 發生할 수가 없으니 重要한 것은 가장 微賤한 데에 가장 偉大한 일이 있는 것이다.

(55) 雷火 豊(下經 25)

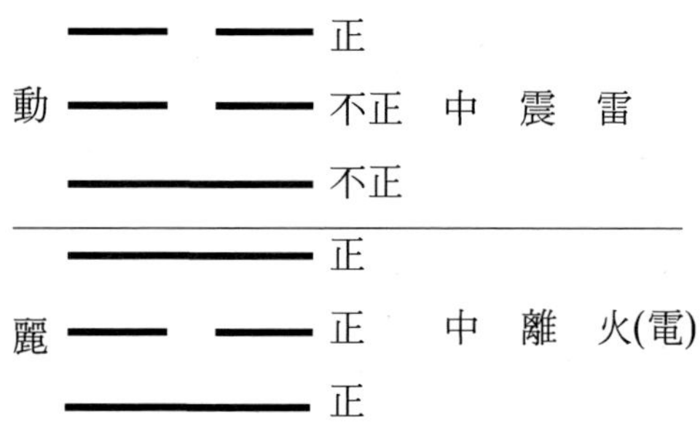

―序 説―

1. 卦의 뜻

1) 豊은 大也라. 繁榮을 象徵하고 豊盛하며 豊滿하며 盛大하다는 것이다.

2) 豊은 雷가 電, 離는 文明이요, 太陽을 뜻한다. 번개가 太陽과 같이 가장 밝은 것을 뜻하니 이 地球上의 文明이 最高度로 發展된 때가 豊이다. 故로 豊은 大也라 고 하였다.

3) 豊卦는 太陽이 中天에 到達한 正午의 때를 상징하는 卦다. 이때가 되면 天下의 모든 것이 極에 달하는지라 善과 惡도 갖은 手法으로 나타난다. 이럴 때 우리들은 올바른 精神을 가지고 世上을 經綸해야 한다. 이 雷火豊卦를 錯綜해 보면 火雷噬嗑

이다. 이때가 되면 서로 물고 뜯고 싸우는 形態가 自然發生하기 마련이다.

4) 繫辭下經二章에서와 같이 日中時가 되면 各國과 貿易도 가장 盛行하게 된다는 것이다. 日中爲市 致天下之民 聚天下之貨 交易而退 各得其所 蓋取諸噬嗑하고…….
(한낮에 市場을 만들어 天下의 民을 오게 하며 天下의 財貨를 모아서 서로 바꾸어 가게 하여 각각 그 갈 곳을 얻게 하니 대개 噬嗑卦에서 取한 것이고…….)

5) 豊은 農事를 짓는 사람에게는 豊年을 말하고, 하루의 일과로 치면 午前과 午后를 판가름하는 日午中天線을 뜻하기도 한다. 또 한 달이라고 하면 滿月의 보름달을 뜻하고, 꽃이라면 五 月에 활짝 핀 牧丹의 모습이요, 새라면 所信대로 날아가는 가을하늘의 기러기에 기상이기도 하다.

豊年＝有年＝大年 故로 豊은 大也라.

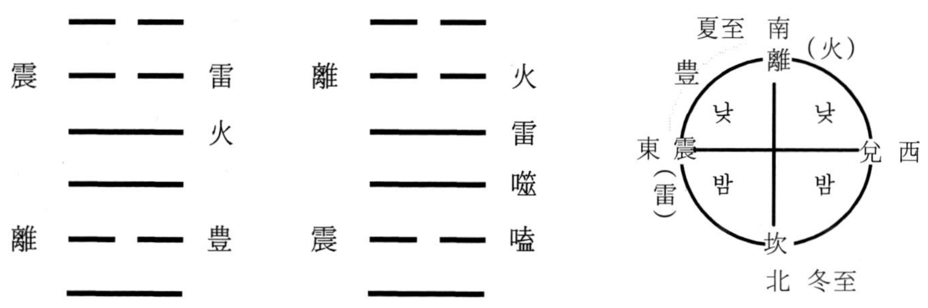

6) 震, 즉 東方에서 해가 뜨고 太陽의 熱氣가 가장 큰 夏至 곧 午時인 離(文明)에 돌아오는 것이 豊이다. 后天文王八卦에서 해가 떠서 낮에 해당하는 部分이 雷火豊이다. 이 속에 모든 造化가 숨어 있고, 이 속에 秘辭體로 묻어 놓은 것이 많이 있으리라고 생각된다.

7) 先后天의 變化의 象을 살펴보면 河圖洛書 속에서도 相生相克의 面으로 보아 反對方向으로의 變化가 그 속에 潛在해 있는 것이다.

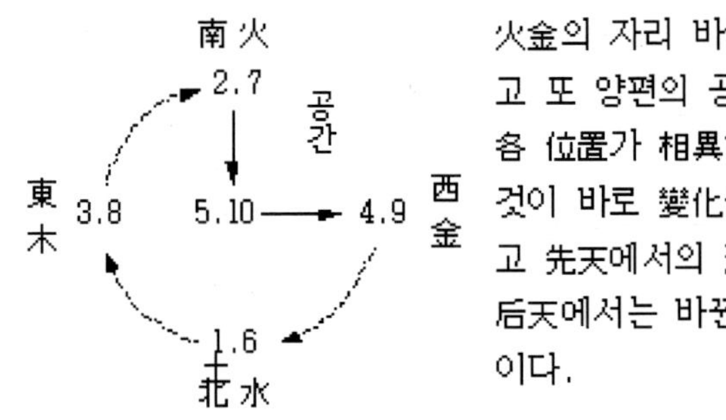

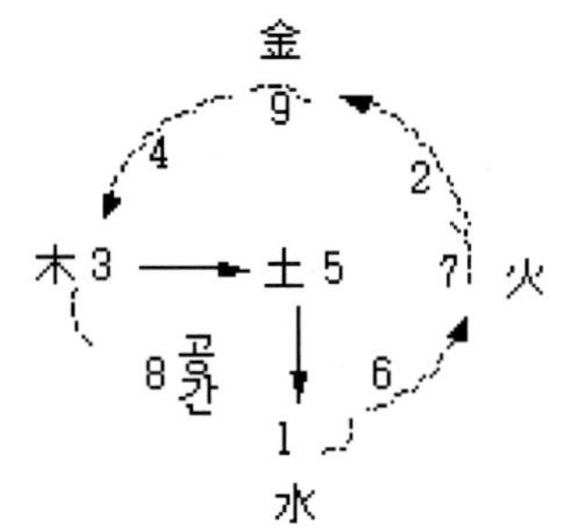

火金의 자리 바꿈이 있고 또 양편의 공간이 各各 位置가 相異하다. 이것이 바로 變化를 뜻하고 先天에서의 形態가 后天에서는 바뀐다는 뜻이다.

先天의 乾坤位가 后天에서 坎離로 位置가 바뀌었다는 말은 이 地球의 變化를 뜻하기도 한다.

先天의 乾坤이 後天의 間方으로 변화되었고, 先天의 坎離가 後天 正方 坎離로(東西에서 南北으로) 變化되었다.

2. 卦象과 卦德

1) 卦象을 보면 안으로 불기운이 盛하여 밖으로 치솟아 오르는 象이 豐卦이다. 그리고 先天八卦의 東方 離虛中(內卦)에 震下連(外卦)이 와서 同聲相應하는 理致가 있

다(乾卦 文言傳 九五 參考). (同聲相應 ― 번개가 치면 우레가 울리는 것이 同聲相應
이다.)

2) 卦德을 보면 下卦는 離火로서 麗하고 上卦는 震雷로서 動이다. 그러므로 곱고
아름다운 것이 움직이는 것이며, 이는 곧 총명하게 행동한다는 것이며, 따라서 豊富
하고 盛大하다는 뜻이 된다.

3) 이 卦의 陰陽 調和를 보면, 初九와 九三은 不應이고, 六二와 六五도 不應이며,
九三과 上六만이 올바르게 正應하고 있다.

4) 序卦傳에서는 "得其所歸者 ― 必大라 故로 受之以豊하고……"라 나와 있다. 즉
돌아갈 바를 얻으면 반드시 크게 되므로 歸妹卦 다음에 豐卦를 두었다는 것이다.

3. 卦의 變化

1) 倒轉卦 ― 火山旅　　　　― 豊盛함이 지나치다 보면 반드시 그 處한 것을 잃게
　 (☲ / ☳) → (☶ / ☲)　　　되는 때가 있음을 알 수 있다.

2) 配合卦 ― 風水渙　　　　― 豊盛한 것이 마침내 흩어지게 될 때가 있음을 볼 수
　 (☲ / ☳) → (☴ / ☵)　　　있으나 반면 흐트러질 때 精誠을 모아 하늘에 祭를
　　　　　　　　　　　　　　　올리고 마음을 가다듬어야 하는 뜻도 있다.

3) 錯綜卦 ― 火雷噬嗑　　　― 잘 씹어서 몸과 精神을 豊盛히 기르고 또한 明罰勅法
　 (☲ / ☳) → (☲ / ☳)　　　(噬嗑 大象)함으로써 折獄致刑(豊 大象)하여야 함을
　　　　　　　　　　　　　　　알 수 있다.

4) 互卦 ― 澤風大過　　　　― 先天大過時代를 마치고 後天이 始作되는 뜻이 있다
　 (☲ / ☳) → (☱ / ☴)　　　(大過에 는 風從虎하는 理致가 있다. 또 大過의 棟橈
　　　　　　　　　　　　　　　(기둥이 흔들림)를 잘 克服하여야 東方의 道가 豊盛
　　　　　　　　　　　　　　　하게 되는 뜻이 있다.

[卦辭]

豊은 亨하니 王이아 假之하나니 勿憂홀띤 宜日中이니라
　　假: 이를 격

☯ 豊은 亨하니 王이 假之하나니 勿憂할 것이고 日中에 宜하니라.
◎ 豊은 亨通하니 王이 (百姓에게) 이르는 것이니 憂慮할 것이 없고, 해가 중천에 떠 있을 때 마땅할 것이다.

1) 豊은 盛大한 것을 의미한다. 이 괘는 下卦가 離이고 上卦가 震으로 動이기 때문에 聰明한 智慧를 가지고 관찰하고 움직여야 할 때에는 盛하게 動하는 象이 있기 때문에 일이 모두 순조롭게 추진되고 막히는 일이 없다. 그러나 천하를 다스리는 임금만이 이 盛大함을 다할 수가 있다. 우려할 필요는 없다. 그것은 해가 중천에 떠서 빛나고 그 광명이 미치지 않는 곳이 없도록 해야 할 것이다(日中에 알맞게).

2) 世上이 極度로 文明한 時期이니 만사가 亨通하다(어느 누구도 主人이 아니고, 어느 特定人에게 指定된 것이 아니라는 뜻에서 亨通하다고 하였다). 文明時代이니 임금이 百姓에게 이르러 올 것이니, (百姓을 위한 實이 있는 王化를 말함) 근심하지 않아도 된다. 그리고 하루의 正午에 마땅히 이르게 된다.

3) 王假之 ― 假는 至也이다. 옛날 太古에는 王의 德化, 즉 孝나 祭祀 지내는 精誠을 政治에 關聯시켜 임금의 能力의 尺度로 하였으나 文明時代에는 直接王化를 미치는 現實을 말한다.

4) 비슷한 구절을 보면

　　　澤地萃卦에서는 王假有廟……

　　　風火家人卦 ― 九五爻 王假有家……

　　　風水渙卦 ― 王假有廟……라 하였다.

5) 勿憂 宜日中 ― 文明한 時代에는 王化에 대한 것을 근심 걱정할 必要가 없다. 日

中이 되면 大自然도 마땅하게 되기 때문이다. 다시 말하면 極度의 文明時代라 念慮할 것이 없다는 것이다. 日中이 되면 모든 것이 알맞게 되는 것이라는 뜻이다. 아무리 무서운 武器도 勿憂하라. 日中이면 完全히 解決이 된다는 뜻도 생각할 수가 있다(日中 – 正午 – 文明時代). 宜日中은 또 震은 雷요, 電이다. 離는 火이다. 震과 火가 겹쳐져 있으니 正午이고, 文明이 가장 發展된 時期라고 할 수가 있다.

[彖辭]

象曰 豊은 大也ㅣ니 明以動이라 故로 豊이니 王假之는 尚大也ㅣ오 勿憂宜日中은 宜照天下也ㅣ라. 日中則昃하며 月盈則食하나니 天地盈虛도 與時消息이온 而況於人乎ㅣ며 況於鬼神乎여.

　昃: 기울어질 측　食: 먹을 식(이지러지다)　息: 살 식, 쉴 식

　◑ 象에서 말하기를 豊은 大也이니 明으로써 動이라, 故로 豊이니, 王假之는 大를 尚하기 때문이요, 勿憂 宜日中은 宜照 天下인 것이라. 日中하면 곧 昃하며 月盈하면 곧 食하나니 天地의 盈虛도 與時 消息인데 而況 於人乎이며 況 於鬼神乎일 것인가.

　◎ 豊은 큰 것이다. 밝음을 가지고 움직이는 것이다(卦德을 말함). 그런고로 豊이라고 하였으니 王의 德化와 百姓에 미치는 실속이야말로 至大한 것을 崇尙함이요, 근심하지 말지어다. 正午에는 天下를 고루고루 다 비쳐 오도다. 政治的으로는 最高度로 밝다. 해가 하늘의 한복판에 오면 기울게 되고(즉 午前에서 午後가 된다) 달이 차서 滿月이 되면 기울게 된다(즉 滿月이 下弦으로 먹혀들게 된다). 하늘과 땅이 차고 비는 것도 때와 더불어 사라지고 살아나는 것인즉 하물며 사람에 있어서랴, 또한 하물며 鬼神에 있어서랴(말할 것이 있겠는가).

1) 日中 時期이기 때문에 豊卦에 부연한 글이다. 孔子가 文明時代에 있어서의 大自然의 理致에다 比較하여 說明한 것이다.

2) 息 ― 川流不息 逝(갈 서, 지나갈 서)者如川

　　鬼 ― 陰之神 ― 一般的으로 鬼神이라고 하는 것.

　　神 ― 陽之神 ― 形而上學的인 神을 말한다.

　　精神 ― 마음

[象辭(大象)]

象曰 雷電皆至-豊이니 君子-以하야 折獄致刑하나니라

◑ 象에서 말하기를 雷電이 皆至함이 豊이니 君子가 써 하야 折獄하고 致刑하나니라.

◎ 雷聲과 電光이 함께 이르는 것이 豊卦이니 君子는 이것을 본받고 거울삼아 獄을 밝게 하고 刑을 엄정하게 하나니라.

1) 豊卦는 下卦가 離이고 上卦가 震이니 우레 소리와 번갯불이 동시에 발하는 象이 있다. 군자는 이 상에서 본을 받아 소송을 판결하고 형벌을 집행한다. 그렇게 하면 그 刑의 輕重이 타당해지고 그 위세와 명찰이 함께 이루어지는 것이 우레 소리와 번갯불이 함께 이르는 것과 같다고 할 수 있다.

2) 밝음으로 살피고 威嚴으로 判斷한다는 것이 곧 밝음과 威嚴이 竝行하는 것이다. 文明이 最高度로 발달하면 刑務所는 不必要하다. 따라서 모든 世上事를 日午 中天 時期에는 다 알 수 있게 된다는 뜻이 되기도 한다.

3) 周易에 나오는 刑罰에 관한 글을 보면 다음과 같은 것이 있다.

　　火雷噬嗑 – 明罰勅法 – 大象曰

火山旅卦 - 明愼用刑而不留獄 - 大象曰

雷火豊卦 - 折獄致刑 - 大象曰

4) 雷電皆至 ─ 雷는 震이요, 電은 火이다. 이 두 가지가 다 이르러 온다는 뜻은 極度의 文明時代에는 人間社會에 電子의 役割이 두드러진다는 것을 뜻하는 것이다.

5) 折獄 ─ 折은 알맞게(中), 獄에 있는 罪人을 明明白白하게 가려서 處理하도록 하라는 뜻이다.

[爻辭]

初九는 遇其配主호대 雖旬이나 无咎하니 往하면 有尙이리라

　　旬: 열흘 순, 고를 순

◯ 初九는 其配主를 遇하되 雖旬이라 해도 无咎하니 往하면 有尙이리라

◎ 그 짝의 主人을 만나되, 不應關係에 있는 九四를 비록 평등하게 만나도 허물이 없으니 그대로 가면 嘉尙함이 있으리라.

1) 初九는 正位이며 九四와 不應關係에 있다. 그러나 初九는 下卦 離明의 시초이며 九四는 上卦 震動卦의 시초이다. 豊卦는 明과 動이 서로 도와서 盛大해진다. 初九는 九四와 만나 적극적으로 九四를 돕는다면 크게 기뻐하고 존중받을 것이다.

2) 文明의 極致期에는 應이 不必要하다. 不應關係라야만 同等한 位置에서 共存하는 것이 文明時代인 豊이다.

3) 不應關係라야 하니 比 - 造化

　　比 - 造化　比 → 思想戰이다.

따라서 最高度의 文明時代는 結果的으로 思想戰이 될 수밖에 없다. 豊卦에서는 比가 重要하다. 따라서 五行으로도 相比는 형제로 解釋하고 事業은 잘되지 아니하는

것으로 解釋한다.

4) 雖旬 — 九四를 十 日 만에 만난다는 것(旬는 均也, 둘다 陽이니까). 旬은 十이라 말할 수도 있으나 卦象으로 보면 初九가 九四를 十 日 만에 만나는 것이다.

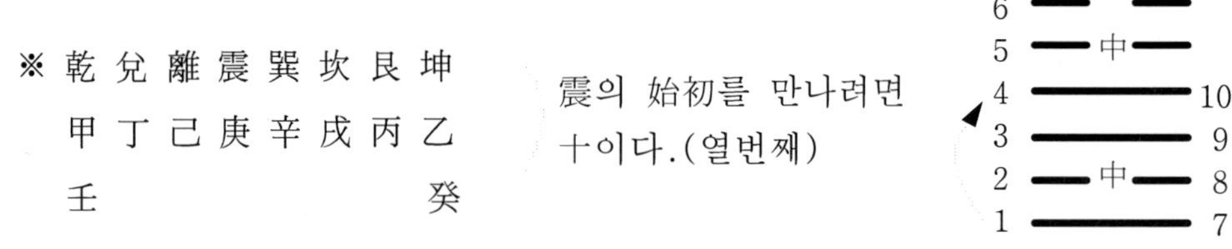

象曰 雖旬无咎-니 過旬이면 災也-리라

◑ 象에서 말하기를 비록 旬에 无咎라 하나 過旬이면 災가 오리라.

◎ 비록 평등하게 해도 허물이 없다고 했으나 旬을(평등을) 지나면 재앙이 있을 것이다.

1) 爻辭에서 雖旬无咎라 한 것은 初九가 一旬, 즉 열흘을 지나도록 우물쭈물하며 나아가서 九四와 만나지 않는다면 재앙이 있다는 의미이다.

2) 日中 時期가 現時點이라고 본다면 東西洋의 文明程度가 均衡이 잡혀져 있어야지 그렇지 못하면 싸움이 일어나는 法이라는 것이다.

3) 그의 配主(九四, 長官)를 협력자로 만나서 일정 기간(旬, 十 日) 지도를 받으면 无咎하지만 그러나 너무 오래 만나면(過旬, 十 日이 지나면) 災害가 있을 것이다.

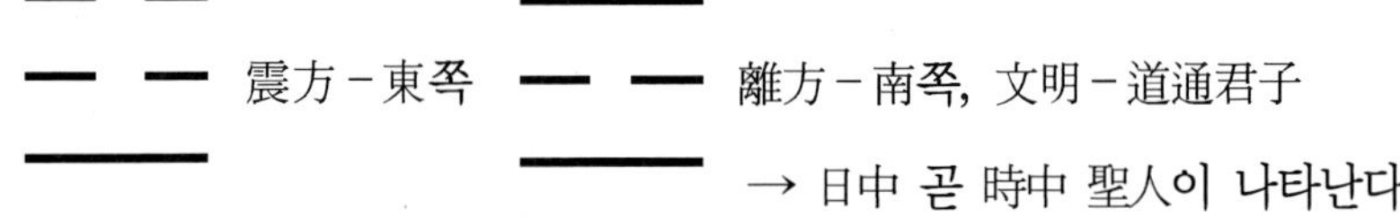

豊은 勿憂宜日中이니라.

六二는 豊其蔀－라 日中見斗－니 往하면 得疑疾하리니 有孚發若하면 吉
하리라

　　蔀: 팽이집 부(오막살이 집), 가릴 부, 대쪽, 대의 서판 부.
　　來註: 蔀－草名(中爻 巽草의 象, 巽爲陰柔之木也).
　　　: 日中見斗－震爲蕃艸蕃盛之象也 言草在上蕃盛 日在下 不見其日 惟見其斗也

　☯ 六二는 其蔀를 豊하게 하는 것이라, 日中에 見斗하니 往하면 疑疾을 得하리니
有孚하여 發若하면 吉하리라.

　◎ 그 옴팡이 집을 가린 것이라(어둡게 만들었다). 한낮에 北斗七星을 볼 수 있으
니(太陽이 풀 아래 있으니 태양을 볼 수 없고 오직 七星을 볼 수 있다.－文明이 最
高度로 發展이 되면 相互 信賴性이 없다는 뜻과 같다.) 그대로 나아가면 疑心하는 病
을 얻으리라. 孚와 信과 誠으로 啓發할 것 같으면 좋으리라.

　1) 六二는 柔順中正으로 位는 바르고 下卦의 主爻로서 덕을 갖추고 있다. 그러나
六五와는 不應關係이다. 六五가 六二를 믿고 登用하여야 하는데 柔弱한 임금이니 布
帳으로 가려진 것같이 昏暗하여 六二와 通하지 않는다. 가려진 것이 심하여 正午에
日蝕으로 北斗七星을 보는 것 같으니 이는 六五가 六二를 疑心하는 것이다.

　2) 六五 군주의 暗昧함이 예컨대 커다란 풀로 엮은 장막을 친 것 같아 햇빛을 가
리고 그 때문에 근처가 어두워 대낮에 북두칠성을 볼 수 있을 정도이다. 이러한 때
에는 六二는 나아가면 좋지 않다. 만약 나아가서 六五에게 따른다면 오히려 六五의
의심을 받고 미움을 살 것이다. 다만 誠心誠意로 六五의 마음을 감동시킨다면 길하
고 복을 얻을 수 있다.

　3) 觀工夫를 할 때가 日中見斗이다. 觀이 되려면 物慾之心을 없애고 눈을 감고(밤
에 보면 北斗七星을 볼 수 있는 것과 같다.) 精誠을 至極히 하면 얻어질 것이다. 그

러나 全部가 疑心의 病을 가지고 있기 때문에 되지 아니한다는 것.

　4) 豊其蔀 ― 옴팽이 집에서, 즉 四方이 토담으로 크게 가루어진 집을 말함.

　5) 日中見斗 ― 한낮에 北斗七星을 보는 것. 곧 보통 때는 太陽의 偉力(밝음) 때문에 볼 수가 없으나 태양이 가려졌기 때문에 볼 수 있다는 뜻이다.

　6) 得疑疾을 고치는 길은 有孚發若하는 方法이다.

象曰 有孚發若은 信以發志也―라

◐ 象에서 말하기를 有孚發若이라는 것은 信으로써 志를 發하는 것이라.
◎ 誠心을 가지고 啓發할 것 같으면 믿음을 가지고 뜻을 발하는 것이다.

　1) 信, 孚, 誠이 있어 믿음을 발할 것 같으면, (믿음으로써 뜻을 발하면, 至極한 精誠만 있다면), 志가 發한다는 것. 觀工夫도 可能하다는 것이다(信은 人之所助者信也 信, 孚, 誠만이 있으면 確實히 可能하다는 뜻이 이 속에 담겨져 있다).

　2) 豊其蔀 ― 어둡게 가려서 환한 것을 보지 못하는 形態.

　3) 日中見斗 ― 밝은 데서는 못 보는 形態. 故로 어두운 곳, 눈을 감고 物慾을 떠나서 보도록 하라는 것.

　4) ※蔀 ― 蔀는 七十二 州 부, 七二週 부. 이것은 이 地球가 七十二 回가 지나가고, 七十三 回째 살고 있는 것을 뜻한다. 故로 豊者는 大也다. 皇極經世나 太乙신수에서도 推數學的으로 말하고 있다.

九三은 豊其沛라 日中見沫오 折其右肱이니 无咎―니라
　　沛: 장막 패, 가를 패.　沫: 작은 별 매(희미하다).　折: 꺾을 절.　肱: 팔 굉.

◐ 九三은 其沛를 豊하게 함이라, 日中에 沫를 見하는 것이고 其右肱을 折하니

无咎 - 니라

◎ 장막으로 크게 가렸으니 한낮에 작은 별을 볼 수 있을 것이요, 오른쪽 팔이 꺾였으니(상하였다.) 自己가 그렇게 된 것을 허물할 데가 없다.

1) 九三은 正位이다. 上六과 正應關係이다.

2) 九三 역시 觀을 하는 데 있어서 밝은 것에 가려져 볼 수가 없다는 것이다. 또 正位이며 上六과 正應關係이니 더욱 그러하다. 折其右肱도 精神統一이 되지 아니한 狀況을 뜻한다. 그렇기에 自身의 잘못이요, 마음의 動搖로서 觀이 되지 않는 것을 어디에 다 또 누구에게 탓하겠는가는 뜻이다.

3) 豊其蔀 - 豊其沛 - 大同小異, 같은 뜻이다.

4) 日中見斗 - 日中見沬 - 六二는 六五와 不應이니 見斗(큰 별)라고 하였고, 九三은 上六의 位도 없는 것과 正應이 되나 微微한 存在이니 沬(小星)라고 表現하였으니 結果的으로 뜻은 相通된다고 하겠다.

5) 折其右肱이니 无咎 - 觀, 즉 敬工夫를 하는 者에 比較하면 그 한쪽(오른쪽) 팔을 부러뜨렸다는 뜻은 女子 곧 上六關係 때문에 觀이 어렵다는 뜻이고, 또한 어디에 가서 허물할 곳이 없다는 것이다. 때문에 特히 敬, 觀工夫를 하려면 男女關係는 초월한 狀態가 되지 않으면 어렵다. 이 易을 공부하면 觀을 하는 도중에는 平素에 自己가 생각하던 女人이 나타나 유혹을 하는 象을 많이 대한다는 것이다. 이러한 試驗에 넘어가면 아무것도 하지 못하고 치워 버리는 例가 많이 있었으니 아마도 이것을 뜻하는 것 같다.

6) 흔히들 精神工夫를 하는데 山中에서, 아니면 혼자 고요한 곳에서 하는 것은 정숙한 주위 환경의 關係도 있으나 陰陽의 關係를 멀리하고 눈에 보지 않으려고 하는 것이다.

象曰 豊其沛라 不可大事也-오 折其右肱이라 終不可用也-라

☯ 象에서 말하기를 其沛를 豊하는 것이라는 것은 大事가 不可하다는 것이요, 折其右肱이라는 것은 終에 不可用인 것이라.
◎ 크게 가려진 것이라 큰일을 가히 할 수가 없고, 오른쪽 팔이 부러졌으니 마침내 가히 쓰지 못한다는 것을 뜻한다.

1) 物慾이 눈앞에 가려지면 大事, 즉 大川 敬觀工夫 또는 道通 等이 될 수가 없다는 뜻이고, 結果的으로는 끝끝내 가히 使用할 수가 없다는 뜻을 小象에서 明白히 밝혔다.

九四는 豊其蔀라 日中見斗-니 遇其夷主하면 吉하리라

☯ 九四는 其蔀를 豊하는 것이라 日中에 見斗하니 其夷主와 遇하면 吉하리라.
◎ 옴팽이 집에 크게 가려져 있으니 한낮에 七星을 볼 수 있는 것과 같다(밝은 太陽이 가려졌기 때문이다). 그 夷主(初九)를 만나면 좋을 것이다.

1) 初九와 相比다. 不正位이다. 大臣地位에 있으며 柔弱한 六五의 君位를 도우는 位置이다.
2) 遇其夷主하면 吉-九四의 大臣地位에 있으면서 王位를 補佐하는 데는 百姓의 格인 初九를 만나는 것이 좋다는 뜻이다. 初九와 不應關係이니 類類相從으로 만나면 좋다는 것.
3) 秘辭體로 생각한다면 觀이나 敬工夫를 할 때도 하는 사람은 많으나 利涉大川을 할 때는 東夷之國에서 主人이 나와서 日中見斗도 할 수 있고, 豊其蔀에서도 能히 볼 수 있는 것이(사람) 아닐까 한다.

象曰 豊其蔀는 位不當也일새오 日中見斗는 幽不明也일새오 遇其夷主는 吉行也-라

◐ 象에서 말하기를 豊其蔀는 位가 不當하기 때문이요, 日中見斗는 幽하여 不明이요 遇其夷主는 吉行也-라

◎ 옴팽이 집이 가렸다는 것은 陰자리에 陽이 있다는 것이고, 한낮에 七星을 볼 수 있다고 하는 것은 어두워서 밝지 못한다는 것이고(幽暗不明) 그 夷主를 만난다는 것은 좋은 행위이기 때문이다.

1) 位不當也 ― 九四가 음의 자리에 있으므로 그 위가 정당하지 못하다는 것.

2) 幽不明也 ― 幽는 숨어 있어 어둡다는 뜻이다. 修士는 下卦 離明의 밖에 있기 때문이다.

3) 遇其夷主 吉行 ― 觀을 해서 道通하니 吉行이 아니 될 수가 없다(吉凶者는 貞勝者也).

六五는 來章이면 有慶譽하야 吉하리라

◐ 六五는 章이 來하면 慶譽가 有하야 吉하리라.
◎ 빛나는 것이 오면 경사스럽고 명예가 있어 길할 것이다.

1) 六五가 柔弱한 王位에 있으면서 빛나는 것을 오게 하면(六二의 柔順中正의 位를 말한다.) 慶事가 있고, 名譽도 있으니 吉할 것이다.

2) 六五는 六二와 不應關係이다. 不正位이다.

3) 來章 ― 내 몸을 낮추어서 弱한 陰이니까 도와줄 사람을 모여들게 하는 것을 말한다. 또 章은 初九, 六二 柔順中正, 九三의 正位를 뜻한다.

4) 坤卦 六二爻에서 보면 敬以直內 義以方外-直方大 不習无不利리 하였다. 마음

속으로 敬을 곧게 하고 義로서 밖으로 절도 있게 하면 有慶有譽는 勿論이고, 吉함이 스스로 온다. 곧 觀通을 하게 되면 대단히 좋은 結果가 올 것이라는 것을 알 수가 있다.

象曰 六五之吉은 有慶也-라

● 象에서 말하기를 六五의 吉이라 한 것은 慶事가 있다는 것이라.
◎ 六五에서 吉하다고 말한 것은 경사스러운 일이 있다는 뜻이다.

1) 積善之家에 必有餘慶이니 工夫를 열심히 하고 敬만 된다면 結果的으로 慶事는 自然히 따라온다는 것이다.

上六은 豊其屋하고 蔀其家-라 闚其戶하니 闃其无人하야 三歲라도 不覿이로소니 凶하니라
　　闚: 엿볼 규　闃: 고요할 격, 맥힐 결　覿: 볼 적

● 上六은 其屋을 豊하게 하고 其家를 蔀-라 其戶를 闚하니 闃其无人하야 三歲라도 不覿이니 凶하니라.
◎ 그 집을 크게 하고 또 그 집을 가려 버렸다. 그 문을 엿보아도 적적하여 사람이 없다. 三 年까지도 못 볼 것이니(끝끝내 못 보는 것이다.) 凶하니라.

1) 上六은 陰柔한 것이 盛大한 괘의 극에 있고 상괘 진동의 극에 있어 망동한다. 높고 큰 집에 살고 교만하게 호사스러운 생활을 하며 겸손 절약하지 않기 때문에 쇠망하여 집안은 마치 풀로 짠 가마니를 가려서 햇빛을 막고 있는 것처럼 어둡다. 입구에서 보면 텅 비어 사람이 보이지 않고 3년이 지나도록 집 사람들을 못 만나기

때문에 흉하고 재난이 있다.

2) 內容은 아무것도 없으면서 虛飾만 있는 것을 가리키고 있다.

3) 豊其屋하고 蔀其家 — 허장을 하기 爲하여 큰 집을 지어 놓고 사람들을 현혹하는 것을 말하고, 觀工夫로 말하면 外部로는 萬事를 다 아는 것처럼 하나 內部로는 아무것도 되지도 보지도 못하는 形態를 말한다.

4) 闚其戶하니 闃其无人 — 집을 살피고 들여다보아도 적막하고 고요하여 사람이 없다는 뜻이며, 이것은 허장을 하는 자세로 工夫하는 사람에게는 아무것도 얻는 것이 없어 結果的으로 凶하다는 것이다.

5) 三歲不覿 — 三 年 동안 볼 수가 없다. 易學에서는 三 字를 많이 쓴다. 이것은 끝끝내 보지 못한다는 뜻이며, 觀工夫에 있어서도 마음대로 아니 된다는 것을 의미한다.

象曰 豊其屋은 天際翔也－오 闚其戶闃其无人은 自藏也－라
　翔: 날아갈 상

◉ 象에서 말하기를 豊其屋은 天際에 翔也－오 闚其戶 闃其无人은 自藏也－라
◎ 豊其屋은 하늘 즈음에(끝으로) 날아가는 것이요, 그 문을 엿보니 사람이 없어 적적하다는 것은 스스로 自己 몸을 감추는 것이다(自身의 所致이다).

〈豐卦의 綜合〉

象辭에서 王假之하여 勿憂하고 宜日中하라는 것은 自然克服의 意味가 있다.
初六 遇其配主 — 協力이 必要하고
六二 有孚發若 — 信用이 必要하고
九三 折其右肱 — 機械의 發達로 手工은 必要 없고

九四 遇其夷主 ― 人民을 尊重해야 하고

六五 有慶譽 ― 統治者의 功績이 있으니

上六 豊其屋 ― 寄生蟲이 存在해서는 안 된다.

現代文明이 自然을 征服함으로써 豊富한 世界를 만든 原則이라고 할 수 있다.

西洋文明이 自然征服으로 된 것은 勿論이지만 東洋文化도 廣義에 있어서는 역시 一種의 自然征服으로 볼 수 있다.

(56) 火山 旅(下經 26)

文明 ——————— 不正
文明 —— —— 不正 中 離 火
     ——————— 不正
———————————————————
     ——————— 正
止 —— —— 正 中 艮 山
     —— —— 不正

―序 説―

1. 卦의 뜻

1) 旅는 豐卦의 倒轉卦이다. 旅는 나그네, 放浪하는 사람 또는 손님 등으로 表現할 수 있고 大自然으로 보면 우리 人生은 地球에 와 있는 나그네라고 볼 수 있다.

2) 艮卦가 止也로서 고정되어 있는 것은, 個個人이 自己 집에 머무는 것과 같다. 그렇다면 自己의 집에서 살고 있는 우리 人生살이가 곧 旅卦다. 그래서 한 번 왔다 한 번 가는 것이 人生이라면 이것을 逆旅人生이라고 할 수가 있다.

3) 우리가 살고 있는 이 世上이 旅라면 目的意識이 뚜렷해야 한다. 이것이 立志다. 이것을 實現하기 위하여 經綸해 보는 工夫를 해야 한다. (우리나라 先賢 중에서

도 張旅軒 先生 같은 분은 自己의 號를 旅卦의 사상에 두고 作號하였고, 이 宇宙의 나그네로 왔다가 어떻게 하면 보람 있고 가치 있게 살다가 가느냐를 그의 文集 中에서도 發見 할 수가 있으며 또 先生의 심오한 學說도 "宇宙要括"이라고 하여 그 속에 自己의 學說과 眞理探究의 要旨를 실어 놓은 것이라고 할 수가 있다.)

4) 두 번 다시 되살아나고 태어나지 못하는 이 時間에 살고 있는 우리가, 우주의 나그네라고 한다면, 보람 있는 人生을 살아야 할 것이다. 致富를 하여 잘살기보다는 道學이나 學問을 硏究하여 碩學으로 이름을 남기는 것이 옳을 것이다. 짧은 이 世上을 나그네로서 지나가는 것이라면 비록 죽어 몸은 없어지더라도 그 사람의 思想이나 그 사람의 높은 學問은 永遠히 살아 숨 쉬게 된다고 볼 수 있을 것이다.

5) 東洋의 聖人인 孔子나 亞聖인 孟子, 또 몇 千 年 前에 사라진 聖人들은 오늘도 우리에게 많은 가르침을 주고 있다. 이분들이 남긴 높고 깊은 學問의 理致는 우리의 血管 속에 맥맥이 흘러 日常生活이나 모든 社會生活 全般에 살아서 숨 쉬고 있는 것이다. 그러므로 宇宙의 나그네로서 우리도 이 程度의 偉大한 나그네가 되도록 힘써야 할 것이다. 인생은 空手來 空手去, 人生事 如浮雲인 것이다.

6) 張旅軒과 東洛書院: 張旅軒(顯光) 先生의 學問의 경지는 그가 남긴 文集 中에 易學에 대한 硏究 篇이 대단히 많고, 심오한 理致를 圖表와 글로 記述한 것이 많이 있으니, 우리나라의 易學硏究에 많은 공헌을 한 분이다. 그러므로 旅軒文集을 구하여 우리가 익혀 보도록 努力하는 것은 큰 뜻이 있을 것이다. 이분을 모신 東洛書院의 院名도 또한 意味가 깊다고 할 수 있다. 그리고 그곳의 本堂 堂號는 中正堂이니 中正을 硏究하고 中正이 되었다는 뜻으로 解釋을 할 수 있다. 이것으로 미루어 보더라도 우리는 張旅軒先生의 學問의 境地가 어느 程度인지 짐작하고도 남음이 있다.

7) 우리가 易學을 하는 것도 "中正之道"를 걷고 이것을 體得하기 위하여 努力하고 있다. 이것만 되었다면 道通한 사람이라고 할 수 있으니 東洛書院의 中正堂에서 찾을 수 있는 그 높은 뜻을 易學徒라면 알고 넘어가야 할 것이다.

8) 또한 參考로서 말한다면 中國의 영웅인 蔣介石 총통의 號가 '中正'이다. 이러한 호를 그가 가졌다는 것은 그가 이미 간 四大聖人의 뜻을 이어받아 道通君子로서

의 人物이 되려 하는 의지를 가진 것으로 볼 수 있을 것이다.

2. 卦象과 卦德

1) 卦象을 보면 內卦는 艮上連으로 그친다는 뜻이 있다. 그리고 外卦는 離虛 中으로 散한다는 뜻이 있다. 그러므로 안으로 나그네가 旅館에 머물러 있는 것 같으나, 위로 산 위에서 불이 타오르는(炎上) 뜻이 있음으로 旅人(나그네)의 象에 해당한다.

2) 卦德으로 보면 下卦에서 머물러 있으나, 장차 文明한 곳을 指向한다는 뜻이 있다.

3) 萬物이 모두 太極으로부터 나와서 잠시 世上에 머물다 다시 太極의 품으로 돌아가게 되듯이 나그네와 같은 것이 萬象의 理致라고 할 수 있다. 天地는 萬物之 逆旅ㅣ요 日月은 百代之 過客이라는 말을 여기서 생각해 볼만하다.

4) 旅라는 것은 원래 衆이라는 뜻이 있다. 군대에서 흔히 旅團이라는 말을 사용하는데, 옛날에는 五百 人을 旅라 하였다. 이리하여 무리가 밖에 있는 것을 旅라 하게 되었다.

5) 古代의 여행은 교통이 불편하고 어려움과 고생이 많았고 불안하기도 하였다. 그러므로 旅卦는 고향을 떠나 타향에서 살아가는 도리를 논하고 있다. 마치 山 위에서 불이 이리저리 옮겨 다니며 타는 것과 같이 나그네가 여기저기 떠돌아다니는 것을 卦象에서 찾아볼 수 있는 것이다.

6) 이 卦의 陰陽 調和를 보면, 初六과 九三은 不正이지만 相應하고 있다. 그러나 六二와 六五는 不應이고, 九三과 上九도 역시 不應이다.

7) 序卦傳에서는 “豊者는　大也ㅣ니　窮大者ㅣ必失其居ㅣ라　故로　受之以旅하고 ……”라 하였다. 즉 지나치게 크다 보면(풍성함이 지나치면) 반드시 그 居處하는 바를 잃게 되는 때가 있으므로 豊卦(豊은 大也) 다음에 旅卦를 두었다는 것이다.

3. 卦의 變化

1) 倒轉卦 - 雷火豊   - 倒轉掛는 앞의 雷火豊掛이다.
   (☴ / ☳) → (☳ / ☴)

2) 配合卦 - 水澤節   - 나그네로서 지나치게 그 節度를 잃으면 마침내 바르
   (☵ / ☱) → (☵ / ☱)   지 못하여 凶하게 되는(苦節은 不可貞이라) 뜻이 있
                           고 반면에 나그네로서의 어려움을 잘 극복하여 나아
                           가면 순하게 잘 풀리는 때가 이르게 됨을 알 수 있다
                           (甘節 苦盡甘來).
                           庶政을 밝히되 无敢折獄하여야 하는 뜻이 있다.

3) 錯綜卦 - 山火賁   - 旅 象曰; 山上有火 - 旅니 君子 - 以하야 明愼用刑하며
   (☶ / ☳) → (☶ / ☲)   而不留獄하나니라. 賁 象曰; 山下有火 - 賁니 君子 - 以
                           하야 明庶政호데 无敢折獄하나니라

4) 互卦 - 澤風大過   - 기둥이 흔들리는(棟이 橈니) 격이다. 나그네의 삶이 不
   (☱ / ☴) → (☱ / ☴)   安定한 뜻이 있으나 依然히 이에 對處하여 獨立不懼
                           遯世无悶하여야 함을 생각할 수 있다.

[卦辭]

旅는 小亨코 旅貞하야 吉하니라

◐ 旅는 小亨하고 旅는 貞하여야 吉하니라.
◎ 旅는 조금 亨通하고 旅는 올바르게 해야 길하다.

1) 流浪하고 放浪하는 나그네로서는 조금 亨通하다. 왜냐하면 나그네가 크게 亨通

할 수는 없기 때문이다. 우리 人生살이가 나그네와 같다면 우리는 조금 亨通한 데서 工夫하고 努力하여 크게 형통한 것으로 나아가는 精神을 가져야 할 것이다.

2) 나그네는 마음이 올바르고 곧아야 한다. 나그네의 마음이 바르지 않으면 타향에서 대접을 받지 못하기 때문이다. 社會生活을 하는데도 마음이 바르고 곧아야 할 것이다. 그러면 그 結果로서 좋은 일이 있다는 것은 너무나 當然한 일이며 이것은 天地 정의라고 볼 수가 있다.

3) 小亨 ― 조금 형통하다는 뜻. 우리가 家庭살이에서도 쓸데없는 雜念을 없애고, 나그네와 같은 자세로 있으면 별일 없이 형통할 수 있을 것이다. 말하자면 行者有信의 精神이라야 한다는 것이다.

4) 卦辭 속에 卦名이 두 개 들어 있는 것은 큰 뜻이 있다. 이것은 當初에 이 宇宙 大自然 속에 나그네로 태어난 것을 火山旅가 상징하는데. 우리는 나그네로서 山川 경치를 觀光하고 風流 따라서 다니며 作詩도 하며 風物을 익히는 旅程이니 二重 나그네라고 할 수가 있다. 그래서 旅卦의 卦辭에는 旅字가 두 번 들었다. 그러나 돈벌이를 위하여 돌아다니는 나그네는 여기에서 말하는 旅에 해당되지는 않는다. 그러므로 旅는 단순히 돌아다니는 것이 아니고, 태어나서 죽을 때까지 살아가는 인생행로 자체를 우리는 나그네라 생각해야 하는 것이다.

5) 卦辭에 卦名이 많이 들어 있는 卦를 보면

山水蒙卦……三字가 들어 있다.

火山旅卦……二字가 들어 있다.

水澤節卦……二字가 들어 있다.

[彖辭]

象曰　旅小亨은　柔－得中乎外而順乎剛하고　止而麗乎明이라　是以小亨旅貞吉也－니　旅之時義－大矣哉라

☯ 象에서 말하기를 旅小亨은 柔가 得中乎外而順乎剛하고 止而麗乎明이라 是以로 小亨旅貞吉也이니 旅之時義가 大矣哉라

◎ 旅가 조금 亨通하다고 하는 것은, 柔가 得中하여 밖으로는 剛에게 順從하고, 머물러서 밝은 것에 걸려 있는 것이다. 이로써 조금 亨通하고 나그네가 바르고 곧아야 吉하며 旅의 때가 갖는 意義가 크다는 것이다.

1) 旅卦는 六五가 陰爻로서 柔順하면서도 上卦의 中央에 있어 中庸의 德이 있다. 旅行에 있어서는 유순하지 않으면 안 된다. 또 六五는 上九와 九四라는 두 剛의 사이에 있어 剛健한 사람에게 잘 따른다. 旅卦는 艮下 離上이고 下卦 艮의 象은 止이고 上卦 離의 象은 明이며 붙는다는 것이기 때문에 잘 머물러서 妄動하지 않고 현명하게 한다. 그래서 조금 형통하고 旅는 貞하면 吉하다는 것이다. 旅의 때에 있어서 旅가 갖는 意義는 대단히 중요하다.

2) 六五와 上九 九四의 모습은 다음과 같다.

<pre>
        ━━━━━━━ 上九(剛)   柔得中이며, 外로는 順乎剛 九四爻와
 火   ━━ ━━   中 (柔)   上九爻의 關係
        ━━━━━━━ 九四(剛)
</pre>

3) 旅之時 ― 나그네로서의 放浪하는 때. 그 時期가 重要하다.

4) 旅之義 ― 나그네로서의 旅行하는 그 뜻이 또한 重要하다.

5) 크게 보아 우리 人生이 旅行으로 이 宇宙에 왔다고 하면, 旅行의 時期가 重要하고, 旅行을 했다면 旅行한 그 뜻이 무엇이냐 하는 旅行의 意義를 알아야 한다. 다시 말하면 우리가 人生을 살아가면서 어떻게 하면 값진 人生이 될 것이냐, 어떻게 살아야만 旅之時와 旅之義가 뜻 깊게 될 것인가를 우리는 알아야 한다.

6) 旅卦의 形象은 다음과 같다고 할 수 있다.

離 文明

艮 止也

山 위에 이곳 저곳으로 불이 번지고 있는 卦象이 旅行하고
있는 우리 인생에 比較된 것이다.

[象辭(大象)]

象曰 山上有火－旅－니 君子－以하야 明愼用刑하며 而不留獄하나니라

☯ 象에서 말하기를 山上에 有火한 것이 旅니, 君子가 써 하야 明愼하여 用刑하
며 而하여 不留 獄하나니라.

◎ 산 위에 불이 있는 것이 旅이다. 君子는 이것을 거울삼고 본받아서 刑罰을 處
理하는 데 밝게 하고 삼가서 옥사를 머물게 하지를 않는다.

1) 고정된 山 위에 여기저기 불이 많이 있는 것이 아니라 차츰 불이 타고 있는
모습이 마치 旅行하는 사람이 이곳저곳을 다니는 形象과 같다는 것이다.

2) 明愼用刑 — 明(離). 政治를 하는 데 있어서는 法을 萬人이 볼 수 있게 公開한
다는 뜻으로 해에 比較하였다. 政治를 하는 사람으로서는 百姓을 다스리는 데에 있
어서는 法을 平等하게 公明正大하게 施行하여야 한다.

3) 而不留獄 — 止(艮). 明明白白을 가려서 百姓의 의혹을 사지 않도록 한다. 法의
執行을 머물게, 즉 미루지 말아야 된다는 뜻이다. 곧 山이 땅 위에 그쳐 있는 것을
본받아 止於至善으로 處理한다는 것이다.

4) 六十四卦 中 文明이 가장 發展이 되고 法의 施行을 公明正大하게 해야 한다는
것으로 說明한 卦는 이 火山旅. 이외에 火雷噬嗑卦, 雷火豊卦 등이 있다.

噬 ── ── 火

火는 勿論이거니와 震도 또한 電이요 地中의 火가 震이다.
利用獄…… 明罰勅法……

嗑 ── 雷

── 雷

噬嗑卦의 錯綜卦이다. 故로 豐卦도 宜日中이라고 하였고
折獄致刑 등 法의 執行을 論하였다.

豐 ── ── 火

[爻辭]

初六은 旅瑣瑣 니 斯其所取災 니라

　瑣: 가늘 쇄, 잘 쇄, 옥가루 쇄.　斯: 이 사. 사물을 가리키는.

● 初六은 旅하여 瑣瑣 함이니 斯는 其所에 取災함이니라.
◎ 여행을 하는데 잘고 간사함이니 이러한 것은 사람들의 경멸을 받는 것이다.

1) 곤궁한 나그네는 瑣瑣 해진다. 이것이 災殃을 가져오게 하는 原因이 된다. 初
六은 不正位이며, 九四와 相應이다. 初六은 陽자리에 陰이 앉아 있어 不正이니 쇄쇄
하게 된다.
2) 旅行에 있어서는 些少한 利害에 留心해서는 아니 된다는 것이다.
3) 瑣瑣 — 猥細之狀, 잘고 간사한 形象을 말함.

象曰 旅瑣瑣는 志窮하야 災也ㅡ라

◑ 象에서 말하기를 旅瑣瑣라는 것은 志가 窮하야 災也라.
◎ 나그네가 잘고 간사하다는 것은 뜻이 궁하여 災殃을 부르는 것이다.

六二는 旅卽次하야 懷其資하고 得童僕貞이로다
　　卽: 나아갈 즉.　次: 여관 차.　懷: 품을 회.

◑ 六二는 旅에 卽次하야 懷其資하고, 得童僕이니 貞이로다.
◎ 나그네가 여관에 머물고 路資가 충분히 있으며 일할 어린 시중꾼을 얻으니 올바르다.

1) 나그네가 平安하게 나아가서 여관에 머물게 되고, 또 旅行할 路資를 가지고 있을 뿐만 아니라 올바른 어린 심부름하는 종을 얻었다는 것이다.

2) 六二는 柔順中正으로 得中 得正位이다. 나그네로서는 가장 좋은 位이고 좋은 位는 中正이기 때문이다. 이것은 이 괘의 主爻이다.

3) 卽次 ― 卽은 進也, 次는 舍也. 次는 平安하게 쉴 旅館 집을 말한다. 이것은 나그네가 잘 쉬게 될 곳에 나아갔다는 뜻이다.

4) 其資 ― 資는 旅行하는 나그네가 保有하고 있는 路資 돈을 말한다.

　┌─ 旅卽次~旅行하는 나그네로서 편히 쉴 수 있는 잠자리도 마련하였으며
　│　懷其資~또 路資 돈도 가지고 있다. 그 外에도
　└─ 得童僕貞~심부름할 젊은 노비도 얻었으니 旅行하는 者로서는 가장 좋고 主된 爻라고 볼 수가 있다.

象曰 得童僕貞은 終无尤也ㅡ리라
　　尤: 근심 우, 더욱 우(憂也)

◐ 象에서 말하기를 得 童僕 貞이라는 것은 終에 无尤也리라.
◎ 어린 시중꾼을 얻었다는 것은 마침내 아무 걱정이 없다는 말이다.

1) 이것은 六二가 柔順中正이기 때문이다.

2) 童僕은 所賴者 ― 나그네가 忠貞의 童僕을 얻는 것은 별다른 허물이나 근심이 없다는 것이다.

3) 旅館에서 어린 시중꾼이 貞하게 奉仕함을 얻었으니 旅行 中에서도 또한 多幸한 일이라고 하겠다.

九三은 旅焚其次하고 喪其童僕貞이니 厲하니라

　焚: 불사를 분.　次: 버금 차, 군사 머무를 차.　僕: 종 복.

◐ 九三은 旅하여 焚其次하고 喪其童僕의 貞이니 厲하니라.
◎ 여행하여 자고 가려는 宿所를 불사르고, 또 그 童僕의 곧은 마음을 잃으니. 危殆할 것이다.

1) 九三은 正位이나, 上九와는 不應關係이다. 剛자리에 剛이 있으나 中을 잡지 못하였고 下卦의 맨 위에 있기 때문에 거만할 가능성이 있다. 그러므로 여관이 화재를 만나 잠잘 곳을 잃은 것과 같다. 또 어린 시중꾼에게도 난폭하여 자기로부터 떠나버린다. 그러니 여행하는 데는 지극히 위태하다.

2) 乾卦 九三爻에서 終日乾乾夕惕厲无咎라 하였다. 이 旅卦에서도 九三爻에서 厲이다.

　　六二爻 → 中正 → 善 → 道心 → 平安하다.

　　九三爻 → 不中 → 不善 → 艮止가 되지 못하는 狀態 → 厲

象曰 旅焚其次하니 亦以傷矣 ― 오 以旅與下하니 其義 ― 喪也 ― 니라

◐ 象에서 말하기를 旅하여 焚其次하니 亦以 傷矣이요, 以旅하여 與下하니 其義

가喪也이니라.

◎ 나그네가 자기가 잘 旅館을 불태웠다고 하는 것은 또한 傷處를 받는다는 것이요, 나그네가 그의 下僕을 相對하는데도 그의 義理를 喪失한 것이다.

1) 나그네가 그 여관이 불탔다는 것은 크게 상처받을 슬픈 일이다. 여행할 때에는 겸손하고 유순해야 하는데, 거만하게 아랫사람을 대한다는 것은 잘못된 것이다.

九四는 旅于處하고 得其資斧하나 我心은 不快로다
　資: 노자 자　斧: 도끼 부

◐ 九四는 旅하여 于에 處하고 其資斧를 得하나 我心은 不快로다.

◎ 여행을 하여 어떤 곳에서 머물고 있다. 그리고 거기서 재산과 권력을 얻으나, 내 마음은 유쾌하지 않다.

1) 九四는 陽剛하면서 음의 자리에 있다. 여행하다가 어떤 곳에서 오래 머물고 있다. 그리고 그곳에서 관직을 얻어 자신도 생기고 권세도 가지게 되었다. 그러나 여행하는 몸이기 때문에 자기 마음은 편하지 않는 것이다.

2) 旅于處 ─ 于는 語助辭이다. 處는 머문다는 뜻.

3) 得其資斧 ─ 資는 재산 또는 여비, 斧는 도끼이므로 권력이라 볼 수가 있다. 그리고 旅行하는 사람이 가지고 다니는 돈이나 호신용 물건을 지니고 있는 것으로 보는 수도 있다.

4) 九四는 不正位이며, 初六과 相應이다. 我는 九四 자신을 가리키는 것으로 본다. 그리고 相應인 初六과의 關係에서 九三의 陽을 의심하는 말을 我心은 不快라고 보는 수도 있다.

象曰 旅于處는 未得位也─니 得其資斧하나 心未快也─라

◐ 象에서 말하기를 旅于處라는 것은 未得位也이니 得其資斧하나 心이 未快也─라.

◎ 旅于處라는 것은 그 位를 아직 얻지 못한 것이며 資斧를 얻었다고 하나 마음이 快치 아니한 것이다.

1) 九四는 陽爻로서 陰의 위에 있기 때문에 편안한 상태에 있다고 할지라도 정말 편한 지위를 얻었다고 할 수는 없고, 인품이 훌륭하기 때문에 이익이나 권세를 얻었다고 할지라도 그것을 달갑게 여기지 않는다는 뜻이다.

2) 例를 들면 거울을 보는 것과 같다. 自己의 인상이나 마음이 좋으면 거울에 좋게 비칠 것이고 나쁘면 좋지 않게 비칠 것이다. 고로 旅行者가 善心으로 旅行하고 다녀야만 마음이 便하다는 것이다. 이것은 우리 人生이 나그네로 이 世上에 왔다면 天賦之性의 至善에서 살아야만 마음이 便하다는 것과도 같다.

3) 우리가 살고 있는 人生살이가 나그네와 같다. 이것에 比喩한 宋翼弼(龜峰) 先生의 詩를 소개코자 한다. 詩題目은 山行이다.

山行忘坐坐忘行, 一山行盡一山靑, 後我幾人先我去, 各歸其止又何爭

說明: 산길을 가다 보니 앉아 쉴 것을 잊어버리고, 앉아 쉬면 또 갈 것을 잊어버린다. 어느 한 산을 다가고 보니 또한 푸른 산이 있구나. 나의 뒤에는 몇 사람이 이 산길을 가고 또 내 앞에는 몇 사람이나 갔는가? 각각 自己의 目標에 따라 目標地點에 가면 그치는 法인데 무엇 때문에 서로서로가 다투는 것일까?

우리가 人生살이를 하는 데 있어서 나그네가 산길을 가는 것에 比喩한 말이다. 가도 가도 끝이 없는 人生行路다. 數많은 人生이 가고 또 왔는지라 그래도 自己의 目標地點(人格의 그릇)에서 그쳤으니 相互 갈등 속에서 다툴 必要性이 없다는 것이다.

이 世上 나그네는 大自然의 日月과 같이 本性 그대로 살아간다면 마침내 餘慶이 스스로 온다는 것이다.

4) 宋龜峰 先生과 李栗谷 先生에 얽힌 逸話

龜峰과 栗谷은 當代에 有名한 知己之友이다. 서로가 四次元의 世界에서 對話하고 德望이나 學識이 兼備한 人物이었다. 栗谷은 名門家의 子女이고, 龜峰은 그의 어머니가 賤婢인 낮은 出身의 子女였다. 世上에서는 많은 非難과 嘲笑가 있었으니 栗谷

의 아들이 아버지에 告하여 斷交를 간하였다. 하루는 아버지 대신 아들이 龜峰을 맞이하게 되었다. 龜峰을 맞이한 栗谷 아들이 아버님 모시듯 至極히 하였는데 自己도 모르는 사이에 龜峰의 人品에 그렇게 되었다. 對話 중에 요사이 市場의 콩 시세와 보리 시세를 물으면서 이야기하다 가버렸다고 하니 뒤에 栗谷이 아들에게 말하기를 너는 菽麥이다라고 말한 것이라 한다. 콩과 보리가 菽麥(菽: 콩숙, 麥: 보리 맥)이다.

六五는 射雉一矢亡이라 終以譽命이리라

○ 六五는 射雉하여 一矢를 亡함이라 終에 以譽命이리라.
◎ 꿩을 쏘아 화살 하나를 잃었다. 마침내 名譽와 命福이 있을 것이다.

1) 六五는 柔로서 上卦의 가운데 있으므로 중용의 덕을 갖추고 있다. 또 旅卦의 주효이다. 꿩을 쏘아 화살이 꿩에 명중하였으나 꿩은 그 화살을 달고서 날아 가버려 화살 하나를 잃었다. 그러나 이로 인해서 명예를 얻고 세상에서 칭송받는다.

2) 이 꿩을 쏘아 화살 하나를 잃는다는 것에 대해서는 학설이 구구하다.

3) 화살 하나를 없애고 꿩을 잡았다는 것이다. 아무런 노력 없이 무엇을 얻겠는가. 화살을 아끼려 하다가 꿩도 그 무엇도 다 놓치고 만다.

4) 六五는 不正位이나 得中이다. 君位, 즉 柔弱한 임금이다. 六二와는 相比關係이다. 六五는 君位이므로 나그네가 아니다. 故로 六五爻에는 旅字가 하나도 없다.

5) 譽命 — 명예와 命福. 한 화살에 잡으니 예와 명을 이룬 것이다.

6) 射雉 — 雉는 離다. 說卦傳에도 雉 — 文明之象. 문명의 도를 본받아 취하는 것.

象曰 終以譽命은 上逮也일새라
　　逮: 及也, 進也, 만날 체

　● 象에서 말하기를 마침내 名譽와 命福이 있다는 것은 中道를 잡고 위로 나아가는 것이라.
　◎ 마침내 名譽와 命福이 있다는 것은 六五의 훌륭한 인품이 위로 전해졌기 때문이다.

上九는 鳥焚其巢ㅡ니 旅人이 先笑後號咷라 喪牛于易니 凶하니라
　　雉: 꿩 치.　巢: 집 소.　號: 부르짖을 호.　咷: 울 조(도).　易: 쉬울 이.

　● 上九는 鳥가 焚其巢이니 旅人이 先笑하고 後號咷라 喪牛를 于易니 凶하니라.
　◎ 새가 그 집을 불살라 버리니, 나그네가 먼저는 웃고 나중에는 울부짖는다. 順한 德을 象徵하는 소가 容易하게 상하여 버렸다. 凶하니라.

　1) 上九는 旅卦의 궁극에 있다. 나그네는 유순하고 겸손해야 하는데도 위세를 부리고 있기 때문에 마치 높은 나무 위에 집을 지었던 새가 그 집이 불타버려 있을 곳이 없는 것과 같은 상황에 빠진다. 나그네가 먼저는 잠시 안정된 곳을 얻어 기뻐서 웃었으나, 후에는 오만해서 사람들의 동정을 잃고 편안하게 머물 곳을 찾지 못하여 울부짖는다. 게다가 객사에 메어 두었던 소도 없어졌다. 그러니 짐을 싣고 다른 데로 갈 수도 없다.
　2) 나그네로 왔다가 어떻게 하면 값진 人生을 살다가 죽을 것이며, 最后로 무엇을 하나 남겨 두고 가야 할 것이 아닌가? 여기에 旅卦의 重要한 뜻이 담겨져 있다.
　3) 上九는 不正位이며, 九三과 相比關係이다. 旅로서는 마지막이요, 또한 人生살이로는 終末을 뜻한다.
　4) 鳥焚其巢 ㅡ 사람의 肉身은 죽고 없어지고 精神은 남아 있어 永遠不滅할 수 있

는 存在가 되어야 한다는 것이다.

5) 先笑後號咷 — 우리 人生旅程의 마지막까지의 過程을 말한다. 逆旅人生의 終末에는 號咷, 즉 大自然으로 돌아간다는 뜻도 된다.

6) 天火同人 九五爻에는 여기와는 반대로 先號咷而後笑라는 것이 나와 있다.

7) 喪牛于易 — 소는 順한 動物이다. 特히 重火離卦의 畜牝牛이다. 先天 마지막에서 後天의 始初를 豫告해 준다. 소는 丑이니 우리에게 丑年이라는 것을 暗示해 준다. 易을 陰陽이라고(乾易, 坤簡), 또 바로 周易이라고 보아도 좋다. 喪牛于易에는 秘辭體가 들어 있다.

象曰 以旅在上하니 其義焚也-오 喪牛于易하니 終莫之聞也-로다

◑ 象에서 말하기를 旅로써 在上하니 其義가 焚함이요, 喪牛于易이라 하니 終에 莫之聞이로다.

◎ 나그네로서 제일 위의 마지막에 있으니 그 뜻이 불타버렸다는 것과 같다는 것이요, 소를 쉽게 잃었다는 것은 마침내 어디로 갔는지 듣지 못한다는 것이다.

1) 소가 易에 상한다는 말은 또 順德에 좇아도 아니 된다. 先後天의 小開闢 時에는 順德도 (소도) 所用없이 상한다. 오직 易밖에는 없다는 뜻이라고도 볼 수 있다.

2) 終莫之聞也 — 마침내는 들어보지도 못한 일이다. 이 말은 아무리 天地大自然이 變化해 가는 것을 말하여도 믿지 않고 귀를 기우려 들어보지도 아니한다는 뜻이다. 아무리 이야기를 해도 信用을 하지 않으며 凡事로 생각하며 웃어넘긴다는 말이 되기도 한다.

3) 이렇게도 말할 수 있다. 先笑로 不信을 하였으나 어느 時期를 지나고 보니 잘못 되었다는 것을 알았다. 이미 때는 늦었으니 後號咷로서 안타까워한다.

4) 宇宙船의 한 旅客이라고 생각하고 또한 生死의 岐路에 서 있는 旅人이라고 본다면 이 旅卦는 人生이 걸어야 할 旅路의 里程標가 暗示되어 있는 것이 아닌가? 더

구나 現代의 利益社會에서 主觀과 主體性이 없는 者. 곧 故鄕喪失病에 걸려 있는 사람들은 旅人 中의 旅人이라고 할 수 있다. 이 旅卦를 우리의 生活과 直接 관련지어 본다면 都市의 零細人은 瑣瑣하나 資本, 즉 잘사는 사람은 懷其資다. 또한 旅焚其次의 危險性도 있으며 相互의 경쟁과 不信 속에 自己保護를 위하여 得其資斧한 武器도 必要한 것이다. 그러나 六五와 上九의 敎訓은 알지 못하고 있다. 射雉에 一矢亡하는 原理를 알지 못하기 때문에 物慾에만 급급하고 있다. 또한 先笑하나 後號咷하는 變化法則, 즉 大自然의 法則을 모르기 때문에 언제나 享樂에만 젖어 있다. 이 原則을 알고 行動하는 者를 君子라고 말할 수가 있지 않을까? 그런故로 旅之時義－大矣哉라고 하였다.

〈旅卦의 綜合〉

初六 旅瑣瑣……   志窮災也
六二 旅卽次……   終无尤也
九三 旅焚其次……   其義喪也
九四 旅于處……   心未快也
六五 射雉一矢亡…… 上逮也
上九 鳥焚其巢……   終莫之聞也

(57) 重風 巽(下經 27)

<pre>
巽順 ────── 不正
      ────── 正   中 巽 風
      ── ──   正
─────────────────────────
      ────── 正
巽順 ────── 不正 中 巽 風
      ── ──   不正
</pre>

―序 説―

1. 卦의 뜻

1) 巽卦는 유순하고 공손하다는 뜻을 갖기 때문에 그 卦德을 巽順하다고 한다. 이 重風 巽의 卦는 巽順한 것이 두 개 겹쳤으니 더욱 巽順하다고 볼 수 있다.

2) 巽은 二陽의 밑에 陰爻가 들어 있다. 그러므로 巽은 入也라, 伏也라고 한다. 陰이 陽에 順從하는 것으로 剛爻인 九五가 中位에 있으니 이것은 훌륭한 指導者가 正當한 位置에 있어서 그 뜻을 펴고 있는 모습이다.

3) 巽卦는 風이다. 重風이니 바람이 一定하게 불어서 계속해 나가는 것과 같이 發號施令이라고 볼 수가 있다. 곧 바람이 일어나고 바람이 불어 가는 것을 보고, 人間

의 生活과 연관시켜 본다면, 政治的으로 法令에 따라 上意下達이 잘 施行되는 狀態라 할 수 있는 것이다.

4) 巽卦는 같은 小成卦가 두개 겹쳐져 重風巽卦가 되었다. 六爻의 應不應關係로 보면 巽卦는 全部가 不應이다. 또한 巽卦와 山風蠱卦와 관련이 있으니 先甲三日과 後甲三日 先庚三日과 後庚三日에 대한 理致가 重要하다.

重風 → 風 風 → 虫 + 虫

山風 → 風 → 虫   三虫 蠱卦

故로 蠱之巽卦가 重要하다. 巽卦의 九五爻가 變하면 山風蠱卦이니 巽의 九五爻를 吟味하고자 한다.

2. 卦象과 卦德

1) 卦象을 보면 巽下絶로서 원래 이 巽의 모습은 신에게 제물을 받치는 床이나 臺로 견주어졌다. 신에게 제사를 지낼 때에는 恭敬하는 마음을 가져야 한다. 여기서 따른다는 뜻이 나왔다고 한다.

2) 巽은 오늘날의 遜, 즉 겸손하다는 뜻이 있다고 한다. 그리고 巽에는 入이라는 의미가 있다. 한 陰이 두 陽 아래에 있기 때문이다. 그리고 또한 伏이라는 개념도 여기서 나왔다. 그러므로 겸손하고 유순하다는 의미가 생겼다.

3) 巽下絶은 文王後天八卦의 東南方에 자리한다. 따라서 巽順한 東南風에 해당하며 밖에서 안으로 드는 바람의 理致를 따라 巽에는 들어가는 뜻이 있다.

4) 伏羲先天八卦를 보면 正午(乾)를 지나 午後가 始作되는 곳에 巽이 處해 있다. 이는 先天乾道를 마치고 後天坤道가 巽의 申命行事(巽, 彖, 象, 參照)로써 이루어지게 됨을 보여준다. 本乎 地者는 親下한다는 法에 따라 巽을 體로하여 坤道가 이루어

진다.

5) 巽의 卦德을 보면, 下卦도 巽順하고 上卦도 巽順하다. 그리고 二陽一陰의 卦象에서 보는 바와 같이 一陰이 二陽에게 巽順하게 順應하는 形象이다.

6) 이 卦의 陰陽 調和를 보면, 初六과 六四는 不應, 九二와 九五도 不應, 九三과 上九도 不應이다. 그러므로 바람이라는 自然現象을 다루고 있기 때문에 陰陽은 문제가 되지 않는다.

7) 序卦傳에서 보면 "旅而无所容이라 故로 受之以巽하고……"라 하였다. 즉 나그네로서 끝까지 있을 수만은 없고 마침내 집으로 들어가게 되는 때가 있는 것처럼 彷徨의 어려움이 다하고 順入하여 便安히 쉬는 때가 있음으로 旅卦 다음에 巽卦를 두었다.

3. 卦의 變化

1) 倒轉卦 – 重澤兌　　　– 들어가 休息하게 되어 기뻐하게 되는 뜻이 있다. 또
(☴ / ☴) → (☱ / ☱)　　한 先天 兌에 後天巽이 자리하게 되는 '風從虎'의 理
致가 있다.

2) 配合卦 – 重雷震　　　– 巽과 反對의 뜻이 있다. 이는 巽順한 申命行事를 通
(☴ / ☴) → (☳ / ☳)　　해서 밖으로 震驚百里하게 되는 理致가 있다.

3) 錯綜卦 – 重風巽　　　– 上下의 卦를 바꾸어도 같다.
(☴ / ☴) → (☴ / ☴)

4) 互卦 – 火澤睽　　　　– 萬物이 그 本源은 같으나 각기 다름이 있는 까닭에
(☴ / ☴) → (☲ / ☱)　　서로 어긋나는 경우가 있다. 이를 申命行事함으로써
서로의 뜻과 일을 하나로 合致시키는 뜻이 있다.

[卦辭]

巽은 小亨하니 利有攸往하며 利見大人하니라

◑ 巽은 小亨하니 有攸往함에 利하며 見大人함에 利하니라.
◎ 巽은 작은것이 亨通하니 갈 바가 있음에 利롭다. 大人을 보면 利로울 것이다.

1) 이 卦辭는 初六과 六四의 두 陰爻를 중심으로 말하고 있다. 初六은 유순하고 겸손하여 사람들로부터 받아들여질 수 있다. 九二의 대인에 따르는 것이 이롭다는 것이다.

2) 巽은 장녀이며, 初爻의 陰이 小이다. 이 巽은 坤의 陰一爻가 乾에 와서 이루어졌으니 陰이 亨通하다고 하였다.

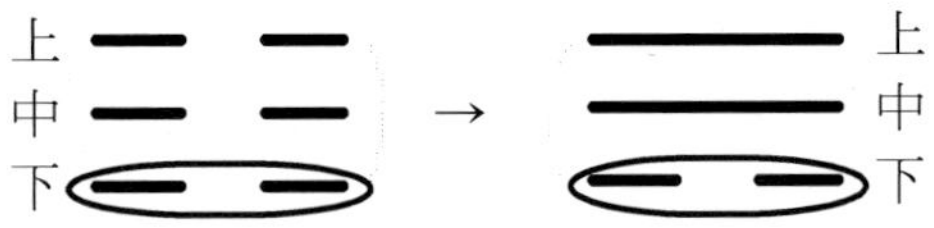

3) 坤卦의 下爻가 巽의 下爻에 왔다. 恒常 온 것이 爲主이니까 巽卦의 主人은 二 個의 陰爻(初六, 六四)이다. 그래서 陰爻이니까 利有攸往이라고 하였고 또 陽은 훌륭한 陰을 만나야 하고 陰은 또 훌륭한 陽을 만나야 하는 것이 利有攸往이라고 할 수가 있다.

[彖辭]

彖曰 重巽으로 以申命하나니 剛이 巽乎中正而志行하며 柔－皆順乎剛이라
是以小亨하니 利有攸往하며 利見大人하니라
  申: 펼 신, 거듭(중복) 신. 간곡히 고한다.

☯ 象에서 말하기를 重巽으로써 申命하나니, 剛이 中正에 巽하고 志行하며, 柔가 皆順乎剛이라 是以로 小亨하니 有攸往함에 利하며 利見大人하니라.

◎ 거듭 巽順하여 命令을 받드는 것이다. 剛이 中正에 巽順하여 뜻을 행하고, 柔는 모두 剛에 順한다. 그렇기 때문에 小亨이다. 갈 바 있음에 이롭고 大人을 보는 것이 이롭다.

1) 巽卦는 小成卦 巽이 거듭되어 있다. 그러므로 군왕의 명령이 반복해서 백성에게 전해진다는 의미가 있다. 九五의 剛爻가 上卦의 中正을 잡고 있기 때문에 그 명령이 잘 전달되고 뜻이 행해진다.

2) 剛 九五가 中正으로 巽順하게 뜻을 行하면 柔 初六과 六四 二陰은 剛에게 順從하여 따를 것이니 이런 故로 小亨하니 갈 바가 있어 利롭고 大人을 만나야 利롭다고 하였다.

3) 發號施令 → 申命行事(復命＝申命)

4) 卦象을 卦德에다 부쳐서 말하였다.

　　剛 → 陽 → 大 → 乾－剛健中正의 九五

　　柔 → 陰 → 小 → 坤－柔順中正의 六二

[象辭(大象)]

象曰 隨風이 巽이니 君子－以하야 申命行事하나니라

　隨: 따를 수.

☯ 象에서 말하기를 隨風하는 것이 巽이니 君子가 써 하야 申命行事하나니라

◎ 바람을 따르는 것이 巽이니 君子가 이것을 보고 본받아서 命을 거듭 發表(公布)하여 일을 행하는 것이라.

1) 隨風의 隨는 重과 같은 뜻이 있고

申命 行事
發號 施令) 形而上學的인 發號施令이 되어야 한다.

2) 君子의 德은 風이라 世上을 德으로써 風化하는 것이 巽卦의 敎訓이다. 모든 世上에 共存하는 生物이 空氣를 呼吸하고 生存하는 것처럼 國家의 모든 百姓들은 君子의 또는 임금의 風敎에 依據해서 움직이고 또 命을 받아 行事하는 것이 巽卦의 뜻이라고 할 수가 있다.

[爻辭]

初六은 進退니 利武人之貞이니라

◑ 初六은 進하고 退하는 것이니, 武人의 貞에 利로우니라.
◎ 앞으로 나아가려 하기도 하고 뒤로 물러 나오려 하기도 한다. 武人처럼 곧은 것이 利롭다.

1) 初六은 位가 바르지 않고 맨 밑에 있다. 우물쭈물하고 결단력이 약하다. 그러므로 군인이 한번 명령이 떨어지면 그것을 꼭 수행하려 하는 것처럼 마음을 굳게 갖는 것이 좋다.
2) 武人의 剛貞을 본받아서 나아가라는 뜻이다. 初六은 剛자리에 柔가 앉아 있다. 不正位이며 六四와 不應關係에 있다. 巽順하며 果斷性이 없다.

象曰 進退는 志疑也-오 利武人之貞은 志治也-라

◑ 象에서 말하기를 進退는 志를 疑하는 것이요, 利武人之貞은 志가 治되는 것이라.

◎ 나아가려 하고 물러가려고 하는 것은 뜻이 疑心스럽기 때문이요, 武人처럼 곧은 것이 利롭다는 말은 뜻이 다스려진다는 말이다.

1) 뜻이 決定된 것이며 果斷性 있게 한다는 뜻이다. 그리고 뜻을 세울 때 中正에다 세워야 한다.

2) 志疑也 ― 疑懼~두렵고 송구스럽게 하는 것이다.

3) 志治也 ― 志修~뜻을 다스린다는 것은 뜻을 닦아세운다는 뜻이다.

九二는 巽在牀下ー니 用史巫紛若하면 吉코 无咎리라

牀: 평상 상, 史: 역사 사, 점칠 사. 巫: 무당 무. 紛: 어지러워질 분.

◑ 九二는 巽하여 牀下에 在하니 史巫를 用함에 紛若하면 吉코 无咎리라.

◎ 巽順하여 평상 아래에 있으니 史와 巫를 쓰되 시끄러우면 길하고 허물이 없을 것이다.

1) 九二는 不正位이며, 柔位에 剛자리이다. 九二는 不正位이기 때문에 牀下이다. 그러나 九二는 得中을 하였기 때문에 精誠을 많이 드리면 吉하고 허물이 없다.

2) 巽在牀下 ― 巽順이 지나쳐서 평상 아래에 있다는 것이다. 말하자면 너무 自己를 낮추어서 表現한 이야기이다.

3) 史巫 ― 史는 제사 드릴 때 祭文을 지어서 神에게 고하는 것을 관장하는 사람이고 九三을 가리킨다. 巫는 제사 드릴 때 歌舞를 담당하여 神託을 고하는 것을 담당하는 사람으로 六四를 말한다. 九三의 史는 九二의 뜻을 九五에게 전달하고, 六四의 巫는 九五의 뜻을 九二에게 전달한다. 말하자면 上下의 의사를 전하여 巽順함이 지극함을 나타낸다.

4) 紛若 ― 紛은 시끄러울 분. 무당이 시끄럽게 많은 呪文을 읽고 하는 形象을 말한다. 普通 重要한 靈藥을 짓는다든지 할 때에 不聞鷄犬之處(닭과 개소리 들리지 않는

곳)에서 지어 效果를 본다고 하지만 이 말은 結局 精誠을 至極히 드린다는 뜻이다.

象曰 紛若之吉은 得中也일새라

◑ 象에서 말하기를 紛若의 吉이라는 것은 得中일새라.

◎ 시끄럽게 많은 呪文을 외우며 精誠을 드려서 좋다는 말은 九二爻가 得中을 했기 때문이다.

1) 침상 밑에 있다는 것은 卑巽하기가 지나치게 甚하다는 것이다. 이 爻는 剛中의 德이 있으니 史巫가 誠意를 다해서 시끄럽게 呪文을 읽으며 恭遜하게 神에게 精誠을 드리면 장차는 남에게 容納되어 吉하게 된다는 것이다.

2) 많이 修養하기 위하여 潛龍을 하려면 山中에 있거나 남이 보지 않는 곳에 있어야 한다고 하나, 많은 修養이 된 사람에게는 大隱於市라 하였다. 크게 숨어서 남에게 모르게 하는 方法은 사람이 많이 있는 시내에 살면서 潛龍을 하는 것이다.

九三은 頻巽이니 吝하니라

　頻: 자주 빈

◑ 九三은 頻하게 巽함이니 吝하니라.

◎ 자주 巽順하니(나아가지 못하고 물러가지도 못한다.) 인색하다.

1) 九三은 過剛不中으로 三爻이고 先天에서 後天으로 變動되는 時期이니 危殆롭고 인색하며 좋지 못하다고 하였다.

2) 頻巽－重風巽 九三爻. 頻復－地雷復 六三爻

象曰 頻巽之吝은 志窮也－라

☯ 象에서 말하기를 頻巽의 吝은 志가 窮한 것이라.
◎ 자주 巽順하면 인색하다 함은 뜻이 窮하기 때문이다.

六四는 悔－亡하니 田獲三品이로다

田＝佃 사냥할 전

☯ 六四는 悔가 亡하니 田에서 三品을 獲함이로다.
◎ 뉘우침이 없어지는 것이니 사냥하다가 세 가지 물건을 얻을 것이다.

　1) 六四는 正位이며 九五 君位의 바로 밑에서 있는 大臣의 地位이다. 그리고 또 互卦로 보아서 得中의 位가 될 수가 있다. 柔順居中 巽順하는 것이 時宜를 얻어 뉘우침이 없다. 사냥하다가 세 가지 物件을 얻게 된다.
　2) 悔亡 ― 뉘우침이 없다. 有에서 无로 되는 現象이다. 잘못이 있었는데 中間過程을 거쳐서, 즉 工夫하고 明明德을 하여 그 잘못된 것, 즉 뉘우침이 없어진다는 뜻이다.
　3) 三品 ― 卦象으로 보아 初六의 庶民 九二 士大夫 九三의 方伯 等 三者의 信任을 獲得하는 것이다.
　4) 本義에서는 三品을 다음과 같이 말하고 있다.
　　① 乾豆(간두) ― 王이 먹도록 사냥한 物件을 말려 둔다(포를 떠서). (上品)
　　② 賓客 ― 손님 접대를 위하여서이다. (中品)
　　③ 充廚(庖 부엌 포) ― 임금님의 진지 마련을 위해서다. (下品)
　三品 → 三才 → 三極 等으로 三의 數字가 많이 나온다.
　5) 俎(도마 조)豆－籩(제기이름 변)豆－(莨, 어린대 랑)－대로 만든 祭器 그릇 나무로 만든 祭器 그릇

6) 田獲方法은 水地比卦 九五의 三驅法이다. 驅－區－品 곧 三品을 속에 감춰 두었다.

7) 임금이 三驅法으로 사냥을 하는 原因은 임금의 威儀를 과시하는 것도 있고 무술 연마의 뜻도 있다. 現在로 보면 機動訓練이나 연습을 하는 것과 같다.

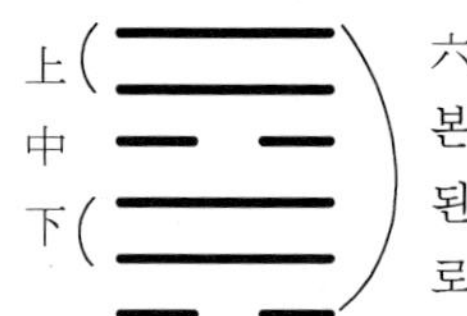

六四爻가 互卦로 作卦하여 보면 初爻를 생각하지 않고 五個爻로 만 본다면 上으로 陽爻 二爻 下로 陽爻 二爻가 있어 得中이다. 또 中이 된 小成卦는 離 즉 火다. 이것은 文明으로 文彩가 나고 밝다. 안으로는 光明으로 모든 것을 다 알고 있는 者다.

象曰 田獲三品은 有功也－라

◑ 象에서 말하기를 田獲三品이라는 것은 功이 有한 것이라
◎ 사냥하여 三品을 얻는다는 말은 공이 있다는 말이다.

1) 우리가 易學을 工夫하는 것은 中正을 가지기 위한 것이다.

中－精神的－形而上學
正－修身的－形而下學) 두 가지가 다 實現되어야만 한다.

九五는 貞이면 吉하야 悔－亡하야 无不利－니 无初有終이라 先庚三日하며 後庚三日이면 吉하리라

◑ 九五는 貞이면 吉하야 悔가 亡하여 无不利하니 无初하고 有終이라. 先庚에 三日하며 後庚에 三 日이면 吉하리라.
◎ 올바르게 하면 좋고 뉘우침이 없어진다. 利롭지 아니함이 없다. 始初는 없고

마침은 있음이라 庚日에 앞서 三 日, 庚日 뒤에 三 日이면 좋을 것이다.

1) 九五는 得中得正한 爻이며 君位이다. 剛健中正의 爻이다.

2) 貞吉悔亡 ― 澤山咸卦 九四爻와 重風巽卦 九五爻에, 火水未濟卦의 九四爻에 들어 있다.

3) 无初有終 ― 天干 地支의 始初는 甲子年 甲子月 甲子日 甲子時로 始作하였을 것이니 이것의 처음은 없고 마침은 있다. 즉 先庚 后庚은 있다는 뜻이다. 이 속에 우리는 秘辭體로서 大自然 變化하는 時期를 묻어 놓은 것이 아닐까 한다.

4) 先庚三日 後庚三日 ― 重風巽卦의 九五가 변하면 山風蠱卦가 된다. 蠱卦의 先甲三日 後甲三日과의 關係를 말하여 주는 것으로 볼 수가 있다. 더욱이 上經(先天)에는 先甲이요, 下經(後天)에 先庚이니 이것을 우리는 깊이 硏究하여 볼 必要性이 있는 것이다.

三日　　　　　三日

丁 丙 乙 甲 癸 壬 辛　　先甲三日後甲三日

癸 壬 辛 庚 己 戊 丁　　先庚三日後庚三日

无初有終이라고 하였으니 先甲의 甲은 없고, 先庚의 庚으로 有終하다는 뜻이니 곧 甲子를 庚子로 變化하라는 뜻이다.

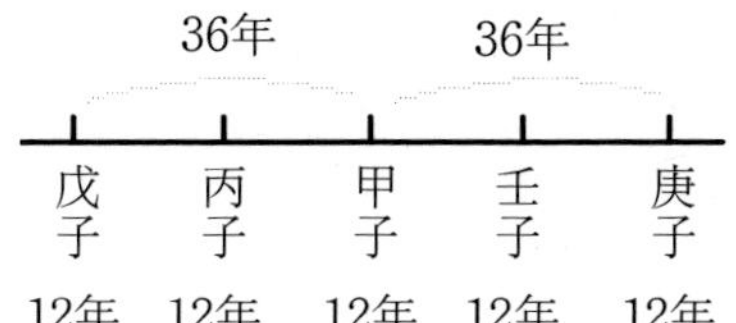

天干 地支를 結合하여 살펴보면 다섯 가지밖에 없다. 甲子年이 庚子年이 되려면 36年의 차이가 있다.

甲子 → 庚子이면 36年의 차이이나 이것은 36虛數로도 생각하며, 우리 韓國의 例를

들면 日帝下의 36年 統治가 36虛數에 該當한다고 볼 수가 있으며 1年이 365¼이다. 조금의 차이가 있는 것을 모으면 36年이다. 이것이 곧 十九 歲 七閏이라고도 한다.

物－无初有終　　乾 甲子.....父－先天
心－有初无終　　震 庚子.....長男－后

象曰 九五之吉은 位正中也일새라

◐ 象에서 말하기를 九五의 吉은 位가 正中일새라.
◎ 九五가 吉하다는 것은 位가 正히 得中을 했기 때문이다.
1) 位가 得中인 고로 貞吉悔亡이다.
2) 後庚三日이나 後甲三日이나 모두가 어떤 基數를 말한 것인데 始初의 여러 가지 狀況은 소상히 밝혔으나 終末의 部分에 와서는 흐지부지 不確實하게 어물어물 얼버무렸으니 이러한 것은 우리 後人이 찾아서 볼 줄 알고 努力하여 할 것이다.

上九는 巽在牀下하야 喪其資斧－니 貞에 凶하니라

◐ 上九는 巽하여 牀下에 在하여 其資斧를 喪하니 貞에 凶하니라.
◎ 巽順하여 상 아래에 있으며 그 財와 도끼를 잃으니 올바르더라도 흉하다.

1) 上九는 不正位이며, 九三과 不應이다. 그러므로 그 뜻이 올바르지 않고, 巽卦의 끝에 있으니 지나치게 巽順하다. 따라서 六四의 大臣에 아부하고 침상 아래 엎드리는 것과 같다. 그러므로 재산이나 권위를 상실하는 것과 같다.
2) 巽卦의 總網羅한 內容이며, 또한 位가 上九이니까 지나칠 정도로 巽順한 것이니 그 正道를 상하였다. 따라서 올바르게 하여도 凶하다.

火山旅 – 得其資斧……

重風巽 – 喪其資斧……

象曰 巽在牀下는 上窮也－오 喪其資斧는 正乎아 凶也－라

◑ 象에서 말하기를 巽하여 牀下에 在한다는 것은 上에서 窮한 것이요, 喪其資斧라는 것은 正하더라도 凶한 것이라.

◎ 巽順하는 데 지나치다는 것은 上位의 자리에 있는 궁함이요, 그 資와 斧를 상실하였다는 말은 正道로 하더라도 凶하다는 것이다.

1) 上九가 巽卦의 맨 위에 있어 巽順함이 지나쳐 막힌다는 것이고, 본래의 미덕을 잃는 다는 것은 흉하고 재앙을 초래한다는 것이다.

2) 繫辭下經七章에 巽以行權하나니라 ― 九德卦 中의 하나다.

3) 巽卦는 申命行事가 生命이다. 따라서 命令은 權力이 없이는 行해지기 어렵고 또한 眞理가 없이는 價値가 없는 것이다. 眞理와 權力은 命令의 兩大條件이다. 그러나 國家에는 本來 權力이 있으니 그의 命令에는 오직 眞理만 있으면 되는 것이다.

〈巽卦의 綜合〉

初六에 利武人之貞 ― 勇斷의 必要　　　　　勇斷

九二에 用史巫紛若 ― 誠心이 有用　　　　　叮嚀(정녕, 정성스러움)

九三에 頻巽 ― 命令의 濫發 警戒　　　　　時宜에 맞게

六四에 悔亡 ― 命令의 傳達에 有功　　　　　傳達을 잘할 것

九五에 貞吉悔亡 ― 命令의 主體가 오직 貞正해야　　　　　眞理에 依據

上九에 喪其資斧 ― 權勢 없는 地位에서는 命令이　　　　　權力이 必要

通하지 않는다.

(58) 重澤 兌(下經 28)

```
            ━━  ━━  正
悅  ━━━━━━  正   中 兌 澤
    ━━━━━━  不正
    ━━━━━━━━━━━━━━
    ━━  ━━  不正
悅  ━━━━━━  不正 中 兌 澤
    ━━━━━━  正
```

―序　説―

1. 卦의 뜻

1) 兌는 巽卦의 倒轉卦이다. 또한 兌卦는 發展을 意味하고 못에는 여러 가지 물건이 흘러들어가니 大澤은 바다와 같다. 바다는 不濁細流라 한다. 이러한 大自然의 攝理를 본받아 사람이 이와 같은 存在라면 聖人이다. 곧 孔子와 같은 사람이다. 이러한 尊貴함은 아무도 侵犯 못하며 侵犯할 수도 없다.

2) 兌는 澤이다. 곧 갇혀 있는 止水를 말하며 坎은 流水다. 兌와 坎은 같은 물이나 利用度와 形狀이 서로 다르다. 澤水는 灌水나 自然의 風致 및 기쁨을 우리에게 間接的으로 준다. 그러나 坎水는 흐르는 물이니 力動的인 面(險하고 變化시키는)에서의 風致와 利得을 준다.

<table>
<tr><td></td><td>━ ━ 坤(地)</td><td>兌를 卦象으로 보면 두 陽爻는 陰爻인 上爻(땅)에 고인</td></tr>
<tr><td>澤</td><td>━━━</td><td>물이 세어 나가지 못하도록 받치고 있는 形象이다.</td></tr>
<tr><td></td><td>━━━</td><td></td></tr>
</table>

3) 兌는 惠澤을 주고받는 것을 意味하기도 한다. 그래서 古來로 道學과 文章이 뛰어나고 德化가 많은 사람이 와서 喜悅의 惠澤을 주는 所謂 道德君子의 惠澤을 澤及萬民이라고 한다. 이러한 사람에게 임금이 주는 稱號를 先正이라고 하였다. 이러한 분이면 現在 우리가 말하는 "國內가 알아주는 兩班"이라고 할 수 있다.

4) 兌卦를 政治的 觀點으로 보면 剛爻가 속에 있고 柔爻가 겉에 있어서 속마음은 꿋꿋하고 겉모습은 부드러운 美德을 表現한다. 즐거워하는 狀態를 길이 持續하여 變함이 없으면 萬事가 順調로울 것이다. 그렇게 함으로써 天道에 順應하고 人心에 呼應할 수 있는 것이다. 즐거워하는 마음으로 힘든 일에서 百姓의 앞장을 서면 百姓들은 自身들의 勞苦를 잊고 분발한다.

5) 兌는 悅也라고 하였다. 悅(喜)은 內部에서(마음) 外部로 나오는 것이니 樂과 反對 現象이다. 一般 大衆들은 樂을 崇尙하고 主張을 많이 한다. 그러나 道學君子는 悅을 더 많이 가지려고 努力하고 있다. 悅과 樂에 대한 것은 孔子의 言行錄이라고 하는 論語 첫 篇인 學而篇에서 찾아볼 수가 있다.

論語의 三乎 篇

　　學而時習之 不亦悅乎 - 少年 - 勤學(心悅)

　　有朋自遠方來 不亦樂乎 - 壯年 - 有朋

　　人不知不慍 不亦君子乎 - 老年 - 君子

해석: 1) 工夫하는 데 있어서는 날로 익히면 어찌 마음의 喜悅이 있지 아니하겠는가? - 곧 배움이라는 것은 나날이 익혀서(習은 鳥數飛也 - 새가 하루하루 나는 연습을 하는 것과 같다.) 나아가면 그 어느 기쁨보다도 좋고 아무리 오래오래 간직하여도 또 오래가도 좋은 것이 工夫다. 그래서 우리가 느끼는 最高의 喜悅이 工夫다. 여기에서 敎育의 偉大性이 立證되는 것이며, 남이 느끼지 못하는 聖賢의 喜悅을 우리는 알아내는 데 힘써야 하겠다.

2) 벗이 있어 스스로 멀리서 바야흐로 오니 그 어찌 즐거움이 아니겠는가? - 나와 相通되고 뜻이 맞는 벗이(朋＝月＋月 知己之友) 있어 朋友講習을 할 수 있는 知己之友를 만난다는 것은 外部로부터의 즐거움이 아니겠는가? <東洋－敬(喜) 西洋－愛(樂)>

3) 다른 사람이 나를(나의 학문 실력을) 알아주지 않을 때 내 마음에 조그마한 거리낌이 있다면 그 어찌 君子라고 할 것인가? (남이 나를 알아주지 않는 것에 대해 마음에 조그마한 거리낌이 있다면 어찌 군자라고 할 것인가?) 慍은 아니꼬운 마음이요, 마음에 熱이 생기는 것이 또한 慍이다. 慍(성낼 온)＝心＋昷(어질 온)(溫).

君子라고 한다면 良心에 호소하여 조금도 거리낌이 없는 行動을 해야 하고 天賦之性을 그대로 保存하여야만 된다는 것이다.

<慍－憤也, 習＝羽＋日 새가 하루하루 날며 연습하는 모습이다>.

4) 結論的으로 人生을 三段階로 나누어서 생각해 본다면 人間다운 삶이란 어떤 것인가를 말해 주고 있다. 또한 人間이 一生 동안 이렇게 三乎의 精神에 立脚하여 살아가며 그대로 實現시키려 努力한다면 完全한 한 사람의 人格者가 되는 것이 아니겠는가? 그래서 少年期에는 배우고 익혀서 心悅을 느끼며, 壯年期에는 벗들과 사귀며 朋友講習과 樂道를 한다면, 老年期에는 그 結果로 君子라는 稱號를 얻게 된다는 것이다.

2. 卦象과 卦德

1) 卦象을 보면 兌上絶은 一陰이 二陽 위에 處하여 기쁨이 밖으로 나타나는 뜻이 있음으로 못(澤)과 입(口)의 象이다. 또한 兌는 西方 가을 方位에 있음으로 萬物이 結實을 거두는 때이며 따라서 和樂하는 뜻이 있다.

2) 兌의 卦象에는 澤이라는 象 이외에 少女, 巫, 口舌, 毁折(훼절), 附決, 妾, 羊이라는 象이 있다. 한 陰이 밖에 있고 두 陽이 안에 있어 內剛外柔하여 기뻐하는 작용이 있다.

3) 兌는 一陰下의 二陽이 아래를 굳건히 받쳐주는 像이므로 五行上 '金'에 該當한다. 즉 西方金이다. 兌는 坎에 同氣相求하야 자리하므로 물이 흐르다 마침내 고이게

되는 理致가 있고 또한 險한 難關(坎은 險也)을 잘 이겨냄으로써 기쁨을 누리는 뜻
이 있다(澤水困卦 參照).

 4) 卦德을 보면 下卦 悅에 다시 上卦도 悅이다. 陽氣가 안에 가득하고 陰氣가 밖
에 젖어 있어 만물을 기쁘게 하는 것이다. 사람으로 말하면 誠心이 안에 있어 和悅
의 道로써 사람들과 친하기 때문에 사람들도 기뻐하고 자기도 기뻐한다.

 5) 이 卦의 陰陽 調和를 보면, 初九와 九四는 不應, 九二와 九五도 不應, 六三과
上六도 不應이다. 여기서도 못(澤)이라는 自然現象을 다루기 때문에 陰陽은 문제가
되지 않고 있다.

 6) 序卦傳에서는 “巽者는 入也ㅡ니 入而後에 說之라 故로 受之以兌하고……”하였
다. 즉 나그네 길을 마치고 집에 들어가면 기쁨이 있게 되는 까닭에 巽卦 다음에 兌
卦를 두었다는 것이다.

3. 卦의 變化

1) 倒轉卦ㅡ重風巽   ㅡ 기뻐하되 巽順히 하여야 함이 그 本이라 할 수 있다.
   (☴ / ☴) → (☴ / ☴)   (風從虎)

2) 配合卦ㅡ重山艮   ㅡ 기쁨이 다하면 반드시 그치게 되는 때가 있음을 알
   (☴ / ☴) → (☶ / ☶)   수 있다.(互卦인 家人卦 象辭 가운데 ‘女正位乎內 男
                             正位乎外’라고 하였음으로 스스로의 位置에서 그 소
                             임을 바르게 지켜야 함을 알 수 있다.)

3) 錯綜卦ㅡ重澤兌   ㅡ 上下의 卦를 바꾸어도 같다.
   (☱ / ☱) → (☱ / ☱)

4) 互卦ㅡ風火家人   ㅡ 기쁜 가운데 바름을 잃지 아니하여야 한다.
   (☴ / ☲) → (☴ / ☲)

[卦辭]

兌는 亨하니 利貞하니라

◑ 兌는 亨하니, 貞하게 함이 利로우니라.
◎ 兌는 亨通하니 正道로 함이 利롭다.

1) 兌卦는 二陽一陰의 卦이다. 이러한 卦는 모두가 陰卦다. 故로 利貞이라고 하였으니 이것을 살펴보면 다음과 같다.

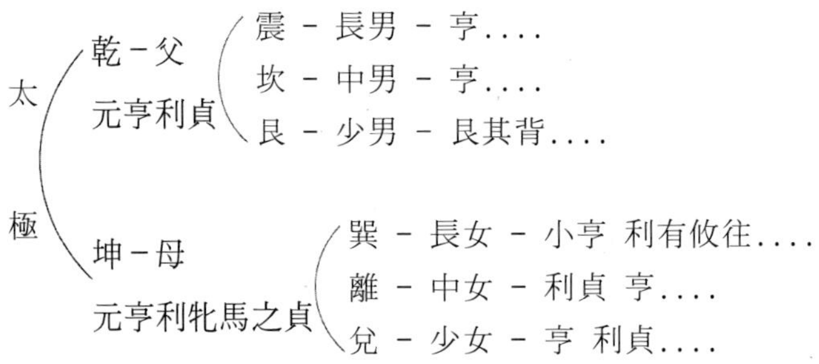

坤의 上爻가 가서 兌卦가 되고 坤의 中爻가 가서 離卦, 坤의 下爻가 가서 巽卦가 되었으니 兌, 離, 巽의 主爻가 다 坤에서 온 陰爻이다.

2) 兌는 喜悅의 뜻이며, 一陰이 二陽을 타고 있어 기쁨이 밖에 나타나는 卦象이다.

※ 小成卦의 內容을 살펴보면(兌는 少女이니 貞이 爲主)

```
太 ─┬─ 乾－父      ┌ 震 － 長男 － 亨....
   │   元亨利貞   │ 坎 － 中男 － 亨....
   │             └ 艮 － 少男 － 艮其背....
   │
極 ─┴─ 坤－母           ┌ 巽 － 長女 － 小亨 利有攸往....
       元亨利牝馬之貞  │ 離 － 中女 － 利貞 亨....
                      └ 兌 － 少女 － 亨 利貞....
```

3) 陽卦는 利貞이 없으나 陰卦는 利貞이나 利有攸往이라고 하였으니 陰에게는 貞을 爲主로 하고 있다는 것이 分析 결과 나타났다. 이와 같이 易學에 있어서는 六十四卦 全體를 읽어 보아야 한다. 위의 圖表는 小成卦 八卦만을 말하였으나 이것이 서로 交易되면 六十四卦가 되며 三百八十四爻가 된다는 것이다.

[彖辭]

彖曰 兌는 說也ㅣ니 剛中而柔外하야 說以利貞이라 是以順乎天而應乎人하야 說以先民하면 民忘其勞하고 說以犯難하면 民忘其死하나니 說之大ㅣ民勸矣哉라

◉ 彖에서 말하기를 兌는 說이니, 剛은 中하고 柔는 外하야 說함으로써 利貞이라 是以로 天에 順하고 人에 應하여 說함으로써 民에 先하면 民이 其勞를 忘하고 說함으로써 難을 犯하면 民이 其死를 忘하나니 說의 大함이 民을 勸하는 것이라.

◎ 兌는 기뻐하는 것이니, 剛(二爻, 五爻)으로 中을 잡고 柔가 外部로 나타내는 것이다. 그래서 기뻐함으로써 貞함이 利롭다. 이러함으로 하늘에 順從하고 사람에게 順應하여 즐거움을 百姓이 먼저 하게 하면 百姓이 그 수고로움을 잊고, 기쁜 마음으로 어려움을 犯하면 百姓이 그 죽음도 잊는다. 즐거움의 큼을 百姓에게 勸해 볼 일이라.

1) 兌는 기뻐하는 것이다. 九二와 九五의 剛爻가 각기 上下卦의 중앙에 있어 中庸의 덕을 가지며, 六三과 上六의 陰爻가 각기 上下卦의 밖으로 자리하고 있어 부드러운 태도로 임한다. 사물에 부드럽게 접하기 때문에 나도 사람들도 기뻐하고 중용의 덕으로 올바른 길을 지키고 있기 때문에 무엇을 하더라도 좋다. 그러므로 하늘의 道에 따르고 아래로는 백성의 마음과 일치할 수 있는 것이다. 君主가 기쁜 마음으로

백성의 선두에 서서 이끌면, 백성은 힘을 다하고 자기의 노고를 마다하지 않으며, 國難이 있을 때에는 백성이 자기 목숨도 돌보지 않을 것이다. 그러므로 和悅의 道는 실로 광대하고 백성이 스스로 힘쓴다는 意義를 갖는 것이다.

2) 政治的인 解說로는 指導者가 熱心히 하면 그 部下職員이 수고로움을 잊고 일을 즐겁게 한다. 上位者가 率先垂範하면 그 밑에 있는 사람은 感服하여 즐거이 따라온다.

3) 順乎天而應乎人 ― 澤火革卦 彖辭에 順乎天而應乎人이라고 하였다. 革命을 하는 데는 勿論이지만 喜悅을 느끼고 가지는 데도 大自然에 順應해야 하고 이에 따라 人間이 正道로 응해서 天人合一이 되어야 한다.

4) 古代의 흘러온 歷史를 살펴볼 때 堯舜禹 三代가 이에 該當한다고 볼 수가 있다.

　　民忘其勞 → 民忘其死 → 說之大 - 民勸矣哉

　　說以先民 - 說以犯難(어려운 일을 기쁨으로 부닥친다)

[象辭(大象)]

象曰 麗澤이 兌니 君子-以하야 朋友講習하나니라

◯ 象에서 말하기를 麗澤이 兌니 君子가 이것을 본받아 朋友가 모여 講習하나니라.

◎ 못이 서로 붙어 걸려 있는 것이 兌니, 君子가 이것을 본받아 벗들과 더불어 講習한다.

1) 兌卦는 上卦와 下卦가 모두 兌로써 두 못이 서로 連하여 潤澤하다. 君子는 이 象을 본받아 벗들과 함께 학문을 연구하고 서로 연마한다.

2) 아래와 위에 두개의 못이 걸려 있는 것이 兌이다. 同門을 朋이라 하고, 同志를 友라 한다. 講은 義理를 논하고 밝히는 것이며, 習은 아직 이숙하지 못한 것을 익히

는 것.

3) 孟子에서는 즐거움이야말로 萬百姓의 마음을 함께 즐겁게 하며 天下 사람이 따라오게 하는 것이라 하였다. ─ 與人同樂 ─ 說之大民勸矣哉 ─

4) 朋友講習 ─ 兌卦의 形象을 본받았다. 못이 여럿이 있으면 밑에 地下水 水面은 같다. 이것을 利用하여 한곳에서 講習을 하게 되면 知識水準이 같아진다. 工夫하는 方法論을 말한 것이다.

5) 朋友란 月＋月＝朋과 같이 同等하고 對等한 사람끼리의 모임이다. 卦象으로 보아 上澤下澤의 水準이 같게 하기 爲하여 講習을 한다는 것이다.

6) 西方은 兌卦다. 九 月의 가을 結實期다. 즉 씨를 形成하는 時期다. 碩果不食의 存在가 되기 위해서는 工夫를 많이 해야 하겠다.

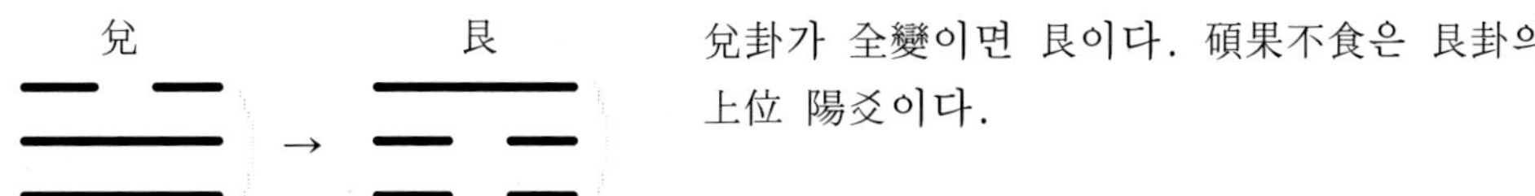

兌卦가 全變이면 艮이다. 碩果不食은 艮卦의 上位 陽爻이다.

7) ※ 麗澤會 ─ 工夫하는 모임의 이름: 麗澤會. 곧 이 말은 朋友講習을 뜻한다. 日本에는 麗澤大學이 있다. 이 朋友講習 속에는 喜悅이 들어 있고 碩果不食으로 存在하기 위해서는 工夫하고 萬天下 사람에게 惠澤을 주고 公開하여 全部가 賢哲한 사람이 되어 보자는 뜻이다.

8) 亞山 先生 門下의 각 모임의 이름. 大邱의 會員에게는 麗澤會 ─ 兌卦의 朋友講習
　　서울의 會員에게는 以以會 ─ 본받고 거울삼아서 工夫한다.
　　釜山의 會員에게는 之之會 ─ 之(往也) 之(至也)
　　蔚山의 會員에게는 以之會 ─ 以以와 之之의 뜻이 함께 있다.

[爻辭]

初九는 和兌니 吉하니라

◑ 初九는 和하여 兌하니 吉하니라.
◎ 和親해서 기뻐하는 것이니 吉하다.

1) 初九는 陽剛이면서 位가 바르다. 서민의 위에 있으면서 위로 應爻가 없기 때문에 사사로운 정에 이끌리어 윗사람에게 아부하지 않는다. 그러므로 和而不流, 즉 和親하면서도 따라 흐르지 않는다. 말하자면 和한 즐거움이 淫蕩한데 흐르지 않는다. 發而皆中節爲之和라고 하니 和는 中節을 알맞게 하는 것이니 나쁠 것이 없다.
2) 初九는 女子와 멀리 떨어져 있다. 고로 工夫가 많이 되어 있고 正位이다. 그러나 應爻는 없다. 工夫하는 데는 男女關係가 없어야 한다.

象曰 和兌之吉은 行未疑也일새라

◑ 象에서 말하기를 和兌의 吉은 行이 未疑일새라.
◎ 和親해서 기뻐하는 吉함이라는 것은 行爲에 조금도 의심하는 바가 없다는 것이다.

1) 和하여 기뻐하더라도 淫蕩한데 흐르지 않아 좋다는 것은 實行하는 데 아직 의심스러운 바가 없다는 것이다. 즉 마음에 매인 바가 없기 때문이다.
2) 重地坤卦의 六二爻는 柔順中正이다. 敬以直內하고 義以方外하는 存在라면 則不疑其所行也라고 하였으니 初九의 行未疑也와 相通되는 것이라고 볼 수 있다.

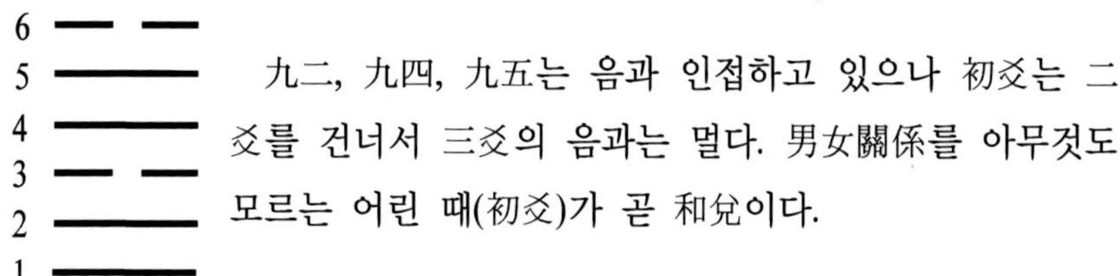

九二, 九四, 九五는 음과 인접하고 있으나 初爻는 二爻를 건너서 三爻의 음과는 멀다. 男女關係를 아무것도 모르는 어린 때(初爻)가 곧 和兌이다.

九二는 孚兌니 吉코 悔-亡하니라

◐ 九二는 孚가 있어 兌하니 吉하고 悔가 亡하니라.
◎ 至極한 精誠이 있어 기뻐하는 것이면 좋고 뉘우침이 없을 것이다.

1) 九二는 不正이나 得中이다. 柔자리에 剛이 位置하였다. 그러나 誠心이 中庸의 德을 지녀서 길하고 복을 얻을 수 있다. 그러나 精誠을 드리지 않는다면 뉘우침이 있을 수 있다.
2) 易學에서는 孚-信-誠-敬으로도 함께하고 있다. 그러나 悅이 極하면 悲也라 이것이 理致이다.

象曰 孚兌之吉은 信志也일새라

◐ 象에서 말하기를 孚兌의 吉은 信에 志함일새라.
◎ 精誠을 드려 기뻐해서 吉하다는 것은 뜻이 정성과 믿음에 있기 때문이다.

1) 九二의 마음에 信實함이 充實하고 있다는 것이다. 立志가 단단히 되어 있어야지 그렇지 않으면 陰에 끌려갈 念慮가 있다.

六三은 來兌니 凶하니라

◑ 六三은 來하여 兌니 凶하니라.
◎ 와서 기뻐하는 것이니 凶하다.

1) 六三은 不正位이며, 不應關係이다. 六三이 初九와 九二에 가는 것이다. 陰하나가 陽 둘을 꾀어서 나쁘게 하려고 하니 凶하다. 內로 가는 것이 來이다. 아래로 굽히는 것이다. 굽혀 나아가 기쁨을 구하니 흉한 것이다.

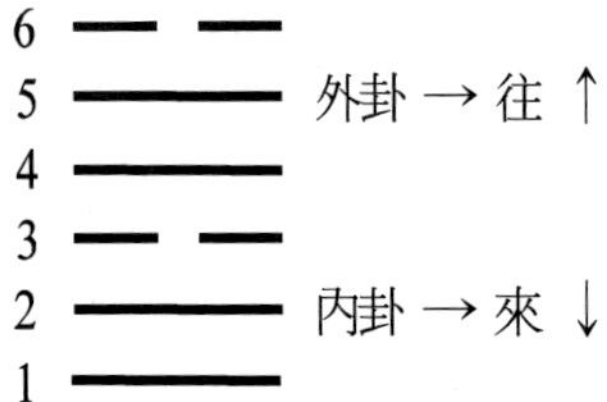

象曰 來兌之凶은 位不當也일새라

◑ 象에서 말하기를 來하여 兌하는 凶은 位가 不當한 것일새라.
◎ 와서 기뻐하는 것이 凶하다 함은 位가 마땅치 않기 때문이다.

1) 六三은 不正位이고 不中이다. 陰柔한 小人이 아래의 九二에게 아부한다. 그러나 사람을 기쁘게 함에 道義로서 하지 않기 때문에 흉한 것이다.

九四는 商兌未寧이니 介疾이면 有喜리라

　商: 헤아릴 상.　疾: 미워할 질.　介: 절개 개

　◐ 九四는 商하여 兌하고 未寧이니 介疾이면 有喜리라.
　◎ 헤아려서(생각이나 요량해서) 기뻐하는 것이니 아직 편안치 못하다. 節介를 지키고 병을 멀리하면 즐거움이 있으리라.

　1) 六三(柔하고 邪愿한)과 기뻐하는 일과 九五를 봉공하는 절개를 지키는 일을 저울질한다.
　2) 九四는 不正位이며, 初九와 不應關係이나 아래로 六三의 陰을 親하지 말고, 聖君인 剛健中正의 九五에게 奉公하면 마침내는 즐거움이 있을 것이다. 小人인 六三爻를 멀리하면 마음이 흔들리는 것이 병든 것 같으나 이것을 멀리하면 기쁨이 온다.
　3) 商量 ― 생각해 본다.

象曰 九四之喜는 有慶也 ― 라

　◐ 象에서 말하기를 九四의 喜는 有慶이라.
　◎ 九四에서의 기쁨이라는 것은 慶事가 있기 때문이다.

　1) 이것은 坤卦의 積善之家에 必有餘慶과 같다. 九四가 온전하게 九五를 따르면 九四에게는 기쁨이 있고 九五에게는 慶事가 있다.

九五는 孚于剝이면 有厲 ― 리라

　◐ 九五는 剝함에도 孚가 있으면 有厲하리라.

◎ 깎는데도 믿으면(剝＝上六) 위태로움이 있을 것이다.

1) 九五는 正位이고 剛健中正한 天子이다. 上六과 음양이 比親한다. 그런데 上六은 陰柔한 小人이다. 九五가 陽을 깎아 내고 君子를 害치는 上六을 잘못 신용하고 가까이하면 그 害로움이 크고 위험하다.

2) 君位에 있는 九五가 上六의 陰에게 끌려 들어가면 有厲하다. 그러므로 이것은 경계사로 보면 된다. 말려들지 않으면 吉하다는 것이다.

象曰 孚于剝은 位正當也일새라

◑ 象에서 말하기를 剝함에도 孚가 있다는 것은 位하가 정당하다는 것이라.
◎ 깎는데도 믿는다는 것은 九五의 位가 正當하기 때문이다.

1) 나를 깎는 자도 敎化시켜 믿게 하고 또 믿음을 주지만, 柔한 것과 親密해지면 그런 것을 좋아하게 될 수 있으므로 警戒한 것이다.

上六은 引兌라

◑ 上六은 引하여 兌하는 것이라.
◎ 이끌어서 기뻐함이라.

1) 九五의 君位를 비롯한 陽爻를 끌어들인다. 기뻐하는 물건이 밖에 있어 마음을 誘惑하니 이것이 引兌다. 上六은 正位이나 六三과 不應이다. 兌는 少女이다. 少女의 喜悅을 위하여 引兌라고 하였다. 工夫를 하는 데 있어서는 引兌의 精神이 좋다.

象曰 上六引兌-未光也-라

◐ 象에서 말하기를 上六의 引兌는 未光이라.
◎ 上六의 引兌라는 것은 빛이 나지 아니한다.

1) 上六이 기쁨의 극에 왔으니 이미 의미가 없다. 이미 지났으니 어찌 빛나겠는가.
2) 陰이 陽을 끌어들이는 陰陽造化는 天地의 正道이니까 빛이 나지 않는 것이 當然한 것이다.

〈巽卦와 兌卦와 關係〉

序卦傳에 巽은 入也니 入而後에 說之라 故로 受之以兌卦로 이어졌다고 한다. 巽兌의 政治的인 思想을 생각한다면 巽은 百姓에게 申命行事를 하는 反面에 兌는 百姓으로 하여금 喜悅하게 하는 것이다. 命令은 民間으로 入하는 것이라면 喜悅은 民間에서 나오는 것이다. 고로 政治의 重要性은 百姓을 어떻게 하든 喜悅하게 함이 亨通한 것이다.

　　巽-命令-百姓에게 들어간다. 入也
　　兌-喜悅-百姓으로부터 나온다. 出也

〈 兌卦의 綜合(政治的인 思想)〉

　　初九 和兌 ― 民衆이 政治에 和合해서 喜悅하는 것.
　　九二 孚兌 ― 民衆이 政治를 信用하고 喜悅하는 것.
　　六三 來兌 ― 民間에 와서 그의 支持를 얻으려고 喜悅하게 만드는 것.

九四 商兌 — 民衆을 생각하여 自己는 不寧해도 喜悅하게 한다.

九五 孚于剝 — 民衆을 喜悅하게 하다가 小人을 信用하게 된 것.

上六 引兌 — 民衆과는 遊離되어서 自身만 喜悅하고 있는 것이다.

結論的으로 말하면 兌卦의 原則으로 百姓을 指導하면 民衆은 苦勞과 生死를 不顧하고 公事에 協力하여 國家社會가 興隆하게 되는 것이므로 指導者는 이러한 眞理를 朋友講習으로 익히고 찾아야 한다고 할 수가 있다.

(59) 風水 渙(下經 29)

巽順 ——————— 不正
　　　——————— 正　　中 巽 風　　　　　渙: 흩어질 환
　　　——　—— 正
　　　——　—— 不正
險　——————— 不正 中 坎 水
　　　——　—— 不正

―序　説―

1. 卦의 뜻

1) 渙이라는 卦名은 흩어진다, 離散, 解散이라는 뜻이 있고, 흐르고 舒散한다는 의미가 있다. 지금 卦象으로 보면 巽風이 上卦하고 坎水가 下卦에 位置하니 물 위에 바람이 불어오는 形象이다. 물 위에 바람이 불면 모든 水面에 퍼져서 흩어지는 것을 상징하여 散이라고 할 수가 있다. 이러한 大自然의 理致를 擬之해 보면, 人間의 氣運은 즐거움이 가득 차게 되면 그것은 흩어지는 法(舒散)이고, 근심이 있으면 곧 氣運은 모이게 됨을(結聚) 알 수가 있다.

2) 巽은 入이요, 風이요, 巽順이라는 것 외에 五行의 原理에 擬之하면 巽은 木이

다. 따라서 坎은 水(流水)이니 물 위에 나무가 떠 있는 形象이다. 이것은 배를 상징한다. 故로 渙이다. 卦名이 건너간다는 것이니 大川을 건너는 데는 어떻게 해야 한다는 것이 있을 것이며, 여기에서 우리는 中正之道를 가져야 利涉大川의 理論이 나온다. 中正－仁義－善惡 等의 優劣 혹은 餘慶과 餘殃이 區分 없이 結果로 處理되고 또한 아무런 差異가 없다면 우리 人間社會는 秩序가 破壞되고 貴賤이 없어지며 生의 意慾이 喪失될 것이며 人間의 값어치가 없게 될 것이다.

<pre>
天 天   中   仁   中正을 찾기 爲한 것, 仁義를 찾기 위한 것이 곧 敎育이라고 할 수
地 人 - 正 - 義   가 있다.
人 地   其實은 우리가 이 易學을 硏究하고 있는 것도 어떻게 하면 中正을
    大   人   찾고 유지할 것인가에 있다.
    自   爲
    然   的
</pre>

3) 渙卦는 發展을 상징한다. 또한 풀어진다는 뜻이다. 모든 지금까지의 停滯와 위난이 풀어져 새로운 發展의 전기를 마련하는 것을 表現한다.

4) 渙은 虛心, 즉 離虛 中의 離卦가 內包되어 있다. 이것은 곧 사람의 마음이 빈 것같이 卦象에서 찾아볼 수가 있다. 虛中은 心이다. 이것을 物體에 비긴다(擬之)면 舟楫之象이다. 이 배를 탈 수 있는 사람은 中正之道를 간직한 사람, 積善한 사람, 마음속으로는 환하게 모든 것을 알고 있는 者라야 이 배를 탈수 있지 않을까? ……

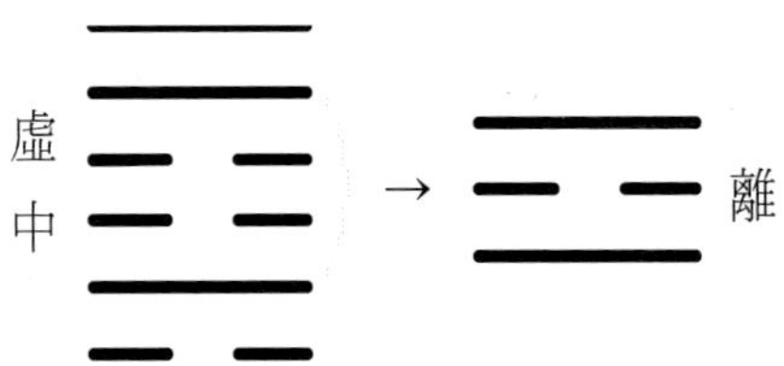

그러니 中正이 얼마나 좋고 어려운가를 가히 짐작할 수 있다.

乾　→　坎　　先天에 있어서의 正位는 中正이 서로 相交된 것이 乾坤坎離라고 할
坤　　　離　　수 있다.

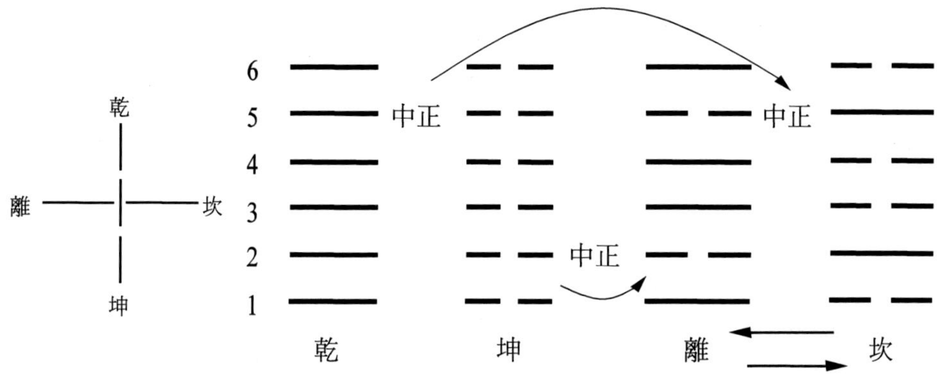

※ 蔣中正(介石)

先賢들의 影幀이나 위패를 모신 書院의 堂號가 中正堂으로 된 곳이 많다.

上經의 屯卦에서 大過卦까지에 中正하는 過程(內容)이 들어 있다. 故로 經綸이라고 記錄하여 皇極經世論을 主張했다.

2. 卦象과 卦德

1) 卦象을 보면 外卦가 巽下絶로서 나무 또는 바람에 該當하므로 內卦의 坎中連 물 위에 배가 떠 있는 形局이며 바람 따라 배가 움직이는 象도 된다. 흩어짐에는 座標를 잃고 배가 흔들리는 경우와 바람을 잘 이용하여 大川을 건너는 相反된 경우가 있음으로 마땅히 바른 것은 흐트러지지 않게 하고 그릇된 것은 흩트리는 것이 중요하다.

2) 卦德을 보면 下卦 坎水의 卦德은 險이고 上卦 巽風의 卦德은 巽順이다. 그러므로 險한 狀況에서 巽順한 狀態로 나아가는 卦德이 있다고 할 수 있다.

3) 이 卦의 陰陽 調和를 보면, 初六과 六四, 九二와 九五는 不應이지만, 六三과

上九는 相應하고 있다.

4) 序卦傳에서 보면 "兌者는 說也－니 悅而後에 散之라 故로 受之以渙하고……"
라 나와 있다. 즉 기쁨이 다하면 자연히 흩어지게 마련이므로 兌卦 다음에 渙卦를
두었다.

5) 渙은 悅而後에 散之라 故로 渙卦로 받았다고 하였으니 人之氣가 憂則結聚하고
悅則舒(펼 서, 흩어지다.)散하는 것이니 渙은 散이다.

3. 卦의 變化

1) 倒轉卦－水澤節   － 節度를 지켜 흩어짐을 막는다.
    (☵ / ☴) → (☱ / ☵)

2) 配合卦－雷火豊   － 豊富하다 보면 흩어지게 되는 때가 옴을 알 수 있다.
    (☵ / ☴) → (☳ / ☲)

3) 錯綜卦－水風井   － 잘못된 것을 흐트러뜨리고(改邑), 바른 것을 흐트러지
    (☵ / ☴) → (☵ / ☴)   지 않게 해야 한다는 뜻이 있다(不改井).

4) 互卦－山雷頤   － 흩어지는 어려운 때일수록 마땅히 바른 것을 잘 길러
    (☶ / ☳) → (☶ / ☳)   이를 克服하여야 한다(頤卦 大象에 愼言語하고 節飮
                            食하여 흩어지는 것을 막고 바르게 길러야 함을 强調
                            하였다).

[卦辭]

渙은 亨하니 王假有廟ㅡ며 利涉大川하니 利貞하니라

☯ 渙은 亨하니 王이 有廟에 假하며 利涉大川하니 利貞하니라.
◎ 渙은 亨通하니 王이 宗廟에 이르러 精誠을 드리며 大川(大事)을 건너는 데 利롭고, 이것을 위하여서는 바르게 해야 利롭다.

1) 渙은 흩어진다는 뜻이 있다. 下卦 坎은 艱難이라는 뜻이 있는데 그 어려움이 흩어진다면 일이 성사된다. 그래서 渙은 亨通하다고 하였다. 天子가 宗廟에서 先祖의 제사를 지낸다. 그러면 어떠한 艱難도 극복하고 큰 내를 건널 수가 있다. 이 渙의 때에는 올바른 道를 지키는 것이 좋다.

2) 王假有廟 ― 王으로서 社稷에 나아가 至極한 精誠을 드리는 것이 흩어진 民心을 모으는 方法이다. 假ㅡ至也. 政治的인 面으로 본다면 大事를 成功시키기 위해서는 祖上에게 祭祀를 至誠껏 지내는 形式으로 百姓에게 臨한다면 아니 될 것이 없으며 또한 正道로서 모든 것을 行使하여야만 利롭다는 것이다.

　　澤地萃ㅡ王假有廟
　　風水渙ㅡ王假有廟　　王으로서 至誠을 다하는 것. ㅡ 百姓을 爲하여
　　風火家人ㅡ王假有家ㅡ王이 私事로운 家廟에 至誠을 다하는 것.
　　　　　　　　　　　　ㅡ個人的인 關係이다.

3) 利涉大川 ― 大川이나 大事를 行함에 利롭다. 渙卦이니 大川이라는 卦辭가 나오고 坎이 있으니 그러하다. 반드시 물을 건너서 가는 것만이 利롭다는 것은 아니다. 그 어떤 험난한 隘路도 되고, 先天에서 後天으로 건너는 小開闢의 건넘도 되며, 工

夫를 많이 하여 道通의 境地로 나아가는 그 起點이 곧 大川이라고 말할 수 있다. 흩어진 百姓의 民心을 모으고 그 어떤 大事를 이룩하는 데는 指導者가 온갖 精誠을 드려야 하며 그 結果로 利涉大川이 되고 또 이것을 하는 方法論에서는 利貞으로 해야 한다.

　4) 渙은 上經의 大過卦와 같은 것이다. 先天에서 大過 없이 지나가는 뜻이나 後天에서 大川을 건너가는 것이나 뜻은 同一하다. 渙은 人間이 物質에 執着하여 憂苦하는 心情을 渙散함이 必要한 것이다. 그 方法論이 王假有廟이다.

[象辭]

象曰　渙亨은　剛이　來而不窮하고　柔－得位乎外而上同할새라　王假有廟는 王乃在中也－오　利涉大川은　乘木하야　有功也－라

　☯　象에서 말하기를 渙亨은 剛이 來하여 不窮하고 柔가 外에서 得位하여 上同할새라. 王假有廟는 王이 이에 在中함이요, 利涉大川은 乘木하야 有功也－라.

　◎　渙이 亨通하다는 것은 剛인 九五가 와서 궁하지 않고(좋다는 뜻), 六四의 柔가 밖에서 大臣의 位를 얻어 가지고 위(上)와 뜻을 같이하기 때문이요(中이 아니다.) 王假有廟는 왕이 이에 中에 있음이요 利涉大川은 나무(배)를 타서 공이 있음이다.

　1) 卦象으로 보면 六四와 九五가 正位이다. 利涉大川을 하는 데는 九五와 같이 正中剛健(剛健中正)의 일을 많이 해야 하고 自己가 工夫하여 쌓아 올려야 하며, 天賦之性을 찾기에 努力하는 者만이 利涉大川할 수가 있다는 것이다. 王이 社稷에 나아가 至誠으로 精誠을 드려서 百姓의 民心을 모으는 것은 王이 이에 中正의 자리에 있음이요, 大川을 건너는 데 利롭다고 하는 말은 나무를 타고(배를 타고 물을 건너간다는 것) 공이 있음이니라. 곧 배를 타고 건너는 데 成功했다는 것이다.

2) 剛이 來而不窮 — 往來라고 하면 往은 內卦의 爻가 外卦로 갔을 때이고 來는 外卦의 爻가 內卦로 온 것을 뜻한다.

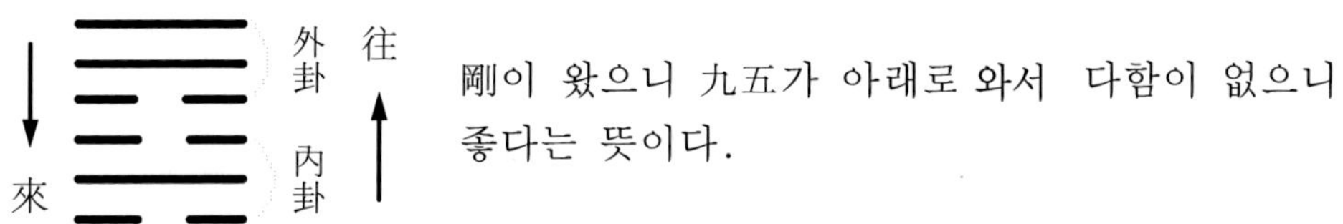

3) 柔得位乎外而上同 — 六四의 陰爻인 柔가 位를 얻어서 九五의 아래에 있으면서 九五와 함께하여 大川을 건너는 形象이다.

4) 王乃在中也 — 九五爻가 中正의 位를 가지고 君位에 있음을 말하고 이러한 中正之道를 가지고 있는 사람만이 大川을 건널 수 있으니 不斷의 努力으로 中正을 위하여 工夫하여야 한다는 것이다.

風雷益 — 木道乃行(木姓)　— 天 — 儒敎
風水渙 — 乘木有功　　　— 地 — 佛敎 — 中
風澤中孚 — 乘木舟虛　　— 人 — 仙敎

위의 세 卦象을 보면 五巽風이 함께 들어 있다. 五는 皇極數이며 洛書에서는 五는 中央의 數字이다. 이것은 곧 中正之道를 지키고 간직하는 것이 利涉大川의 첩경이요, 마음가짐이라는 것이다.

[象辭(大象)]

象曰 風行水上이 渙이니 先王이 以하야 享于帝하며 立廟하니라

◐ 象에서 말하기를 風이 水上에 行함이 渙이니 先王이 以하야 帝에 享하며 廟를 立하니라.

◎ 風이 水上에 行하는 것이 渙이다. 先王이 이것을 보고 거울삼아서 天帝(上帝)에 祭祀를 지내고(精誠을 至極히 하여 祭祀 지내는 것.) 사당을 세워서 天帝를 지내는 것을 본받아 祖上에게도 祭祀 지내게 되었다.-곧 精誠이 重要하다는 것. 精誠을 至極히 드리는 도장으로 사당을 짓고 그의 行動으로 祭祀를 지내는 것이다.

1) 祭祀-報本之意-誠之하는 道場이다.
   誠者-天地之道也-誠＝天地와 같다.
   誠之者-人之道也-誠之＝人之道-祭祀
2) 邵雍의 詩를 소개하면
   月到天心處 ― 달은 天心處에 도달했다는 것.
   風來水面時 ― 바람은 水面時로 불어오고
이 글로 본다면 邵雍은 머릿속에 환히 알고 있다는 것을 엿볼 수가 있다.

天地人
川
大川의 川字를 取象한 것은 天地人의 道理에 조금도 어긋남에 없어야 한다는 것에서 川字를 取象했다.

3) 享于帝의 뜻을 본받아 立廟하는 精誠을 배워서 報本의 理致를 우리 人間의 心理 속에 定着시키는 것이 人道主義思想이라고 보겠다.

[爻辭]

初六은 用拯호대 馬－壯하니 吉하니라 拯－증, 救也

☯ 初六은 用하여 拯하되 馬가 壯하니 吉하니라.
◎ 救援을 하되 말이 씩씩하니 좋으리라.

1) 初六은 渙卦의 첫 爻이기 때문에 아직 離散하여 艱難에 빠지는 것이 심하지 않다. 初六은 九二와 陰陽이 相比이기 때문에 九二의 賢才(여기서는 말에 비기고 있다)의 힘을 빌려 재빨리 離散의 어려움을 救援한다면 吉하게 될 수 있다.

2) 初六에서 渙을 말하지 않은 것은 아직 흩어지지 않았기 때문이다. 장차 흩어짐이 있더라도 救援함이 있으면 흩어지지 않을 것이다. 救하는 데는 말의 壯함을 쓰는 것이 좋다. 馬는 陽物이니 九二를 뜻한다. 그러니 渙卦에서는 初六(民)과 九二가 서로 相關하고 있는 것을 알고 있다.

3) 馬壯 ― 坎爲亟心之馬, 美脊, 말이 씩씩하다는 뜻이니 조속히 하라는 뜻이다.

象曰 初六之吉은 順也일새라

☯ 象에서 말하기를 初六의 吉함은 順함일새라.
◎ 初六의 吉함은 陰이 陽의 부축을 받는 것이니 順하기 때문이다.

1) 初六이 剛中인 九二에 順從하기 때문에 길하다.

九二는 渙에 奔其机면 悔－亡하리라

奔: 달아날 분. 机: 책상 궤, 평상 궤

◐ 九二는 渙에 其机로 奔하면 悔가 亡하리라.

◎ 흩어지는 때에 평상(初六)으로 달려가면 뉘우침이 없어지리라.

1) 九二는 得中이나 不正이며 九五와 不應이다. 여기서 평상이란 앞서서 몸을 기대고 의지해서 平安하게 해 주는 物件이다. 즉 初六을 가리킨다. 이에 相比 관계인 初六과 協力하면 乖散의 亂을 면할 수 있다는 뜻이다.

體가 坎이니까 흐르는 물은 陰陽이 합쳐질 수가 있다.
坎 故로 初六과 九二가 합쳐질 수가 있으니 初六이 九二와 相比關係에 있다는 것이다.

2) '來註' 九二는 坎陷之中이니 본래 不可以濟渙而有悔이다. 그러나 九五 中正之君과 應(相對)이니 君臣同德이라 故로 出險以就五 有奔於其机之象 當天下渙散之時 汲汲出奔以就君得其濟渙之願矣 有何悔焉. 机(木无枝曰机).

象曰 渙奔其机는 得願也－라

◐ 象에서 말하기를 渙奔其机는 願을 得함이라.

◎ 흩어지는 때에 평상으로 달려가면 뉘우침이 없다는 것은 願하는 바를 얻은 것이다.

1) 初六과 配合하여 위험을 버리고 편안함을 얻으니 所願을 얻었다는 것이다. 九二爻는 得中을 하였기 때문에 다른 하자가 있다 하더라도 得中의 善行이 있기 때문

에 相殺되고 묻혀진다는 뜻이다.

六三은 渙에 其躬이 无悔니라

☯ 六三은 渙에 있어 其躬이 无悔하니라.
◎ 흩어짐에 있어서 自己 自身의 몸을 닦는 사람이면 (修身하는 사람)이라면 뉘우침이 없을 것이다.

1) 六三은 陰柔하고 不正 不中이다. 그리고 다른 爻는 모두 應爻가 없으나 六三은 上九와 相應하고 있다. 따라서 자기를 잊고 위를 따르는 象이다.

2) 六三은 險하고 不正한 者이면서 修養한 사람이며 上九와 相應이고 비록 不正位이기는 하나 그 自身을 忘却하고 奉仕하니(흩어진다. 자기란 존재는 없어지니) 後悔가 없을 것이다.

3) 亞山曰 ― 相應이면서 親和가 되지 못하는 卦가 渙의 六三과 上九爻다. 六三은 不正位이나 上九와는 相應關係이다.

4) 无悔 ― 无復 ― 當初부터 아무런 뉘우침이 없는 것을 말함.

5) 悔亡 ― 復 ― 當初부터 뉘우침이 있으니 없도록 하는 것. 道心으로 나아가 天賦之性으로 가도록 하는 것. 回復하는 過程이다.

象曰 渙其躬은 志在外也일새라

☯ 象에서 말하기를 渙其躬은 志가 外에 在함일새라.
◎ 흩어짐에 있어 自身을 修身하여 몸을 닦는다는 것은 그 뜻이 밖에 있기 때문이다.

1) 外卦의 上九가 세상을 救援할 만하기에 그 몸을 던져 上九에 따르려는 뜻이 있다는 것이다.

六四는 渙에 其群이라 元吉이니 渙에 有丘－匪夷所思－리라
　群: 무리 군.　丘: 언덕 구, 두덕 구　夷: 상할 이－平常, 等

◉ 六四는 渙에 其群이라 元吉이니 渙에 有丘함에 夷所思가 匪이리라.
◎ 그 무리를 흩어지게 함이라 크게 吉하다. (小人들이)흩어지게 하여 (善人君子들이)무리로 모이게 하는 것이라 元吉이다. 常人들이 생각할 수 없는 것이다.

1) 六四는 正位이고 위의 九五와 陰陽이 相比하고 있다. 올바르게 天子를 補佐하고 있는 大臣이다. 자기의 私黨(初六, 六三)을 解散하여 九五에게 복종하고 補佐한다. 그러므로 크게 吉하다. 私黨의 解散은 참된 단결을 의미하는데 이것은 보통사람들은 생각할 수 없는 것이다.
2) 小人의 朋黨을 흩어지게 하면 善人君子가 모여든다는 것이다. 小散大來의 理致이다. 그러니 元吉이다. 位가 正이니까 많은 群衆이 모여든다는 것이다. 故로 元吉이다.
3) 건너는 理致로서 풀이한다면 훌륭한 善人君子의 朋黨이 모여 있는지라 元來부터 좋다(처음부터 좋다). 건너는 데에 있어서 언덕(우뚝한 大人을 뜻함.)처럼 德望이 있는 사람이 있어서 보통으로 平常時와 같이 생각할 바가 아니다.
4) 自身이 正位이니 修養된 大臣의 地位에 있으면서, 아니면 훌륭한 한 女子(陰爻)로서 王位인 九五와 相通하여 和合하고 利涉大川의 主役을 이룩할 存在라는 것이다.
5) 六四는 正位이나 不得中이며, 初六과는 相比關係이다.
6) 丘－聚와 같은 뜻으로 모인다는 것. 政治學上으로 본다면 民心이 集中되는 形態이다. 解散하여 集合하라는 것. 私黨을 解散하면 眞正한 同志가 모인다.
7) 君子－以財發身 — 君子는 財物을 輕視하여 自己의 몸을 重視하고, 小人－以身

發財 — 小人은 自己의 몸을 輕視하고 財物을 重視한다. 고로 小人이면 財物을 얻기 위하여 몸을 버리는 行爲는 무엇이고 서슴없이 行한다는 것.

小儲 - 적은 財物 - 財物
大儲 - 큰 財物 - 自己 自身의 몸 〉 書傳의 말

故로 大儲(쌓을 저)를 위하여 小儲를 버리는 것이 君子의 道이요, 곧 以財發身이다. 小儲를 爲하여 大儲를 버리는 것은 小人의 道이니 곧 以身發財라고 할 수가 있다.

8) 近世學者로서 盧相稷(小訥)이 以財發身한 사람이다.

慶南昌寧의 국골(菊洞) 사람으로 이분의 碑가 昌原에 現在 세워져 있으며 아버지는 大訥이고 婦人은 細訥이다. 婦人이 作故한 後 婦人을 위한 祭文을 지었는데 祭文으로서는 婦人을 위하는 마음이 가장 으뜸이라 하여 現在까지 손꼽히며 이 祭文을 한번 보는 사람이면 눈시울을 적신다고 한다. 小訥 先生은 曲字집을 지어 講堂을 차리고 後進양성으로 敎育을 하였으니 四, 五百 석의 財産을 自己가 먹고 살고 나머지는 敎育에 投資한 사람이다. 배우고자 하는 사람이면 밥을 주고 옷을 주며 가르쳐서 敎育시켰으니 自己는 一生 동안 財産을 投資하여 사람 벌이하는 것으로(돈벌이가 아니라) 樂을 삼았으니 우리는 이러한 사람을 以財發身한 어른, 小儲를 버리고 大儲를 求한 사람 中의 한 사람이라고 할 수 있을 것이다.

9) 小訥 先生의 偉大한 道學君子로서의 精神은 이어받아야 하고 敎育者로서의 그의 一生은 보람된 일이 아닐 수가 없다. 고로 只今에 왔어도 小訥 先生의 얼을 이어받아야 할 것이다.

10) 盧小訥 先生의 主張은 遠大하고도 앞을 내다보는 思想이다.

1年의 收穫 — 곡식을 심는다.

10年의 收穫 — 植樹를 한다.

100年의 收穫 — 사람을 심는다(種德). — 敎育을 한다.

小訥 先生은 種德을 하여 많은 사람을 敎化시켰다.

11) 六四의 爻에 秘辭體가 들어 있다.

渙卦가 全變이면 雷火豊卦다. 豊卦의 卦辭에 勿憂宜日中이라고 하였으니 건너는 데 日中 時期이다. 이때에 大川을 건너간다는 것이며 六四爻를 보면 丘, 즉 孔子의 諱字다. 孔子와 같은 聖人이 있어서 日中을 슬기롭게 지난다는 뜻이나 이 聖人은 어디에서 나느냐에 대하여는 東夷國에서 나는 것을 뜻하였으니 두고 봐야 알 일이다. 周公의 爻辭이니까 周公의 글대로 라면 우리는 恒常 즐거움에서 살아야 할 것이다.

象曰 渙其群元吉은 光大也-라

◐ 象에서 말하기를 渙에 其群이라 元吉이라는 것은 光大인 것이라.
◎ 그 무리를 흩어지게 함이라 크게 吉하다고 하는 것은 빛나고 크다는 것이다.

1) 六四의 마음이 넓고 커서 조금도 私心이 없다는 것이다.
2) 六四爻에서 光大라고 한 곳은 渙卦밖에 없다.

九五는 渙에 汗其大號-면 渙에 王居-니 无咎-리라

◐ 九五는 渙에 其大號를 汗하면 渙에 王居하니 无咎리라.
◎ 흩어짐에 있어서 그 號令을 땀처럼 한다면, 흩어지는 때에 있어서 王이 자리하고 있으니 허물이 없을 것이다.

1) 흩어지는 때에 있어서 九五의 天子가 大號令(政令-發號施令)을 땀처럼 발산하게 되면 땀이 한번 나오면 몸에 되돌아오지 않는 것처럼 그 호령이 天下에 나아가게 하고, 흩어지는 때에 있어서 天子가 그 자리를 굳건하게 지키고 輕擧妄動하지 않는다면 재난을 면할 수가 있다는 것. 즉 大川을 건너는 데 王道를 實行하는 것이니 허물이 없다는 것이다.
2) 九五는 剛健中正의 爻이다. 九二와 相比이나 六四爻인 陰과 相親하는 形態이

다. 九五의 君位가 確固不動한 地位를 가지고 王化가 어느 곳 없이 침투되어 있는 形像이다.

　3) 汗其大號 ― 大號令이 몸에서 땀이 베어나듯 國家의 어느 곳에나 政令이 침투되는 形像이다. 元來 땀은 모든 곳에 침투한다는 뜻으로 使用하였다.

　4) 屯其膏 ― 屯時代는 太初이니까 모든 것이 王의 德化가 또한 政令이 침투되지도 않으며 할 수도 없었다. 그러하기 때문에 膏다. 이것은 물 위에 떠다니는 기름처럼 그 속에 침투하지 못한 상태를 나타내는 것이다. 그러나 汗은 모든 곳에 다 침투하고 王化가 뻗어 나간다는 뜻으로 使用하였다.

　5) 六四爻와 九五爻에는 卦名이 全部二重으로 들어 있다.

　　　　六四 ― 渙에 其群…… 渙에 有丘……

　　　　九五 ― 渙에 汗其…… 渙에 王居……

이 말은 利涉大川을 하는 데는 또한 國家의 政治를 하는 데 있어서도 총체적인 責任을 지고 일하며 모든 일을 陰으로 陽으로 相通된다. 利涉大川을 强調하였으며 重點視하라는 뜻에서 渙을 重復으로 말하여 두었을 것이 아닐까?

　象曰 王居无咎는 正位也 ― 라

　◯ 象에서 말하기를 王居하니 无咎라는 것은 正位이라.
　◎ 王이 굳건하게 자리하고 있어 허물이 없다는 말은 그 位가 剛健中正으로 바르기 때문이다.

　1) 九五가 剛健中正의 德을 가지고 올바르게 天子의 자리에 있기 때문에 백성이 믿고 따르기 때문에 재앙이 없다는 것이다.

上九는 渙에 其血이 去하며 逖에 出하면 无咎-리라

逖: 두려울 척(적), 오랑캐 척. 惕과 通한다

◑ 上九는 渙에 其血이 去하며, 逖에 出하면 无咎하리라.
◎ 흩어짐에 流血의 慘劇을 去하고, 두려운 데에서 脫出하면 허물이 없을 것이다.

1) 上九는 不正位이고 六三과 相應하나 六三은 下卦 坎卦에 있어 艱難에 상처받고 있다. 그러므로 上九는 그러한 것과 상관하지 않고 자기 몸을 손상하려는 것을 흩어지게 하고 피에 더럽혀지지 않게 한다. 이렇게 세상을 피하고 있으면 재난을 피할 수가 있다.

2) 其血 ─ 血은 陰이다. 其血去逖出(惕出) ─ 風天小畜卦에 있다. 血去하지 말고 惕出하라는 것이니 修身爻라고도 할 수가 있다. 마음에 거리낌이 있으면 버리고 조심해 나아가면 허물이 없을 것이다.

象曰 渙其血은 遠害也-라

◑ 象에서 말하기를 渙其血은 害에서 遠하는 것이라.
◎ 渙其血은 害를 멀리함이다.

1) 자기를 損傷할 수 있는 六三의 害로부터 멀어져 위험에 말려들지 않게 한다는 것.
2) 初六과 九二가 서로 相親, 和合하여 大川을 건너는 데는 이상이 없다. 또 六四와 九五가 相親, 和合함으로써 利涉大川 할 수가 있다. 그러나 六三과 上九는 相應關係에 있으나 서로 유리되어 있는 現狀이다. 大川을 건너는 데는 相應만으로는 아니 되며 서로 和合하여 實力을 길러야 한다.

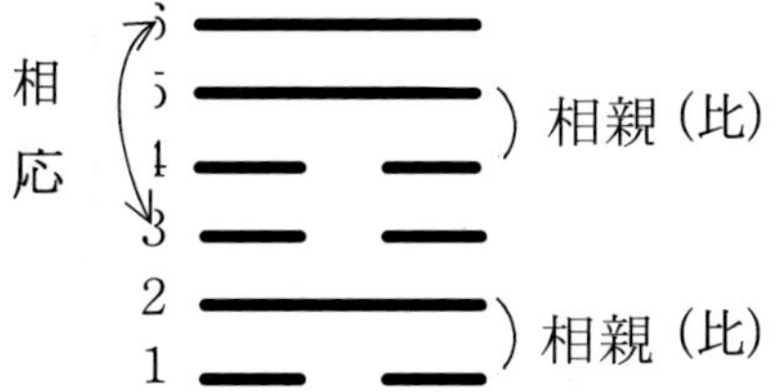

3) 人間은 苦難과 悲哀와 人間을 喜悅하게 하는 데는 또 憂苦를 渙散하는 方法은 精神統一하는 데 있기 때문에 王假有廟라고 한다. 그리하여 自我心 朋黨心 所有慾 鬪爭心은 苦難과 悲哀의 根本的인 四種의 마음에서 由來된 것이다. 이 中에서 君主가 가져서는 아니 되는 것이 있다면 所有慾이다. 所有慾의 有無에 따라 君主의 尺度를 재는 것이다.

4) 人間을 喜悅하게 하는 데는 憂苦를 渙散해야 하고 憂苦를 渙散하는 方法은 情神을 統一하는 데 있기 때문에 王假有廟라고 하였다.

〈渙卦의 綜合〉

初六에 用拯馬壯 ― 나쁜 것을 渙散하는 것이고
九二에 渙奔其机 ― 좋은 데로 渙散하여 온 것이고
六三에 渙其躬 ― 自我의 執着을 渙散하는 것이고　　　　　自我心
六四에 渙其羣 ― 小人의 惡黨을 渙散하는 것이고　　　　　朋黨心
九五에 渙其居 ― 王者의 所有를 渙散하는 것이고　　　　　所有慾
上九에 渙其血 ― 流血의 慘劇을 渙散하는 것이다　　　　　鬪爭心

(60) 水澤 節(下經 30)

```
險  ━━ ━━  正
    ━━━━━  正   中  坎  水
    ━━ ━━  正
    ─────────────
    ━━ ━━  不正
悅  ━━━━━  不正 中  兌  澤
    ━━━━━  正
```

―序 說―

1. 卦의 뜻

1) 節卦는 渙의 倒轉卦이다. 人間生活의 節度와 節制의 뜻이 있고 또한 어떤 變化의 時點을 우리에게 말해주기도 한다.

2) 節은 上下經을 通하여 60번째의 卦다. 이것은 大自然의 數를 흔히 60이라 한다. 하늘과 땅의 氣運이 相交함이 60수라는 것이다. 이것을 우리는 五運六氣라고 한다.

五運 六氣　天干 ― 10個 10×6 = 60 ⎞ 天과 地의 한번씩 相交가 60이다.
天　地　　地支 ― 12個 12×5 = 60 ⎠

3) 天干과 地支의 결합이 60이 되려면 天干에 5번 地支에 6번의 相交가 되면 60數가 나온다. 人間도 60이면 어떤 마디가 지나간다고 하며 回甲이라 하여 잔치를 하며 즐긴다.

(幹 → 干　枝 → 支)
五運六氣 → 形而上學的 → 性理的 → 地天泰와 같다.

4) 節은 우리가 살고 있는 地球의 變化를 알려준다. 이 變化의 모양을 보고 人間이 살아가며 또 일을 한다. 이것이 곧 24節候이다.

1年이 365日이라고 한다면 1侯가 5日, 3侯가 1節이다.

1年은 15日이 1節이니 24節이며 72侯이다. 이 24節候의 大略이 4季節 — 春夏秋冬이라 할 수가 있고, 이 24節候의 變化過程이나 原因을 알면 그 속에 自然의 理致가 存在하는 것이다.

5) 節은 事物의 節次를 말하고 中庸思想에서 본다면 中節이라고 하였으니 모든 事物에 있어서 알맞은 節이 있어야 한다는 것이다.

中 － 喜怒哀樂의 未發 → 無我狀態 无思无爲
心動
　　　發而皆中節 → 和

喜怒哀樂의 發하는 節次에 알맞게 하는 것을 말한다. 喜樂을 할 때 성을 낸다면 正常的인 사람이 되지 못한다. 故로 節은 重要하다.

6) 節은 卦象으로 보아도 中節이다. 陽三爻 陰三爻로 造化를 이루고 있다. 甘節과 苦節의 調節에 依한 造化 時止則止하고 時行則行하는 節約하는 造化 男子는 元으로 女子는 貞으로 主張을 하나 그 元貞의 調節에 依한 造化는 모두가 中節을 하여야 할 것이며 이렇게 되기를 갈망하고 있다. 다시 말하여 節은 우리 人間이 살아가는 데는 節 아님이 없으니 節을 지키는 것이 어렵고도 重要하다고 하겠다.

7) 節卦는 못 위에 물이 있는 것, 즉 못을 말한다. 못에 물을 가두어서 넘치지 않도록 하며 또 枯渴되지 않도록 調節한다. 이와 같이 適切한 限界 안에서 멈춰서 節度를 지키는 狀態를 상징하니 水澤이 節이다. 이와 같이 節이 되어야 恒常 맑은 물을 가득 담고 있어서 고기도 기르고 배를 띄워 觀光하고 田畓에 灌水하는 利得을 주기도 한다.

8) 節은 한마디를 말한다. 마디는 어떤 限界를 意味한다. 어느 한계에서 매듭을 짓는 것을 말한다. 大自然의 運行하는 節. 곧 24節候를 보아 우리 人間生活에 擬之하여 이것을 본받아서 行動하도록 하고 있다. 그래서 이 節을 잘 活用하고 그 참뜻을 알아서 實行하는 사람이 成功할 수가 있다. 이 程度까지 하면 되고 이 정도 이상이면 아니 되겠다는 것을 아는 사람이 곧 節을 實行하는 사람이다.

2. 卦象과 卦德

1) 卦象을 보면 外卦 坎中連에 內卦 兌上絶이 同氣相求하야 오는 뜻이 있다. 못 위에 물이 고여 있는 모습이다. 못이 물을 고이게 하는 데는 限度가 있다. 限度를 넘으면 물이 넘쳐 나온다. 그러므로 節制의 象으로 삼는다. 그리고 넘치면 흐르고 不足하면 다시 고이는 것이 節度가 있음으로 節(마디, 절제)이라 하였다(節卦는 60번째 卦이다. 60으로써 甲子의 한 週期를 이루어 마디를 이루는 것이다).

2) 卦德을 보면 下卦 兌澤은 悅하고 上卦 坎水는 險하다. 그러므로 기뻐서 움직이는 것은 規則을 잘 지키지 않기 쉽다. 그러므로 이것을 머물게 하는 節制가 필요함을 말하고 있다.

3) 이 卦의 陰陽 調和를 보면, 初九와 六四는 바른 位에 있으면서 正應하고 있다. 그러나 九二와 九五는 不應이고, 六三과 上六도 不應이다.

4) 序卦傳에서 보면 "渙者는 離也-니 物不可以終離라 故로 受之以節하고……"라 하였다. 즉 渙은 떠나는 것이다. 物件이 可히 끝까지 떠날 수만은 없음으로 渙卦 다

음에 節卦를 두었다.

3. 卦의 變化

1) 倒轉卦 – 風水渙   – 倒轉卦는 앞의 風水渙卦이다.
   (☵ / ☱) → (☴ / ☵)

2) 配合卦 – 火山旅   – 節度를 잃으면 흩어지거나 떠나게 된다.
   (☵ / ☱) → (☲ / ☶)

3) 錯綜卦 – 澤水困   – 節制하지 못하면 困窮함을 면치 못함.
   (☵ / ☱) → (☱ / ☵)

4) 互卦 – 山雷頤   – 모든 것을 잘 調節함으로써 바르게 기르는 뜻이 있다.
   (☵ / ☱) → (☶ / ☳)

[卦辭]

節은 亨하니 苦節은 不可貞이니라

☯ 節은 亨하니 節에 苦함은 貞이 不可하니라.
◎ 節은 亨通하다. 지나친 節은 괴롭고 어려우며 가히 바르지 못한다.

1) 節이 지나치면 苦節이다. 이러한 것은 바르지 못하다는 뜻이다. 말하자면 節을 지키는 것이 도가 지나치고 괴로워서 행하기가 어려운 節度는 너무 고집해서는 안 된다는 것이다.

2) 苦節不可貞 — 中節을 넘어서 수고로운 節, 지나친 節, 즉 괴로운 節에 대하여는 우리가 생각해 보아야 하고 또 그 結果가 어떠하다는 것도 알아야 한다. 그래서

刻苦의 힘으로 苦節을 한다면 自體의 苦節은 그대로 가지 않고 바뀐다는 것이 不可
貞이다.

  3) 例를 들면 考試工夫를 하는 사람이 苦節이다. 合格이 되면 工夫할 때의 그 苦
節은 없어지지만 실패하면 고통과 시간 낭비가 따르는 것이기 때문에 너무 집착해
서는 안 된다는 것이 不可貞이다.

  4) 卦의 內容으로 보아 上六을 뜻한다는 해석도 있다.

[彖辭]

象曰 節亨은 剛柔—分而剛得中할새오 苦節不可貞은 其道—窮也일새라 説
以行險하고 當位以節하고 中正以通하나니라. 天地節而四時成하나니 節以制度
하야 不傷財하며 不害民하나니라

  ◐ 象에서 말하기를 節亨은 剛柔가 分하여 剛이 得中한 것이요, 苦節不可貞은 其
道가 窮하기 때문이라. 説로써 行險하고 當位하여 써 節하고 中正하여 써 通하나니라.
天地에 節이 있어 四時가 成하나니, 節로써 制度하야 財를 不傷하며 民을 不害하나
니라

  ◎ 節이 亨通하다는 것은, 剛과 柔가 나누어져 있고, 剛이 中을 얻은 것이고, 수고
로운 節은 오래가지 않는다고 하는 것은 그 道가 다했기 때문이다. 기뻐함으로써 險
한 일을 行하고, 位가 마땅하여서 節하고, 中正으로서 通하나니라. 天地運行에서 節
이 있어 四季節이 이루어지나니, 節로써 法度를 制定하여 財物을 傷하지도 아니하며
百姓도 해치지 아니하는 것이다.

  1) 剛柔 分—陰爻와 陽爻가 三爻씩 나누어져 있는 것.
  2) 剛得中—九二 九五爻가 中을 얻어 있는 것.

3) 說而行險 ― 卦德을 말함. 兌는 悅, 坎은 險이며 行險은 苦節을 뜻하기도 한다.

4) 當位以節 ― 어떤 位에 있을 때 節해야 하는 것. 位와 個人 自身의 節中이 있어야 한다는 것.

5) 中正以通 ― 九五의 剛健中正을 가리킨다. 이러한 大自然의 過程을 보고, (各種 法律이나 모든 人間生活의 規範 等)

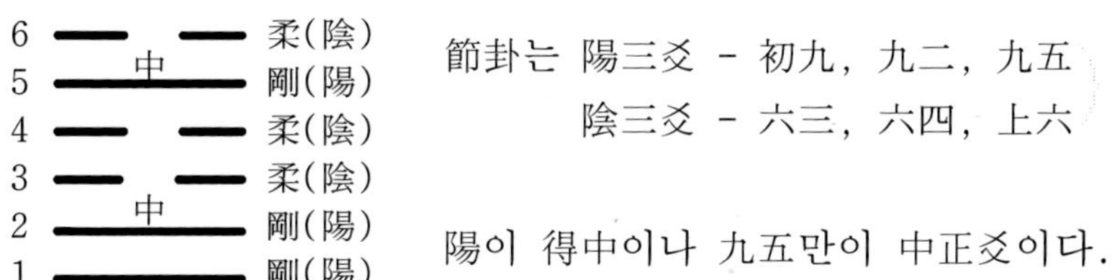

6) 天地節而四時成 → 節以制度 ［不傷財 ￤ 不害民］ 結果로 나타남.

‖　　　　　　　　‖

大自然의 理致 → 人間이 模倣＝政治에 使用 運用한다.

二十四節候

東西南北의 四正方은 冬至 → 夏至 → 春分 → 秋分으로 恒常 相對的이다.

그 外 間方은 立方이다.
立春 다음에 春分
立夏 다음에 夏至
立秋 다음에 秋分
立冬 다음에 冬至이다.

十二月卦圖

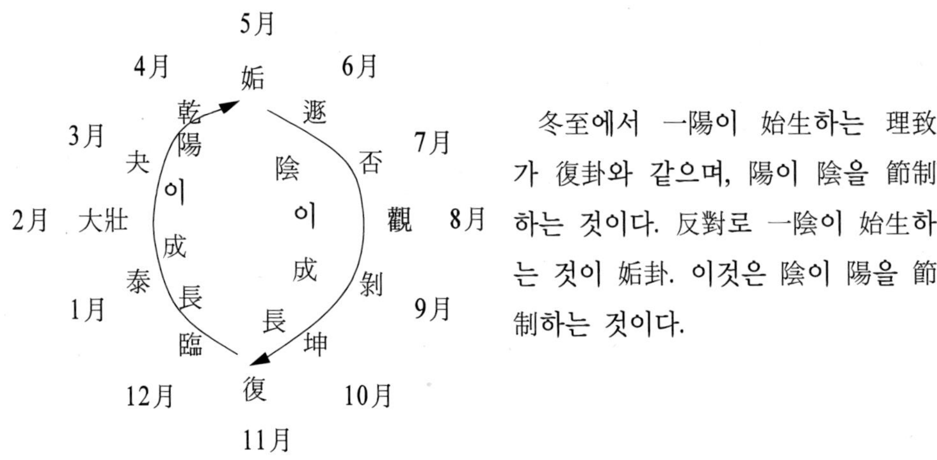

　冬至에서　一陽이　始生하는　理致가　復卦와　같으며,　陽이　陰을　節制하는　것이다.　反對로　一陰이　始生하는　것이　姤卦.　이것은　陰이　陽을　節制하는　것이다.

　二十四節候圖와　十二月卦圖의　相關關係를　살펴본　것이다.　이　原理가　天地節而四時成하나니　節以制度하는　뜻이다.

[象辭(大象)]

象曰　澤上有水－節이니　君子－以하야　制數度하며　議德行하나니라

　◐　象에서　말하기를　澤上에　有水한　것이　節이니　君子가　써　하야　數道를　制하며　德行을　議하나니라.
　◎　못　위에　물이　있는　것이　節이니,　君子가　이것을　본받아　數와　度를　制定하며　德行을　의논하나니라.

1) 節卦는 上卦가 坎水이고 下卦가 兌澤이다. 따라서 못에 물이 흘러 들어와서 머무는 象이며 따라서 制限하고 停止한다는 의미가 있다. 君子는 이것을 본받아서 宮殿, 衣服, 器物 등의 禮制를 알맞게 制定하고 백성의 德行을 헤아려서 任用한다.

2) 이와 같이 君子가 節卦의 自然理致를 보고 制度를 만들고 國家를 統治하며 德行을 論해서 人材를 登用하는 것은 모두 中節이 되도록 하여야 한다는 뜻이 있다.

3) 制數度 ― 事物에 대한 法規를 制定하는 것.

4) 議德行 ― 中和를 包含한 것이다. 中節 中正이 가장 重要하다.

[爻辭]

初九는 不出戶庭이면 无咎 ― 리라

◒ 初九는 戶庭에서 不出하면 无咎하리라.

◎ 문밖이나 뜰에서 나가지 않으면(大門 안에 있고 나가지 않는다) 허물이 없을 것이다.

1) 初九는 得正이며, 六四와 正應關係에 있으나 最下位에 있고 自身만이 修養하고 있으니 妄動하지 아니한다. 初九는 때가 아직 適當치 못한 것을 알고 절조를 지켜 自己 몸을 숨겨 조신하는 形象이다.

象曰 不出戶庭이나 知通塞也 ― 니라
  塞: 막힐 색

◒ 象에서 말하기를 不出戶庭이라는 것은 通塞을 知한 것이라.

◎ 문밖의 뜰에 나가지 않았으나, 길이 通하고 막힌 것을 알고 하는 것이기 때문

이다.

1) 初九가 道가 행해지는지 그렇지 않는지 잘 알고 있다는 것이다. 말하자면 만날 때가 되면 나가고 그렇지 아니할 때는 나가지 아니하는 것을 말한다.

2) 戶庭 — 문밖의 뜰. 內庭을 말한다. 옛날에는 堂內를 室이라 하고, 그 동남에 출입하는 문을 戶라 하고, 堂下階前의 뜰을 庭이라 하였다.

3) 繫辭上傳八章에서 다시 孔子가 이것을 解說하였다.

子曰 亂之所生也ㅡ則言語ㅡ以爲階니 君不密則失臣하며 臣不密則失身하며 幾事ㅡ不密則害成하나니 是以君子ㅡ愼密而不出也하나니라

亂이 생기는 바는 경솔한 말 때문이다. 임금이 근신하지 아니하고 은밀한 일을 경솔히 發說하면 臣下를 잃게 된다. 臣下가 은밀한 것을 삼가지 않고 發說하면 제 몸을 잃게 된다. 나라가 기밀을 조심하지 않고 누설하면 나라에 위해가 초래된다. 그러므로 君子는 삼가 은밀한 것을 경솔하게 發言하지 아니하는 것이다(그리하여 戶庭에 나아가지 아니한다).

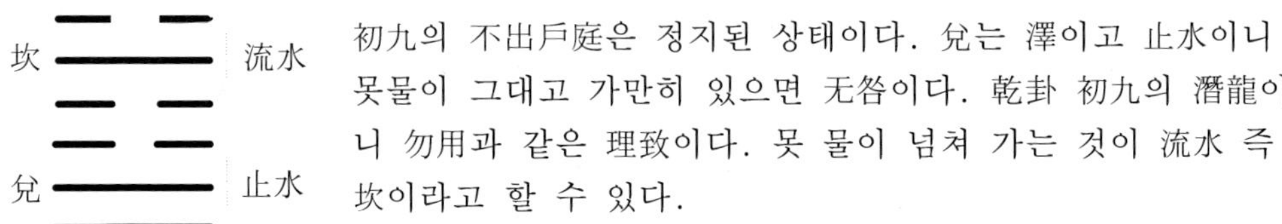

初九의 不出戶庭은 정지된 상태이다. 兌는 澤이고 止水이니 못물이 그대고 가만히 있으면 无咎이다. 乾卦 初九의 潛龍이니 勿用과 같은 理致이다. 못 물이 넘쳐 가는 것이 流水 즉 坎이라고 할 수 있다.

九二는 不出門庭이라 凶하니라

☯ 九二는 門庭에서 不出이라 凶하니라.
◎ 門안의 뜰에서 나가지 아니하니 凶하다.

1) 九二는 不正이나 得中이다. 時期로 보아 見龍在田이니 利見大人을 하여 活動을

해야 하는 것이나 中節이 되지 아니하여 不及의 狀態이다. 世上 사람들과 서로 또 九五의 德을 通하여 天下의 統治를 調節해야 될 것이나 너무 消極的으로 苦節해서 門庭에도 나가지 않으니 凶하다는 것이다.

2) 不出門庭 — 門庭은 門안에 있는 뜰이며 戶庭보다는 밖에 있는 外庭. 그러므로 外庭에서 밖으로 나오지 않고 집 안에 들어박혀 있는 것.

象曰 不出門庭凶은 失時-極也일새라

◑ 象에서 말하기를 不出門庭凶은 失時함이 極함일새라

◎ 문안의 뜰에서 나가지 않으니 凶하다는 것은, 때를 잃은 것이 몹시 極에 달하였기 때문이다.

1) 二爻 역시 兌—澤의 止水이니 不出門庭이라고 하였으며 時中을 놓쳐서는 아니 된다는 뜻이다.

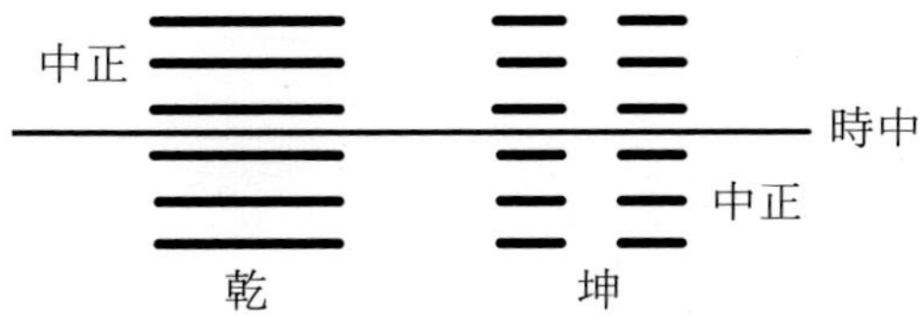

先天과 后天의 갈림點을 時中이라고 한다면 이때를 잘 알아야 한다.

六三은 不節若이면 則嗟若하리니 无咎-니라

嗟: 슬퍼할 차. 若: 같을 약(만약)

◑ 六三은 不節若이면 則 嗟若하리니 无咎하니라.

◎ 六三은 節度에 맞지 아니하게 하면 곧 슬퍼질 것이니 허물할 곳이 없을 것이다.

1) 六三은 不正이고 不中이다. 節度를 지켜야 할 때에 節度를 지킬 수가 없다. 그러나 후에는 잘못을 깨닫고 근심하고 한탄한다. 그러므로 허물할 데가 없다는 것이다.

2) 无咎 — 他无咎와 다르다. 허물할 곳이 없다는 것이다. 易에는 无咎라는 글이 99例가 있다. 그런데 王弼은 여기의 无咎는 特例라 보고 허물을 돌릴 데가 없다고 해석하였다. 자기가 초래한 죄로써 남을 원망해서는 안 된다고 하였다. 程子와 朱子도 이 해석에 따른다. 그러나 그냥 허물이 없다고 해석하는 학자도 있다.

象曰 不節之嗟를 又誰(수)咎也 - 리오

☯ 象에서 말하기를 不節之嗟를 又 誰(수)를 咎하리오.
◎ 節度에 맞지 않게 하여 슬퍼진 것을 또 누구를 허물할 것인가.

1) 자기가 節度를 지키지 아니하여 슬퍼하는 결과가 된 것은 전적으로 자기 잘못인데 누구를 허물하고 원망할 것인가라는 말이다.

    天火同人卦初九爻象曰 - 又誰咎也리오
    雷水解卦六三爻象曰 - 又誰咎也리오
    水澤節卦六三爻象曰 - 又誰咎也리오

六四는 安節이니 亨하니라

☯ 六四는 節에 安하는 것이니 亨하니라.
◎ 節度를 便安하게 지키는 것이니 亨通하다.

1) 六四는 正位이며, 初九와 正應關係이다. 大臣의 位에 있으면서 九五의 훌륭한 剛健中正의 天子에 복종하고, 아무런 힘을 쓰지 않아도 自然히 節度에 맞게 하니 萬事가 亨通한 것이다.

2) 安節 ― 天地의 四時가 行하는 것과 같이, 하지 않으려고 하여도 節度에 맞게끔 저절로 되는 것을 말한다. 마음이 아주 편하고 工夫가 되어 道通의 境地라고도 말할 수 있다.

水 ─── ─── 風　　節卦와 渙卦를 놓고 보면 六四
　　　　　　　　　　爻와 九五爻가 가장 가깝다.
澤 ─── ─── 水

節 ─────── 渙

象曰 安節之亨은 承上道也ㅡ라

◑ 象에서 말하기를 安節之亨은 上의 道를 承하는 것이라.
◎ 節度를 편안하게 지켜 亨通하다는 것은 위의 道(君位인 九五의 道)를 이어받기 때문이다.

九五는 甘節이라 吉하니 往하면 有尙하리라

◑ 九五는 節에 甘하는 것이라 吉하니 往하면 尙이 有하리라.
◎ 기쁘고 즐겁게 節度를 지키는 것이라 좋으니, 그대로 나아가면 嘉尙함이 있으리라(慶事가 있으리라).

1) 九五는 剛健中正의 位에 있으며, 九二와는 不應이다. 그러나 君位다. 그러므로 기쁘고 즐겁게 節度를 지킬 수가 있다. 따라서 복을 얻을 수가 있다. 나아가서 일을 행하면 큰 호응이 있고 사람들로부터 숭상받을 것이다.

2) 甘節 ― 모든 일이 내 뜻과 마음에 알맞게 되는 形象을 말한다. 사람으로 풀이하였으니(五味로 생각한다.) 甘은 五行으로 보면 土이다(九五는 苦盡甘來를 뜻하기도 한다).

象曰 甘節之吉은 居位中也일새라

◐ 象에서 말하기를 甘節之吉은 居하여 位가 中일새라.
◎ 甘節의 吉함은 九五의 자리가 中正之道에 있기 때문이다.

1) 甘節은 곧 中節이라 할 수 있다.

上六은 苦節이니 貞이면 凶코 悔면 亡하리라

◐ 上六은 節에 苦함이니 貞이면 凶하고 悔면 亡하리라.
◎ 節度가 지나쳐 괴로운 것이니 고집하여 지키면 凶하고 뉘우치면 凶함이 없어질 것이다.

1) 節道가 지나친 것을 말한다. 쓴 절이며 수고롭고 괴로운 節이다. 位가 正이나 바르게 해도 凶하나 뉘우치면 凶함이 없어진다.

2) 上六은 得正이며, 六三과는 相比이다. 上六爻이니 節에 너무나 極하여 있는 形象이다. 지나친 節度를 고집하면 困窮하게 된다. 그러므로 올바르게 하고 凶을 만나더라도 뉘우침이 없다.

象曰 苦節貞凶은 其道-窮也일새라

◯ 象에서 말하기를 苦節貞凶이라는 것은 其道가 窮함일새라.

◎ 節度가 지나쳐 괴로운 절이니 올바르게 하더라도 凶하다는 것은 그 道가 (苦節의 時期가) 다하였기 때문이다.

1) 인내와 中正을 하면 苦節이 없어진다는 뜻이다. 凶道가 지나쳐서 그러하다. 上六의 苦節은 生活上으로 苦痛은 되지만 倫理上으로 過失은 될 것이 없기 때문이다.

2) 萬物은 永遠히 消散만 되는 것이 아니기 때문에 節卦로 받았다고 序卦傳에서 말하였다. 節度의 原則을 말한 것이나 이것은 精神的인 節度와 物質的인 節約을 包含하는 것이다.

〈節卦의 綜合〉

※ 初九의 不出戶庭은 修養을 위하여 節制함이니 无咎다.

九二는 不出門庭은 節制를 爲해서 節制하는 것이니 凶한 것이다.

六三은 不節하였음을 悔改만 하면 无咎하다는 것이다.

六四는 安節해서 自然히 되니 亨通하다는 것이며

九五는 甘節이니 吉하고

上六은 苦節이니 凶하다는 것이다.

※ 처음의 節制는 无咎요, 정당하지만

둘째의 節制는 過다. 故로 凶하다 하였고,

셋째는 不節이니 不及이다. 悔改하면 无咎다.

넷째는 安節이라 大自然이 順行하는 것과 같이 自動的으로 이루어지며 다섯째로 甘節이다. 中節이니 吉하지 아니할 수가 없다.

여섯째로 苦節이니 節制함에 苦痛이 되는 것이다. 四時節이 變化되어 가는 것처럼 節은 度가 있어 不絶히 變化되어 감을 알 것이다. 이와 같이 過나 不及이면 中節이 되지 않으니 大象에서 制數度하며 議德行하라고 하였다.

(61) 風澤 中孚(下經 31)

```
━━━━━━━  不正
巽順 ━━━━━━━  正　中　巽　風
     ━━　━━  正
───────────────────
     ━━　━━  不正
說  ━━━━━━━  不正中　兌　澤
     ━━━━━━━  正
```

―序　說―

1. 卦의 뜻

1) 中孚卦는 中을 지키기 위해서는 誠, 信, 敬, 孚를 使用하여야 한다. 中은 宜, 義라고 할 수 있고, 孚는 새가 알을 孵化시키기 위하여 품고 있는 形象이니 爪(손톱 조)＋子＝孚로 생각할 수 있다. 알을 까기 위해서는 온갖 精誠이 필요하다.

2) ※ 虛와 實에 關한 것

體－實－富－男－陽－理－生－水－上經
用－虛－貧－女－陰－氣－成－火－下經　　　太極

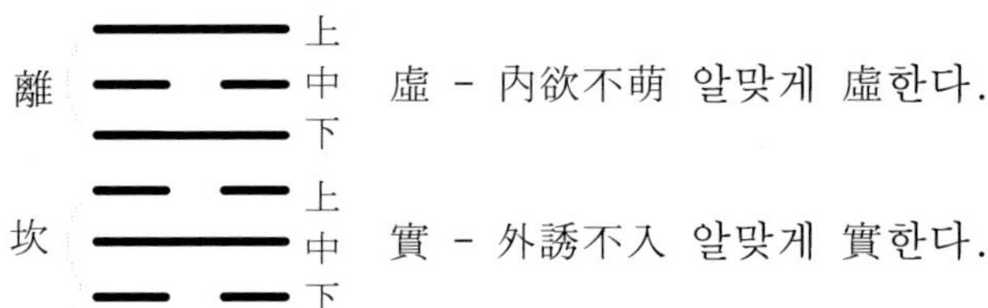

3) 우리가 工夫를 하는 것도 마음속에 있는 物欲을 없애고 虛中을 하기 爲함이며 佛家에서의 온갖 번뇌를 없애라는 말과 같다.

4) 無我之境이 곧 虛다. 一內明虛實이 二 個로 分離되어 있으나 太極에서 生成되었으니 결국은 하나이다.

5) 繫辭傳의 一闔(합: 문짝 합, 문을 닫다.)一闢을 생각하면 된다. 그리고 우리의 人體에 比較하면 숨을 들이쉬는 것과 숨을 내쉬는 것으로 생각할 수도 있다. 儒敎의 根本思想이 中虛 中實을 어떻게 하면 一致시킬 수가 있을까 곧 中正을 갖기 爲한 것. 道通을 하기 爲한 것이라고 할 수가 있다.

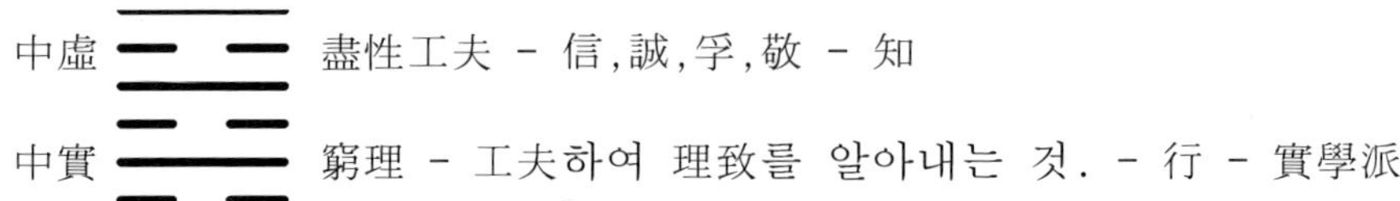

知行一致 곧 中虛中實을 一致시키는 일은 道通無我之境의 狀態를 말한다.

6) 中孚는 卦象으로 보면 中虛다. 外面에는 虛하나 內的으로는 中實이다. 虛實이 함께하고 있으니 各 爻로 따져 보면 九二와 九五가 得中을 하고 陽爻로서 中實이다. 한편 六三과 六四가 陰爻로서 中虛이다.

得中 － 陽 － 實 － 中實 (☰ ☳)

全體卦象으로 得中 － 陰 － 虛 － 中虛(☵)   } 中孚다.

7) 中孚는 內二爻가 비었으니 배로 보면 빈 배라고 할 수가 있다.

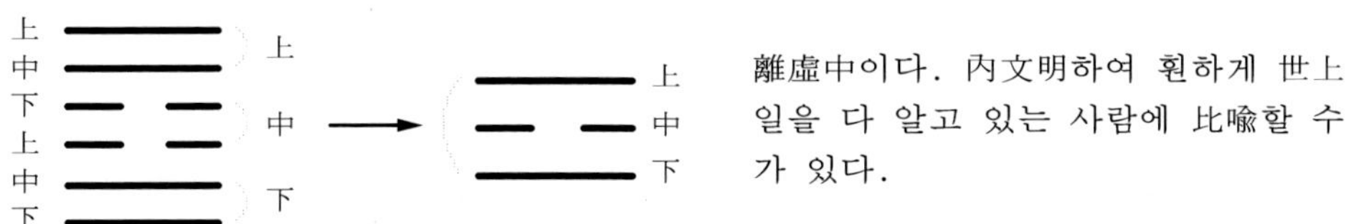

離虛中이다. 內文明하여 훤하게 世上 일을 다 알고 있는 사람에 比喩할 수 가 있다.

8) 上下經을 卦로서 생각하면 水火로 마감하였고 또 五行의 氣運으로 보아도 水 火로 始作하여 水火로 끝이 난다. 卦象을 찾아서 살펴보면 다음과 같다.

◎ 上經 30卦 中

乾坤으로부터 六水를 거쳐 頤, 大過, 坎, 離로 끝났다.

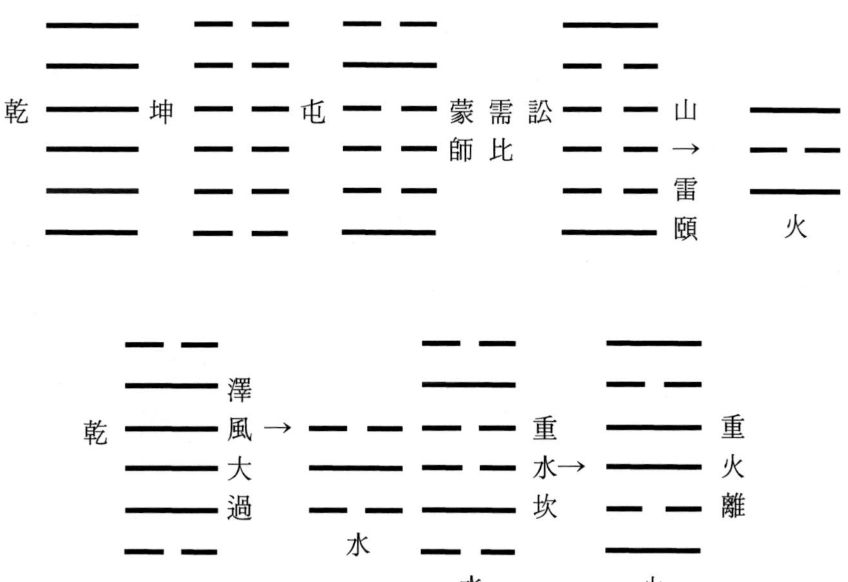

　　山雷頤 속에 離卦가 들어 있고, 澤風大過卦 속에 坎卦가 들어 있으니 감추어진 水火이다. 上經이 坎離로서 끝나니 天地의 理致와 모든 造化가 水火로서 이루어졌다.

◎ 下經34卦 中

咸恒에서 相交하여 損益에서 出産하고 中孚, 小過, 旣濟, 未濟로 끝이 났다.

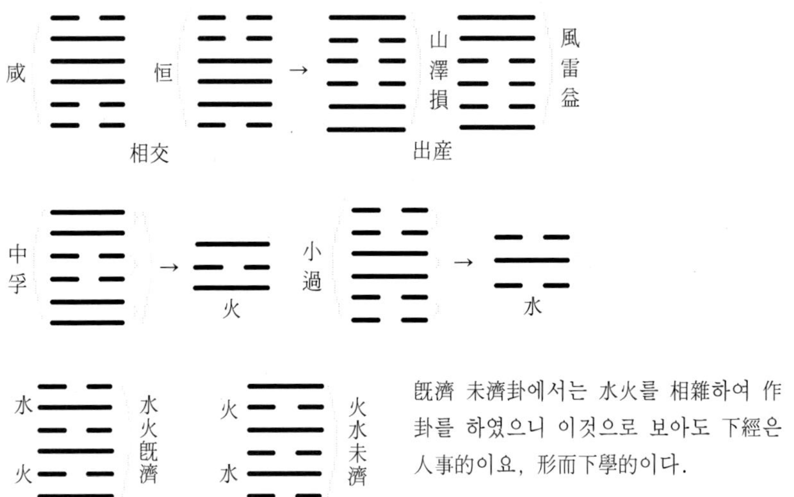

旣濟 未濟卦에서는 水火를 相雜하여 作卦를 하였으니 이것으로 보아도 下經은 人事的이요, 形而下學的이다.

◎ 上經과 下經과의 關係

山　雷　頤 － 火
澤風大過 － 水　　上經
風澤中孚 － 火　　下經
雷山小過 － 水

같은 位置이며 같은 理致이다. 그리고 끝맺음에서도 一致點이 있다.

重水坎 － 水
重火離 － 火　　上經
水火旣濟 － 水火
火水未濟 － 火水　　下經

下經에서는 水火가 相雜되어 있는 狀態를 이야기한 것이다. 그러니 下經이 人事的이다. 旣濟와 未濟는 相互 錯綜卦이다.

中孚－中虛－佛敎界 呑虛 스님(虛를 삼킨 사람이다)

2. 卦象과 卦德

1) 卦象을 보면 先天兌卦에 後天巽卦가 風從虎함으로써 자리한 卦이다. 안으로 柔弱한 六三과 六四를 陽剛한 四陽이 감싸 保護하고 있으며 또한 九二와 九五가 得中하여 實한 象이다. 全體의 象이 離虛 中으로 안을 미덥게 하고 밖으로 文明한 뜻이 있다.

2) 卦德을 보면 下卦 兌는 悅이고 上卦巽은 順이다. 그러므로 아래에 있는 사람은 윗사람의 德을 기뻐하고 위에 있는 사람은 아래에 있는 백성의 마음에 따르는 形象이다.

3) 이 卦의 陰陽 調和를 보면, 初九와 六四는 올바르게 正應하고 있으며, 九二와 九五는 不應이고, 六三과 上九는 不正이나 相應하고 있다.

4) 序卦傳에서는 "節而信之라 故로 受之以中孚하고……"라 하였다. 즉 節度 있게 일을 行하여 나아가면 미덥게 되는 까닭에 節卦 다음에 中孚卦를 두었다고 말하고 있는 것이다.

3. 卦의 變化

1) 倒轉卦 - 不倒轉卦이다 - 中孚卦는 倒轉시켜도 같은 中孚卦이다.
   (☱ / ☴) → (☱ / ☴)

2) 配合卦 - 雷山小過   - 中孚하여 漸次 나아감을 알 수 있다.
   (☱ / ☴) → (☳ / ☶)

3) 錯綜卦 - 澤風大過   - 中孚하지 못하면 큰 허물을 짓게 되는 뜻이 있고 또
   (☱ / ☴) → (☱ / ☴)   한 先後天이 바뀌는 大過時代를 中孚로써 잘 克服하
                          여야 함을 알 수 있다.

4) 互卦 - 山雷頤   - 바른 것을 기르는 뜻이 있다.
   (☶ / ☳) → (☶ / ☳)

[卦辭]

中孚는 豚魚 - 면 吉하니 利涉大川하고 利貞하니라

☯ 中孚는 豚魚면 吉하니 利涉 大川하고 利貞하니라.

◎ 中孚는 돼지와 물고기까지 하면(믿게 만들면, 지극한 정성을 들여) 吉하고, 大川을 건너는 데 利롭고 올바르게 하는 것이 利로우니라.

1) 마음속에 至誠이 있으면 祭祀를 지냄에 있어서 지극한 정성을 들여 돼지나 생선 같은 것까지도 믿게 하면 받아들여지고 吉하며 福을 얻을 수가 있으며, 큰 내를 건너듯이 어렵고 위험한 것도 무사하게 넘길 수가 있다. 올바른 길을 굳게 지키는 것이 좋을 것이다.

2) 豚魚 — 豚은 獸類 中에서 가장 下賤한 動物이고, 無智之物로 靈的으로 下等動

物이다. 魚는 幽隱한 것이다. 이러한 것에까지도 그 영향이 미치게끔 精誠을 들이도록 한다는 뜻도 있다. 至極한 精誠의 表現이 豚魚이다.

　3) 利貞 ― 貞은 正也니, 正道로 行使함이 利로울 것이다. 이것은 경계사라고 할 수가 있다. 誠信하여도 不正으로 해서는 아니 된다. 따라서 우리들이 工夫하는데도 信及豚魚의 精神으로 하고 또 利貞으로 하여야 한다.

[彖辭]

　象曰 中孚는 柔在內而剛得中할새니 說而巽할새 孚―乃化邦也―니라 豚魚吉은 信及豚魚也―오 利涉大川은 乘木코 舟虛也―리라 中孚코 以利貞이면 乃應乎天也―리라

　● 象에서 말하기를 中孚는 柔가 內에 在하고 剛이 得中하여 說하여 巽한 것이니, 孚가 이에 化邦한 것이니라. 豚魚吉은 信이 豚魚에 及하는 것이고, 利涉大川은 乘木하여 舟虛이리라. 中孚하고 써 利貞하다는 것은 이에 天에 應하는 것이리라.

　◎ 中孚는 柔(三爻四爻)가 안에 있고(中央에 있어서) 또한 剛(九二, 九五爻)이 中을 얻었으니 기뻐하며(兌爲說) 巽順하여 孚, 信, 誠이 있어 이에 온 나라에 뻗쳐 敎化한다. 豚魚가 吉하다는 것은 믿음이 돼지나 물고기에까지도 미치기 때문이다. 大川(大事)을 건너는 것이 利롭다는 것은 나무를 타고 배가 비었기 때문이다(中虛, 中實者가 배를 탈 수가 있다는 것). 中孚하여 信이 있고 마음이 바르면 利롭고, 이에 하늘이(大自然이) 呼應해 줄 것이다.

　1) 孚乃化邦也 ― 믿음과 至極한 精誠으로써 百姓을 다스린다면 이에 그 王德이 온 나라에 뻗쳐 敎化하게 된다. 고로 孚가 가장 重要하다. 이것이 바로 人本主義思想에 立脚한 仁을 根本으로 한 政治思想이라고 하겠다.

2) 乘木舟虛 — 나무로 배를 만들어 타고 갈 수 있으니 恒常 大川이 나온다. 이 말은 내를 건너는 일이나, 이 大川이 아마도 先後天 中間에 大川이 있다고 擬之하여 놓고 또는 大事라고 생각하여 글을 엮어 놓았다고도 볼 수 있다. 배는 비어 있으나 배를 타야 할 사람이 누구냐를 생각해 볼 필요가 있다. 우리가 무슨 일을 하여도 信及豚魚할 수 있는 精誠이 至極한 사람이라면 이 배를 탈 수 있는 主人公이 아닐까 한다.

風雷益卦 - 木道乃行
風水渙卦 - 乘木有功　　　其通點이 巽이다. 巽은 木이니 木道 乘木 等으로 表示가
風澤中孚卦 - 乘木舟虛　　되고 渙卦의 流水와 中孚卦의 止水에서 利涉大川이다.

[象辭(大象)]

象曰 澤上有風이 中孚니 君子-以하야 議獄하며 緩死하나니라

　◑ 象에서 말하기를 澤上에 有風이 中孚이니 君子가 써 하야 獄을 議하며 死를 緩하나니라.

　◎ 못 위에 바람이 있는 것이 中孚이다. 君子가 이것을 보고 본받아 獄事를 의논하여 사람을 죽이는 데 있어서는 너그럽게 하는 것이다.

　1) 바람이 못 위로 불면 물이 여기에 應해서 물결이 인다. 마찬가지로 誠實하면 여기에 應해서 감동하는 것과 같다. 그렇기 때문에 君子는 이것을 본받아 獄事를 議論하여 死刑囚를 처리하는 것은 모두 誠心과 믿음을 가지고 行한다는 뜻이다.

　2) 緩死 — 죽임을 너그럽게 한다는 것은 사람을 敎化시켜서 올바른 사람이 되면 죽이지 말라는 뜻이다.

3) 文王의 글에서는 一獄을, 火雷噬嗑卦의 卦辭에서 利用獄을 말하였다.

4) 孔子의 글에서 五獄을 살펴보면

    1) 火雷噬嗑에서 獄 ― 象辭 利用獄也

    2) 山火賁의 大象에서 ― 无敢折獄

    3) 火山旅의 大象에서 ― 而不留獄

    4) 雷火豊의 大象에서 ― 折獄致刑

    5) 風澤中孚의 大象에서 ― 議獄緩死

5) 文王의 獄은 하나이나 中央에 두고, 孔子가 東西南北에 네 개의 獄을 두어서 社會秩序를 바로잡았다고 한다.

[爻辭]

初九는 虞하면 吉하니 有他-면 不燕하리라

  虞: 근심할 우 燕-安也, 燕君＝閑君, 제비 연, 편안할 연, 잔치연.

☯ 初九는 虞하면 吉하니 有他이면 不燕하리라.

◎ 근심하면 吉하니 다른 것이 있으면 편안치 못하리라.

1) 初九는 得正이며, 六四와 正應이다. 中孚卦의 처음에 있어서 스스로를 지키고, 中孚, 즉 虛로 하면(外에서 內心으로 침입 못하게 하는 것.) 좋으니, 正應 六四 以外의 다른 효에 생각이 있으면 편치 못할 것이다.

2) 虞吉 ― 中孚卦의 內虛이니 外部에서 침입을 막아야 한다. 사냥을 하는 데 모리하는 것을 뜻한다. 內心으로 中虛가 되고 外誘를 막아 惡의 침범을 방지하면 吉할 것이다. 虞는 사냥하는 데 모리해 주는 것. 사냥하는 데 근심해 주는 것.

3) 有他 ― 六四爻와 正應이니 初九가 六四 以外의 陰을 有他라고 한다.

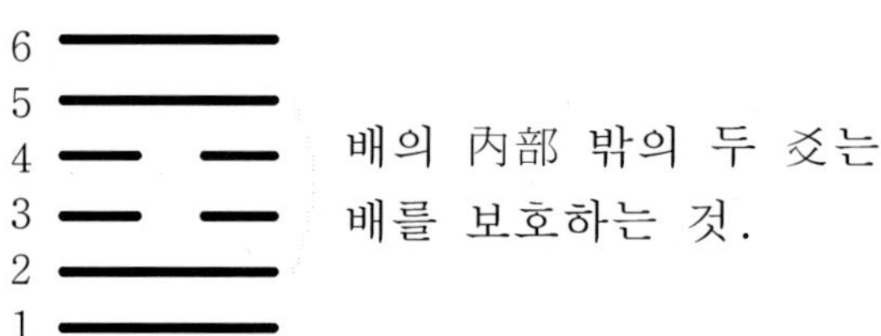

象曰 初九虞吉은 志未變也일새라

☯ 象에서 말하기를 初九에서 虞吉이라 한 것은 志가 未變한 것이라.
◎ 中孚의 근심하면 吉하다는 것은 志가 變하지 아니하였기 때문이다.

1) 初九가 正道를 굳게 지키고 六四에게 한결같은 마음, 즉 一志로 하되 變하지
아니하면 좋다는 것이다.

九二는 鳴鶴이 在陰이어늘 其子-和之로다 我有好爵하야 吾與爾靡之하노라
　　爵: 잔 작, 벼슬 작.　爾: 너 이.　靡: 쓰러질 미, 연루되다,　美-麼＝얽을 미.

☯ 九二는 鳴鶴이 陰에 在함에 其子가 和之하는 것이로다. 我有好爵하야 吾與爾
靡之하노라.
　◎ 우는 鶴이 그늘(陰)에 있거늘 그 새끼가 和答하도다. 내가 좋아하는 벼슬(天爵)
을 가지고 내가 너와 더불어 같이 얽혀서 아름답게 하리라.

1) 九二는 得中이며, 九五와 不應關係에 있으나 九五도 得中하고 있다. 어미 鶴
(九二)이 산 아래 어두운 곳에서 울고 있다. 그러자 새끼 鶴(九五)이 그 소리에 맞추
어 운다. 이것은 父母의 天賦之性을 이어받아 아들을 낳으니 그 뜻을 이어받아 和答
한다는 것. 곧 알아서 行한다. 이것이 天序라 할 수 있다.

2) 好爵 ― 天爵 좋은 벼슬, 벼슬 작. 朱子는 中을 얻는 것을 말한다고 해석하고 있다. 그러나 서로 잔을 나눈다든가, 술을 드는 것이라는 해석도 있다.

3) 鳴鶴在陰 ― 鶴은 陽物이니 九二고, 陰은 二이니 九二의 뜻이다. 其子和之의 其子는 九二의 應인 九五爻이다. 이것은 君位이나 其子로 表現한 것은 形而上學的인 氣運으로 말한 것이다.

4) 吾與爾靡之 ― 吾는 九五爻를 뜻하고 爾는 九二爻를 뜻한다.

5) 好爵自靡 ― 千字文에서 順隨靡靡 곧 類類相從으로 君子라야 能知君子다.

   九二爻 ― 九五爻

   鳴鶴在陰 ― 其子和之

   我有好爵 ― 吾與爾靡之

   九五   九二

6) 結論的으로 같은 內容을 事物에 擬之하였으나 相對的으로 解說하였으니 이것만 보아도 易學의 構成은 相對性原理 나아가 陰陽의 原理로 되어 있음을 알 수가 있다.

7) ※ 乾卦의 九二 九五의 飛龍在天利見大人과 關係이니 飛龍在天의 原理는 同氣相求 同聲相應의 相對的 原理에서 九二와 九五와의 關係를 말하였고 이것을 우리 人間生活에서 찾는다면 類類相從이다. 中正之道를 가진 사람이면 서로서로 相通되어 和答할 수가 있다는 뜻이며 여기에서 우리는 形而上學的인 氣運으로 相通됨을 아니 이것을 發展시켜 致曲으로 나타낸 것이 敬工夫(觀), 즉 靈의 世界를 말한다.

8) ※ 繫辭上經八章에서 仔細하게 說明하고 있다.

子曰 君子―居其室하야 出其言에 善이면 則千里之外―應之하나니 其邇者乎여 居其室하야 出其言에 不善이면 則千里之外―違之하나니 況其邇者乎여 言出乎身하야 加乎民하며 行發乎邇하야 見乎遠하나니 言行은 君子之樞機니 樞機之發이 榮辱之主也―라 言行은 君子之所以動天地也―니 可不愼乎아

孔子가 말하기를 君子는 그 집에 가만히 있어서 그 言語를 착하게 하면 곧 千 里 밖에서도 그 뜻을 應하게 될 것이니 하물며 그 가깝게 있는 者가 말할 것도 없도다.

이와 反對로 집에 있어서 그 言語를 착하지 않게 하면 곧 千 里 밖에서도 어긋나니 하물며 가까운 사람이야 말할 것도 없이 어긋나니라. 말은 自身에서 나와서 民衆에 加하는 것이고 行動은 가까운 곳에서 나와서(出發하여) 遠處에까지 나타나는 것이니 말하고 行動은 君子의 樞機(樞: 지도리 추, 대들보 추 機: 기틀 기 至極히 重要하여 소홀히 못할 일이라는 뜻)니 樞機의 發動은 榮華스럽고 辱되는 主因이 된다(榮辱은 判斷하는 主된 原因이 된다). 말과 行動은 君子가 天下를 움직이는 原因이 되는 것이다. 可히 삼가지 않을 수 있을 것인가?

◎ 樞機 — 日常生活을 뜻하고 또 日常生活에 있어 善이 나타난다. 聖人의 境地를 說明하기 爲한 句節이다. 要約하면 聖人은 聖人끼리 通하고 小人은 小人끼리 서로 相通되는 것이니 同聲相應, 同氣相求하는 理致와 같다. 結果로는 積善之家에 必有餘慶 積不善之家에 必有餘殃이 되는 것이라는 理致이다.

象曰 其子和之는 中心願也 — 라

◑ 象에서 말하기를 其子和之는 中心에서 願함이라.
◎ 그 새끼가 화답한다는 것은 至極한 誠意로 서로 通하기를 願하는 바이다.

六三은 得敵하야 或鼓或罷或泣或歌 — 로다
  鼓 — 進也, 罷 — 止也(退也)

◑ 六三은 敵을 得하여 或鼓하고 或罷하며 或泣하고 或歌하는 것이로다.
◎ 敵을 얻어 혹 북을 치고 혹은 그만두고 혹 울고 혹 노래하는 것이다.
1) 六三은 不正位이고, 上九와는 相應關係이다. 工夫나 修養을 하는 데 있어서는 六三의 입장에서 볼 때, 上九는 敵이다. 혹 북을 치기도 하고 혹 그치기도 하고 혹 울기도 하며 혹 노래를 부르기도 한다. (程朱의 해석). 六四를 敵으로 보는 해석도

있다.

2) 六三은 陰柔不中正으로 兌說의 極度에 이르러 뜻이 安定되지 않아서 相應인 上九에게 左右되는 象이다. 卦가 中孚이니 相應이 좋지 않다. 普通 或者는 四爻에 있는데 三爻에 있으니 四方으로부터 敵이 侵入하는 形象을 말함이니 敬(觀)工夫를 할 때 女子로 因하여 되지 아니하는 現象이다.

象曰 或鼓或罷는 位不當也일새라

☯ 象에서 말하기를 或鼓或罷는 位가 不當한 것이라.
◎ 혹 북을 치기도 하고 혹 그치기도 하는 것은 位가 不當하기 때문이다.

1) 六三은 不中 不正이기 때문에 位不當也다.

六四는 月幾望이니 馬匹이 亡하면 无咎-리라

☯ 六四는 月이 幾望이니 馬匹이 亡하면 无咎하리라.
◎ 달이 거의 보름이 되었다. 짝이 되는 말(初九를 뜻함)을 잃으면 허물이 없다.

1) 六四는 正이고, 初九와는 正應關係에 있는 大臣의 位置에 있다. 아직 차지는 않았으나 달이 거의 滿月이 되려고 하는 때에 말이 자기의 짝을 잃고 혼자 나아가는 것처럼 正道로 나가면 허물이 없다. 즉 初九를 만나지 말고 九五의 命을 좇아야 九四의 位置로서 허물이 없다는 것이다.
2) 滿月을 九五 天子에 비기고 어디까지나 보름달에 가까운 13, 14일의 달에 머물러 스스로 가득 차려고 하지 않고 분수를 지키면 허물이 없다.
3) 月幾望 ― 14日의 달을 뜻하며, 謙遜하다는 것.

　　　　月己望 — 15日의 달(이미 이)

　　　　月旣望 — 16日의 달

　　4) 馬匹亡 — 成事가 될 무렵에는 馬匹亡이다.

象曰 馬匹亡은 絶類하야 上也 - 라

☯ 象에서 말하기를 馬匹亡이라는 것은 類를 絶하여 上하는 것이라.

◎ 짝이 되는 말이 망해 버렸다고 하는 것은 그 類를 끊고 위로 올라가는 것이다.

　　1) 類라는 것은 同類, 同僚로서 六三을 가리킨다. 大臣인 六四가 六三과의 관계를 끊고 오로지 위에 있는 九五 天子를 성실하게 섬긴다는 것이다.

　　2) 여기서 類를 初九와의 應을 끊고 上位 君位에 있는 훌륭한 陽을(剛健中正의 九五) 받드는 것이라는 해석도 있다.

　　3) 또한 先生의 지도를 받는다(九五와 六四는 스승과 弟子 間이라고 해도 좋다)는 설도 있다.

九五는 有孚 - 攣如 - 면 无咎 - 리라

　　攣: 당길 연(얽혀지다)

☯ 九五는 有孚하여 攣如하면 无咎하리라.

◎ 믿음이 있어서 당기는 것같이 하면 허물이 없을 것이다.

　　1) 有孚, 즉 信望을 가지고 天下를 統治하면 民心이 全部 거기로 連結된다. 그리고 有能한 九二와 相通이 되면 허물이 없다(反對로 그러하지 못하면 有咎라고 생각해도 좋다).

2) 九五는 剛健中正의 君位다. 中孚卦의 主爻이다.

象曰 有孚攣如는 位正當也일새라

☯ 象에서 말하기를 有孚攣如는 位가 正當한 것일새라.
◎ 믿음이 있어서 당기는 것같이 함은 位가 正當하기 때문이다.

1) 九五는 得中 得正한 君位이기 때문이다.

上九는 翰音이 登于天이니 貞하야 凶토다
　翰: 날개 한

☯ 上九는 翰音이 登天하는 것이니 貞하여 凶하도다.
◎ 날개 치는 소리가 하늘에 올라가니 그대로 나아가면 凶하도다.

1) 上九는 不正位이고, 不中이나 六三과 相應이다.
2) 翰音은 닭을 가리킨다. 翰은 날개이다. 닭이 울 때에는 반드시 날개를 치고 흔든다. 그러므로 닭을 翰音이라 한다. 그리고 巽은 鷄라고 하였다. 닭이 날개를 치며 소리를 내고, 그 후에 울어서 때를 가르쳐 준다.
3) 翰音이 登于天─닭은 때를 가르쳐주는 새이고, 땅 위를 걸을 뿐 하늘에 오를 수는 없다. 그런데 지금 上九라는 높은 자리에 있다는 것은 하늘에 올라가 있는 것과 같기 때문에, 그 믿는 바가 正道에 맞는다고 할지라도 흉하다는 것이다.
4) 盡性工夫를 하여 하늘에까지 오를 수 있는 재주를 가졌다고 하여도 이것만으로는 아니 된다는 뜻이다. 實力을 쌓아 學問에 能通한 힘을 기른 사람이 盡性工夫를 하여 翰音이 登于天이라면 좋다.
5) 貞하야 凶토다 ─ 盡性工夫만으로 외길로 가면 凶하다. 能通한 學文과 겸비하여

觀이 되었다면 참으로 高次的인 道通者가 된 것이 아니겠는가? 그리하여 盡性工夫 한쪽만으로 나아가면 凶하다는 뜻이다.

6) 中孚卦의 全變이 小過卦이다. 小過卦는 鳥形象이요, 翰音과는 相通된다.

7) 說卦傳第一章에서 窮理盡性하야 以至於命하니라 - 窮理工夫와 盡性工夫가 兼하여 이루어져야 天命에 이르니라. 則 道通의 境地에 到達할 수가 있다는 것이다.

8) 中孚는 실질적으로 九五에서 끝난다고 볼 수 있다. 上九는 失位에 極하여 지나치게 過한 狀態이니 닭이 날갯짓만 요란히 내는 것에 比喩하였다.

象曰 翰音登于天이니 何可長也 - 리오

◑ 象에서 말하기를 翰音이 登天하는 것이니 何可長이리오.
◎ 날갯소리가 하늘에까지 올라갔으니 어찌 가히 길겠는가?

1) 알맹이가 없는 헛된 소리는 오래갈 수가 없다는 것이다.
2) 盡性工夫 하나만으로 길지를 아니하다는 뜻이다.

〈中孚卦의 補充 説明〉

1) 山雷頤卦와의 關係

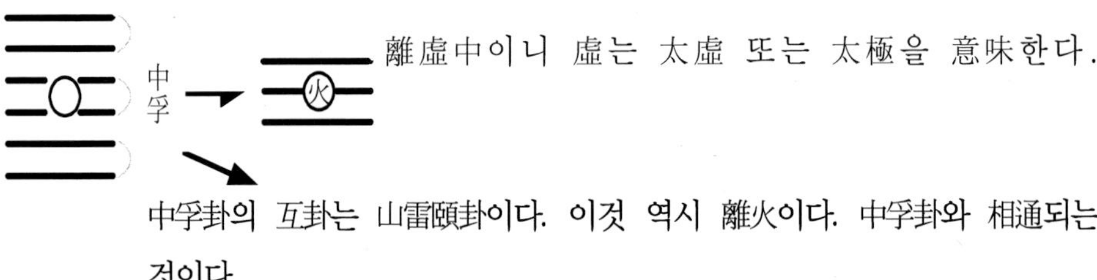

中孚卦의 互卦는 山雷頤卦이다. 이것 역시 離火이다. 中孚卦와 相通되는 것이다.

2) 火는 반드시 水를 同伴한다. 不相雜不相離, 卽 分離해서는 아니 될 不可分의 關係를 가지고 있다. 中孚가 全變이면 小過이다.

小過를 크게 보면 水, 즉 坎이다.

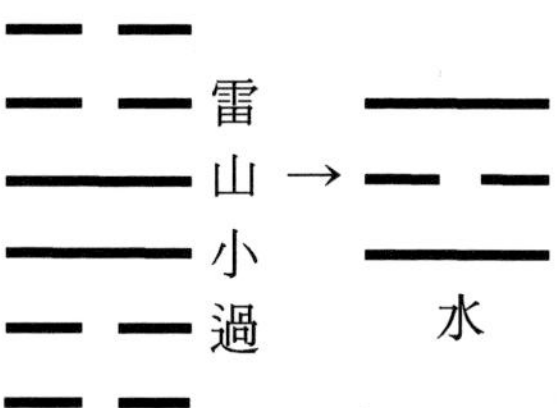

3) 中孚卦는 誠信 있게 하는 原則을 卦象한 것이다. 誠信은 비록 微賤한 生物이라도 尊重하기 때문에 中孚에는 豚魚도 吉하다 하였다. 그래서 天下의 萬民이 모두가 協力하니 能히 大川을 利涉하는 것이다.

<中孚卦의 綜合>

初九에 有他不燕은 二心을 가져서는 誠信이 아니며
九二에 鳴鶴在陰은 天爵으로 살아야 誠信이 되며
六三에 得敵해도 誠信으로만 가면 최후에는 즐겁게 되며
六四에 月幾望이란 誠信으로만 하는데서 마침내는 圓滿하게 된다는 것이며
九五에 有孚攣如는 誠信으로 天下를 團合시킨 것이고
上九에 翰音登于天은 誠信한다는 소리만이 天上까지 昇聞한 것이다.

따라서
첫째는 二心을 가지지 마라
다음은 陰中에서 하라

셋째는 모든 障碍를 克服하라

넷째는 하나의 美德을 遂成하라

다섯째는 天下를 感化하라

끝으로 虛聲으로 誇張하지 말라이다.

(62) 雷山 小過(下經 32)

```
━━  ━━  正
動 ━━  ━━  不正   中 震 雷
   ━━━━━  不正
   ━━━━━  正
止 ━━  ━━  正   中 艮 山
   ━━  ━━  不正
```

―序 說―

1. 卦의 뜻

1) 小過는 中孚卦가 全變된 것이다. 小過의 互卦는 大過이므로 大過와 小過는 서로 密接한 關係가 있는 것이다.

2) 小過는 小가 陰을 뜻하니 陰이 조금 지나쳤다는 뜻이다. 四陰二陽의 卦象이니 陰이 陽의 二倍이니 小過라고 할 수 있다.

3) ◎ 形象的인 比喩

小過－陰이 過多－四陰二陽 陰이 陽의 二倍   雷山小過

大過－陽이 過多－四陽二陰 陽이 陰의 二倍   澤風大過

4) ◎ 性情的인 比喩

小過-雷山-中을 조금 지나친 것(小過). 日用行使 → 儉素

조금 지나쳐서 儉素하다고 말할 정도를 小過라고 한다.

父母가 돌아가서 孝를 하는 데 너무 지나쳐서 몸에 이상이 있으면 以孝喪孝가 되니 좋지 못하고 남이 봐서 조금 지나칠 정도의 슬픔이 小過이다. 천둥이 山 위에서 치면 보통의 경우에 비해서 소리가 작다.

공손과 겸손을 함에 너무 지나치면 아첨이요 失禮다. 그 程度를 모르니 조금 지나치는 것은 小過라고 할 수 있다. 故로 小過≒中이라고 생각할 수 있다. 마땅히 지나칠 때 지나치는 것이 小過之中이다.

大過-水木-簸木(滅木)-물이 너무 많아서 나무가 잠겨 있어서 나무가 죽도록 물이 많이 들어 있는 形象이다.

5) 小過는 어떤 事物에 있어서 中을 잡았을 때 中上으로 小過가 있을 수가 있고 中下로부터 小過가 있을 수 있다.

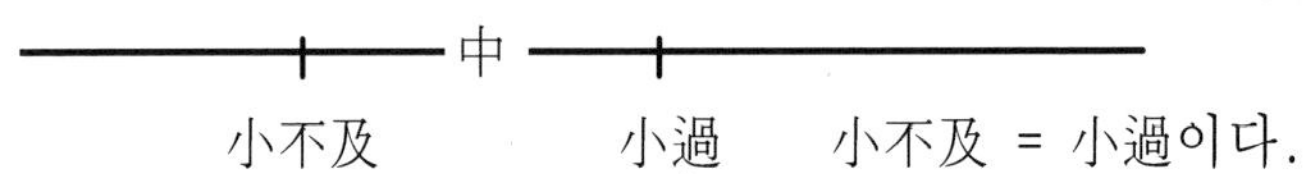

6) 中孚卦가 새가 알을 품고 있는 形象이라면 小過卦는 새에 比喩된다. 알에서 부화되어 새가 날아가는 形象이 小過이고 보면 새는 날아가고 그 소리만이 남아 있다.

7) 卦의 形體를 살펴보면 다음 그림과 같다.

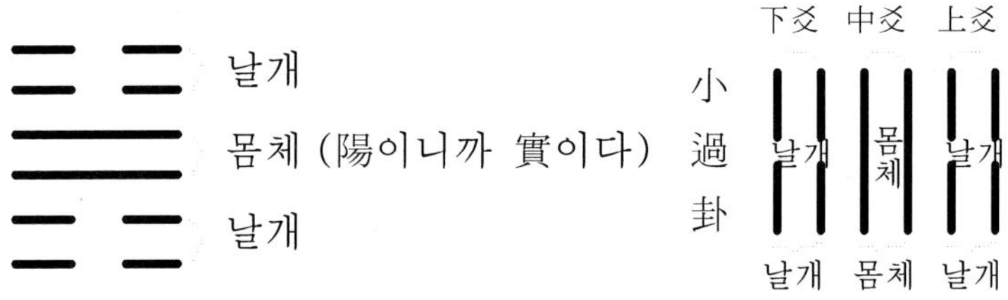

따라서 小過는 飛行機의 始初라고 할 수도 있다. 卦象이 새가 날아가는 것으로 取象하였다.

8) 時止則止하고 時行則行이 中이라면 當過而過가 中일 때도 있으니 곧 小過가 中이 되는 일이 우리 人間社會에는 너무나 많다고 볼 수가 있다. 그 例를 들면 大象에서 恭遜, 哀痛, 儉素 이 세 가지 면에서 小過를 말하고 있다.

9) 小過卦는 그 形態를 보면 內卦와 外卦가 서로 등을 지고 있다. 그것은 서로의 지향하는 것이 다르고 서로의 마음이 乖離하고 있다는 것이다.

10) 小過는 發展을 상징하는 卦다. 지나칠 만큼 작게 살아가면 發展한다. 때의 形勢에 順應하면서 작게 산다는 것은 萬事가 順調로울 것이다.

2. 卦象과 卦德

1) 卦象을 보면 先天震方에 後天艮이 雲從龍의 理致로서 오는 뜻이 있다. 全體 卦象을 보면 坎中連이 險한 象이므로 또한 小過의 뜻이 있다. 實質的으로 下經을 마치는 中孚와 小過는 각기 그 象이 離虛 中·坎中連으로 上經을 坎·離로 마치는 것과 그 理致가 相應된다(中孚와 小過의 互卦가 頤·大過인 것도 同一한 理致이다).

<pre>
        兌 乾 巽   巽 離 坤
  先   離 坎   震   兌 後
       震 坤 艮   艮 坎 乾
</pre>

2) 卦德을 보면 下卦 艮山은 止이고 上卦 震雷는 動이다. 그러므로 머물고 있는 山 위에서 우레가 울리고 있다. 머물고 있다가 움직인다는 형상이다.

3) 이 卦의 陰陽 調和를 보면, 初六과 九四는 不正이지만 相應하고 있고, 六二와 六五는 不應이며, 九三과 上六은 올바르게 정應하고 있다.

4) 序卦傳에서 보면 "有其信者는 必行之라 故로 受之以小過하고……"라 나와 있다. 즉 미더움을 둔자는 반드시 行해 나아갈 수 있으므로 中孚 다음에 小過卦를 두었다고 하였다.

3. 卦의 變化

1) 倒轉卦 - 不倒轉卦이다. - 倒轉해도 같은 小過이다.
   (☶ / ☳) → (☶ / ☳)

2) 配合卦 - 風澤中孚   - 中孚로써 漸進的으로 나아가야 한다는 것이다.
   (☴ / ☱) → (☴ / ☱)

3) 錯綜卦 - 山雷頤   - 中孚로 길러서(養)(中孚의 互卦가 頤卦이다) 行해 나
   (☶ / ☳) → (☶ / ☳)   아감을 알 수 있다.

4) 互卦 - 澤風大過   - 小過하여 마침내 大過함을 알 수 있다(큰 허물을 짓
   (☱ / ☴) → (☱ / ☴)   지 않고 작은 허물로써 그쳐야 하는 뜻도 있다).

[卦辭]

小過는 亨하니 利貞하니 可小事-오 不可大事-니 飛鳥遺之音에 不宜上이오 宜下-면 大吉하리라

☯ 小過는 亨하니 利貞하니 可 小事이요, 不可大事이니 飛鳥의 遺之音에 不宜上이요, 宜下하면 大吉하리라.

◎ 小過는 亨通하니 올바르게 해야 利롭다. 적은 일은 할 수 있지만 큰일은 할 수 없으니, 나는 새가 空中에 소리를 남겼는데 위로 올라가는 것은 마땅하지 못하고 아

래로 내려오는 것은 마땅하며 크게 좋을 것이다.

　1) 小過는 四陰二陽이기 때문에 陰이 陽보다 많다. 小(陰)가 過하다는 것이다.

　2) 우리는 中道를 존중하지만 때로는 조금 지나치게 했다가 그 결점을 고쳐 中道를 찾는 경우도 있다. 조금 지나치게 해서 일이 잘 풀리는 수도 있다. 그러므로 조금 지나치게 한다는 것은 작은 일에는 하는 수가 있으나 중대한 일에는 해서는 안 된다.

　3) 새가 하늘 높이 날아 가버릴지라도 그 소리는 뒤에 남아 있다. 따라서 너무 날아가는 것은 좋지 않고 땅 위로 내려가 안정된 곳을 찾는 것이 마땅하고 길하다.

　4) 小事 — 小는 陰 — 陰이 得中하고, 陽보다 많은 數이다. 그래서 可小事라 하였다.

　5) 大事 — 大는 陽 — 陽은 得中하지 못하고, 陰 속에 쌓여 있다. 그러므로 不可大事이다.

　6) 艮은 止也니 止하려는데 위에는 震動이니 움직이려 하니 서로가 一致하지 못하다. 그러므로 大事는 不可하다. 다만 小事가 可할 뿐이다.

　7) 飛鳥遺之音 — 새가 날아 空中에서 소리만 남아 있는 形象.

　8) 不宜上이요, 宜下면 — 우리가 소리를 내며 音樂을 한다고 하면, 小過에서 위로 거슬러 올라가게 하려면 마땅하지 못하고 아래로 내려오게 하면 마땅하니 크게 吉하다는 것이다.

不宜上 — 逆 — 六五　上六　二爻가　不宜上
宜下 — 易(順)　初六　六二　二爻가　宜下

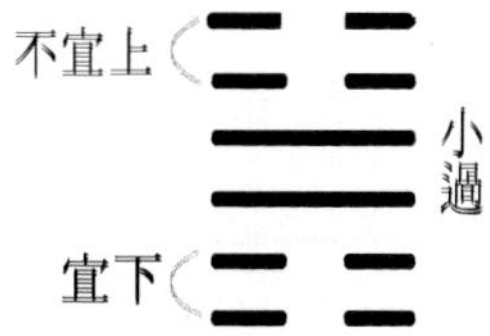

(한편 不宜上 宜下를 보고 五音六律의 音樂을 창안한 것이 아닐까도 생각한다.)

[彖辭]

彖曰 小過는 小者—過而亨也—니 過以利貞은 與時行也니라

柔得中이라 是以小事—吉也—오 剛失位而不中이라 是以不可大事也—니라.

有飛鳥之象焉하니라. 飛鳥遺之音不宜上宜下大吉은 上逆而下順也일새라

　☯ 彖에서 말하기를 小過는 小者가 過하여서 亨한 것이니 過함으로써 利貞함은 與時에 行함이니라. 柔가 得中이라 是以로 小事가 吉也요, 剛이 失位하여 不中이라 是以로 不可大事이니라. 飛鳥의 象이 有하느니라. 飛鳥 遺之音 不宜上 宜下大吉은 上逆하고 下順일새라.

　◎ 小過는 작은 것이 지나쳐서 亨通한 것이다. 지나치게 함으로써 올바르게 하는 것이 利롭다 함은 때와 더불어 行하는 것이다. 柔가 中을 얻고 있어 이로써 小事가 吉한 것이다. 剛이 位를 잃어 中이 되지 못하였고 이로써 大事가 不可하다는 것이다 (새가 나는 象이 있음이다). 나는 새가 그 소리를 남기고 올라가는 데 마땅하지 않고 내려가는 데 마땅하고 크게 吉하다는 것은, 올라가는 것은 거꾸로 이고 내려가는 것은 順하기 때문이다.

　1) 小者—過而亨也 ― 작은 것이 과하여 亨通하다는 것은 小는 陰이고 陰이 陽보다 많고 일이 잘 풀려 간다는 것.

　2) 過以利貞 與時行也 ― 과함으로 써 올바르게 하는 것이 利롭다는 것은 때에 알맞게 행하는 것.

　3) 柔得中 是以小事吉也 ― 六二 六五의 柔가 中을 얻어 있으므로 이로써 적은 일이 吉하다.

4) 剛失位而不中 是以不可大事也 ― 九三은 不中이고 九四의 陽은 不正 不中이니 이것으로서 큰일은 가히 할 수가 없다는 뜻. 卦象과 各 爻의 位를 보고 풀이한 말이다.

5) 有飛鳥之象焉 ― 나는 새의 形象이 있는 것이다. 이것으로서 새가 나는 形象으로 飛行機가 나르는 原理가 나왔다고 한다.

6) 飛鳥遺之音 ― 새가 날아가고 소리만 남아 있으니 小過는 지나고 난 뒤에 느낀다.

7) 不宜上宜下大吉 上逆而下順也 ― 위로 올라가는 것은 적당치 아니하고(어렵고) 아래로 내려가는 것이 적당하여(쉽기 때문에) 크게 吉하다 함은 위로는 거슬리고 아래로는 順하기 때문이다(六五에는 안 좋고(乘) 六二에게는 좋다(承)).

8) 陽이 自己의 몸을 지나치게 낮춰 주어야 한다는 것. 그러니 小過의 位置에서 中을 잡아 行하면 大吉이다.

9) 好人之所惡 ― 좋아하는 사람에게 미워하는 바가 있다. 惡人之所好 ― 미워하는 사람에게 좋아하는 바가 있다. 動中有靜 靜中有動과 같다.

[象辭(大象)]

象曰 山上有雷―小過―니 君子―以하야 行過乎恭하며 喪過乎哀하며 用過乎儉하나니라

◑ 象에서 말하기를 山上에 有雷가 小過이니 君子가 써하여 行은 過乎恭하며 喪은 過乎哀하며 用은 過乎儉하나니라.

◎ 山 위에 우레가 있는 것이 小過이니(우레는 소리만 남아서 우리에게 傳達된다), 君子는 이것을 본받고 거울삼아서 行動을 하는 데는 恭遜하되 조금 지나치게 하고, 喪을 當하여서는 그 애통함을 조금 지나치게 하고, 日用의 비용을 씀에 있어서는 조금 더 儉素하게 하는 것이다.

1) 君子는 小過의 卦象을 본받아서 한 가지 거동이라도 恭敬함이 조금 지나칠 정도로 한다는 것. 이것은 小過之中이라고 말할 수 있고, 마음속에서 조금 지나치게 하는 것이 곧 中이며 小過이다.

2) 行過乎恭 — 行動에 있어서 小過, 즉 조금 지나친 것.

3) 喪過乎哀 — 喪을 當했을 때의 小過.

4) 用過乎儉 — 物件을 使用하고 財貨를 使用(이용) 하는 데 있어서의 小過.

5) 위의 세 가지는 小過의 意味를 우리 日常生活에 例로서 알려주는 것이다.

[爻辭]

初六은 飛鳥 - 라 以凶이니라

⦿ 初六은 飛鳥라 써 凶함이니라.
◎ 나는 새라, 그러므로 써 凶하다.

1) 初六은 不正位이며, 九四와는 相應이다. 小過卦는 새가 나는 象이 있다. 특히 初六과 上六은 그 날개의 끝부분에 해당한다.

2) 初六은 큰일을 감당하기에 부족한데 분수를 지키지 않고 덤비다가 어려움에 빠지게 되니 凶하다는 것이다(나는 새와 같이 빨리 지나치니 빠르고 또 멀어서 구원하지 못한다).

象曰 飛鳥以凶은 不可如何也 - 라

⦿ 象에서 말하기를 飛鳥라 써 凶함이라는 것은 如何히 함도 不可한 것이라.
◎ 새가 소리만 내고 空中으로 날아가 버렸으니 凶하다고 말한 것은 가히 어찌할

수가 없기 때문이다.

1) 小過의 初六으로서는 上天으로 飛騰하는 大事는 不可하기 때문이다. 九四가 相應인데 지나가 버렸으니 만나지 못한다는 象이다.

六二는 過其祖하야 遇其妣니 不及其君이오 遇其臣이면 无咎－리라

◑ 六二는 其祖를 過하여 其妣를 遇함이니 其君에 不及이요, 其臣을 遇하면 无咎이리라.
◎ 그 할아버지를 지나서(九四爻는 할아버지 九三은 아버지) 그 할머니를 만나는 것이니(六五는 陰이니까 할머니다.) 임금에게 미치지 못하는 것이요, 그 臣下를 만나면(九三 九四爻가 臣下다.) 허물이 없으리라.

1) 六二는 柔順中正의 正位이나 六五와는 같은 陰이라 不應關係이다.
2) 不及其君 － 六五爻는 陰이다. 六二 自身이 柔順中正이지만 六五가 不正한 君位에 있고 不應이기 때문에 만날 필요가 없다는 뜻이다. 또 世上이 요란할 때에는 임금 밑에서 벼슬하기 위하여 나아가지 아니한다는 뜻도 있다. 이것은 小過之中을 지키기 위해서이다.

象曰 不及其君은 臣不可過也-라

● 象에서 말하기를 不及其君이라는 것은 臣은 不可 過함이라.

◎ 그 임금에게 미치지 아니한다는 말은 臣下는 가히 지나치지 못하기 때문이다
(지나치지 아니하고 알맞게 處身한다는 뜻이다).

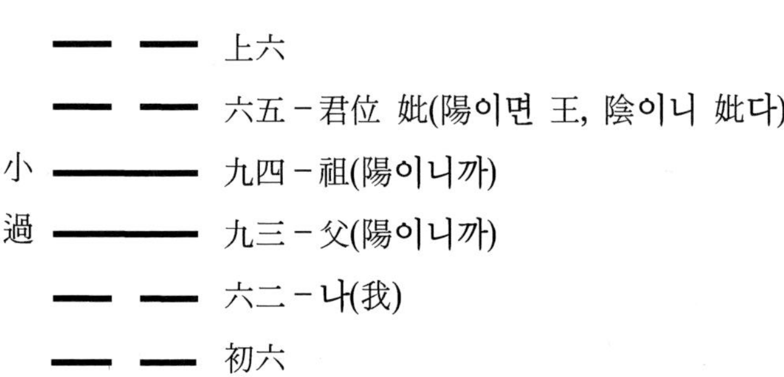

九三은 弗過防之면 從或戕之라 凶하리라

戕: 칠 장(害也)

● 九三은 過하지 않고 이를 防하면 從하여 或 이것이 戕하는 것이라 凶하리라.
◎ 지나치게 막지 않으면 혹따라와 해치므로 흉하리라.

1) 九三은 君子다. 陽爻이니 아래로 小人인 陰이 二人이나 있으니 이 小人의 침범
을 防止해야 한다. 그런데 그들에게 順從하면 혹 다칠 우려가(害치다) 있는 것이다.
凶할 것이다.

2) 防 之一防은 防禦이고, 之는 初六 六二의 두 陰이다. 이 두 陰이 올라와서 九
三을 害치려 하는 것을 防止하는 것.

3) 九三은 得正이며 上六과 正應이다.

4) 從或戕之 ― 쫓아서 或時나 害(戕)를 입을 염려가 있다는 뜻이다. 自體가 陽이니까 卦象으로 보면 陰이 많다. 則 小人이 많이 있는 世上이니 이 小人에게 害를 입을 우려가 있으니 조심하라는 뜻이다.

象曰 從或戕之 ― 凶如何也오

● 象에서 말하기를 從하면 或戕之라는 것은 凶이 如何이리오.
◎ 따라와 혹 害를 입힌다는 것은 얼마나 凶한지 헤아릴 수가 없다는 것이다.

1) 陰柔한 初六 六二를 막아야 한다는 뜻.
2) 凶如何也 ― 凶함이 대단히 심한 것을 말한다.
3) (傳) 陰過之時엔 必害於陽하고 小人道盛엔 必害君子하나니 當過爲之防이라, 防之不至則爲其所戕矣라 故로 曰凶如何也라 하니 言其甚也라

九四는 无咎하니 弗過하야 遇之니 往이면 厲 ― 라 必戒며 勿用永貞이니라

● 九四는 无咎하니 過하지 않고 이를 遇하니, 往이면 厲함이라 必戒며 永貞에 勿用이니라.
◎ 허물이 없을 것이다. 지나치지 않고서 만난다. 世上에 小人이 得勢한지라 그대로 가면 위태로움이 있을 것이다. 반드시 경계하며 오래도록 올바르게 함에 使用하지 말 것이니라.

1) 九四는 그 位가 大臣의 位이며 初六과 相應關係에 있다. 그러나 九四는 동시에 위의 六五와 相比의 관계에 있다.
2) 九四는 陰位에 陽이 있으니 不正이나, 陽剛의 才能을 가지고서 柔의 位에 있어

謙遜하기 때문에 재난을 면한다. 만약 위로 나아가 六五와 친하게 하려면 初六의 방해를 받아 위태롭기 때문에 반드시 경계해야 한다. 그러나 언제까지나 初六에 대한 貞正에 고집해서는 안 되고 때가 오면 六五에게 나아가도 좋고 만사를 때에 따라야 할 것이다.

3) 勿用永貞 ― 끝끝내 貞을 하지 아니하는 것이 아니라 어느 時期에는 動해도 좋다는 것. 九四爻가 震 ― 動也라 震卦의 主爻이다. 이것은 한 句로서 때의 마땅함에 따라 언제까지나 固守해서는 안 된다고 보는 것이 通說이다. 그러나 이것을 두 句로 보아 勿用하고 永貞하라는 해석도 있다(王 船山 등).

4) 弗過遇之 ― 지나지 아니하고 만난다. 약간 지나야만 中이 될 것을 自己가 한 일이 지나치지도 아니하였는데 中을 만났다는 뜻. 곧 卦가 小過이니 小過를 하지 아니하고도 中節이 되었다는 뜻이다.

象曰 弗過遇之는 位不當也 ― 오 往厲必戒는 終不可長也일새라

◉ 象에거 말하기를 弗過遇之라는 것은 位가 不當한 것이요, 往厲必戒라는 것은 終에 不可長일새라.

◎ 지나치지도 아니했는데 만난다고 하는 것은 位가 不當하기 때문이요, 가서 위태로우니 반드시 경계해야 된다는 것은 끝내(마침내) 가히 길지 못하기 때문이다.

1) 位不當也 ― 九四가 陰 자리에 陽이 앉아 있고 不正이며 不中이다.
2) 終不可長也 ― 가더라도 언제까지나 그 자리에 오래 있을 수가 없다. 가히 길이 할 수가 없다는 뜻이다.

六五는 密雲不雨는 自我西郊－니 公이 弋取彼在穴이로다

　　弋: 주살 익, 射也.　彼: 저 피.　穴: 구무 혈.

◐ 六五는 密雲일지라도 不雨는 我가 西郊로부터이니 公이 弋取하여 彼在穴이로다.

◎ 빽빽한 구름이 있어도 비가 오지 않는다. 西쪽 들에서 왔기 때문이다. 공이 주살(弋)을 가지고 저 굴속에 들어 있는 것을 잡으려 한다. 즉 六五가 저 굴속에 있는 것을 取하려고 한다.

1) 六五는 不正이면서 得中이고 君位이다. 六二와는 不應이다.

2) 密雲不雨 — 빽빽한 구름이 있어도 비가 오지 아니한다. 이것은 不成功의 表現이며 陰陽不配合의 象이다. 또 文王이 살고 있었던 周公이 살았던 곳이 西方(西郊 西山 岐西)이며 文王의 自嘆之說로서의 意味이다.

3) 公 弋取彼在穴 — 이 구절은 異說이 많다. 공은 六五 自身이다. 陰이 陽자리에 들어 있고 陰이지만 君主의 자리이기 때문에 我라 하였다. 六五는 柔弱하기 때문에 九三 九四의 陽爻인 賢人을 찾아 자기의 補佐로 삼으려 한다. 또한 公인 六五 自身이 저 六二의 虛空, 즉 陰의 中虛를 取하기 爲하여 활을 쏘는 것을 뜻한다는 해석도 있다.

4) 風天小畜卦에서도 같은 글이 나오고 있으나 文王의 不成功에 대한 自嘆之說이라고 할 수가 있다.

象曰 密雲不雨는 已上也일새라

◐ 象에서 말하기를 密雲不雨라는 것은 이미 上한 것일새라.

◎ 빽빽한 구름이 있어도 비는 오지 아니한다는 것은 이미 陰이 위로 上昇했기 때문이다.

1) 己上也─이미 陰으로써 六五가 王位에 올랐기 때문이다. 지나치게 올랐다는 것.
2) 上 - 密雲不雨 自我西郊

　　下 - 公이 弋取彼在穴　　　　上逆下順　→　不宜上宜下大吉

上六은 弗遇하야 過之니 飛鳥─離之라 凶하니 是謂災眚이라

　☯ 上六은 弗遇하여 過之하니 飛鳥가 離之라 凶하니 是謂 災眚이라
　◎ 만나지도 아니하고 지나갔으니(小過를 하고 싶어도 이미 지나가 버렸다는 뜻이다) 나는 새가 저 멀리 떠나가 버렸으니 凶하다. 이러한 것을 말하기를 天災와 人爲的인 眚이다.

1) 上六은 正位이며, 九三과 正應이다. 九三과 上六은 서로 경계하여 사귀지 않는다. 上六은 九三을 돌보지 않고 小過의 極에 있으며, 六爻의 위를 넘어 지나치고 있다. 마치 새가 높이 날아 화살을 맞는 것처럼 흉하고 재앙을 받는다.
2) 弗遇過之 ─ 小過는 刹那이다. 즉 小過가 지나가 버렸다는 뜻.
　　弗過遇之 ─ 小過의 刹那를 잘 捕捉하여 中을 잡아서 이루었다는 뜻.
　　飛鳥離之 ─ 새가 날아서 저 멀리 가버렸다는 뜻이다. 곧 雲際沒影과 같다.
3) 是謂災眚 ─ 災眚을 뜻하는 것이다. 災는 天災나 地變으로 입은 災禍이고, 眚은 人爲的인 自作之禍이다. 上六의 凶함은 災眚, 즉 天, 地, 人의 災禍를 다 입을 수가 있다는 것이다. 고로 弗遇過之는 해도 아니 되며 日常生活에 있어서도 小過卦가 重要하다고 보겠다.

象曰 弗遇過之는 已亢也─라

　己: 이미 이.

　☯ 象에서 말하기를 弗遇過之라는 것은 이미 亢한 것이라.

◎ 만나지도 아니하고 지나가 버렸다는 것은 너무나 높기 때문이다. 小過의 極致
이니 已亢이라고 했다.

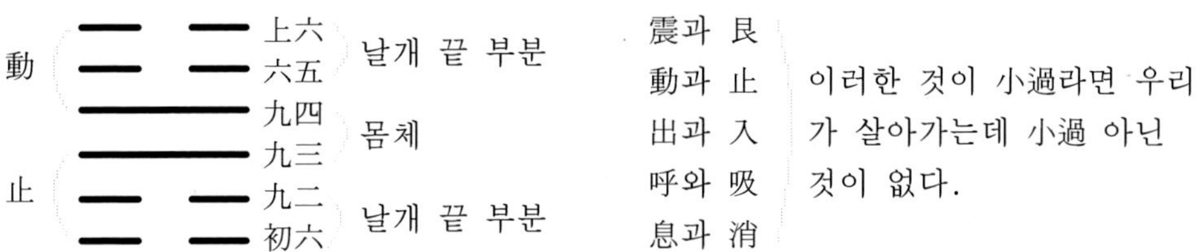

〈小過의 綜合〉

初六 — 飛鳥以凶이요 上六도 飛鳥離之라 凶이다.

六二 — 過其祖하야 遇其妣니 中을 잡았고, 六五는 密雲不雨이니 陰陽不配合의 象
이니 動止의 相反된 것이라 그러하다.

爻象에서 已上也라 하였으니 六五는 위로 六二는 아래에 있으니 그러하다.

九三과 九四는 弗過防之니 艮의 上爻이다. 九四의 弗過遇之 勿用永貞이라 하였으
니 서로 相通되지 못한다.

亢은 驕慢하고 모든 일을 凌蔑하는 경향이 있다. 지났기 때문이다.

　　　已亢 — 乾卦上九 亢龍有悔 亢은 高也 小過를 지나쳤음을 뜻함.

　　　已上 — 일이 不成功이니 이미 위로 上昇하기 때문이다.

　　已에 重要한 뜻이 있다.

　　　月已(이)望 — 十五 日, 이미 달이 찼다.

　　　已日乃孚 — 이미 그날이라야 그날이 다다랐으니……

　　已는 어떤 일의 當面한 사정을 우리에게 알려준다. 故로 已는 中을 表示하는
것으로도 說明할 수 있다(已≒時中).

(63) 水火 旣濟(下經 33)

<pre>
          ━━ ━━   正
  險   ━━━━━━   正   中 坎 水
          ━━ ━━   正
        ─────────────────
          ━━━━━━   正
  文明   ━━ ━━   正   中 離 火
          ━━━━━━   正
</pre>

―序 説―

1. 卦의 뜻

1) 旣濟卦는 全部가 正位이다. 陽자리에는 陽이 있고 陰자리에는 陰이 앉아 있으니 六十四卦 가운데서 이렇게 六爻가 모두 正位인 卦는 旣濟卦뿐이다. 그러므로 全爻가 正位이고, 六二가 柔順中正이면서 九五가 또한 剛健中正이므로 旣濟는 時中이라고 보면 옳을 것이다. 그렇기 때문에 利涉大川도 能히 할 수 있다. 그리고 萬事가 秩序整然하게 成功된 卦가 旣濟이다. 人間의 最高目的은 旣濟를 이루는 것이니 이것을 위하여 우리는 노력하고 相爭하고 있는 것이다.

2) 旣濟는 水火로 構成되어 있다. 水火는 不相雜 不相離니 說卦傳에서도 水火-不相射, 水火-相逮라고 하였으니 水火는 간격을 두고 維持하면서 나아간다. 水性은

潤下, 火性은 炎上하는 水火가 相交한다는 것은 地天泰卦의 相交原理와 같다. 그러므로 氣化的으로 말한 것이 旣濟卦이다.

　3) 旣濟는 時中이라고 할 수 있으나, 때가 흘러감으로 變遷되어 간다. 旣濟卦의 內部에는 未濟卦가 包含되어 있는 것이다. 즉 互卦가 未濟卦인 것이다. 우리 人間의 삶은 어떻게 하면 慶事를 더 오래 持續할 것인가를 생각한다. 바꾸어 말하면 '吉'을 더 오래 가지도록 努力하는 것이 本能이라 볼 수도 있을 것이다. 그러나 사람이라는 것은 吉이 極하게 되면 곧 凶이 된다는 周易的인 眞理를 잘 알지 못하고 있다. 善行 後에는 慶事가 있고 不善 後에는(積惡之後) 災殃이 스스로 온다는 것을 우리는 잊어 버리고 있다. 그런고로 우리는 恒常 旣濟가 持續될 때 未濟를 생각하고 마음에 防壁을 쌓아서 旣濟를 오래도록 간직하는 데 最善을 다해야 할 것이다.

　4) 旣濟는 이미 건넜다. 큰 亂이 지나갔다는 뜻이다. 또한 亂이 평정되었다는 뜻도 있다. 그러므로 雜卦傳에서 旣濟는 定也(正位이니까 定도 됨)라고 하였다. 즉 모든 것이 自己 正位를 찾아 秩序 整然하게 되어 있으니 다스림(治)이 잘되어 있다는 뜻이다. 우리 人間의 歷史는 治亂의 過程을 이어온 것이지만 治는 처음은 좋으나 放心하면 亂이 온다. 이것은 旣濟 未濟의 關係와 같다. 그래서 人間의 歷史는 끊임없는 治亂의 연속이라 할 수 있을 것이다.

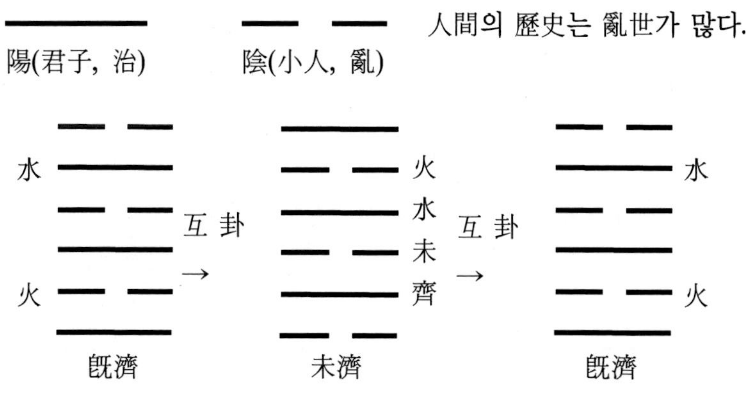

5) 旣濟는 水火로 結合되어 있으나 先 後天 上下經을 比較할 때 上經은 天地定位의 原理를 담고 있으며, 下經은 人間 삶의 原理 곧 人事的 理致를 담고 있다. 勿論 下經의 人事的인 것도 原 바탕은 上經의 天地定位의 原理를 바탕으로 한 것이라는 것을 알아야 한다.

上經 → 乾坤(六水) → 坎(水) 離(火)

下經 → 坎離(定位) → 旣濟(水火) 未濟(火水)

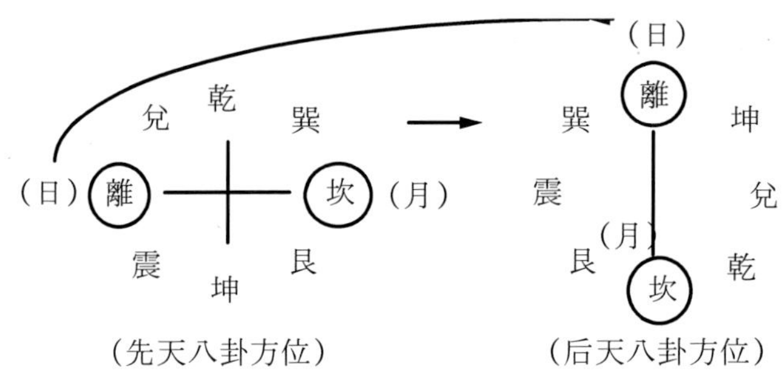

先天의 坎離가 后天의 正方 坎離로 되었으니 곧 日午中天을 우리에게 알려준다.

先天의 離가 後天의 日午의 자리에 옮겨졌으니 下經이 人事的이라면 中正之道가 가장 重要하다. 易學 內容이 어찌하면 中正之道를 가지고 오래오래 있을 것인가를 우리에게 알려주는 學問이다.

先天의 하늘이나 後天의 하늘은 變動이 없으나 사람만은 變動이 있다. 이것을 上下經의 變動에서 찾아볼 수가 있다.

◎ 上經 30卦를 살펴보면

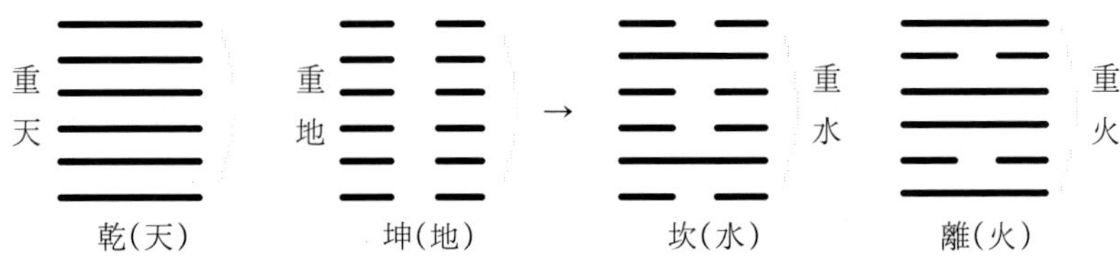

天地定位로부터 重水坎의 水와 重火離의 火로 끝을 맺었다. 水는 重水로 따로 있고, 火는 重火로 따로 있어 造化가 없다. 그저 水火의 位置만을 고수하였으니 變化無常한 造化는 下經에서 말하여 주고 있다. 즉 물은 물대로 불은 불대로 갈라놓았다.

◎ 下經 34卦를 살펴보면

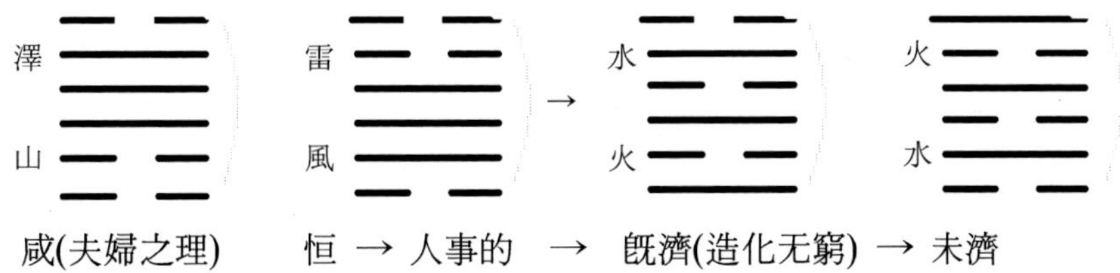

下經은 夫婦之道로부터 始作하여 既濟와 未濟로 맺음을 했으니 上經에 比較하면 水火의 造化를 充分히 內包하고 있다. 한 卦를 水火를 같이 相交시켰으며 또 火水로서 相離시켜서 造化를 이룩하였으니 既濟와 未濟卦 속에는 重要한 理致가 內包되어 있으며, 바야흐로 世界는 水火의 發展上의 相爭이라고 할 수가 있다. 水火는 不相雜 不相離의 原理를 研究해서 造化를 알아야 할 것이다.

乾坤(天地) → 創造期 大開闢　　　　咸恒(夫婦) → 日午中天 小開闢

※ 下經이나 上經의 相關 문제는 여러 가지 尺度로 보아야 한다.
下經의 人事的인 面은 水火로서 取象했다.
咸恒 속에 乾坤이 들어 있다. 天地의 理致와 같이 夫婦間에도 그렇게 하라는 뜻이다.

2. 卦象과 卦德

1) 卦象을 보면 既濟는 본래 泰卦로부터 온 것이다. 天地의 기운은 실질적으로 水火로서

이루어지며(水流濕, 火就燥: 濕은 地, 燥는 天을 의미한다.) 上經의 始發인 乾坤이 그 마침은 坎離에서 이루게 되는 理致 또한 이에 相應한다.

2) 先天의 乾坤方位에 後天의 坎離가 오는 것은 本體인 乾(天)의 變用은 離(火), 坤의 變用은 坎(水)으로써 이루어짐을 보여주는 것이다. 그러므로 下經의 마지막 卦 또한 水火로써 이루어진 旣濟와 未濟로 되어 있는 것이다.

3) 卦德을 보면 下卦 離火는 文明이고, 上卦 坎水는 險이다. 그러므로 文明의 狀態로부터 점차로 險한 데로 나아간다. 그렇기 때문에 이 卦가 모두 正位로 되어 있다고 하더라도 旣濟의 狀態로부터 점차 未濟의 狀態로 바뀌어 간다는 것을 알 수가 있다.

4) 이 卦의 陰陽 調和를 보면, 여섯 爻가 모두 正位에 있다. 따라서 初九와 六四가 正應이고, 六二와 九五도 正應이며, 九三과 上六도 또한 正應이다. 64卦 가운데 모두가 正位이고 正應인 卦는 이 旣濟卦뿐이다.

5) 序卦傳에서는 "有過物者－必濟라 故로 受之以旣濟하고……"라 하였다. 즉 小過卦가 나아가는(經過) 理致로 말미암아 반드시 건너는 過程이 따르므로 小過 다음을 旣濟로 받는다는 것이다.

3. 卦의 變化

1) 倒轉卦－火水未濟　　－旣濟卦를 倒轉시키면 마지막 卦인 未濟卦이다.
　　(☵ / ☲) → (☲ / ☵)

2) 配合卦－火水未濟　　－配合卦도 역시 火水未濟卦이다.
　　(☵ / ☲) → (☲ / ☵)

3) 錯綜卦－火水未濟　　－上下의 卦를 바꾸어도 역시 火水未濟卦이다.
　　(☵ / ☲) → (☲ / ☵)

4) 互卦－火水未濟　　－互卦도 역시 火水未濟卦이다.
　　(☵ / ☲) → (☲ / ☵)

[卦辭]

旣濟는 亨이 小ㅣ니 利貞하니 初吉코 終亂하나니라

◑ 旣濟는 亨이 小하니 利貞하니 初는 吉코 終은 亂하니라.
◎ 旣濟는 亨通한 것이 작다. 그러나 이것을 持續하기 위해서는 正道로 올바르게 해야만 利롭다. 처음은 좋고 나중에는 마침내는 어지러우니라.

1) 亨小 ― 旣濟卦는 現在가 全盛時期이니까 앞으로 전망이 그러하다는 것.
2) 初吉 終亂 ― 旣濟卦 內三爻는 全盛時期라 吉할 것이고, 外三爻는 장차 未濟가 될 터이니 凶할 것이다. 그렇지 않으면 위태하고 조심을 해야 하는 것으로 되어 있을 것이다.

[彖辭]

彖曰 旣濟亨은 小者ㅣ亨也ㅣ니 利貞은 剛柔ㅣ正而位當也일새라. 初吉은 柔得中也ㅣ오 終止則亂은 其道ㅣ窮也ㅣ라

◑ 彖에서 말하기를 旣濟의 亨은 小者의 亨이니 利貞은 剛柔가 正하고 位가 當함 일새라
初吉은 柔가 得中한 것이요, 終止에 則亂은 其道가 窮한 것이라.
◎ 旣濟가 亨通하다는 것은 작은 것이 亨通하다는 말이다. 貞하는 것이 利롭다고 하는 것은 剛爻(陽三爻)와 柔爻(陰三爻)가 올바르게 正位에 있어 마땅하기 때문이다. 처음에 좋다고 하는 것은 柔가(六二爻) 中正을 얻었음이요 終末에 가서 그치면 어지

럽다고 하는 것은 그 道가 다해서 그러하다.

1) 小者亨也 ― 小는 陰이 亨通하다는 뜻이다. 卦象으로 보아서 六爻 中 陰三爻는 모두 乘剛을 하고 있다. 그리고 陽은 물론 陰도 모두 正位에 있기 때문에 작은 것도 또한 亨通하다고 한 것이다.

2) 終止則亂 ― 傳에서 말하기를 不進而止也 无常止也 衰亂至矣 하였으니 時止則 止하고 時行則行하여 마침내 그쳐 있어도 亂이 있음은 그 道가 다하였기 때문이라 고 한다. 그러므로 우리는 最高의 極致에서도 그치지 말고 계속 힘써 나아가라는 경 계사가 곧 終止則亂이라 볼 수도 있다.

3) 政治的으로 보아서 풀이한다면 能力이 다했기 때문에 亂이 生긴다. 또한 처음 에는 政治를 잘해도 中間에서 잘못하면 亂이 生기는 法이다.

[象辭(大象)]

象曰 水在火上이 旣濟니 君子 ― 以하야 思患而豫防之하나니라

◐ 象에서 말하기를 水가 火上에 在하는 것이 旣濟니 君子가 써 하여 思患하여 이를 豫防하나니라.

◎ 물이 불 위에 있는 것이 旣濟이니 君子가 이것을 보고 거울삼아서 장래의 憂 患을 생각하여 미리 患에 대비하는 방지책을 강구하는 것이다.

1) 물은 潤下하고 불은 炎上한다. 지금 물이 위에 있고 불이 아래에 있다는 것은 음식이 조리된다. 그러나 솥이 뒤집어지거나 하면 불이 꺼진다. 그러므로 君子는 어 려움이나 위험이 일어나지 않도록 미리 대비책을 강구해야 한다.

2) 思患而豫防之 ― 患亂이 일어날 것을 미리 생각하여 豫防하는 대책을 세우는

것. 有備無患이라는 말도 이것과 같다.

[爻辭]

初九는 曳其輪하며 濡其尾면 无咎－리라
　曳: 끌 예(이끈다는 뜻).　輪: 수레바퀴 륜.　濡: 젖을 유

☯ 初九는 그 수레를 끌며 그 꼬리가 젖게 되면 无咎리라.
◎ 그 수레를 이끌며 그 꼬리를 적시게 되면 허물이 없을 것이다.

1) 初九는 正位이며, 六四와 正應이다. 下卦 離火의 炎上의 시작에 있어서 나아가려는 뜻이 강하다. 그러나 일이 모두 성취된 旣濟에 있어서는 現狀態에서 머뭇거리는 것이 좋다. 그러므로 수레를 타고 강을 건너려 할 때 바퀴를 못 가게끔 뒤에서 이끌고(지연시키고), 여우가 시내를 건널 때는 그 꼬리를 들지만 지금 꼬리를 물에 적셔서 깊이를 재고 갑자기 건너려 하지 않으면 허물이 없다는 것이다.

2) 曳其輪 ― 수레바퀴가 급하게 못 가게끔 뒤에서 멈추게 하는 것을 말한다. 曳止 시켜 놓았으니 前進하기가 어렵다. 따라서 急進하면 難局을 만날 것이니 그대로 旣濟의 時期에 가만히 있으면 좋다는 것이다.

3) 濡其尾 ― 그 꼬리를 적시였다. 여우가 물을 건너는데 꼬리를 들고 건너게 된다. 그런데 꼬리를 적셔서 물 깊이를 잰다면 건너지 못하는 象이다. 急進하면 좋지 못하니 旣濟의 時期에서 深思熟考하여야만 된다는 뜻이 숨어 있다.

4) 曳其輪 濡其尾 ― 取象을 수레를 또 하나는 여우(짐승)로 하였을 뿐 比較하여 보면 內容은 같은 뜻이다. 輪－在下, 尾－在後, 初之象也, 曳輪則車不前. 濡尾則狐不濟, 旣濟之初, 謹戒如是, 无咎之道.

象曰 曳其輪은 義无咎也－니라

◐ 象에서 말하기를 曳其輪은 義로서 无咎한 것이니라.
◎ 그 수레바퀴를 이끈다는 것은 義理上 허물이 없다는 것이다.

1) 신중하게 한다는 것은 義理상 재앙을 부르지 않는다는 뜻이다.
2) 大槪 初爻에서는 尾字, 趾字를 많이 쓴다. 初九가 變則水山蹇이니 그대로 있으라는 뜻이 內包되어 있다.

　　　　重山艮卦 初六爻　艮其趾……　　　　天山遯卦 初六爻　遯尾……
　　　　火風鼎卦 初六爻　鼎이 顚趾……　　　山火賁卦 初九爻　賁其趾……
　　　　澤天夬卦 初九爻　壯于前趾……　　　火雷噬嗑卦 初九爻에서도 屨校滅趾……
　　　　雷天大壯卦 初九爻　壯于趾……
　　　　水火旣濟卦 初九爻　濡其尾……
　　　　火水未濟卦 初六爻　濡其尾……

3) 前進을 아니하고 그 자리에서 머무르는 것이 옳으니 허물이 없다. 故로 좋은 時期에 머물러서 어떻게 하면 旣濟의 때를 더 많이 延長할 것인가를 생각하여야 한다.

六二는 婦喪其茀이니 勿逐하면 七 日에 得하리라
　茀: 차 덮는 보 불.

◐ 六二는 婦가 其茀을 喪하는 것이니 勿逐하면 七 日에 得하리라.
◎ 婦人이 타고 가는 가마 위의 포장을 잃는 것이다. 도적을 쫓아가지 아니하면 七 日에 얻게 될 것이다.

1) 柔順中正의 婦人이 타고 가는 가마 위에 덮는 포장이 잃었으니 婦人이 가지

못하는 象이다.

2) 上下로 陽爻가 있으니 九五인 자기 짝을 만나려고 하여도 장애로 못 가는 것을 뜻한다. 六二는 柔順中正이며, 九五의 君位와 正應關係이다.

3) 柔順中正의 位요, 또 旣濟의 時期이니 그대로 있으면 좋다. 故로 婦喪其茀이라 하였고 勿逐이라고도 하였다.

婦喪其茀 〕
勿　　逐 〕 같은 뜻의 比較辭다. 周易에서는 이와 같이 어떤 事物이나 理致에 부쳐서 解說한 곳이 많이 있다.

4) 婦喪其茀 — 茀은 포장 불. 女子의 動을 말하며, 結局 움직이지 말라는 뜻이다. 或時나 柔順中正의 主婦로서 剛健中正의 九五 君位와 正應이니 만나기 爲하여 動하면 좋지 아니하다는 뜻이 있다. 마치 姜太公이나 諸葛孔明이 動하지 않고 草野에 묻혀 있어도 九五와 같은 聖君이 어느 時期의 變動이 생기면 스스로 찾아온다는 뜻이 곧 勿逐하야도 七日得이라 볼 수 있다.

5) 七日得 — 七日來復之意다. 婦人이 生産을 하여도 七 日 만에 피가 돌아서기 때문에 칠을 七 日 만에 하여 行事한다.

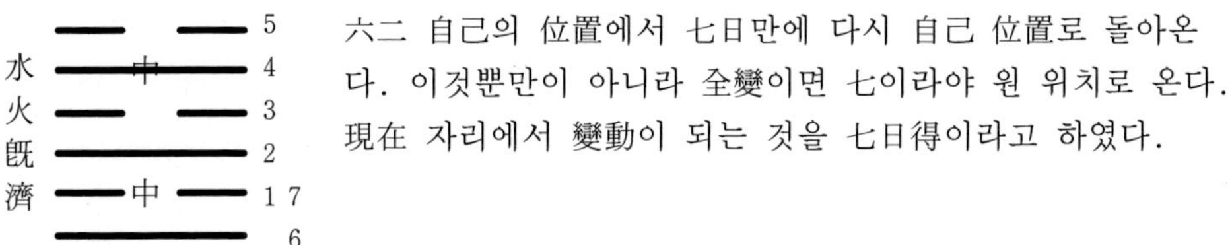

六二 自己의 位置에서 七日만에 다시 自己 位置로 돌아온다. 이것뿐만이 아니라 全變이면 七이라야 원 위치로 온다. 現在 자리에서 變動이 되는 것을 七日得이라고 하였다.

모든 事物에 있어서 回復되는 것이 七 日 만이다. 重雷震卦의 六二爻에도 勿逐하면 七日得이다. 우리는 七이라는 數字가 참으로 重要하고 또 그 무슨 숨은 意味가 內在해 있음을 알 수가 있다. 六爻로 보면 그 爻가 全部 하나하나 變한다고 치면 六번 變하고 七번째 變하면 自己 位置로 돌아온다. 다시 말해서 地球의 運行過程에서

本 位置로 오는 그 期間이 七 日이라는 뜻도 된다. 바꾸어 말하면 그 어떤 變動의 氣運이 있다면 七 日 만에 回復한다는 뜻이다.

6) 사람의 人體는 小宇宙이다. 사람의 피가 七 日 만에 回復된다고 하면 宇宙의 變動에 대한 回復期도 七 日이라고 보아야 할 것이다. 그래서 七의 숫자는 의미심장한 뜻이 있는 것 같다.

象曰 七日得은 以中道也 − 라

◑ 象에서 말하기를 七日得이라는 것은 써 中道로 하기 때문이라.
◎ 七 日이면 얻는다고 함은 中庸之道에 꼭 맞게 하는 것이다.

1) 七日得은 天地定義로써 이루어지는 것이다. 七日得은 또한 九三과 初九의 妨害를 그대로 두고 기다리면 世上은 流動變遷하여 七 日 만이면 반드시 反復되어 그 妨害는 自然消滅되고 九五와의 相逢함을 얻게 될 것이다.

九三은 高宗이 伐鬼方하야 三年克之니 小人勿用이니라

◑ 九三은 高宗이 鬼方을 伐하여 三 年에 이를 克하니 小人은 勿用이니라.
◎ 高宗이 鬼方을 정벌하여 三 年 만에 勝利를 거둔다. 小人은 그렇게 해서는 안 된다.

1) 書傳에서 나오는 글이다. 殷나라 當時의 高宗(武丁)이 旣濟의 時節에 더 이상의 국위선양을 爲하여 鬼方을 征伐하였으나 三 年 만에야 평정하였다. 그러나 小人은 군대를 동원해서 외국을 정벌하려 해서는 안 된다.
2) 九三은 正位로서 上六과 正應關係이다.

3) 伐鬼方 ― 中道에 지나친 일이 鬼方을 치는 것이다. 또한 三 年 동안을 힘을 들여 애를 먹고 마침내 征伐을 하였다는 뜻이다. 鬼方은 遠方을 뜻하며(幽遠之方) 中原以外의 땅, 즉 南蠻 北狄 西戎 東夷의 遠方을 뜻한다.

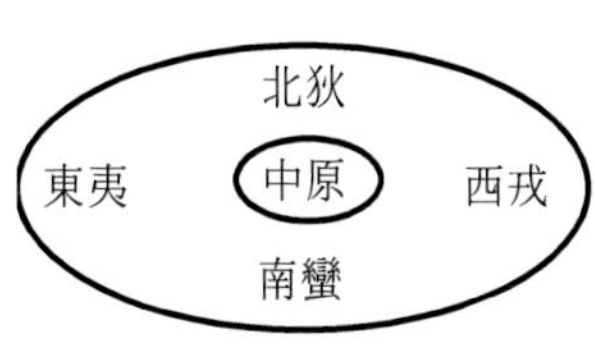

中原則中國의 本土를 除外한 四方을 遠方=鬼方이라고 하며 外勢를 튼튼히 하기 爲하여 高宗王이 三年克之의 수고를 하였던 것이다.

4) 三年克之 ― 애를 많이 먹었다는 뜻이다. 또한 오래 걸려서 平定을 하였다는 뜻이기도 하다. 周易에서는 三 年, 三歲, 三極, 三才 等으로 三의 숫자를 많이 使用한다.

5) 小人勿用 ― 小人은 登用하지 말 것이니라. 亂世가 되어 戰爭을 할 때는 勇猛으로 小人, 君子를 가리지 않고 기용하여 亂을 平定하나 그 後에 政治를 하는 데 있어서는 君子로서 政事에 臨하도록 하여야 한다는 것이다. 開國功臣과 政治를 하는 사람은 分離되어야 한다.

6) 地水師卦 上六爻에서도 開國承家에 小人勿用이라 하였다. 그리고 小人勿用은 必亂邦也라 하였다. 만약 小人을 起用하면 小人이 들어서 반드시 나라를 擾亂하게 한다는 것이다.

象曰 三年克之는 憊也ᅳ라
　憊: 피로울 비

◑ 象에서 말하기를 三年克之는 憊也이라.
◎ 三 年 만에야 平定한다고 하는 것은 피로한 것이다.

1) 三 年 동안의 많은 수고로움이 들었다는 뜻이다.

六四는 繻에 有衣袽코 終日戒니라

繻: 걸레 수. 袽: 헤어진 옷 여, 적삼 여.

☯ 六四는 繻에 衣袽가 有하고 終日 戒하니라.
◎ 젖어 오는데 헌옷이 있음이라 종일 경계하느니라.

1) 六四는 旣濟卦의 절반을 넘어 일이 성취된 이후의 결점이 나타나려 하는 때이다. 배 속의 작은 틈으로부터 물이 젖어 들어온다. 헌옷으로 그 틈을 막아 물이 새 들어오지 못하게 한다. 그러나 안심해서는 안 되고 종일 경계를 게을리 하지 않는다.

2) 旣濟卦는 원래 배를 타고 강을 건너는 의미이다.

3) 繻는 濡와 같은 뜻으로 본다. 繻는 濡라는 글자가 잘못된 것으로 보기도 한다. 즉 배 밑바닥의 틈새로부터 물이 젖어 들어온다는 것. 배에 물이 젖어 들어오는데 헤어진 옷으로 막고 放心하지 말며 終日토록 경계하여 살펴보라는 것. 누더기로 막아 놓은 물새는 틈을 조심해서 드려다 보아라는 것은 有備無患의 뜻이고, 思患而豫防之하라는 것이다.

4) 六四는 正位이며 初九와 正應이다. 六四부터 三爻는 차차로 極에 到達하는 形象이므로 조심하고 위태로운 말이 있다. 六四부터 旣濟의 太平盛代가 放心해서는 아니 된다는 一種의 警告狀이나 다름이 없다.

5) 繻 ― 배가 금이 나서 물이 올라오는 것. ― 물이 새는 것. 내 집에서 일어난 사건이지 풍랑이 나서 일어나 患이 아니라는 것.

6) 有衣袽 ― 有備無患과 같은 뜻이다. 헤어진 옷으로 물새는 배의 틈을 막기 爲하여 準備하고 있는 것을 말함이다.

7) 繻, 當作濡, 謂滲漏也, 舟有罅(틈 하)漏則塞以衣袽,

    有衣袽以備濡漏,

    又終日戒懼不息慮患, 當如是也

8) 終日戒 ― 終日토록 경계하고 放心하지 않고, 患을 防止하기 爲하여 조심하고

조심하는 것을 말한다.

象曰 終日戒는 有所疑也-라

◐ 象에서 말하기를 終日戒는 疑心되는 바가 있는 것이라.

◎ 終日토록 경계를 하는 것은 疑心할 곳이 있기 때문이다.

1) 時期가 旣濟이나 앞으로 未濟가 온다는 것을 豫告하여 주고 있다.

九五는 東鄰殺牛-不如西鄰之禴祭-實受其福이니라

   鄰: 이웃 린.   禴: 간략한 飮食으로 祭祀지낼 약

◐ 九五는 東鄰에서의 殺牛는 西鄰의 禴祭에 不如하니, 實로서 그 福을 受하는 것이니라.

◎ 東쪽 이웃에서 소를 잡는 것은 西쪽 이웃에서 간략하게 祭祀 지내는 것보다 못하니, 實質로서 福을 얻는 것이다.

1) 東쪽 이웃에서(商나라의 紂王을 뜻함)는 비록 소를 잡고 盛祭를 한다 해도 그것은 假飾이다. 西쪽 이웃(文王을 뜻함)에서 簡略하게 祭祀를 지내는 것만 같지 못하니 오직 眞心으로, 實質的으로 하는 것만이(精誠을 다하여 祭祀 지내는 것만 같지 못하다) 그 福을 받는 것이다.

2) 九五는 正位이며, 六二와 正應關係이다. 또 君位이고 得中이다.

3) 九五는 商나라의 紂王, 六二는 周나라의 文王으로 비교하였다.

4) 東鄰殺牛 — 東쪽 이웃에서는 소를 잡아서 祭祀를 지낸다. 즉 紂王이 暴惡하여서 祭物을 아무리 많이 차려 놓아도 微細한 精誠을 가지고 祭祀에 臨하는 것만 같지 못하다.

5) 不如西鄰之禴祭 — 西쪽 이웃에서 簡略하게 차려 놓고 祭祀를 지내는 것만 같

지 못하다. 文王은 聖君으로서 비록 祭需는 적어도 精誠만은 남 못지않게 가지고 祭祀에 臨한다는 것. 紂王은 物多誠小이고 文王은 誠多物小이다.

  6) 實受其福 ─ 實心으로 精誠을 다하여 나아가는 者만이 福을 받을 수가 있다는 것이다(實은 誠으로 보면 된다).

  7) 宇宙大自然, 즉 天道는 不親이라고 하며 內容을 음미할 여유도 없이 오고간다. 自己 自身이 어떻게 大自然을 利用하고 잘 引用하여 썼느냐에 달려 있다. 主人도 없고 所有도 할 수가 없는 것이다. 그러나 人道는 그러하지 못하고 變化無常하고 복잡다기하다.

  8) 禴祭 ─ 간략한 飮食으로 祭祀를 지내는 것을 말함이다.

積善之家必有餘慶　　　　　　實受其福 같은 뜻이다.
積不善之家必有餘殃

象曰 東鄰殺牛－不如西鄰之時也－니 實受其福은 吉大來也－라

  ◐ 象에서 말하기를 東鄰殺牛는 西鄰의 時에 不如하는 것이니 實受其福은 吉이 大來이라.
  ◎ 東쪽 이웃에서 소를 잡는 것이, 西쪽 이웃에서 時宜에 맞게 하는 것만 같지 못하니 實地로 그 福을 받는다고 하는 것은 좋은 것이 크게 온다는 말이다.

  1) 不如西鄰之時 ─ 西쪽 이웃에서 때에 알맞게 하는 것, 즉 時變에 따라 自然에 順應하여 至善을 다하는 것.
  2) 實受其福은 吉大來也라 ─ 무슨 일이라도 誠을 다하면 나쁜 일도 좋은 結果를 가져올 수가 있다. 諸百事에 誠과 熱을 다하도록 하라는 뜻이다.

上六은 濡其首−라　厲하니라

　◐ 上六은 그 首를 濡하는 것이라 厲하니라.
　◎ 그 목을 적시는 것이라 위태로우니라.

　1) 原來 極하면 衰하는 法. 이 속에는 未濟가 들어 있는 것이다. 그 머리를 물에 적시었는지라 위태롭다는 것이다. 오직 위태롭다고만 하였으며 吉凶을 말하지 않았으니 自己 自身의 行動如何에 따라서 吉도 될 수 있고, 凶도 될 수가 있다. 따라서 誠과 信을 다하면 이것을 克服할 수가 있다는 것이다.
　2) 上六은 正位이고, 九三과 相應이나 旣濟卦의 極致이다. 吉이란 것은 大自然에 順應하여 信과 誠을 다하는 者이다.
　3) 天之所助者順也, 人之所助者信也.－－－履信思乎順 又以尙賢也
　4) 上六爻는 履信思乎順을 하면 旣濟를 유지하고 지속해 나갈 수 있는 것이다.

象曰 濡其首厲−何可久也−리오

　◐ 象에서 말하기를 濡其首厲라는 것은 何可久이리오.
　◎ 그 머리를 적시어 위태롭다고 한 것은 어찌 오래갈 수가 있겠는가.

　1) 旣濟의 極致이다. 어찌 가히 長久하겠는가 곧 亡할 것이라는 뜻.
　2) 上六 上九爻를 六爻에서 首라고 많이 取象하고 있다.
　　　水地比卦 上六爻 比之无首……
　　　重火離 上九爻 折首獲匪其醜……
　　　水火旣濟卦 上六爻 濡其首厲……
　　　火水未濟卦 上九爻 濡其首有孚……

〈旣濟卦의 綜合〉

1) ◎ 旣濟卦의 一般的인 理致로는 妄動하지 말라는 뜻이다.

初九는 濡其尾无咎 — 輕擧妄動하지 말라.

六二는 勿逐七日得 — 天命을 기다리라, 믿어라는 뜻.

自身의 中正之道를 지켜가라는 뜻이다.

九三은 伐鬼方 — 外敵을 豫防하는 것이나 三年克之라 하였으니 旣濟時期인 데

動하면 애를 먹는다는 뜻도 들어 있다.

大體로 內三爻는 旣濟이니 이것을 어떻게 하면 오래오래 持續할 것인

가에 대하여 말하고 있다.

六四는 有衣袽 終日戒 — 內敵을 自制하라는 것.

따라서 끝까지 경계하고 조심해야 한다.

九五는 禴祭實受其福 — 精誠을 至極히 하면 福을 받게 된다는 뜻이다.

上六은 濡其首厲 — 前進하면 禍를 면할 수가 없다. 旣濟의 極이니까 厲라고

하였다.

外三爻는 旣濟卦의 持續을 爲하여는 조심을 하고 두려워하며 至極한

精誠을 들여서 닥쳐오는 凶함을 물리치는 데 게을리 해서는 아니 될

것이다.

2) 安而不忘危이다. 夫子의 말이다. 君子는 自身이 便安할 때 危, 즉 凶이 올 것을 잊지 아니하고 대비를 한다. 外三爻는 언제나 難局을 旣濟했다고 해서 放心하면 未久에 患亂이 일어날 우려가 있는 것이다. 따라서 이러한 患亂을 생각하여 豫防해야 되는 것이니 終日戒요 實受其福이요, 濡其首厲라고 말하였다.

3) 九五의 實受其福 — 實은 誠도 되나 陽이니 實이다.

水　━━ ━━　陰 - 虛 - 上六　　물은 즉 坎이니까 中이 實이다. 九五爻에 該當
　　━━━━　陽 - 實 - 九五　　한다.
　　━━ ━━　陰 - 虛 - 六四

4) 上六爻의 象辭에서 何可久也는 단 하나밖에 없으나 같은 뜻으로 볼 수가 있는
   何可長也와 相通되는 것으로도 볼 수 있을 것이다.

   　水雷屯卦　上六爻象辭 – 何可長也
   　天地否卦　上九爻象辭 – 何可長也
   　雷地豫卦　上六爻象辭 – 何可長也
   　風澤中孚卦　上九爻象辭 – 何可長也

(64) 火水 未濟(下經 34)

```
━━━━━  不正
文明 ━━ ━━  不正     中 離 火
     ━━━━━  不正
─────────────────────
     ━━ ━━  不正
險   ━━━━━  不正     中 坎 水
     ━━ ━━  不正
```

―序 説―

1. 卦의 뜻

1) 未濟卦는 旣濟卦의 倒轉卦이다. 일이 아직 이루어지지 않은 뜻으로, 또 不足한 것, 물을 아직 건너지 못한 것을 말한다. 그러므로 發展的이고 希望的이다. 自己 自身이 未濟이니 旣濟가 되기 위하여 努力하고 自己修養에 게을리 해서는 아니 될 것이다. 고로 未濟는 發展하는 卦라 할 수가 있다.

2) 未濟卦의 互卦가 旣濟이다. 內部에는 旣濟가 包含되어 있다. 고로 未濟의 極이면, 旣濟이니 未濟의 內三爻는 좋지 못할 것임이 分明하고 外三爻는 旣濟卦가 될 것이 臨迫하였으니 吉할 것이다.

3) 易學은 恒常 相對的이다. 凶中有吉하고 吉中有凶의 理致가 相互 톱니처럼 물고 지나가고 있으니 그中에서도 우리의 工夫하는 目標가 避凶取吉하는 方法論에 있다면 이것을 硏究하고 찾아내려는 것이다,

4) 未濟卦의 火水와 旣濟卦의 水火는 다르다. 火水의 原來 性質은 같으나 各各의 卦象으로 보아서 그 기능은 相異한 것이다.

未濟卦 ― 火가 좋다.

旣濟卦 ― 水가 좋다.

本質的으로 水는 險하나 生生의 뜻이 있으며 生生할 때의 과정이 險하다. 故로 좋지 못하다. 反面 火는 文明하고 이루어 주는 作用을 하는 것이니 좋다고 할 것이다. 그러나 경우와 時間에 따라 水火의 原理가 다르다고 할 것이다. 따라서 水火는 輪廻하고 있다. 이것이 곧 陰陽의 原理이기도 하며 나아가 太極의 原理라고 할 수가 있다.

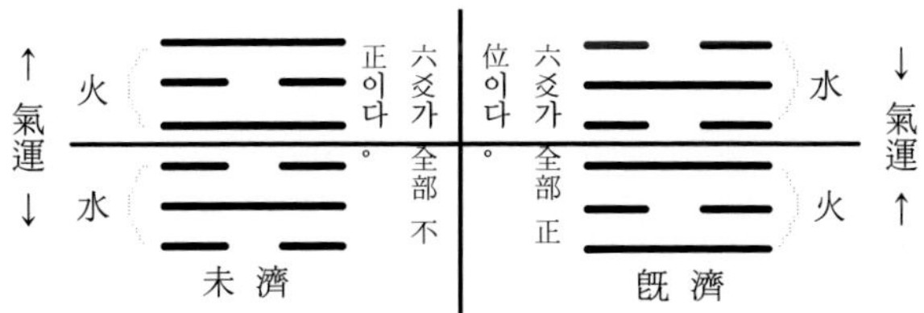

未濟의 始初가 旣濟요 - 初六의 爻 이전의 事項

旣濟의 終末이 未濟라고 할 수가 있다. 旣濟가 極한즉 바로 未濟이기 때문이다.

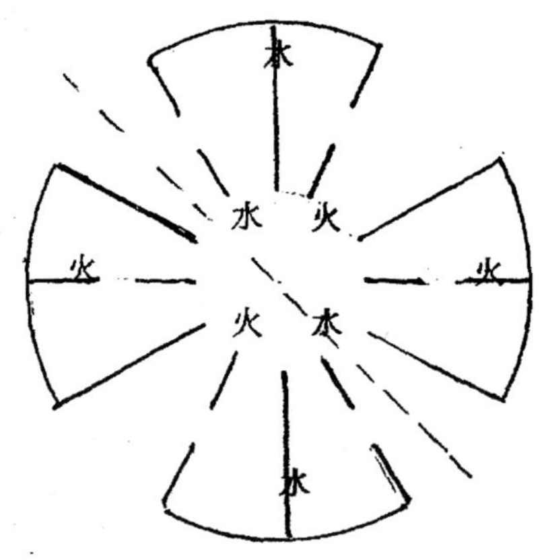

　水火의 元圖를 보면 어느 卦로 作卦하여도 水火가 相互 輪廻하고 있다고 보겠다. 그러므로 未濟 다음에 旣濟가 있고 旣濟 다음에 未濟가 있으니 水火의 相對性은 深奧한 原理를 가지고 있다 하겠다.

　5) 上經과 下經의 比較

上經—乾坤—天地—坎離(水火) 故로 天地 사이의 相互作用은 전부 水火의 作用이다.
　　　　　—宇宙大自然의 原理

下經—咸恒—夫婦之理—火水, 水火 故로 人事的으로 解說하였으며 水火의 造化原理를 잘 應用하여 놓았다.

　34卦의 內容을 살펴보면 上經보다 4卦가 많고 辭(卦의 辭)를 比較한다면 말이 많다. 그리고 文章이 길다. 人事的인 問題를 말하자고 하니 어찌할 수가 없다.

　6) 嚴密하게 생각하여 본다면 大自然도 未濟라고 할 수가 있다. 이 世上에서 完全이란 있을 수 없기 때문이다. 물론 人事的으로야 더욱 未濟가 많다.

　7) 大自然은 變動이 없다(때로는 비를 주고 눈을 내리고 太陽熱을 주어 善惡을 고루고루 준다). 누가 이 大自然을 잘 利用하고 또 大自然에 順應하느냐에 따라서 吉

凶이 판가름되는 것이다. 따라서 우리 人間은 人爲的으로 凶을 어떻게 짧게 하고 吉을 오래 가지고 있을 것인가를 工夫한다.

8) 六十四의 마지막 卦를 未濟로 하였음은 大自然이 未濟라는 理論에 따라서이고 더욱이 人事的인 事項도 未濟이다. 따라서 宇宙의 眞理도 未濟라고 본다면 易學의 理論도 未濟라고 結論짓는 것이 좋을 것이고 어느 側面으로 보아서 妥當하다고 할 것이다.

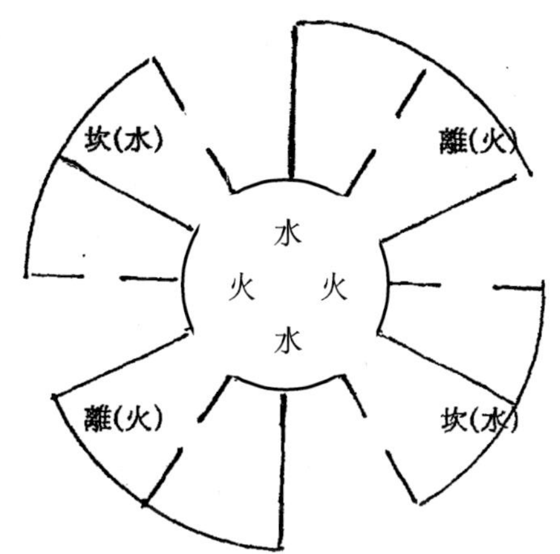

火水未濟

水火旣濟 수화의 순환 과정이 대자연이다.

이 宇宙의 理致를 水火속에 묻어 두었으며 이것을 파헤쳐서 眞理를 풀이하였다.

孔子의 先生은 宇宙大自然이며, 또 一般庶民이라 할 수가 있다. 大自然의 運行過程이나 庶民이 하는 行動을 보고 孔子는 깨닫고 問以辨之를 하였다고 한다.

火 ☲ 發明　文明　吉
水 ☵ 生生　險　　凶

9) ◎우리의 살림살이에 比喩하여 술을 마시는 三大原理를 설명하면 다음과 같다. 모든 원리가 이 설명에 적용이 된다고 본다.

酒有三飮: 一曰人飮酒　二曰酒飮酒　三曰酒飮人이라

첫째는 사람이 술을 마시고, 둘째는 술이 술을 마시고, 셋째는 술이 사람을 마신다. 이 세 가지 中에 우리는 中正을 잡아서 行動하고 나아가야 한다. 水火도 亦是 中正을 잡아서 適宜 利用한다면 水火의 造化를 이룰 수 있을 것이다.

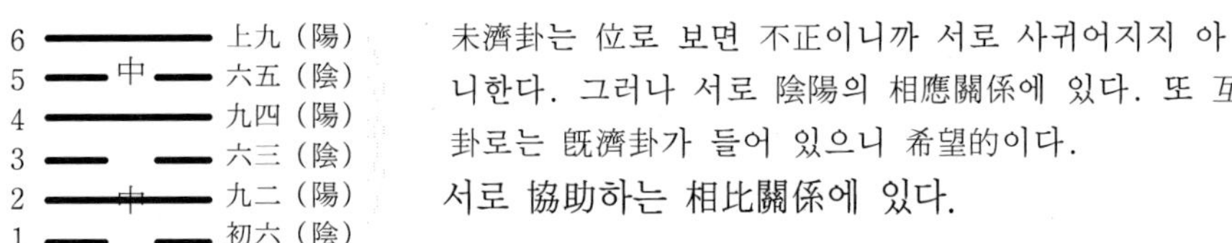

10) 中正은 人爲나 大自然을 克服하는 것이 重要하다. 이것이 中正之心이요, 中正의 道이다. 그러나 未濟는 凶이요, 旣濟는 吉이라고도 할 수 있다. 凶極則吉 吉極則凶하는 輪廻의 原理가 存在할 뿐이다.

2. 卦象과 卦德

1) 未濟卦는 卦象으로 보아서 全爻가 不正位이다. 易學全體(六十四卦)에서 全爻가 不正位인 卦는 未濟卦 하나밖에 없다. 全部가 不正하고 秩序가 없으니 이러한 時期에는 藏身하여 自己 實力培養에 힘을 써야 할 것이다.

2) 卦象을 보면 上火 下水의 象으로 서로 어긋나서 일을 解決하지 못하는 象이며 또한 모든 爻가 失位하여 제자리를 찾지 못하는 象이다. 結局은 모두가 本來의 根源인 太極으로 回歸할 뿐이므로 易의 마지막을 未濟로 한 것이며 (空手來 空手去), 反面에 未濟를 未會(즉 午會를 지나 後天時期)에 旣濟되는 뜻으로 볼 수도 있다.

3) 卦德으로 보면 下卦 坎水는 險이고, 上卦 離火는 文明이다. 그러므로 險한 狀態로부터 文明한 狀態로 나아간다. 말하자면 未濟의 狀態로부터 장차 旣濟의 狀況으로 나아간다는 徵兆를 보이고 있는 것이다.

4) 序卦傳에서는 "物不可窮也 - 라 故로 受之以未濟하야 終焉하니라"로 나와 있다.

즉 物(物件, 事物 또는 萬物)이 眞實로 다하지 만은 아니하므로 旣濟 다음에 未濟로써 64卦를 마무리 지었다(모든 것에서 旣濟로써 終止하는 것은 理致에 附合되지 아니하는 까닭에 未濟를 마지막으로 하였다).

3. 卦의 變化

1) 倒轉卦 – 水火旣濟　　　– 卦의 變化는 모두가 水火旣濟卦가 된다.
   (☵ / ☴) → (☵ / ☲)
2) 配合卦 – 水火旣濟　　　–
   (☵ / ☲) → (☵ / ☲)
3) 錯綜卦 – 水火旣濟　　　–
   (☵ / ☲) → (☵ / ☲)
4) 互　卦 – 水火旣濟　　　–
   (☵ / ☴) → (☵ / ☲)

[卦辭]

未濟는 亨하니 小狐 – 汔濟하야 濡其尾니 无攸利하니라
　汔: 거의 흘, 幾也

◑ 未濟는 亨하니 小狐가 汔濟하야 그 尾를 濡하니 无攸利하니라.
◎ 未濟는 亨通하나 작은 여우가 냇물을 거의 건너가려 할 때 그 꼬리를 적시니 利로울 것이 없다.

1) 未濟亨 ― 旣濟가 되기 위한 것으로 亨通하다는 뜻. 旣濟亨 ― 旣濟를 더 유지 발전시키기 위한 것으로 亨通하다는 뜻.

2) 小狐汔濟 ― 거의 건너려는 形象 狐는 疑心이 많은 짐승이라 小狐汔濟는 未濟 의 象을 事物에 引用하여 說明한 것이다. 世上이 믿지 아니하는 경향이 있으니 狐의 疑心이 있는 性質을 取象하여 왔다.

3)　小狐汔濟
　　濡其尾 ⟩ 거의 道通의 境地이나 아직도 건너지 못한 象이다.

未濟之形象이다.

4) 无攸利 ― 利로울 바가 없다. 未濟로서 未完成이요, 不成功의 狀態이니 无攸利 라고 하였다. 未濟之象이 永遠토록 凶이라면 凶하다고 하였을 것이다. 그러나 无攸 利라고 한 것은 努力如何에 따라서 吉할 수도 있고 凶할 수도 있는 것이니 无攸利 라고 하였다.

5) 濡其尾 ― 꼬리를 적시었다. 故로 旣濟의 찰라 꼬리를 적셨으니 未濟의 卦象이 다. 따라서 꼬리를 적셨다는 뜻은 邪事妄靈을 뜻하니 우리가 盡性工夫를 하기 위하 여 앉아 있노라면 妄靈된 생각 때문에 統一이 어렵다. 이것이 尾다.

[彖辭]

彖曰 未濟亨은 柔得中也 ― 오 小狐汔濟는 未出中也 ― 오
濡其尾无攸利는 不續終也 ― 오 雖不當位나 剛柔 ― 應也 ― 니라

◉ 彖에서 말하기를 未濟의 亨은 柔가 得中한 것이요, 小狐가 汔濟라는 것은 未 出中인 것이요, 濡其尾 无攸利는 不續하여 終이요, 비록 不當한 位이나 剛과 柔가 應이니라.

◎ 未濟에서 亨通하다는 것은 柔(陰)爻가 得中을 하였기 때문이요, 작은 여우가 냇물을 거의 다 건너려 한 것은 中에서 아직 나아가지 못한 것이다. 그 꼬리를 적시어 利로울 바가 없다는 것은 계속해서 끝까지 하지 못하였다는 뜻이다. 비록 位가 不當하다고 할지라도 剛과 柔가 서로 應하고 있는 것이다.

  1) 未濟卦는 아직 일이 성취되지 않은 未完成을 의미하는 卦이다. 그런데도 未濟가 亨通하다는 것은 柔가 得中, 즉 六五爻가 得中했다는 뜻이다.
  2) 小狐汔濟—작은 여우가 거의 건너려 하는데 아직 다 건너지 못한 것을 말한다.
  3) 未出中—九二爻가 坎의 險 中에서 脫出을 못하였다는 것.
  4) 不續終—끝까지 有終의 美를 거둘 수가 없다는 뜻이다.
  5) 雖不當位—비록 六爻全體가 不正位이지만이라는 뜻.
  6) 剛柔應—卦象으로 보아서 不正位인 가운데도 剛과 柔가 서로 相應하고 있다는 것. 未濟이기 때문에 좋지 않으나 陰陽의 相應關係를 살펴보면 六爻全部가 서로 應이 되어 있다. 이것은 곧 凶中有吉의 본보기라고 할 수가 있다. 그러므로 이 卦가 凶하다고 하나 大自然에서 完全한 凶은 있을 수가 없다.

[象辭(大象)]

象曰 火在水上이 未濟니 君子-以하야 愼辨物하야 居方하나니라

　◑ 象에서 말하기를 火가 水上에 在함이 未濟이니 君子가 써하여 愼 辨物하여 方에 居하나니라.
　◎ 불이 물 위에 있는 것이 未濟이니, 君子는 이것을 본받아서 愼重하게 物件을 分別하고 마땅한 方位에 居處하나니라.

1) 未濟라는 뜻은 水를 爲主로 한 말이다. 愼은 坎의 象이고 辨은 離의 象이다.

2) 愼辨物居方 — 삼가 物件을 분별하여 마땅한 方位에 居處한다는 뜻이나 모든 事物을 性質別로 區分하여 形而上學的인 形態로 정리되어 있는 것을 말한다. 例를 들면 玉篇과 같은 것이다. 같은 種類別로 나누어져 있으며 또 事物類聚와 같은 것이다.

[爻辭]

初六은 濡其尾니 吝하니라

◑ 初六은 그 尾를 濡하니 吝하니라.
◎ (小狐가 渡江하다가) 그 꼬리를 적시었으니 吝嗇하니라.

1) 初六은 不正位이나 九四와는 相應關係이다. 陰과 柔의 質로서 未濟의 初에 있으니 아직 건널만한 能力이 없는 것이다.

象曰 濡其尾－亦不知－極也－라

◑ 象에서 말하기를 濡其尾는 역시 極을 不知하는 것이라.
◎ 여우가 그 꼬리를 적시었다고 (못 간다고) 하는 것은, 역시 알지 못함이 極(窮함의 끝)에 있기 때문이다(너무 알지 못하기 때문이다).

九二는 曳其輪이면 貞하야 吉하리라

◑ 九二는 其輪을 曳하는 것이면 貞하야 吉하리라.

◎ 그 수레를 끄는 것이면 올발라서 吉할 것이다.

1) 六二는 陽剛의 臣下로서 六五 幼弱한 君主와 相應하고 있다. 下卦 坎의 狀況에서 中位를 得하여 輕擧 妄進하지 않는다, 그 形象을 수레를 나가지 못하도록 뒤에서 끈다고 表現하였다. 이처럼 正道를 지키면 吉하다는 것이다.
2) 曳其輪 ― 不進이요, 아니 가는 것. 즉 나갈 만한 시기를 기다리는 것.
3) 貞吉 ― 正道로 올바르게 해야 좋다. 貞은 경계사이다. 만약에 正(曳其輪)으로 하지 않으면 凶하다는 것이 內包되어 있다.

象曰 九二貞吉은 中以行正也일새라

◐ 象에서 말하기를 九二貞吉은 中으로써 正을 行하는 것일새라.
◎ 九二爻의 바르게 해야 吉하다고 하는 말은 中道로서 正當하게 行動하기 때문이다.

六三은 未濟에 征이면 凶하나 利涉大川하니라

◐ 六三은 未濟에서 征하면 凶하나 利涉大川하니라.
◎ 아직 일이 끝나지 않은 상황에서 치고 나가면 흉하지만 큰 내를 건너는 데 이롭다.

1) 六三爻는 未濟의 終이니 그대로 未濟로 가면 凶하나 大川을 건너는 데 利로울 것이라는 뜻. 여기에 利涉大川이라고 한 것은 未濟한 事業은 中止하지 말고 進陟함이 利롭다는 意味가 있다.
2) 未濟의 마지막인 爻이다. 未濟의 外三爻는 未濟 中의 旣濟이고, 旣濟의 外三爻

는 未濟라고 생각해도 좋다. 卦辭에 未濟라는 말을 쓴 것은 六三의 位에 와서 未濟
는 끝이 나고 旣濟가 싹이 튼다는 것을 豫告하는 것이다.

象曰 未濟征凶은 位不當也일새라

◐ 象에서 말하기를 未濟征凶은 位가 不當한 것일새라.

◎ 未濟가 그대로 前進하여 나아가면 凶하다고 하는 것은 陽자리에 陰이 있어 位
가 不當하기 때문이다.

1) 陰柔하면서 不中不正이니 險한 곳을 건너가는 재주는 없다. 만약 건너가려면
應爻를 따르는 것이 利로울 것이다.

九四는 貞이면 吉하야 悔－亡하리니 震用伐鬼方하야 三 年에아 有賞于大國이로다

◐ 九四는 貞이면 吉하여 悔가 亡하리니 震을 用하여 鬼方을 伐하여 三 年에야
大國으로 有賞이로다.

◎ 올바르게 하면 吉하고 뉘우침이 없을 것이다. 움직여서(震은 動也) 鬼方을 征
伐하여 三 年 만에 勝利를 하여 大國의 帝王으로부터 武勳의 賞을 받는 것이다.

1) 九四는 不正位이며, 不中이다. 그러나 初六과는 相應이다. 올바른 道를 행하고
六五의 天子를 잘 補佐하면 吉하고 뉘우침이 없어진다. 武威를 떨쳐 북방의 鬼方을
정벌하면 3년 동안 고생하지만 승리를 거두어 大君으로부터 그 공로를 칭찬받게 될
것이다.

2) 貞吉悔亡 ― 올바르게 하면 좋고 뉘우침이 없다. 亡은 無와 뜻이 같다.

3) 震用伐鬼方 — 震은 東方也라. 鬼方을 征伐하는 사람이 震方에서 나온다는 뜻이 아닐까? 也山 先生님의 文集 속에 震檀九變圖라는 易解圖가 있다. 結局 大川을 건너는 虛舟의 運轉手가 震方에서 나오는 것이 아닐까 한다.

4) 大自然, 즉 하늘을 親하는 者가 없다. 사람이 自己가 德行을 하고 明明德을 하며 至善하는 者가 하늘을 親하는 것이며 結果로 福이 오게 된다. 이와 같이 鬼神도 至誠을 드리는 者에게 福을 주게 될 것이 아닌가?

5) 孔子의 위패를 모시고 祭祀를 지내는 나라는 우리 韓國밖에는 없다. 市郡別로 全國各地에 大成殿이 있으니 神이 있다면 우리나라의 將來는 밝은 來日을 期約할 것이 아닌가? ……

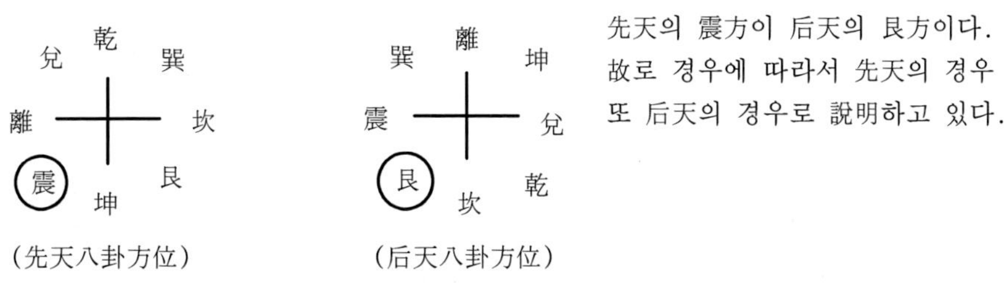

象曰 貞吉悔亡은 志行也 — 라

◑ 象에서 말하기를 貞吉悔亡은 志가 行해지는 것이라.
◎ 마음이 곧으면 吉하야 뉘우침이 없다는 것은 뜻이 행해지기 때문이다.

1) 뜻대로 된다는 것이다.

六五는 貞이라 吉하야 无悔니 君子之光이 有孚-라 吉하니라

◐ 六五는 貞이라 吉하여 无悔이니 君子의 光이 有孚이라 吉하니라.
◎ 바른 것이라 吉하여 뉘우침이 없으니 君子의 빛이 진실이 있는 것이라 吉하다.

1) 六五는 元來부터 中을 잡았으니 바른 것이다. 따라서 吉하고 元來부터 뉘우침이 없으니 君子의 德化(德은 君子의 빛이니 孚와 誠의 나타남이다.)로서 믿음이 있으므로 좋다.
2) 六五는 不正位이나 得中하였고 九二와는 相應이다.
3) 君子之光 ― 形而上學的 聖曛을 말한다. 우리가 佛像을 보면 뒤에 輝恍한 빛으로 되어 있고 예수나 마리아 像 같은 데서도 背光을 볼 수 있다. 例를 들면 有名한 스님이 죽으면 舍利가 나온다고 하는 것 哲眼으로만 볼 수가 있다.

象曰 君子之光은 其暉-吉也-라

◐ 象에서 말하기를 君子之光은 그 暉가 吉한 것이라.
◎ 君子의 빛이 있다는 것은 그 빛나는 것이 吉하다는 말이다.

1) 暉-輝-光之散也
2) 未濟의 全盛期이니까 君子之光이라고 하였다. 君子의 빛남은 太陽이 빛남과 같다는 뜻이다.

上九는 有孚于飮酒-면 无咎-어니와 濡其首-면 有孚에 失是하리라

◐ 上九는 有孚하여 于에 飮酒하면 无咎이어니와 濡其首하면 有孚일지라도 失是

하리라.

◎ 믿음이 있어서 술을 마시면 허물이 없으려니와 그 머리를 적시게 되면 믿음이 있어도 옳은 것을 잃으리라.

1) 上九는 不正位이고, 六三과는 相應이다. 未濟卦의 끝에 있고 陽爻로써 剛健하고 文明하면 안으로 誠心이 있다. 성심을 지니고 술을 마시며 때를 기다리더라도 아무른 재앙을 받지 않는다. 그러나 머리를 적실 정도로 갈팡질팡 술을 마시면 믿음이 있어도 옳은 것을 잃는다. 즉 人間本然의 狀態를 잃게 될 것이라는 것이다.

2) 濡其首 ― 술을 마시되 술이 사람을 마시는 지경에까지 이르면 그 머리를 물속에 적시는 꼴과 같다는 것이다.

象曰 飲酒濡首 - 亦不知節也 - 라

☯ 象에서 말하기를 飲酒濡首는 亦 不知節인 것이라.

◎ 술을 마시되 머리를 적시게 되었다고 하는 것은 또한 節(制)을 알지 못하기 때문이다.

1) 上九가 動하면 雷水解卦가 되어 問題가 解決되니 旣濟로 되는 것이다.

2) 周易은 節卦 六十으로 끝나야 한다. 그러나 宇宙의 原理가 水火로 되어 있으니 水火가 交錯되는 旣濟 未濟로서 用을 하였기 때문에 四卦, 즉 中孚, 小過 等이 첨부되었다.

3) 節 ― 中庸의 發而皆中節 ― 中和

[參 考]

1) 貞吉
九二貞吉 ― 得中이니까 올바르게 해야만 좋다.
九四貞吉悔亡 ― 不中이니 바르게 하면 좋고 뉘우침이 없을 것이다.
六五貞吉无悔 ― 得中 君位이니 正道로 原來부터 하고 있으니 좋고 처음부터 뉘우침이 없다는 것이다.
2) 首: 首는 主로 六爻中上爻에 많이 쓰고 上九나 上六爻를 뜻한다.
　　水地比卦　上六爻　比之无首……
　　重火離卦　上九爻　折首獲匪其醜……
　　水火旣濟　上六爻　濡其首……
　　火水未濟　上九爻　濡其首有孚……

〈未濟卦의 綜合〉

◎ 未濟卦를 다른 側面에서 解說한 것을 살펴보면 다음과 같다.
　　初六　濡其尾吝 ― 經驗의 重要性을 말하고
　　九二　曳其輪 ― 急進의 危險性을 말하며
　　六三　未濟征凶 ― 다른 事業의 再犯을 경계하며
　　九四　用伐鬼方 ― 勇力도 有利함을 敎訓하였으며
　　六五　君子之光 ― 賢者의 助力을 받으라는 것이고
　　上九　有孚飲酒 ― 成功의 宴樂은 過해서는 아니 된다는 것이다.

【下經三十四卦, 易經六十四卦大尾】

跋 文 (1)

『周易의 理解』의 출간을 기리며

高聖勳
(韓國休復易經學會 會長)

평소에 존경하는 金日坤 敎授와 金正男 敎授의 공저, 『周易의 理解』의 출판에 붙이는 跋文을 청탁받고 이를 영예롭게 생각하면서, 그분들의 노고와 성취를 함께 기뻐하며 축하합니다. 두 분의 저자와는 1980년대 초부터 오늘에 이르는 근 30년의 세월 동안에 『주역』을 중심으로 서로 같은 스승 아래에서 배우며 익히는 '朋友講習'의 道伴입니다.

공저자인 김일곤 교수와 김정남 교수는 전통적인 漢學者들이 아닙니다. 오히려 현대의 경제·사회과학과 자연과학을 전공한 대학교수(부산대학교) 출신으로 人文學의 소양으로서 주역공부를 시작하신 분들인데, 어느새 『周易의 理解』(상하권)라는 큰 분량과 도저(到底)한 내용의 작품을 이룩하였는지 다만 감탄하며 고맙게 생각할 뿐입니다.

저자들은 부산지역사회에서 '주역공부'를 공공의 활동영역으로 넓히기 위해서 '東方精神文化學會'를 설립하고 공개적으로 주역강좌를 개설하여 성공적으로 이끌었으며, 교재로서 『周易의 理解』를 편찬하여 수많은 수강자들에게 보급하였습니다. 오늘에 이르러서는 이 교재를 전국적으로 보급하자는 취지의 출판기획이 이루어져 이제 여기에 아름다운 장정의 작품으로 탄생되었음을 저자들과 함께 기뻐하는 바입니다.

『周易』이라는 古典은 오랜 세월이 지났어도 그 가치는 변하지 않고 더욱더 밝은 빛으로 인간세상을 비추고 있습니다. 다만 이 고전을 수용하는 현대인으로서는 이를 현대적, 과학적인 안목으로도 이해하고 해석하여야 마땅할 것이라 생각합니다. 여기 새롭게 출간되는 『周易의 理解』는 이러한 안목을 갖춘 저자들에 의하여 저술된 것임을 그 총론부문에서 잘 알 수 있을 것입니다. 『周易』을 이해하는 사람은 人間事 만반에 깊고 넓은 통찰력이 생기며 지혜로운 대안을 마련할 수 있게 될 것이며, 이로써 사람마다 吉함을 누리고 凶함을 피해 가는 叡智를 터득할 수 있게 될 것입니다. 『周易』의 이해는 또한 그로 하여금 인간 내면의 깊은 통찰로 본연의 自己를 찾아 세우는 힘(德)을 체득하여 많은 사람들의 존경을 받는 人格者로 거듭나게 될 것입니다.

저자 두 분은 차례로 동방정신문화학회의 회장 직분을 맡아서 학회의 발전에 크게 이바지하였으며, 서울의 한국휴복역경학회와 자매관계를 맺고 따뜻한 학문적 교류를 오늘까지도 이어 오게 하신 데 큰 공로가 있었음을 이 기회에 밝혀서 감사의 말씀을 드립니다. 이 『周易의 理解』를 접하고 공부할 많은 讀書人들은 易理에 눈뜨는 큰 福을 누리시기를 바라마지 않습니다.

跋 文 (2)

새로운 視覺에서의 周易에 대한 接近

艸田 張琯鎭

(會報 <元亨利貞> 前 編輯人)

東方精神文化學會에서 강의가 이루어지면서, 우선 엮어서 교재로 오래 쓰고 있던 『周易의 理解』(上·下)를 이제 정식으로 출판하게 되었다. 필요에 의한 것이지만 참으로 뜻있는 일이다.

東方精神文化學會는 <우리나라 및 東洋의 經典을 學習 研究함으로써 民族의 正氣 및 正統性을 되찾고, 이를 傳承 普及하여 精神文化를 暢達하는 것을 目的>으로 創立되었다. 學會創立의 動機는 亞山선생이 돌아가신 후, 선생님으로부터 直接 강의를 받던 사람들이 선생님의 學德을 기리기 위해서였다.

學會의 創立總會는 1988년 8월 27일에 열렸다. 會長에 부산의 崔鍾瑾敎授가 추대하고. 會則 制定 등 기타 업무는 釜山 之之會에 위임하였고, 1989년에는 임원, 회칙 등이 확정되었다. 이때 부회장에 李泰浩(부산 之之會), 高聖勳(서울 以以會), 曺晧哲(대구 麗澤會), 方在根(울산 以之會), 朴載元(扶餘) 등이 선출되었다.

1989년 8월 15일, 學會에서는 會報 <元亨利貞> 창간호를 발간하였다. 그 이래로, 현재까지 회보는 222여 회 근30년간 발간되어 왔다. 그리고 月例 定期特講 163回, 研究發表會 21回, 觀工夫 18回 등 학회활동을 활발하게 해오고 있다. 이는 주로 釜山의 東方精神文化學會에서 해 온 행사의 기록이다.

　　학회운영 초창기 어려운 시기에 企劃幹事 金鍾吉, 學術幹事 李海珠, 理財幹事 金敬子, 常勤幹事 朴基富씨 등이 노력하여 회를 이끌어 왔다

　　亞山선생이 돌아가신 뒤 一岡 金珍圭선생이 한동안 강의를 했으나, 그 후 史路 金日坤敎授, 瑞金 海鍾吉선생, 梁明學敎授, 金正男敎授 등이 차례로 강의를 담당해 왔다. 위의 諸氏 이외에 李文熙씨가 會長으로 크게 기여하였다. 學會에서는 周易과 東洋學에 관한 많은 분야 즉 大學, 中庸, 洪範九疇, 孟子, 古代 天文學 등 다방면의 강의가 이루어 졌다. 學會 회원의 강의도 있었지만, 특히 외부에서 圓載 朴用載, 徐廷玖, 朴亮讚 선생 등이 출강하였다. 그리고 우리 학회에서 운영 실무에서는, 朴基富, 金炯植 그리고 徐鎭昱, 嚴永鍵, 金重漢 諸氏 등이 크게 수고하였다. 그러나 가장 중요한 것은, 학회에서 易經 강의를 계속해오고 있다는 사실이다.

　　이번『周易의 理解』(상·하) 집필한 金日坤박사와 金正男박사는 會長직을 맡아 학회 발전에 공헌한 바도 크지만, 직접 講義를 오랫동안 해 왔다는 사실이 중요하다. 강의를 하는 동안 새로운 강의안이 필요했을 것이다. 金日坤박사는 經濟學者이고, 金正男박사는 物理學을 專攻한 學者이다. 따라서 강의를 하면서 易經에 接近하는 視覺이 그 專攻과 무관하지는 않을 것이다. 이때까지의 易經의 理解가 儒學的이었다면, 앞으로는 새 視覺에 의한 接近 解釋이 있어야할 때이다. 易經의 生活 속의 楼木이 어느 때보다 요구되는 때에, 專攻이 다른 두 사람에 의해 새로운 책이 나왔다는 것은, 참으로 반가운 일이 아닐 수 없다.

김일곤(金日坤) ────────────────────────────────────

▌약 력

부산대학교 교수(1961-95), 현) 명예교수
동 대학 상과대학장(1974-78)
금융통화운영위원(한국은행) (1983-86)
東方精神文化學會 會長(1990-98)
부산발전연구원장(1995-98)
일본 미야자키(宮崎) 산업경영대학 교수(2000-03)

▌주요논문 및 저서

한국경제개발론(예문관, 1976, 1978)
한국경제발전론(무역경영사, 1986)
경제학원론(무역경영사, 1980)
人口經濟學(무역경영사, 1982, 中國 延辺大學出版社, 1993)
儒敎文化圈の秩序と経済(日本名古屋大学出版会, 1984, 한국경제신문사, 1985)
韓国、その文化と経済活力(日本東京 第三出版, 1985, 한국경제신문사, 1987)
儒敎文化圈的倫理秩序與經濟(邢東田 外 2人 譯, 中國 人民大學出版社, 1991)
東アジアの経済発展と儒教文化(東京 大修舘書店, 1992, 한울 아카데미, 2004)

▌수 상

1995. 10. 茶山經濟學賞(한국경제신문사 제정)
1962. 2. 국민훈장 석류장

김정남(金正男) ────────────────────────────────────

▌약 력

부산대학교 교수 (1965-2002),. 현) 명예교수 고체물리학 전공
동방정신문화학회 회장(1999. 8 - 2001. 8)

▌주요논문 및 저서

단결정 성장과 그 결정의 전기적 성질에 관한 연구 120여 편

▌수 상

1993. 11. 눌원문화상 자연과학 부문(눌원 문화재단)
1996. 5. 국민포장
2002. 2. 홍조근정훈장

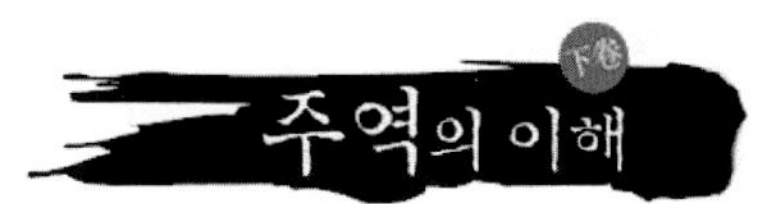

초판인쇄 | 2009년 6월 30일
초판발행 | 2009년 6월 30일

지은이 | 金日坤, 金正男
펴낸이 | 채종준
펴낸곳 | 한국학술정보㈜
주 소 | 경기도 파주시 교하읍 문발리 파주출판문화정보산업단지 513-5
전 화 | 031) 908-3181(대표)
팩 스 | 031) 908-3189
홈페이지 | http://www.kstudy.com
E-mail | 출판사업부 publish@kstudy.com

등 록 | 제일산-115호(2000. 6. 19)
가 격 36,000원

ISBN   [illegible] (Paper Book)
       978-89-268-0078-2 98150 (e-Book)
ISBN   978-89-268-0079-9 94150 (Paper Book set)
       978-89-268-0080-5 98150 (e-Book set)